"十二五"职业教育国家规划教材
经全国职业教育教材审定委员会审定

高职高专会计类精品教材系列

会计信息化应用教程

（第四版）

钟爱军　刘　慧　主编
龚　诤　周列平　丁华伟　闻乐剑　副主编

科学出版社
北　京

内 容 简 介

本书以国内高校广泛使用的用友 ERP-U8V10.1 软件系统为应用平台，采用理实结合的编写体例，阐述了会计信息化工作的基本认知、系统管理和基础设置、总账系统应用、报表系统应用、薪资管理系统应用、固定资产管理系统应用、应收款管理系统应用、应付款管理系统应用及供应链管理系统应用。本书旨在培养学生对会计信息化软件的基本应用能力，理解会计信息化软件系统的基本应用原理和基本操作流程，掌握会计信息化软件的基本操作方法，满足信息化时代会计工作的需要。

本书可作为高等职业院校财经类专业的教材，也可供会计从业人员培训和自学使用。

图书在版编目(CIP)数据

会计信息化应用教程/钟爱军，刘慧主编. —4 版. —北京：科学出版社，2021.4

（"十二五"职业教育国家规划教材·经全国职业教育教材审定委员会审定·高职高专会计类精品教材系列）

ISBN 978-7-03-067672-6

Ⅰ. ①会… Ⅱ. ①钟… ②刘… Ⅲ. ①会计信息-财务管理系统-职业教育-教材 Ⅳ. ①F232

中国版本图书馆 CIP 数据核字（2020）第 269789 号

责任编辑：薛飞丽 周春梅 / 责任校对：马英菊
责任印制：吕春珉 / 封面设计：东方人华平面设计部

科 学 出 版 社 出版
北京东黄城根北街 16 号
邮政编码：100717
http://www.sciencep.com

三河市骏杰印刷有限公司 印刷

科学出版社发行 各地新华书店经销

*

2004 年 9 月第一版 2023 年 1 月第十九次印刷
2012 年 8 月第二版 开本：787×1092 1/16
2014 年 6 月第三版 印张：22
2021 年 4 月第四版 字数：519 000

定价：58.00 元

（如有印装质量问题，我社负责调换〈骏杰〉）

销售部电话 010-62136230 编辑部电话 010-62135397-2039

第四版前言

本书涉及的业务内容处理以截至2019年底的最新会计准则和相关税法规定为准绳。全书遵循国务院颁布的《国家职业教育改革实施方案》有关精神，按照教育部印发的《职业院校教材管理办法》关于教材编写的要求精神，在全面完善的基础上编写而成。本书以服务教学改革为出发点，对接新时期会计工作岗位要求，对接学生学习需求，为教师提供教学便利，积极发挥教材在人才培养中的基础性作用，以立德树人为根本，助力培养具有良好职业操守和专业规范意识的高素质应用型人才。

本书由具有丰富教学经验的“双师双能型”教师参与编写，由行业专家和实践教学专家主审；结构体系合理，内容选取科学，注重软件应用方法引导，不断融入教学反思；将学习情境与实际工作相结合、操作方法与应用原理相结合、实际操作与思维训练相结合，在关注重点、突破难点、解答疑点、问题梳理等方面进行了科学安排；有利于培养学生的自主学习能力、总结归纳能力和学习探究精神，最终快速形成对会计信息化软件的应用能力，满足信息化时代会计工作的需要。

为了便于教学，本书还提供了配套教学资源，包括课程教学大纲、教案、教学课件（可到 www.abook.cn 下载）以及操作视频和备份账套（可发邮件至编者邮箱 717682331@qq.com 索取）。

本书由钟爱军（武汉商学院）、刘慧（武汉商学院）担任主编，龚诤（武汉软件工程职业学院）、周列平（长江职业学院）、丁华伟（郑州财税金融职业学院）、闻乐剑（襄阳职业技术学院）担任副主编，徐亚文（湖北经济学院）担任主审。具体编写分工如下：钟爱军、刘慧负责教材的结构设计、组织编写和总纂，钟爱军负责编写项目一，刘慧负责编写项目二，丁华伟负责编写项目三，周列平负责编写项目四，闻乐剑负责编写项目五，龚诤负责编写项目六，吴灵辉（杨凌职业技术学院）负责编写项目七，田雨婉（武汉商学院）负责编写项目八，钟静远负责编写项目九。

编者在编写本书时参考了有关教材和文献资料，得到了用友新道科技股份有限公司领导和编者所在单位领导的大力支持，同时得到了科学出版社的支持和帮助，在此深表感谢。

由于编者水平有限，加之时间仓促，书中不足之处在所难免，欢迎广大读者批评指正。

编　者

2020年5月

第一版前言

会计电算化是会计发展史上的又一次重大革命，它的发展将对减轻会计人员的劳动强度、提高会计工作的效率、提供准确及时和全面丰富的会计信息、提升会计核算和管理的质量、促进会计职能的转变、推动管理现代化起到十分重要的作用。现代信息技术的快速发展和全球经济竞争的日益加剧，也不断对会计电算化的发展提出新的要求。为此，财政部提出：到2010年，力争使80%的基层单位基本实现会计电算化，从根本上扭转基层单位会计电算化信息处理手段落后的状况。

要保证会计电算化工作的顺利实施，必须加强会计电算化专门人才的培养。人才的培养，教材是基础，许多有识之士为此做了大量的有益工作。本书在现有众多教材的基础上，广泛吸收国内会计电算化教学的科研成果，本着完善和创新的原则编写而成，主要是为了满足新时期高职高专会计电算化教学需要。本书具有以下特点。

1）结构体系科学、合理。既符合人才培养的规格要求，又考虑到新时期高职高专学生的现实基础；既有具体软件应用的翔实讲解，又有对会计电算化管理的基本指导，能较好地满足会计人员上岗所需的会计电算化知识和技能的基本需要。

2）内容实用。以当前主流软件的较新版本为蓝本，提供大量操作举例和应用实例，突出知识的落实和技能的掌握。本书图文并茂的写作风格，也有利于学习者对知识和技能的领会与掌握。学了要会，会了能用，以求做到学以致用。

3）编写手法新颖、细腻。会计软件的系列实训教学和Excel的具体应用案例教学充分体现了任务驱动教学原则，注重提高学生学习时的注意力，加之友好的指导提示，体现出对初学者的关爱，力图避免学生产生畏难情绪，激发学生的学习兴趣，调动其学习的主动性。

本书在编写过程中参阅了大量的教材和学术文章，在此向这些作者表示衷心的感谢。

目　　录

项目一　会计信息化工作的基本认知

学习要点

1. 会计信息化的基本概念。
2. 我国会计信息化的发展。
3. 会计信息系统的建立。
4. 会计信息系统的运行管理。

学习目标

1. 了解会计信息系统的相关概念。
2. 了解我国会计信息化发展的历程。
3. 认识会计信息化发展趋势。
4. 明确会计信息系统建立和运行管理的工作要点。
5. 熟知企业会计信息化工作规范，为今后从事会计信息化工作进行必要的知识准备。

学习指引

项目一介绍会计信息系统应用的基本知识，后续内容将以用友 ERP-U8V10.1 软件为平台，介绍会计信息系统软件应用的原理、流程和方法。

学生还可以通过网络学习、社会实践等更多途径，更加全面地了解会计信息系统知识，更加系统地掌握会计信息系统软件操作的方法。

任务一　会计信息化的基本概念

一、会计电算化和会计信息化

（一）会计电算化的概念

狭义的会计电算化是指以电子计算机为主体的电子信息技术在会计工作中的应用。广义的会计电算化是指与实现电算化有关的所有工作，包括会计软件的开发应用及会计软件市场的培育、会计电算化人才的培训、会计电算化的宏观规划和管理、会计电算化制度建设等。

（二）会计信息化的概念

会计信息化是指企业利用计算机、网络通信等现代信息技术手段开展会计核算，以及利用上述技术手段将会计核算与其他经营管理活动有机结合的过程。会计信息化的核心内涵是：在会计活动中，普遍采用现代信息技术，有效开发和利用会计信息资源，使会计信息资源成为全社会的共同财富，以推动会计信息资源产业发展的历史过程。

（三）会计电算化与会计信息化的区别

会计电算化和会计信息化是人们随着信息技术在会计领域应用的不断深入而提出的概念，是在不同时期和信息技术发展的不同阶段提出来的，会计电算化是会计信息化的初级阶段。会计电算化和会计信息化的区别如下。

1）目标不同。会计电算化是实现会计核算业务的计算机处理，以提高工作效率为出发点，强调的是会计数据处理的规范化，改变手工会计的不规范现实，要求会计软件的开发、会计信息系统（accounting information system，AIS）的运行按照我国统一会计制度的要求进行规范操作，立足于财务报告的规范生成；会计信息化是实现会计业务全面信息化，更强调会计输出结果的效率和增值性，以充分发挥会计在企业管理中的核心作用，与企业管理和整个社会构成一个有机的信息系统。

2）理论基础不同。会计电算化以传统会计理论和计算机技术为基础，而会计信息化的理论基础还包含信息技术、系统论和信息化论等现代技术手段及管理思想。

3）技术环境不同。会计电算化阶段，人们谋求开发出能够解决会计领域的单项工作或整体核算工作的软件，从而实现劳动力的解放和生产力水平的提高；硬件方面则主要以单机应用环境或文件/服务器架构为主。会计信息化阶段，人们需要研究和开发集财务管理、生产管理、供应链管理、人力资源管理乃至决策支持等诸多子系统于一体的管理信息系统，会计信息系统属于管理信息系统的重要子系统，这个阶段的管理信息系统（management information system，MIS）、企业资源计划（enterprise resource planning，ERP）、供应链管理（supply chain management，SCM）、客户关系管理（customer relationship management，CRM）等产品和概念的提出，都建立在网络和通信技术基础之上。会计电算化和会计信息化都应用了计算机技术，会计电算化使用网络通信技术较少，会计信息化则更多地依赖网络通信技术的支持，会计电算化几乎没有使用感测技术，会计信息化则会越来越多地使用条码感测、智能感测等感测技术。

4）功能范围不同。会计电算化以实现业务核算为主，会计信息化不仅可以进行业务核算，还有会计信息管理和决策分析功能，并能根据信息管理的原理，再造会计信息处理的流程。

5）系统地位不同。会计电算化主要服务于财务部门的核算与管理，属于部门级应用；会计信息化则是企业信息化系统的核心子系统，除了服务于财务部门，还要为信息管理层和决策层提供服务，属于企业级和供应链级应用。

6）信息输入不同。在会计电算化条件下，输入系统中的是记账凭证，数据主要由财务部门输入；在会计信息化条件下，大量数据可从企业内外系统直接获取，随着原始凭证标准化问题的解决及网络安全技术的日趋成熟，经过数字签名的原始凭证会直接进入会计信息系统。

7）数据处理不同。会计电算化主要通过批处理方式处理已发生的数据，而会计信息化使企业的业务部门通过企业内联网（intranet）协同工作，所产生的各类数据信息存储于系统集成的数据库中，会计人员可以通过对数据库的实时访问实现对数据的实时处理。

8）信息输出不同。在会计电算化条件下，会计信息的输出主要有显示、打印、磁盘存储等方式；在会计信息化条件下，除了上述方式，会计信息还可以通过网络实现信息的传递与共享，通过授权、划分权限级次，企业内部各个机构的相关信息可以从信息系统上直接获取。随着浏览器/服务器结构模式（browser/server，B/S）体系架构在大型系统中的逐步推广，以及可扩展商业报告语言（extensible business reporting language，XBRL）的广泛深入应用，越来越多的企业在互联网（internet）上传递和公布其财务信息。

（四）会计信息化是社会发展的必然

会计电算化系统是手工会计的模拟系统，尽管其提高了会计工作的效率和会计信息的质量，但其会计处理程序和方法与手工会计基本上是一致的，容易形成企业内部的“信息孤岛”。如果企业还在用孤立的计算机处理财务信息，企业的管理决策、预算、投资、生产决策就会因信息量不足而出现失误。企业信息化离不开会计信息化，会计信息在企业内部主要是供管理层决策使用，而在企业外部，主要是为企业的投资者、债权人等提供服务。只有会计系统实现信息化，才能够更好地为企业信息化的目标服务。

会计信息化已不再是简单模仿传统会计进行事务处理，而是充分利用信息技术突破传统会计的局限，实现会计数据输入的分布化和多元化、会计数据处理的集中化和实时化；同时，利用现代信息技术将会计信息系统与企业管理子系统充分融合，实现购销存、人财物一体化核算、监控及管理，与物流、资金流、信息流、知识流、工作流、增值流等协调统一，充分利用大数据技术进行财务分析和决策，满足管理需求。总之，会计信息化更多地强调会计信息的增值性。

二、会计软件

（一）会计软件的概念

会计软件是指专门用于会计核算、财务管理的计算机软件、软件系统或者其功能模块，包括指挥计算机进行会计核算与管理工作的程序、存储数据及有关资料。

（二）会计软件的功能

会计软件的功能主要体现在 3 个方面：一是为会计核算、财务管理直接提供数据输入；二是生成凭证、账簿、报表等会计资料；三是对会计资料进行转换、输出、分析和利用。

会计软件的功能模块主要包括账务处理模块、固定资产管理模块、薪资管理模块、应收款管理模块、应付款管理模块、成本管理模块、报表管理模块、存货核算模块、财务分析模块、预算管理模块、项目管理模块、查询决策支持模块等。

（三）会计软件各模块的数据传递

账务处理和供应链管理为财务分析提供基础数据，财务分析又为查询决策支持和预算管理提供依据。账务处理和供应链管理主要模块之间的数据传递关系如图 1-1 所示。

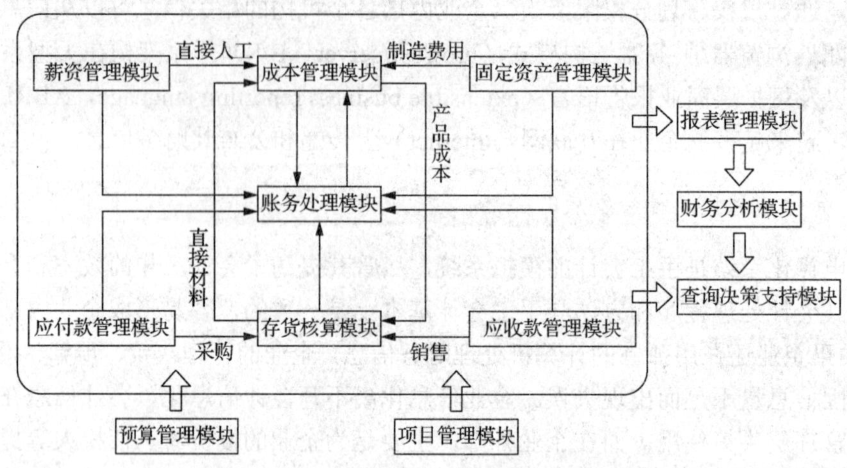

图 1-1 账务处理和供应链管理主要模块之间的数据传递关系

三、会计信息系统

会计信息系统是指由会计软件及其运行所依赖的软硬件环境组成的集合体，是利用信息技术对会计数据进行采集、存储和处理，完成会计核算任务，并提供会计管理、分析与决策相关会计信息的系统。会计信息系统实质上是将会计数据转化为会计信息的系统，是企业管理信息系统的一个重要子系统。会计信息系统的分类如图 1-2 所示，会计信息系统的工作任务及工作流程如图 1-3 所示。

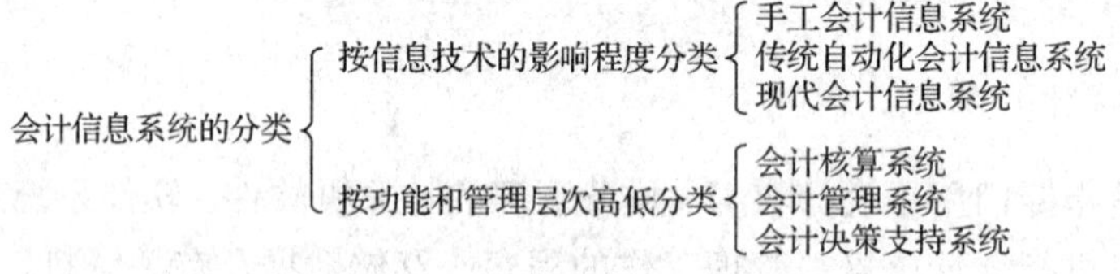

图 1-2 会计信息系统的分类

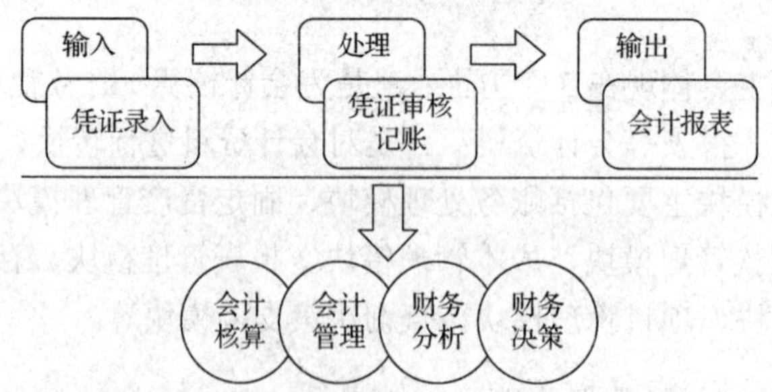

图 1-3 会计信息系统的工作任务及工作流程

四、企业资源计划系统

企业资源计划是指利用信息技术，一方面将企业内部所有资源整合在一起，对开发设计、采购、生产、成本、库存、分销、运输、财务、人力资源、质量管理进行科学规划；另一方面将企业与其外部的供应商、客户等市场要素有机结合，实现对企业的物资、人力、财务和信息等资源进行一体化管理（四流一体化或四流合一）。企业资源计划的核心思想是供应链管理，强调对整个供应链的有效管理，提高企业配置和使用资源的效率。在功能层次上，企业资源计划除了核心的财务、分销和生产管理等管理功能，还集成了人力资源、质量管理、决策支持等其他管理功能。企业资源计划系统的管理思想如图 1-4 所示。从中可以看出，会计信息系统已经成为企业资源计划系统的一个子系统。

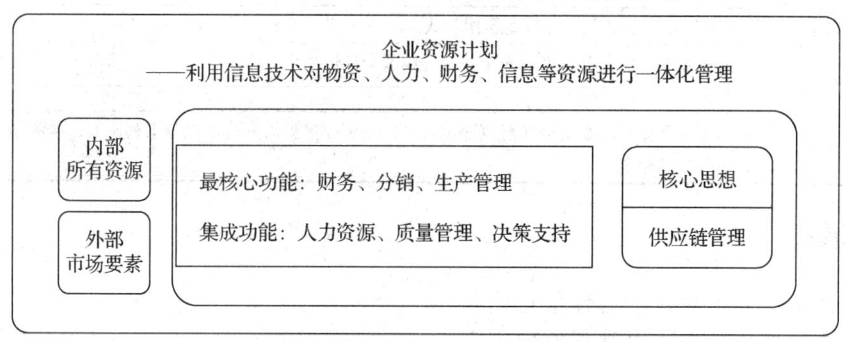

图 1-4　企业资源计划系统的管理思想

五、可扩展商业报告语言

可扩展商业报告语言是一种基于可扩展标记语言（extensible markup language）的开放性业务报告技术标准。

（一）可扩展商业报告语言的作用与优势

（1）可扩展商业报告语言的作用

可扩展商业报告语言的主要作用在于将财务和商业数据电子化，促进财务和商业信息的显示、分析和传递。可扩展商业报告语言通过定义统一的数据格式标准，规定了企业报告信息的表达方法。

（2）可扩展商业报告语言的优势

可扩展商业报告语言的优势如图 1-5 所示。

可扩展商业报告语言的优势：
- 提供更为精确的财务报告与更具可信度和相关性的信息
- 降低数据采集成本和提高数据流转及交换效率
- 帮助数据使用者更快捷、方便地调用、读取和分析数据
- 使财务数据具有更广泛的可比性
- 增加资料在未来的可读性与可维护性
- 适应变化的会计准则制度的要求

图 1-5　可扩展商业报告语言的优势

（二）可扩展商业报告语言的发展历程

可扩展商业报告语言在我国的发展历程如表 1-1 所示。

表 1-1　可扩展商业报告语言在我国的发展历程

时间	发生事件
2003 年 11 月	上海证券交易所在全国率先实施基于可扩展商业报告语言的上市公司信息披露标准
2005 年 1 月	深圳证券交易所颁布了 1.0 版本的可扩展商业报告语言报送系统

续表

时间	发生事件
2005年4月	上海证券交易所加入可扩展商业报告语言国际组织
2006年3月	深圳证券交易所加入可扩展商业报告语言国际组织
2008年11月	可扩展商业报告语言中国地区组织成立
2009年4月	财政部发布的《财政部关于全面推进我国会计信息化工作的指导意见》将可扩展商业报告语言纳入会计信息化的标准
2010年10月	国家标准化管理委员会和财政部颁布可扩展商业报告语言技术规范系列国家标准和企业会计准则通用分类标准

问题思考

1）什么是会计电算化与会计信息化？

2）会计信息化与会计电算化有何不同？

3）会计软件有哪些功能模块？各模块之间的数据如何传递？

4）会计信息系统包含哪些内容？

任务二　我国会计信息化的发展

一、我国会计信息化发展的历史总结

我国的会计信息化事业伴随着改革开放的步伐，经过40多年的风雨兼程，取得了举世瞩目的成就。

（一）缓慢起步阶段

1979～1988年是会计信息化自行开发和应用的10年。在这一阶段，只有少部分企业自行开发和应用计算机解决会计核算问题。在此期间，由于会计电算化人才奇缺、计算机硬件昂贵，会计电算化应用局限在单项数据处理上，范围小，水平低。但是该阶段的探索工作为后来会计电算化的快速发展提供了思想上、组织管理上和制度建设上的准备。

（二）快速发展阶段

1989～1998年是会计电算化快速发展的10年，也是商品化财务软件大发展的10年，此阶段的软件基本属于部门级会计软件。在此期间，财政部出台了一系列的会计电算化管理制度，初步建立了会计电算化管理体系。通过建立软件评审制度，促进了商品化软件市场的发展和繁荣，有力地推动了会计电算化核算软件在我国的应用和普及。

（三）快速进步阶段

1999～2008年是企业管理软件大发展的10年，也是会计信息系统与企业管理信息系统相融合的10年。在此阶段，会计电算化进入财务与业务数据处理一体化阶段。在此期间，一批民族软件企业在改革开放的大潮中加速前进，在学习中进步，在竞争中成长，通过学习和吸收国外先进的管理理念和软件开发技术，培养和造就了一批既懂计算机技术又熟悉会计业务的复合型人才，财务管理软件得到了广泛的应用。

我国会计电算化和信息化经过多年的发展，形成了一个初步繁荣的会计软件市场，顺应了市场经济发展的要求，满足了会计改革的需要，极大地减轻了会计人员的劳动强度，提高了会计工作的工作效率和工作水平。

（四）全面建设阶段

在我国会计信息化事业发展的第 3 个 10 年结束之际，财政部果断提出，大力推进会计信息化向标准化和国际化发展。2008 年 11 月，中国会计信息化委员会暨可扩展商业报告语言中国地区组织成立大会在北京召开。2009 年 4 月，《财政部关于全面推进我国会计信息化工作的指导意见》吹响了全面推进会计信息化建设的号角，明确提出了全面推进我国会计信息化工作的目标、任务、措施和要求。为推动企业会计信息化、节约社会资源、提高会计软件和相关服务质量、规范信息化环境下的会计工作，财政部于 2013 年 12 月发布《企业会计信息化工作规范》（财会〔2013〕20 号），1994 年发布的《会计核算软件基本功能规范》（财会字〔1994〕27 号）和 1996 年发布的《会计电算化工作规范》（财会字〔1996〕17 号）不再适用于企业及其会计软件，1994 年发布的《商品化会计核算软件评审规则》和《会计电算化管理办法》同时废止。

纵观我国会计信息化发展的历程，可以清晰地看到，我国会计信息化发展先后经历了第一个 10 年的缓慢起步阶段、第二个 10 年的快速发展阶段、第三个 10 年的普及应用阶段、第四个 10 年的业务信息与财务信息融合发展阶段，现在正在向会计信息处理的智能化阶段迈进。

二、我国会计信息化事业发展展望

纵览我国会计电算化和信息化的发展历史，大约每经过 10 年，都要跃上一个新台阶。今天，信息技术的发展对会计工作的渗透越来越深入，影响也越来越广泛，随着以大数据、人工智能、移动互联、云计算、物联网和区块链为代表的新的信息技术革命与会计信息化发展需要的进一步结合，会计信息化建设将得到全面发展，会计职能和作用的发挥空间将越来越大，会计信息化将呈现出网络化、集成化、移动化、实时化、全息化、智能化、自动化、标准化、精细化、差异化的态势，同时也伴随着处理规则国际化、会计档案电子化、风险威胁扩大化。

目前，由互联网+会计催生的财务共享服务中心作为一种新的财务管理模式正在许多跨国公司和国内大型集团中兴起。同时，越来越多的小企业也将借助网络平台开展会计工作，在线会计、网络会计和网络财务将成为一种被广泛应用的模式，基础财务、业务财务、战略财务并驾齐驱，商务、业务、票务、税务、财务、政务、法务、账务将高度融合，智能财务将大行其道。

可扩展商业报告语言技术及企业会计准则通用分类标准将逐步推广应用，会计信息的实时披露将成为现实，会计数据的深度分析、利用也能很好地实现，企业管理也将因此变得更加科学化、精细化。会计信息质量的有效监管将随着会计信息化的发展进一步加强，会计工作水平和质量也将随着会计信息化的发展全面提高。

当然，由于我国幅员辽阔，不同经济领域、不同地区和不同企业对会计信息化工作有不同的要求，一种软件也不可能彻底地解决所有企业会计信息化工作中的所有问题。因此，会计软件应用的状况将是高端、中断、低端软件应用并存，复杂应用与简单应用并存。不同企业和经济组织应根据国家统一制度的要求，结合自身实际情况，建立满足企业内外需要的会计信息系统，最大限度地发挥会计信息化的作用。

问题思考

1）我国会计信息化未来的发展趋势是什么？

2）结合会计信息化最新发展动态，阐述会计信息化未来工作规划或设想。

任务三　会计信息系统的建立

企业根据发展战略和业务需要进行会计信息系统建设，首先要确立系统建设目标，根据目标进行系统建设战略规划，再将规划细化为项目建设方案。

一、会计信息化工作规划

会计信息系统是指利用信息技术对会计信息进行采集、存储和处理，完成会计核算任务，并为管理、分析、决策提供一系列重要信息的系统。会计信息系统的组成要素包括会计信息系统的硬件、软件、数据文件、工作人员及保障系统运行的制度规范，其核心部分是功能完备的会计软件，起决定作用的是从事会计信息化工作的人员。

（一）建立会计信息化组织管理机构

会计信息化工作涉及企业内部的各个方面，尤其是大型企业，需要较多的人力、物力、财力等资源。建立会计信息系统组织管理机构的基本目的是为制定和执行会计信息系统总体规划提供组织保证。

根据我国会计信息化工作的实践经验，会计信息化组织管理机构的设立和作用的发挥，是一个企业会计信息系统建设成功的首要因素。组织管理机构应由企业主要负责人管理，由相关职能部门的负责人和技术骨干参加。

会计信息化组织管理机构的主要任务和职责如下：制定本企业会计信息化工作的开展规划，组织会计信息系统的建立，建立会计信息化管理制度，组织有关人员参加会计信息化培训与学习，监督会计信息系统的正常运行。

（二）项目计划和需求分析

1．项目计划

项目计划通常包括项目范围说明、项目进度计划、项目质量计划、项目资源计划、项目沟通计划、风险对策计划、项目采购计划、需求变更控制、配置管理计划等内容。项目计划不是完全静止、一成不变的，在项目启动阶段，可以先制订一个较为笼统的项目计划，待确定项目主要内容和重大事项后，再根据项目的大小和性质及项目进展情况进行调整、充实和完善。

2. 需求分析

（1）需求分析的目的及咨询

需求分析的目的是明确信息系统需要实现哪些功能。该项工作是系统分析人员和用户单位的管理人员、业务人员在深入调查的基础上，详细描述业务活动涉及的各项工作及用户的各种需求，从而建立未来目标系统的逻辑模型。

需求分析需要重视会计信息系统建设的咨询。我国会计软件应用的成功经验和失败教训无不证明，企业无论是走自主或联合开发之路，还是选用现成的商品化软件，进行会计信息系统建设的咨询都很有必要。尤其是实施复杂的、规模较大的系统，向提供咨询服务的专业化机构进行咨询的意义更为重大。这是因为，专业咨询人员经过长期的职业化训练，积累了丰富的应用经验，对行业业务处理的特殊性有清醒认识，具备系统运作的分析能力，经过调研能够很快把握应用的需求，制订出相应的切合实际的实施方案，并能提供系统实施过程中的一系列技术支持，大大降低系统实施的风险。企业可以在进行会计信息系统建设咨询的基础上，结合本企业的现状和未来发展目标，进一步进行系统建设分析，科学制订会计信息系统建设的具体实施方案。主要咨询对象包括使用会计软件的同类企业、会计软件厂商、会计软件经销商、提供会计软件咨询服务的社会专业机构。

咨询能够更好地满足本企业需要的会计软件运行模式。会计软件运行的模式主要有两种：单机应用模式和网络应用模式。

单机应用模式是指整个系统中只配置一台计算机和相应的外部设备，所使用的计算机为微型计算机。在单机结构中，所有的数据集中输入输出，同一时刻只能供一个用户使用。在单机平台下运行的会计软件往往被称为单用户版，早期的会计软件多采用这种模式。现在的网络软件安装在单机上也称为单机应用模式。该应用模式的优点是投资小，容易操作，见效快；缺点是可靠性差，一台机器发生故障导致整个工作中断，同一时刻只能由一个用户使用，不利于数据的共享，工作效率低，造成资源的浪费，只适合对账表处理要求不高的小微型企业。

网络应用模式是指基于网络系统平台年度会计信息化工作，包括局域网应用和广域网应用。网络系统是指利用通信线路和通信设备，将地理上分散的、具有独立功能的多个计算机系统相互连接起来，按照网络协议进行数据通信，用功能完善的网络软件实现资源共享的计算机的集合。网络按其覆盖的地理范围大小可分为局域网和广域网。局域网所覆盖的地理范围有限，但传输速率高，其拓扑结构（物理连接方式）简单，通常归属于单一的组织管理。广域网覆盖的地理区域大，但传输速率比局域网低，而且拓扑结构复杂，一般大型的跨地区、跨国家的集团需要采用这种模式，基于 Web 技术的会计软件可以在广域网上运行。网络按其体系结构分为文件/服务器结构、客户/服务器结构、浏览器/服务器结构。网络系统的优点是能够在网络上实现硬件、软件和数据的共享，以较低的费用方便地实现一座办公楼、一个建筑群内或异地数据通信，具有可扩展性。局域网对大多数用户适用，广域网对具有异地财务信息交换需求和处理的企业（如集团型企业）适用。网络应用不仅是世界范围计算机应用的潮流，也是会计信息化应用发展的一个重要方向。

（2）咨询软件运行的环境

在会计信息系统中，硬件系统、操作系统及数据库支撑软件等被称为会计软件运行的环境。运行环境是数据的载体，直接涉及会计信息系统运行的安全性与可靠性，关系会计信息系统运行的质量和效率。

会计信息系统的硬件环境是指系统运行所配置的硬件及其组合模式。在会计信息系统中，使用最广泛的是个人计算机。会计信息化网络系统中的服务器具有数据的存储和交换功能，要求有较高的运行速度和可靠的稳定性。一般有 3 种选择：一是小型机，这种服务器的优点是性能可靠、安全稳定，缺点是投入较大；二是专用的个人计算机，这种服务器专门对数据存储和传送做了优化，性能和可靠性能满足一般需求；三是普通的个人计算机，这种服务器价格低廉，但性能往往得不到很好的保障，可靠性相对较低，只适合对数据处理要求不高的小型企业使用。会计信息化网络系统中用作终端的计算机在性能上没有太高的要求，运行速度能满足相应要求、稳定性高即可。

一般地，当前主流配置计算机及其相关的外部设备和网络设备，其性能都能满足当前所开发的会计软件运行的需要，关于计算机工作环境设备，如空调和不间断电源（uninterruptible power supply，UPS），应视其所处的实际环境进行配置。

会计软件运行需要相应的软件平台，主要是操作系统和数据库系统，也需要一定的工具软件提供相应辅助。典型的操作系统有 Windows 系列操作系统、UNIX 类操作系统、Linux 类操作系统及 Mac 操作系统。数据库系统作为会计软件的支撑软件，在会计信息系统中发挥着对大量复杂数据进行有效管理的作用。小型会计信息化软件往往将数据库集成到软件内部，而大型会计软件一般需要另外购买和安装，常见的大型数据库有 Oracle、SQL Server、DB2、Sybase 等。工具软件是会计信息化用户用来完成特殊任务的维护工具，如杀毒软件、磁盘管理软件等。办公自动化软件是具有文字处理和表处理功能的应用软件，如 Word、Excel 等，这些软件可作为会计信息系统的辅助部分，完成一些会计数据的处理工作。

（三）制订会计信息化实施方案

制订会计信息化实施方案的目的是使会计信息系统建设有章可循，起到指导、规范、约束的作用。有了会计信息系统建设的咨询和分析，制订会计信息化实施方案便有了很好的基础。会计信息化实施方案的主要内容应包含以下几个方面。

1．确立会计信息化工作目标

建立会计信息系统的基本依据是企业发展的总目标。这是因为会计信息化的目的不仅是将会计人员从繁重的手工劳动中解放出来，更重要的是通过会计核算手段和财务管理手段的现代化，提高会计信息处理的全面性、准确性和及时性，真正做到对经济业务和事项的事前、事中、事后的有效控制，充分发挥会计的职能作用。

2．确定会计信息系统的总体结构

会计信息系统的总体结构是指会计信息系统的规模、业务处理范围，以及由哪些子系统构成。系统结构应从分析现有手工系统的任务、业务处理过程及部门间的联系入手，根据计算机处理数据的特点和系统的目标来确定，并应在企业条件允许的情况下具有一定的前瞻性。

3．配备和培训专业人员

会计信息化人才一直是制约会计信息化发展的关键因素。会计信息系统的运行和管理需要不同专业类型、不同水平层次的专业人员。为了适应这种需要，企业应根据系统目标和本企业现有人员情况，制订专业人员的培训和配备计划，使人员的配备和系统的建设同步进行，系统一旦建成即可投入运行。

会计信息化岗位一般有系统主管、数据录入、审核记账、数据分析等。

4．建立会计信息系统运行管理制度

会计信息化工作的顺利进行需要会计信息化管理制度作保障，包括会计信息化岗位责任制、会计信息化操作管理制度、计算机软硬件和数据管理制度、会计信息化档案管理制度等。

5．资金预算安排

开展会计信息化工作需要较多的资金投入，在编制好各种计划之后，便要进行费用预算，即测算各分项目的费用和全部投资总额，以便安排资金的来源。

6．工作日程安排

确定工作日程主要是指规定会计信息系统的具体实施分几步进行，并确定每一步的目标和任务，以及各实施阶段的资源分配等，以便组织实施。工作日程安排要体现各个子系统在整个系统中的地位及企业实际需要的先后次序，同时要考虑经济上和技术上的可行性。

二、会计信息系统软件的选择

会计软件是以会计理论和会计方法为基础，以会计准则和会计制度为依据，以计算机及其应用技术为手段，以会计数据为处理对象，以为会计核算、财务管理和企业其他管理提供信息为目标，将计算机技术应用于会计工作的软件系统。会计软件系统建设就是建立并完善能够满足本企业实际需要的会计信息软件应用系统。

（一）会计软件的配备方式

会计软件的配备方式如图 1-6 所示。

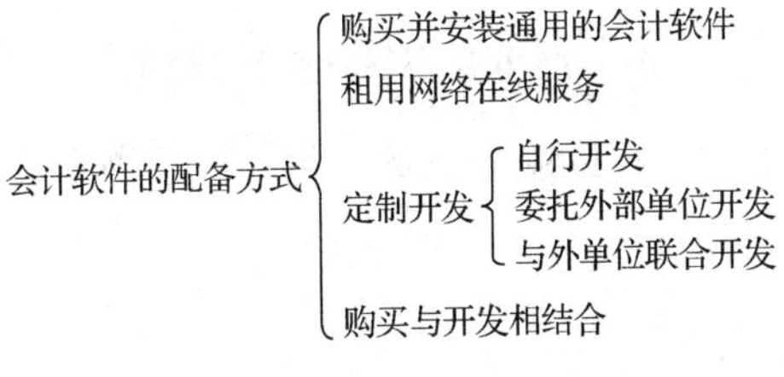

会计软件的配备方式
- 购买并安装通用的会计软件
- 租用网络在线服务
- 定制开发
  - 自行开发
  - 委托外部单位开发
  - 与外单位联合开发
- 购买与开发相结合

图 1-6　会计软件的配备方式

1．购买并安装通用的会计软件

通用会计软件是指软件公司为会计工作而专门设计开发，并以产品形式投入市场的应用软件。企业作为用户，付款购买即可获得软件的安装使用说明及人员培训等服务。购买成熟通用的商品化会计软件已成为企业开展会计信息化应用的普遍方式。购买通用会计软件的优缺点见表 1-2。

表 1-2 购买通用会计软件的优缺点

优缺点	主要内容
优点	1）企业投入少，见效快，实现信息化的过程简单 2）软件性能稳定，质量可靠，运行效率高，能够满足企业的大部分需求 3）软件的维护和升级由软件公司负责 4）软件安全保密性强，用户只能执行软件功能，不能访问和修改源程序，软件不易被恶意修改，安全性高
缺点	1）软件针对性不强，仅针对一般用户设计，难以适应企业特殊业务或流程 2）为保证通用性，软件功能设置复杂，业务流程简单的企业不易操作

2．租用网络在线服务

随着计算机网络技术的发展，出现了一种全新的网络化会计信息系统应用模式，即租用网络在线服务，如软件即服务（Software-as-a-Service，SaaS）、按需软件（on-demand software）、应用服务提供商（the application service provider，ASP）、托管软件（hosted software）等，用户以在线方式建立自己的会计信息系统，通过网络在线录入各种业务数据，在线运行会计信息服务系统，完成会计核算和财务管理的各项任务，其运行模式如图 1-7 所示。在这种模式下，用户只需配备能上网的计算机，每年支付一定的租用费，无须支付系统的升级和维护费用，而且不受时间和地域的限制，做到在线办公和移动办公。这种方式将是未来小微企业实现会计信息化的新选择。

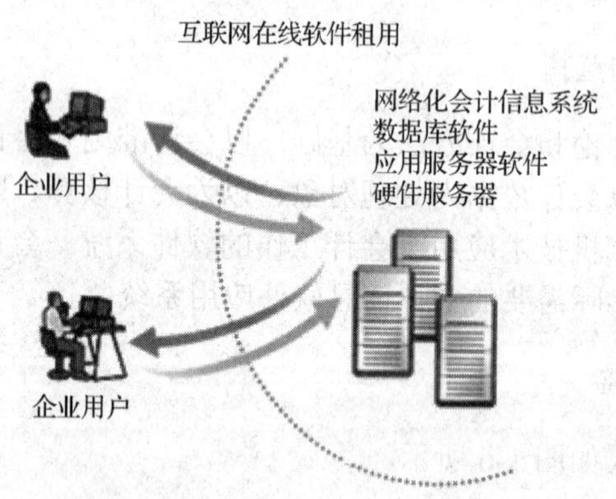

图 1-7 租用在线服务运行模式

用友和金蝶均开展网上会计自助服务业务，供广大小微企业使用。

3．定制开发

（1）自行开发

自行开发是指企业自己组织编程人员和财会人员，以及既懂会计又懂编程的复合型人员进行系统开发，其优缺点见表 1-3。这种方式只适合大型企业采用。

表 1-3　自行开发会计软件的优缺点

优缺点	主要内容
优点	1）充分考虑自身生产经营特点和管理要求，针对性和适用性强 2）对系统充分了解，解决问题快捷，改进及时，保证系统使用流畅
缺点	1）系统开发要求高、周期长、成本高，系统实施比较缓慢 2）普通企业难以维持一支稳定的高素质软件人才队伍

（2）委托外部单位开发

委托外部单位开发是指企业通过委托外部单位进行会计软件开发，其优缺点见表 1-4。

表 1-4　委托外部单位开发会计软件的优缺点

优缺点	主要内容
优点	1）软件的针对性较强，降低了用户的使用难度 2）对企业自身技术力量的要求不高
缺点	1）委托开发费用较高 2）开发人员需要花费大量时间了解业务流程和客户需求，开发时间长 3）开发系统的实用性差，常常不适用于企业的业务处理流程 4）外部单位的服务与维护承诺不易做好，目前已很少使用

（3）与外单位联合开发

一些较为特殊的企业，通用的商品化软件不完全适合本企业使用，同时本企业又有较强的经济实力和一定的软件开发技术力量，因此可以走联合开发之路。与外单位联合开发是指企业联合外单位进行软件开发，由本企业财务部门和网络信息部门进行系统分析，外单位负责系统设计和程序开发工作，开发完成后，对系统的重大修改由网络信息部门负责，日常维护工作由财务部门负责。这种办法既避免了本企业技术力量不足、自行开发周期长的缺点，又弥补了通用软件不能完全适应特殊需求的不足，是一部分大中型企业会计信息化常采用的一种方式。与外单位联合开发会计软件的优缺点见表 1-5。

表 1-5　与外单位联合开发会计软件的优缺点

优缺点	主要内容
优点	1）兼顾企业自身需求与外单位软件开发力量，开发系统质量高 2）内部人员参与开发，熟悉系统结构和流程，有利于系统维护和升级
缺点	1）需要外部技术人员与内部技术人员、会计人员沟通，开发周期较长 2）企业支付给外单位的开发费用较高

4. 购买与开发相结合

企业一般采取购买软件及服务的方式开展会计信息化工作，但是如果购买的通用会计软件不能完全满足需要，还需要开发个性化的软件作为补充。

（二）国内外著名的会计软件公司

1. 国内著名的会计软件公司

（1）用友软件集团

用友软件集团（以下简称用友）总部位于北京，成立于 1988 年。2001 年 5 月在上海证券交易所 A 股上市，股票代码为 600588；2014 年 6 月，用友旗下畅捷通信息技术股份有限公司在香港 H 股主板上市，股票代码为 01588。用友是亚太地区领先的软件、云服务、金融服务提供商，是中国最大的企业资源计划、CRM、人力资源管理、商业分析、内审、小微企业管理软件和财政、汽车、烟草等行业应用解决方案提供商。用友 iUAP 平台是中国大型企业和组织应用最广泛的企业互联网开放平台，畅捷通平台支持千万级小微企业的公有云服务。赛迪顾问数据显示，2019 年，用友网络在中国企业云服务市场占有率第一、中国企业 SaaS 市场占有率第一、中国企业级应用软件市场占有率第一、中国企业财务云市场占有率第一。截至 2019 年底，用友网络云服务业务客户数超过 543 万家，累计付费客户数为 51.22 万家。

（2）金蝶国际软件集团有限公司

金蝶国际软件集团有限公司（以下简称金蝶国际）总部位于中国深圳，始创于 1993 年。2001 年 2 月 15 日在香港联合交易所创业板上市，2005 年 7 月 20 日转香港联合交易所主板上市，股票代码为 0268。金蝶国际附属公司有专注于中国大陆企业管理软件市场的金蝶软件（中国）有限公司、致力于为企业提供在线管理与全程电子商务服务的金蝶移动互联公司、专注于中国大陆以外的亚太地区及海外市场的金蝶国际软件集团（香港）有限公司，以及专注于中间件业务的深圳金蝶中间件有限公司等。

（3）浪潮通用软件有限公司

浪潮通用软件有限公司总部位于山东济南，创立于 1992 年，现已发展成为中国著名的企业管理软件、分行业企业资源计划解决方案与咨询服务供应商，是我国中高端企业信息化应用的领先厂商之一。

2．国外著名的会计软件公司

SAP SE 公司成立于 1972 年，总部位于德国沃尔多夫市，是全球最大的企业管理软件及协同商务解决方案供应商，也是全球第三大独立软件供应商。

Oracle 公司成立于 1977 年，总部位于美国加利福尼亚州，是全球最大的企业级软件公司、世界领先的信息管理软件开发商、全球第二大独立软件供应商，全球几乎每个行业都使用 Oracle 技术。

三、会计信息系统的实施

（一）购置计算机硬件

计算机硬件设备是会计信息系统运行的物质基础，不同的企业应根据未来发展的目标、经济力量和管理需要等因素确定计算机硬件设备的购置计划，对计算机硬件的档次、网络结构、外部设备及数量做出原则性规定。从计划阶段就对硬件系统提出要求，有助于从会计信息化工作的整体需要出发，做出合理的长远安排，克服从眼前需要和局部需要出发的局限性，避免系统资源的浪费。

（二）购置或开发会计软件

会计信息系统所需要的软件包括操作系统软件、数据库软件、会计软件及其他工具软件。操作系统和数据库软件一般采用购买的方式，需要综合考虑会计软件配套需要及硬件配置的兼容性。如果采用购买通用会计软件的方式，就应该制订出软件购置计划；如果选择定制开发会计软件，就要制订软件开发计划和可行性分析阶段实施细则计划等。

（三）会计软件的安装

要想正确使用会计软件，首先要了解会计软件的运行环境，并在此基础上掌握会计软件的安装方法。本书教学平台为用友 ERP-U8V10.1，该产品定位于企业管理软件的中端应用市场，是国内应用最广泛的企业管理软件，具有典型代表性。

用友 ERP-U8V10.1 软件的安装

（四）进行系统初始化前的数据准备

系统初始化工作是系统运行的第一步，要做的事情就是进行一些建账的初始设置和基础数据的录入，这就需要将准备录入计算机的有关手工数据进行收集、整理和审核。

1）核对账目。整理所有手工凭证、账簿、报表数据，进行财产清查，核对账目，保证凭证、账簿、报表及实物之间相符。

2）制定科目体系。按照国家统一制度的要求，结合本企业实际，制定相应的会计科目体系，包括各级会计科目的名称、编码和辅助核算要求等。

3）确定辅助管理体系。根据会计科目体系及单位核算和管理的要求，确定辅助管理项目体系，如部门、个人、客户和供应商往来及其他项目等。

4）整理余额和发生额。准备有关会计科目及有关辅助核算项目的余额和发生额。

5）其他需要整理和明确的项目及内容。

（五）系统试运行

各项工作准备就绪，即可开始数据的录入、校验、加工和输出，针对发现的问题进行相应的调整、调试，并进一步健全和完善会计信息系统运行管理制度，为保证系统正式投入运行做好各种准备。

（六）系统正式投入运行

试运行成功后可投入正式运行。正式运行期间，应该做好系统运行的各项安全管理和维护，抓好岗位责任制和落实操作管理制度，进行数据的综合利用和电子档案管理。

四、开展会计信息化工作应注意的问题

会计信息系统的建立和运行是一项复杂的系统工程，要做好这项工作，需要领导高度重视，必须树立系统的观念，必须加强会计基础工作，必须重视会计信息化专业人才的培

养，遵循循序渐进的原则。

（一）领导高度重视

系统目标、实施方案、经费预算等需要领导的支持和批准，数据采集和反馈涉及各个部门，许多全局性问题需要从不同角度、不同层面考虑和解决，会计信息化应用的实践证明，领导在会计信息系统中起着至关重要的作用。

（二）必须树立系统的观念

会计信息系统是管理信息系统的一个重要子系统，必须从全局出发，既要避免产生“信息孤岛”，以实现数据共享，又要克服各自为政、重复组织数据的弊端。即便是在计算机的应用只限于财会部门的情况下，也要考虑其他部门对会计信息数据共享的需要，保留必要的接口，以便于发展的需要。

（三）必须加强会计基础工作

传统手工会计，由于管理水平、人员素质及手工本身的局限性，不同程度地存在规范性问题。将计算机应用引入会计领域后，软件本身所带来的规范性和先进性，对会计基础工作提出了规范要求。在会计信息化条件下，只有加强会计基础工作，才能真正发挥会计信息化的作用。这些基础工作主要包括管理制度和内部控制规范，会计数据收集、录入规范，会计工作程序规范，会计数据输出规范。

（四）必须重视会计信息化专业人才的培养

会计信息化专业人才在会计信息系统中起主导作用，会计信息系统的运行和管理需要不同岗位、不同类别、不同层次的专业人员，会计信息化事业的发展对会计信息化人才提出了越来越高的要求，因此，必须重视对会计信息化专业人才的培养。

（五）遵循循序渐进的原则

目前，我国会计信息化应用的整体水平还比较低，高层次管理和应用人员更是匮乏，不同行业、不同企业的会计基础工作参差不齐。在进行会计信息系统建设时，应考虑企业的实际情况，采取循序渐进、不断提高的方式。条件好的企业可一次全部实现会计核算的计算机处理，然后逐步推进到全面管理层；条件差的企业可以先完成账表基本核算的计算机处理，再逐步推进到其他核算模块的计算机应用处理，最后达到全面核算和管理的要求。

 问题思考

1）会计信息系统建设工作规划管理的内容主要有哪些？

2）会计信息化实施方案应该包括哪些主要内容？

3）如何选择商品化会计软件？

任务四 会计信息系统的运行管理

现代信息技术的应用，解决了手工会计工作中存在的会计信息不全面、会计信息提供不及时和不准确的难题，为会计工作从单纯的核算型向管理型转变提供了强大的技术支持。会计信息系统的建立不仅改变了会计工作的操作方式，而且引起了会计业务流程、会计管理程序和方法、会计人员的组织方式及内部控制等方面的一系列变革，从而对会计管理提出了新的要求。

一、会计信息系统运行管理的内容

会计信息系统运行管理的主要目标是保证会计信息系统正常、安全地运行。要保证会计信息系统正常、安全地运行，需要解决两个方面的问题：一是要建立适合本企业会计信息系统运行的组织机构和管理体制，包括职能部门或者职能小组的设立、会计信息系统工作人员的分工和岗位责任制的建立；二是要制定适合会计信息系统运行特点的会计管理制度，包括操作管理制度、维护管理制度、会计档案管理制度等。

会计信息系统运行管理的内容如下。

（一）组织管理

会计信息系统组织管理的目的就是建立岗位责任制，以便做到事事有人管，人人有专责，办事有要求，工作有检查，有利于提高工作效率和工作质量。会计信息系统的组织管理就是设立会计信息化职能部门或者职能小组，定人定岗、明确分工，建立责任制。会计信息系统工作岗位是指直接管理、操作、维护计算机及会计软件系统的工作岗位，一般有以下几种。

1. 系统主管

系统主管负责协调计算机及会计软件系统的运行工作，要求具备财会和信息技术知识及相关的会计信息系统组织管理的经验。系统主管可由会计主管兼任，采用中小型计算机和网络会计软件的企业应设立此岗位。

2. 数据录入岗位

数据录入岗位负责输入记账凭证和原始凭证等会计数据，输出记账凭证、会计账簿、报表，进行部分会计数据处理工作，要求具备会计软件操作知识，达到初级水平。

3. 审核记账岗位

审核记账岗位负责对输入的会计数据进行审核，以保证凭证的合法性、正确性和完整性，操作会计软件登记机内账簿，对打印输出的账簿、报表进行确认。此岗位要求从业人员具备会计和信息技术知识，达到初级水平，可由主办会计兼任。

4．系统维护岗位

系统维护岗位负责保证计算机硬件、软件的正常运行，管理电子数据。此岗位要求从业人员具备信息技术和会计知识，达到中级水平。采用大型、小型计算机和计算机网络会计软件的企业应设立此岗位，在大中型企业应由专职人员担任，维护人员不对实际会计数据进行操作。

5．稽核岗位

稽核岗位负责监督计算机及会计软件系统的运行，防止企业人员利用计算机进行舞弊。审查人员要求具备会计和信息技术知识，达到中级水平，采用大型、小型计算机和大型会计软件的企业可设立此岗位。

6．数据分析岗位

数据分析岗位负责对会计数据进行分析，要求从业人员具备信息技术和会计知识，达到中级水平。采用大型、小型计算机和计算机网络会计软件的企业可设立此岗位，由主管会计兼任。

7．会计档案资料保管岗位

会计档案资料保管岗位负责存档数据盘、程序盘、输出的账表、凭证和各种会计档案资料的保管工作，做好存储介质、数据及资料的安全保密工作。

8．软件开发岗位

由本企业人员进行会计软件开发的企业，可设立此岗位。该岗位的从业人员主要负责本企业会计软件的开发和软件维护工作。

以上会计信息系统工作岗位的划分，主要是针对会计信息系统规模较大的企业，这些企业的业务量比较大，工作岗位划分很细，一些岗位常常是一岗多人。对于中小型企业，会计部门的人员少，会计业务比较简单，业务量少，应根据实际需要设置相应岗位，可以一人多岗，但应满足内部控制制度的需要，如出纳岗位与记账、审核岗位、会计档案保管岗位不能由同一个人兼任。

（二）操作管理

1．明确规定操作人员的权限

通常由系统管理员为各类操作人员设置使用权限，未经授权，一律不得上机。操作权限的分工要符合内部控制制度，系统开发人员、维护人员不得从事业务处理的操作工作；出纳人员不得同时具有不相容的操作权限。

2．操作人员必须严格按照会计业务流程进行操作

操作人员要保证输入计算机的会计数据正确、合法，已经输入的数据发生错误，应根

据不同情况进行留有痕迹的修改；操作人员离开机房前，应执行相应命令退出系统，否则密码就会失去作用，给无关人员操作系统留下机会。

3．操作人员上机必须进行登记

由专人保存必要的上机操作记录，记录操作人员、操作时间、操作内容、故障情况和处理结果等内容。

4．防范计算机病毒的措施

各类操作人员不得随便使用外来移动硬盘或优盘，确需使用要先进行病毒检查。

（三）维护管理

1．硬件设备的维护管理

维护人员要经常对有关设备进行保养，保持机房和设备的整洁，防止意外事故的发生。在硬件维护工作中，小故障一般由本企业的维护人员负责，较大的故障应及时与硬件生产或销售厂家联系解决。

2．系统软件的维护管理

维护人员要检查系统文件的完整性、是否被非法删除和修改，保证系统软件的正常运行。

3．会计信息系统的维护管理

对于日常使用软件过程中发现的问题，系统维护人员应尽早解决，若不能解决，则应马上求助软件开发公司的专职维护人员或本企业的软件开发人员。

软件的修改、版本升级等程序维护是由软件开发厂家负责的，软件维护人员的主要任务是与软件开发销售单位进行联系，及时得到新版会计软件。对于自行开发软件的单位，程序维护则包括正确性维护、完善性维护和适应性维护等。对正在使用的会计软件进行修改，对通用会计软件进行升级，要有审批手续。

4．会计数据的安全维护管理

会计数据的安全维护是为了确保会计数据和会计软件的安全保密，防止对数据和软件的非法修改和删除，主要内容包括经常进行备份，以避免意外和人为错误造成数据的丢失，每日对会计资料进行备份，对存放的数据要保存双备份。

（四）会计档案管理

会计信息系统档案是指存储在计算机中的会计数据和计算机打印出来的纸介质，包括记账凭证、会计账簿、会计报表等数据，以及会计软件系统开发运行中编制的各种文档及其他会计资料。必须加强对会计信息化档案管理工作的领导，建立和健全会计档案的立卷、归档、保管、调阅和销毁管理制度，并由专人负责管理；做好防火、防潮、防尘等工作，重要会计档案应准备双份，安全存放在两个不同的地点。

会计软件的全套文档资料及会计软件程序均属于会计档案，如果遇到会计软件升级、更换及会计软件运行环境改变，旧版本会计软件及相关的文档资料应与该软件使用期的会计资料一并归档。

二、会计信息系统的内部控制

（一）会计信息系统内部控制的意义

会计信息系统比手工会计系统更加复杂，技术要求更高，更有可能产生舞弊和犯罪行为，或出现无意的差错，同时，企业实现会计信息化后，管理和决策部门对会计信息的依赖日益增强，更需要加强内部控制。建立会计信息系统内部控制的目的就是保证会计信息系统所产生信息的正确性、可靠性、及时性，使会计业务处理符合会计准则和制度的要求，防止违法行为的发生，提高信息系统的效率，充分发挥会计信息系统的作用。

（二）会计信息系统内部控制的目标

会计信息系统内部控制的目标是健全机构、明确分工、落实责任、严格操作规程，充分发挥内部控制作用，促进企业有效实施内部控制，提高企业现代化管理水平，减少人为操纵因素；同时，增强信息系统的合法性、安全性、可靠性、合理性、适应性和及时性，为建立有效的信息与沟通机制提供支持保障。

1）合法性是指会计信息系统内部控制要保证处理的经济业务及有关数据符合有关法律、规章和制度。

2）安全性是指会计信息系统内部控制有利于保证财产和数据的安全，具有严格的操作权限，以及保密功能、恢复功能和防止非法操作功能。

3）可靠性是指会计信息系统内部控制能够保证数据的输入、加工和输出正确无误。

4）合理性是指会计信息系统内部控制要保证处理的经济业务及有关数据有利于提高工作效率和经济效益。

5）适应性是指会计信息系统的内部控制能适应管理需要、环境变化和例外业务。

6）及时性是指会计信息系统内部控制要有利于及时输入数据、及时处理数据、及时输出和传递数据，保证会计信息化处理数据的及时利用。

（三）会计信息系统内部控制的功能

1．预防性控制功能

预防性控制功能是指通过防止或阻止错误、事故、舞弊等避免对信息的准确、完整、安全造成影响。例如，通过设置口令来防止无关人员非法接触和使用计算机，避免对数据文件和程序进行破坏、篡改和非法复制。

2．检测性控制功能

检测性控制功能是指通过找出、发现已经发生的错误、事故、舞弊来防止危害的扩大，消除危害。例如，通过系统记录，发现非法修改应用程序或数据文件的行为。

3．纠正性控制功能

纠正性控制功能是指通过更正已检测出的错误，处理发生的舞弊行为，减轻危害，使系统恢复正常。例如，通过数据和程序备份措施，补救对程序和数据的危害。

（四）会计信息系统内部控制的特点

与手工会计相比，会计信息系统的内部控制主要有以下几个方面的特点。

1．控制的方式发生变化

会计信息系统将手工条件下的大部分会计核算工作，如记账、算账、对账、编制报表等集中在计算机中由会计软件完成。手工条件下的会计工作基本上演变为只负责对原始数据进行收集、审查、整理、录入和信息处理结果的分析和保管。会计业务执行主体的变化导致内部控制实施主体的变化，虽然不能取代全部手工条件下的所有会计工作，但是关键的会计信息处理和业务核算工作已由会计软件集中代替。于是，会计工作的执行主体演变为人与会计软件两个因素。这种变化使会计信息系统中的内部控制实施主体也演变为人与会计软件两个因素，控制方式由人工控制转变为人工控制和程序控制相结合。

2．控制的重点发生变化

会计信息系统实现后，会计人员不再需要手工登记账目，不需要进行平行登记，所有数据都源于凭证库，数据只需一次性录入，系统将自动进行多项业务处理。输入操作不当，将会引发日记账、明细账、总账乃至会计报表等一系列的错误。因而，数据输入操作不当问题是信息化条件下会计业务处理程序中关键的内部控制问题。

3．控制的范围扩大

由于会计信息系统的数据处理方式与手工处理方式有所不同，以及计算机系统建立与运行的复杂性，会计信息系统内部控制的范围相应扩大，其中包括一些手工系统中没有的控制内容，如对系统硬件、软件运行的控制，数据备份、数据恢复和数据存储的控制等。

4．控制的风险增大

在手工条件下，会计的多项业务资料，如凭证、日记账、明细账、总账等均由不同的责任人分别记录并保管，未经授权，任何人都无法浏览全部的会计资料。在会计信息系统中，所有的会计信息均集中于计算机中，且由同一套会计软件执行多项业务处理。在计算机网络技术和数据库技术所导致的计算机数据资料高度共享的条件下，如果没有相应的内部控制措施，系统数据和信息处理资料将面临被不留痕迹地非法浏览、修改、复制乃至毁损的巨大系统问题风险。

会计信息化后，会计资料存储介质的变化也导致会计资料管理方面的一系列重要内部控制问题。原来手工条件下的纸介质将由新的存储介质代替，使会计信息化的资料保存面临一系列新的风险问题。

会计信息化还引发了一些其他问题，如系统不当开发问题、计算机病毒入侵问题、未经授权的软件调用和修改问题，以及软件系统实施所引发的审计问题等。

会计信息化使系统内部控制体系出现的变化均源于会计软件这一新的会计业务执行主体，它是我们认识和设计会计信息系统内部控制体系的主线。

（五）会计信息系统内部控制的措施

1．组织控制

所谓组织控制，是指将系统中不相容的职责进行分离，即对系统中各类人员进行分工，并以相应的管理规章与之配套。目的在于通过设立一种相互稽核、相互监督和相互制约的机制来保障会计信息的真实、可靠，减少发生错误和舞弊的可能性。

在手工方式下，不相容的职能可通过分散处理方式实现相分离，但在会计信息化方式下，业务的处理集中在计算机中，岗位职能的分离显得极其重要。具体包括程序设计职能与会计业务处理职能相分离、系统管理和维护与业务操作职能相分离、出纳业务职能与对出纳控制的职能相分离、设立独立的档案保管职能，以有效地防止未经批准而使用程序、数据文件和系统资料。

2．操作控制

操作控制的目的是通过规范计算机操作，减少产生差错和未经批准而使用程序、数据文件的机会。操作控制是通过制定和执行规范的操作顺序来实现的，主要包括以下几个方面。

（1）一般操作控制

一般操作控制主要是对操作所做的一般性规定，包括设备进出机房的要求、设备使用的要求、软件应用的基本规范要求，以及机房中禁止的活动和行为。

（2）数据输入控制

输入是会计信息系统的信息入口，也是出错的主要环节。数据输入的控制方法主要有使用格式标准的凭证、只接受内容齐全的凭证、进行凭证交接的详细登记。数据输入控制的主要内容包括对凭证日期的控制、对凭证编号的控制、对附件的控制、对摘要的控制、对金额的控制、对科目使用的控制、对辅助信息的控制。对于联机输入，还必须有反馈机制，即数据通过终端传送到主机，终端屏幕应有主机收到数据的反馈信息提示。各种录入的数据均须具有完整、真实的原始凭证，并经过严格的审批。数据录入员对输入数据有疑问时，应及时核对，不能擅自修改。数据处理控制的基本要求是按规范的业务处理流程进行操作。有些数据处理控制往往被编入计算机程序，如数据有效性检验、余额检查、试算平衡等。

（3）数据输出控制

数据输出控制包括屏幕查询、打印机打印输出、备份文件输出等形式。输出控制的目标不仅要保证各种输出结果的真实、完整和正确，还要控制机房工作人员非经授权不能向任何人提供任何资料和数据。

3．系统安全控制

系统安全控制的目的是保证计算机系统的运行安全及会计档案安全，消除外部环境因素导致的系统运行错误及数据毁损的隐患。系统安全控制包括接触控制、环境控制和后备控制。

1）接触控制是防止各种非法人员进入机房，杜绝未经授权的人擅自动用系统的各种资源，保护机房内的设备、机内的程序和数据的安全，以保证各项资源的正确性。随着网络技术的快速发展，企业应加强对网络安全的控制，制定网络安全性措施，包括数据保密、访问控制、身份识别等。

2）环境控制是为了尽量减少外界因素所致的危害和系统故障，以保障设备正常运行，主要包括防盗、防水、防火、防高温、防潮湿、防强磁场干扰、防病毒破坏。机房还应采用单独的供电系统，并且经常检查电源、接地线的安全，以保证机房用电安全。

3）后备控制是为在系统出现问题后能够迅速恢复被毁程序和数据所采取的一些预防性措施，主要包括程序软件备份和数据备份，这些备份的文件都要保存在安全的地方，并与原件分开存放，一旦出现意外情况可以立即恢复被毁程序或数据。

问题思考

1）开展会计信息化工作应该注意哪些主要问题？

2）会计信息系统运行管理的主要内容有哪些？

项目二　系统管理和基础设置

学习要点

1. 系统初始化概述。
2. 系统管理的操作。
3. 基础设置。

学习目标

1. 了解期初建账工作的特点。
2. 能够按照实际需要开展会计核算的准备工作。
3. 培养探索问题的兴趣。
4. 培养勤奋学习精神和合作精神。

学习指引

安装好用友 ERP-U8V10.1 软件后，具体操作又该从何入手呢？

用友软件属于通用化的商品软件，每家企业必须结合自身需要进行初始设置，完成操作员设置、账套创建、操作权限分配、操作规则定义、基础数据设置等一系列工作，将一个通用系统设置成适合本企业使用的专用系统，这些在计算机应用环境下的建账工作，通常被称为系统初始化。

任务一　系统初始化概述

一、系统管理的功能

用友 ERP-U8V10.1 软件由多个相互联系的模块组成，这些模块拥有相同的账套和年度账，用户和权限集中管理，统一管理账套和年度账数据，管理这些内容的平台就是系统管理模块。账套是指存放会计账务相关数据的文件，其实质是一个独立的数据库。系统管理模块包括账套管理、年度账管理、用户及其权限管理、数据维护。账套管理包括账套的建立、修改、引入、输出和删除，年度账管理包括年度账的建立、引入、输出、结转上年数据、清空年度数据。

二、系统管理的操作流程

1）系统管理的操作流程（新用户）如图 2-1 所示。

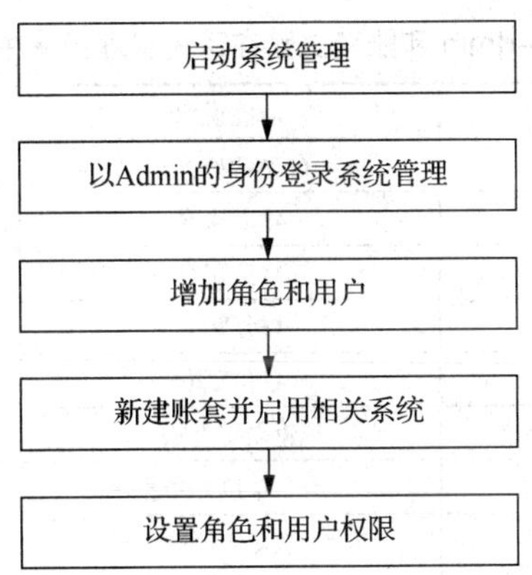

图 2-1 系统管理的操作流程（新用户）

2）以上年数据为基础的系统管理的操作流程（老用户）如图 2-2 所示。

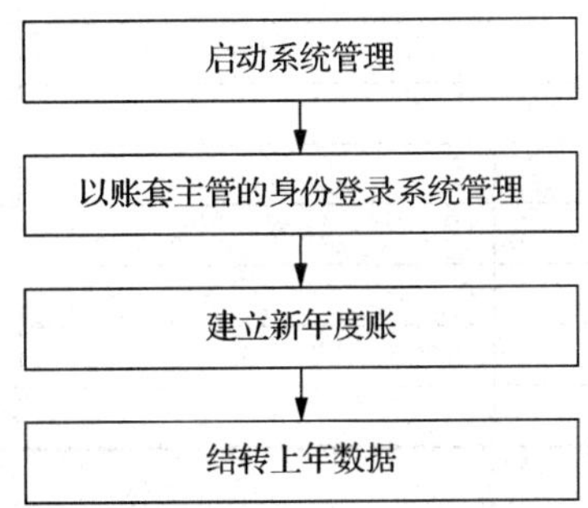

图 2-2 系统管理的操作流程（老用户）

三、基础设置的内容及操作流程

在进行日常账务处理以前，需要确定操作规则，进行基础数据的设置，主要包括基本信息定义、基础档案定义、业务单据设计、权限定义等。

基础设置的大量工作是基础档案的定义，其内容及操作流程如图 2-3 所示。

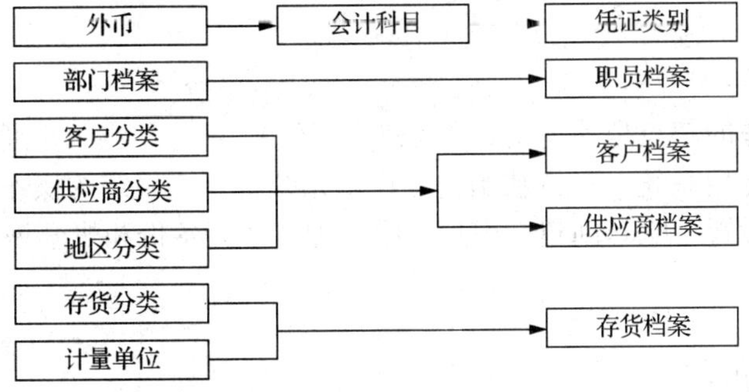

图 2-3 基础档案的内容及操作流程

四、Admin 和账套主管的权限区分

Admin 和账套主管在系统管理模块中的权限如表 2-1 所示。

表 2-1　Admin 和账套主管在系统管理模块中的权限

主菜单	子菜单	功能说明	Admin	账套主管
系统	设置备份计划	自动备份计划	○	○
账套	建立	建立账套	○	
	修改	修改账套		○
	引入	恢复账套	○	
	输出	备份账套	○	
年度账	建立	建立年度账		○
	清空年度数据	清空年度账数据		○
	引入	恢复年度账		○
	输出	备份年度账		○
	结转上年数据	数据年度结转		○
权限	角色	角色管理	○	
	用户	用户管理	○	
	权限	权限管理	○	○
视图	清除异常任务		○	
	清除选定任务		○	
	清除所有任务		○	
	清退站点		○	
	清除单据锁定		○	
	上机日志		○	

问题思考

1）系统管理的功能有哪些？
2）基础设置的具体内容有哪些？
3）Admin 和账套主管的权限有何不同？

任务二　系统管理的操作

一、任务描述

会计信息化工作的起点是系统初始化（建账工作），目的是将一个通用软件系统设置为适合本企业使用的专用系统。系统初始化工作从系统管理子系统的操作开始，本任务主要训练学生掌握用户设置、账套创建、用户权限分配、账套备份和账套恢复的操作方法。

二、实训任务

1）增加角色和用户。
2）建立账套。
3）设置角色和用户权限。
4）修改账套。
5）输出账套和删除账套。

6）引入账套。
7）设置自动备份计划。

三、任务目标

1）熟悉系统管理界面。
2）理解系统管理的作用。
3）理解用户权限设置的意义。
4）设置角色和用户。
5）建立新账套。
6）进行权限设置。
7）进行数据备份工作。
8）进行数据恢复工作。

四、准备工作

1）安装的用友软件符合操作要求。
2）了解系统管理的功能。
3）了解 Admin 和账套主管的权限。
4）更改计算机系统时间为 2020 年 1 月 1 日。
5）准备一个存储空间不小于 8GB 的 U 盘。

五、任务引例

1. 用户信息

用户信息如表 2-2 所示。

表 2-2　用户信息

姓名	编号	认证方式	密码	角色
张主管	01	用户+口令	01	账套主管
李制单	02	用户+口令	02	
王审核	03	用户+口令	03	
赵出纳	04	用户+口令	04	

2. 账套信息

账套信息如表 2-3 所示。

表 2-3　账套信息

项目	内容
账套号	888
账套名称	中盛聚荣公司
账套路径	默认路径（一般为 C:\U8SOFT\ADMIN）
启用会计期	2020 年 1 月
会计期间	年度为 1 月 1 日至 12 月 31 日，每月按自然起止日期设置

3．单位信息

单位信息如表 2-4 所示。

表 2-4　单位信息

项目	内容
单位名称	中盛聚荣科技有限公司
单位简称	中盛聚荣
单位地址	
法人代表	郑婕
邮政编号	

4．核算类型

核算类型如表 2-5 所示。

表 2-5　核算类型

项目	内容
本币代码	RMB
本币名称	人民币
企业类型	商业
行业性质	2007 年新会计制度科目，并按行业性质预置科目
科目预置语言	中文（简体）
账套主管	张主管

5．基础信息

基础信息包括对存货、客户、供应商进行分类，有外币业务。

6．分类编码方案

分类编码方案如表 2-6 所示。

表 2-6　分类编码方案

项目	编码方案级次
科目编码级次	4222
客户分类编码级次	223
供应商分类编码级次	223
存货分类编码级次	22
部门编码级次	22
结算方式编码级次	12
收发类别编码级次	12

7．数据精度

数据精度要求全部保留 2 位小数。

8．用户权限

用户权限如表 2-7 所示。

表 2-7　用户权限

姓名	权限
张主管	负责账套管理，具有所有模块全部权限
李制单	负责日常业务凭证处理，具有总账、UFO（user friend office）报表、应付款管理、应收款管理、薪资管理、固定资产、公共单据、公共目录设置、存货核算、采购管理、销售管理、库存管理等模块的全部权限
王审核	负责凭证的审核，具有凭证查询和审核权限
赵出纳	负责出纳签字、支票管理、银行账管理，具有出纳签字、凭证查询及出纳的全部权限

9．自动备份计划

自动备份计划如表 2-8 所示。

表 2-8　自动备份计划

项目	内容
计划编号	202001
计划名称	888 账套备份计划
备份类型	账套备份
发生频率	每周
发生天数	1
开始时间	03:00:00
有效触发	2 小时
保留天数	0
备份路径	C:\UFIDAU8BAK
账套	888

六、教学关注

初学者对于目前的操作可能难以理解，只会按照书本上的步骤进行，离开书本后就不知所措，但是只要坚持学习，把前后内容联系起来，困惑就会慢慢消除。谁越坚持，谁的学习收获就越大。

建议学生多思考前后操作的逻辑关系，用联系的观点看问题，在操作中注意看屏幕提示，理解每个操作内容的意义。

训练要进行 3～4 遍，做到熟能生巧。先按照过程指导进行操作，直到能够直接根据实训任务和任务引例资料进行操作。

七、过程指导

（一）登录系统

（1）启动系统管理

以 Admin 的身份执行“开始”－“用友 ERP-U8V10.1”－“系统服务”－“系统管理”命令，启动系统管理。

（2）登录系统管理

执行“系统”－“注册”命令，打开“登录系统管理”界面，如图 2-4 所示。

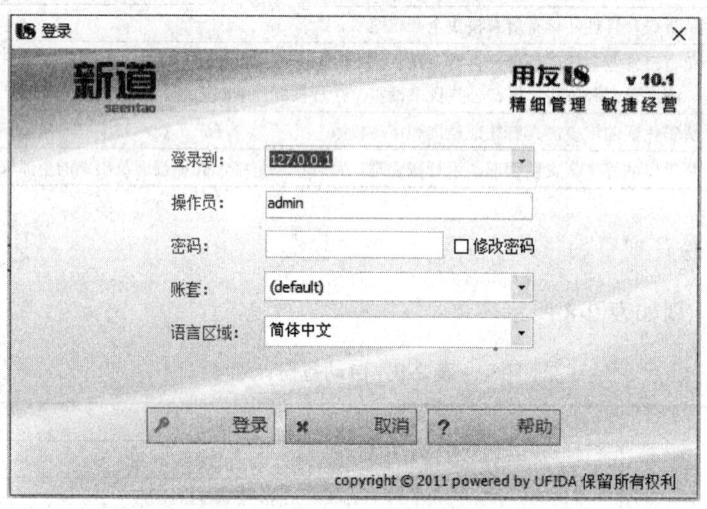

图 2-4 “登录系统管理”界面

单击“登录到”文本框右侧的下拉按钮从中选择需要登录的服务器，在“操作员”右侧的文本框中输入“Admin”，“密码”为空，在“账套”文本框右侧的下拉按钮中选择“(default)”，单击“确定”按钮，进入“系统管理”界面，如图 2-5 所示。

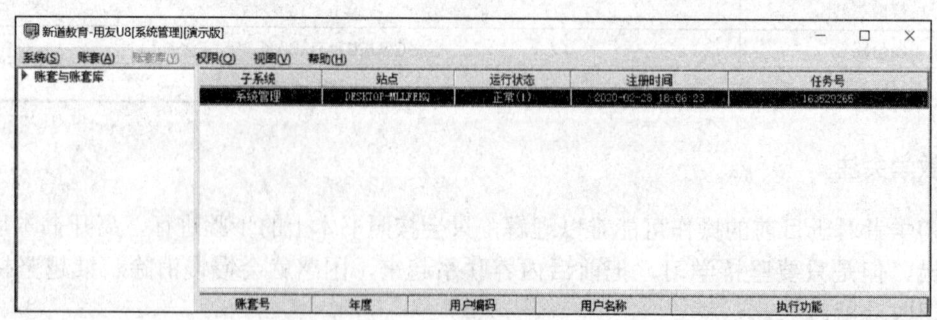

图 2-5 “系统管理”界面

“系统管理”界面的上部分显示登录到系统管理的子系统名称、站点运行状态、注册时间、任务号，界面的下部分显示系统中正在执行的功能。

【相关说明】 第一次进入系统管理的操作员是Admin。建立账套主管之后，账套主管也可以登录系统管理。Admin登录界面包括服务器、操作员、密码、语言区域，账套主管登录界面包括服务器、操作员、密码、账套、操作日期、语言区域。在登录界面中，可以选中“修改密码”复选框以修改当前操作员的密码。为了学习方便，可以不修改密码，但在实际工作中，一定要修改操作员的密码。如果要更换操作员，只需要执行“系统”－“注销”命令，退出当前操作员，再执行“系统”－“注册”命令，重新打开登录界面，输入新的登录信息即可。在运行系统管理前，要注意观察右下角的用友图标状态是否运行正常。

（二）用户管理

只有Admin才有权限进入用户管理，设置用户后，系统对登录进行合法性检查。

1）在“系统管理”界面，执行“权限”－“用户”命令，打开“用户管理”界面。

2）在“用户管理”界面，单击“增加”按钮，打开“操作员详细情况”界面，依次录入有关信息：编号为“01”，姓名为“张主管”，用户类型为“普通用户”，认证方式为“用户＋口令（传统）”，口令为“01”，确认口令为“01”。角色选“账套主管”，如图2-6所示，单击“增加”按钮，保存新增用户信息。

3）按照给定资料，继续增加用户，依次录入02李制单、03王审核、04赵出纳的详细情况。

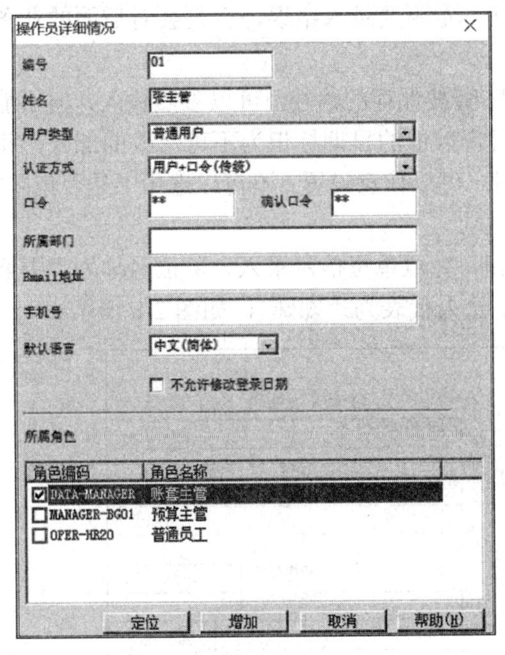

图2-6　增加操作员

用户管理相关说明

（三）新建账套

只有Admin才能新建账套。

1）启动“创建账套”功能。在“系统管理”界面，执行“账套”－“建立”命令，打开“创建账套”界面，如图 2-7 所示。

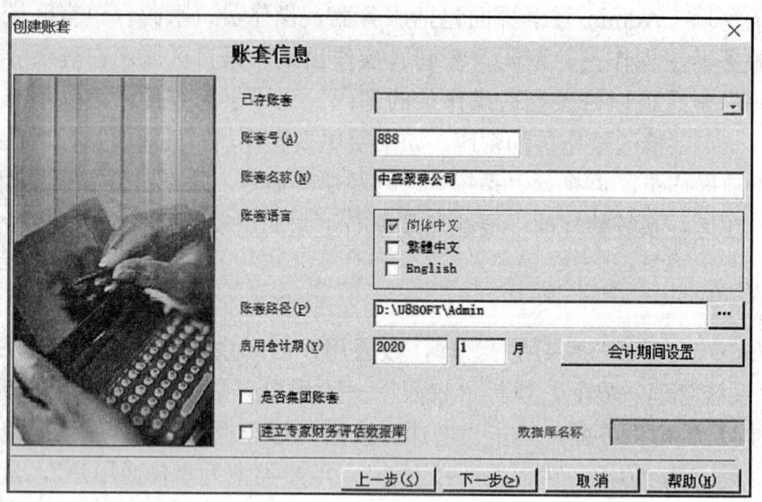

图 2-7　“创建账套”界面

2）录入账套信息。录入账套号“888”-账套名称“中盛聚荣公司”，启用会计期“2020 年 1 月”。启用会计期默认日期如果不是 2020 年 1 月，说明系统时间没有按要求修改，需要退出后更改计算机系统时间。启用会计期一定不要录入错误，否则会对后面的业务日期产生影响。

【相关说明】账套路径：必须输入新建账套被保存的路径，可以参照输入，但不能是网络磁盘。会计期间设置：系统自动将启用月份以前的日期标识为不可修改的部分，将启用月份以后的日期标识为可以修改的部分，用户可以任意设置。不可以选中“是否集团账套”“建立专家财务评估数据库”复选框。

3）录入单位信息。单击“下一步”按钮，完成单位信息录入，单位名称为“中盛聚荣科技有限公司”，单位简称为“中盛聚荣”，法人代表为“郑婕”，如图 2-8 所示。

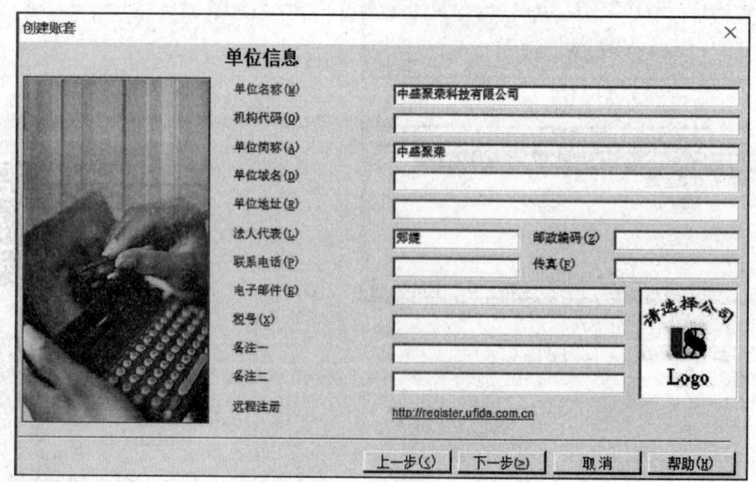

图 2-8　录入单位信息

【相关说明】单位名称为必填项，其他根据情况录入。单位名称应录入全称，打印发票时会调用这个信息，这也是必填的原因。可以给公司指定一个 Logo（标识），单位名称也可以在企业应用平台的基础数据定义中进行修改。

4）录入核算类型。单击“下一步”按钮，进入核算类型界面，企业类型为“商业”，行业性质为“2007 年新会计制度科目”，账套主管为“[01]张主管”，选中“按行业性质预置科目”复选框，如图 2-9 所示。

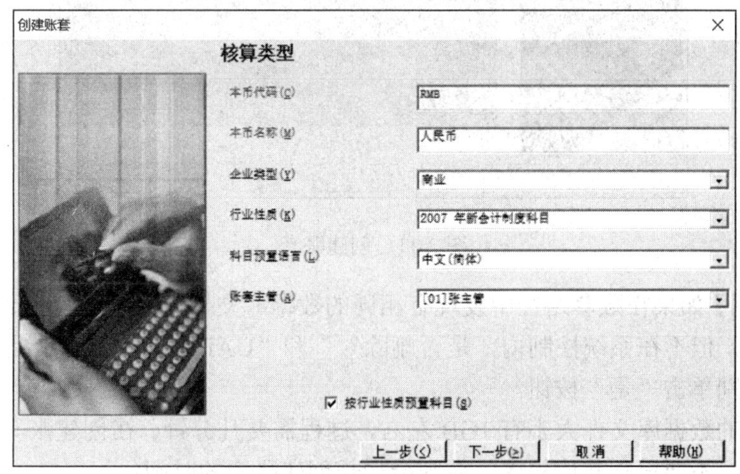

图 2-9　定义核算类型

【相关说明】选中“按行业性质预置科目”复选框后，会计科目会由系统自行设置，如果此时不选中，还可以在定义基础档案时由用户自己设置。其中，账套主管是必填项，这也是需要先定义用户的原因。

5）设置基础信息。单击“下一步”按钮，在“基础信息”选择界面，选中所有的复选框，如图 2-10 所示。

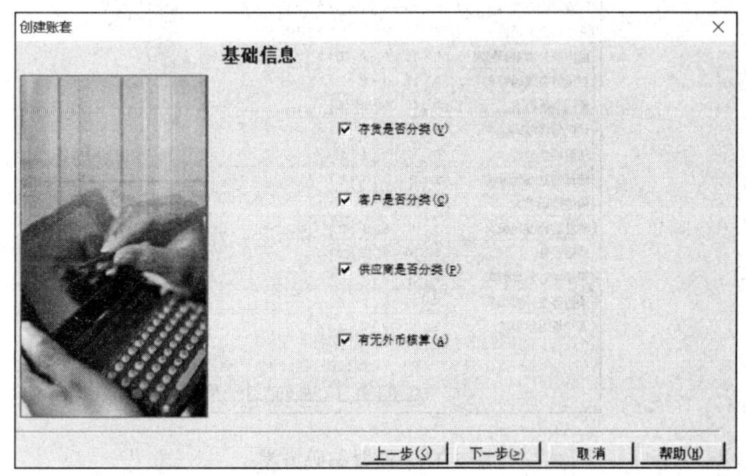

图 2-10　设置基础信息

6）开始创建账套。单击“完成”按钮，弹出“可以创建账套么？”信息提示框，单击

“是”按钮，进入创建账套过程，如图 2-11 所示。

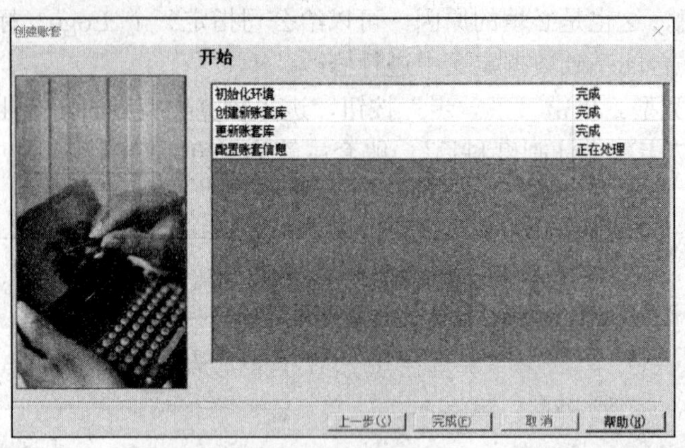

图 2-11　创建账套

【相关说明】如果在账套路径中发现有相同的数据库文件，会弹出“将要建立的年度数据库已经存在，但不在系统控制内，是否删除？”和“UAP 账套已经存在是否覆盖？”信息提示框，分别单击“是”按钮。

创建账套的数据库文件大小有 1GB 左右，过程需要几分钟。在创建账套的过程中，一定要耐心等待，不要运行其他程序，否则会加长创建账套的时间。

7）设置编码方案。等待几分钟后，系统自动弹出“编码方案”对话框，如图 2-12 所示。根据任务引例资料，修改编码方案，单击“确定”按钮保存编码方案，然后单击“取消”按钮，关闭界面。

编码方案

项目	最大级数	最大长度	单级最大长度	第1级	第2级	第3级	第4级	第5级	第6级	第7级	第8级	第9级
科目编码级次	13	40	9		2	2	2					
客户分类编码级次	5	12	9	2	2	3						
供应商分类编码级次	5	12	9	2	2	3						
存货分类编码级次	8	12	9	2	2							
部门编码级次	9	12	9	2	2							
地区分类编码级次	5	12	9	2	3	4						
费用项目分类	5	12	9	1	2							
结算方式编码级次	2	3	3	1	2							
货位编码级次	8	20	9	2	3	4						
收发类别编码级次	3	5	5	1	2							
项目设备	8	30	9	2	2							
责任中心分类档案	5	30	9	2	2							
项目要素分类档案	6	30	9	2	2							
客户权限组级次	5	12	9	2	3	4						

确定(O)　取消(C)　帮助(F)

图 2-12　设置编码方案

【相关说明】删除多余编码从末级开始，选择末级，按 Delete 键或退格键即可。科目编码第 1 级为灰色，说明系统按行业预置了一级会计科目。以后用过的级次都将变为灰色，不可修改。

8）设置数据精度。关闭编码方案后，自动弹出“数据精度”对话框，默认值与资料相同，不需要修改，直接单击“取消”按钮即可，如图 2-13 所示。

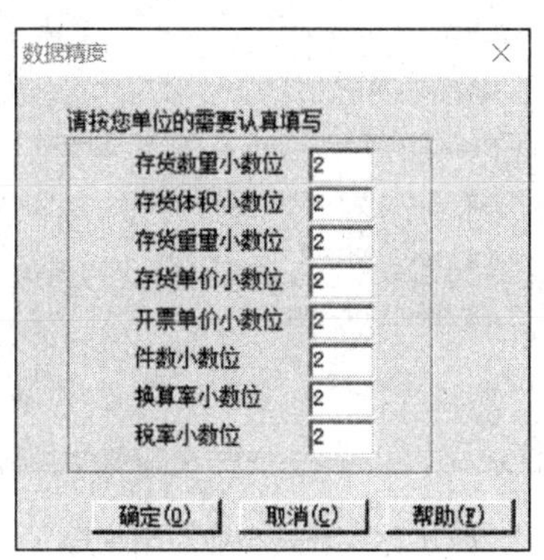

图 2-13　设置数据精度

9）完成操作。关闭“数据精度”对话框后，会弹出“现在进行系统启用的设置？”信息提示框，如图 2-14 所示。如果单击“否”按钮，则不进行系统启用的设置，系统启用功能也可以在后面的操作中完成。如果单击“是”按钮，会弹出“请进入企业应用平台进行业务操作！”信息提示框，单击“确定”按钮，完成创建账套的操作。

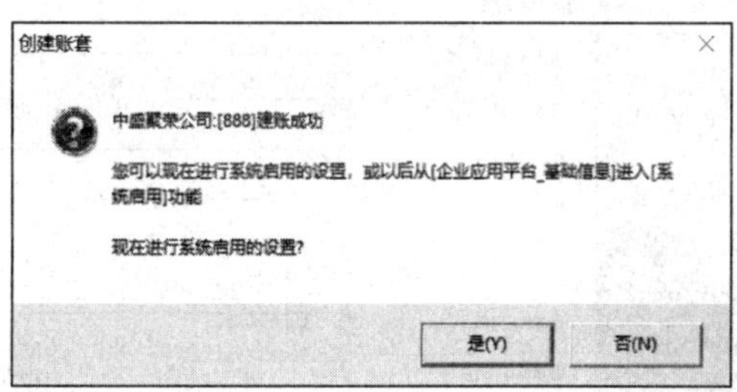

图 2-14　是否启用系统提示

（四）修改账套

若上一环节操作中有误，则可通过本功能修正部分错误。练习时，观察是不是所有的内容都可以修改。

1）账套主管注册系统管理。在“系统管理”界面执行“系统”—“注销”命令，Admin 退出系统，重新打开“登录”界面，输入账套主管“01”，口令“01”，选择账套“[888](default)中盛聚荣公司”，日期改为“2020-01-01”（可将光标放在年、月、日上，再通过上下箭头直接调整日期），单击“登录”按钮，即可进入系统，如图 2-15 所示。

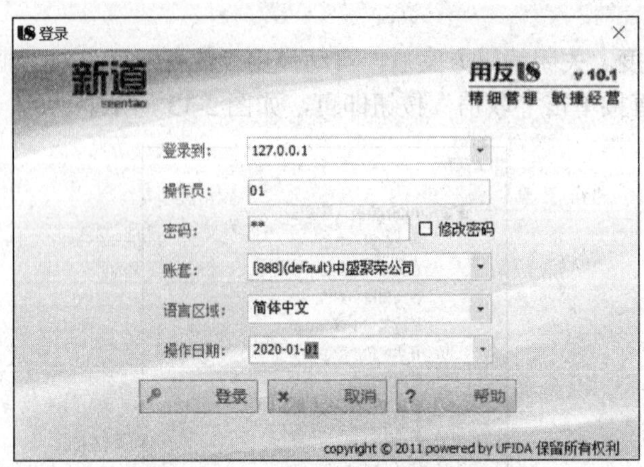

图 2-15　登录企业应用平台

【特别注意】只有账套主管才能修改自己管理的账套，Admin 无权修改账套。注意观察账套主管登录界面与 Admin 登录界面有什么不同。

2）启动“修改账套”功能。在系统管理中执行“账套”－“修改”命令，打开“修改账套”界面，如图 2-16 所示。

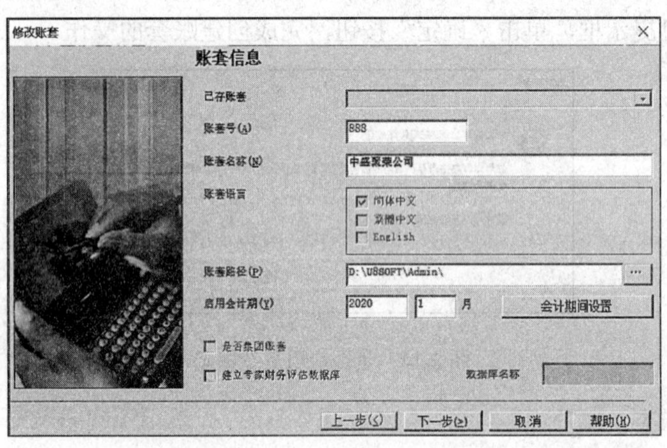

图 2-16　“修改账套”界面

3）修改账套信息。根据需要修改账套信息，可以修改的有账套信息页中的“账套名称”、单位信息页中的所有信息、核算信息页中的“企业类型”、基础信息页中的全部信息，以及编码方案和数据精度。

【相关说明】没有业务数据的会计期间才可以修改其开始日期和终止日期。

（五）权限管理

用友 ERP-U8V10.1 提供功能级权限、数据级权限和金额级权限的控制功能，不同的组合方式将为企业的控制提供有效的方法。

功能权限说明

1）以 Admin 的身份登录系统管理。

2）启动“功能权限设置”功能。执行“权限”—“权限”命令，打开“功能权限设置”界面，如图 2-17 所示。

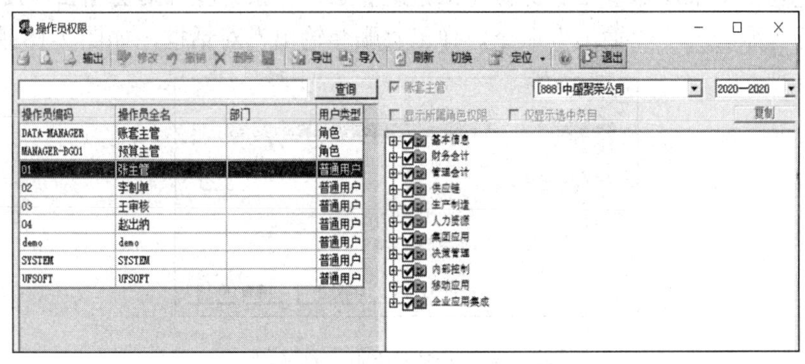

图 2-17　“功能权限设置”界面

3）核对账套和年度。核对界面右上角是否为 888 账套和 2020 年度，如果不是，进行修改。

【特别注意】当存在多套账或多个年度账时，一定要核对右上角的账套号和年度。

4）选择权限分配对象。从操作员列表中选择“02 李制单”，单击“修改”按钮。

5）设置权限。根据任务引例资料，在界面的右边分别选择总账、UFO 报表、应付款管理、应收款管理、薪资管理、固定资产、公共单据、公共目录设置、存货核算、采购管理、销售管理、库存管理。

6）保存权限。单击工具栏上的“保存”按钮，保存当前权限。

7）设置其他操作员的权限。按照 4）～6）的方法，依据任务引例资料，依次设置“03 操作员”“04 操作员”的权限。

（六）年度账管理

一个账套可以包括多个年度账，当新建账套时，会自动建立第一个年度账。第一个年度业务全部完成后，需要建立下一年度的年度账。

操作流程分为两步：第一步是建立年度账，结转基础定义数据；第二步是结转上年数据，将上一年度的期末数据结转到本年作为期初数据。

【特别注意】年度账管理只能由账套主管完成操作。只有第一个年度最后一个期间结账后，才能建立新年度账，目前不能操作。

（七）数据备份与恢复

系统提供账套输出、年度账输出、自动备份计划 3 种方式对数据进行备份。

账套输出是指将所选账套的全部数据进行完整的备份输出，恢复数据时只需要有用友软件运行环境即可。年度账输出是指将指定账套的指定年度数据进行备份，恢复数据时需要对应的账套存在于系统中。自动备份计划是指按指定的时间、指定的规则自动对账套进行输出备份。

1．账套输出

1）以 Admin 的身份登录系统管理。

【特别注意】如果以账套主管身份登录系统管理，一系列操作后会输出年度账。

2）执行“账套”—“输出”命令，弹出“账套输出”对话框，如图 2-18 所示。

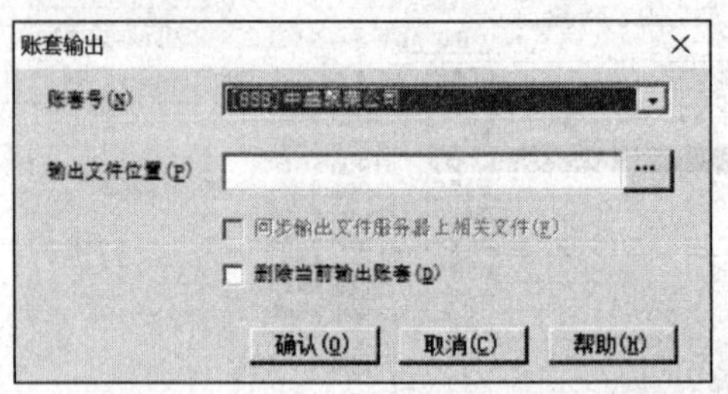

图 2-18 “账套输出”对话框

3）在账套号中选择“[888]中盛聚荣公司”，单击“确定”按钮，等待几分钟后，进入下一个界面。单击“确定”按钮后需要等待，原因是系统在做数据整理和复制工作，文件较大，约 1GB，在此期间不要做其他操作。

【相关说明】如果要删除账套，只需要在“账套输出”对话框中选中“删除当前输出账套”复选框，系统完成备份操作后，会提示删除当前账套。

4）选择备份存放的位置。弹出“请选择账套备份路径”对话框后，选择一个位置（此处以 D 盘为例），如“D:\U8SOFT\Admin\127.0.0.1\ZT888\2020”，单击“新建文件夹”按钮，将文件夹命名为“3-2 系统管理”，如图 2-19 所示。

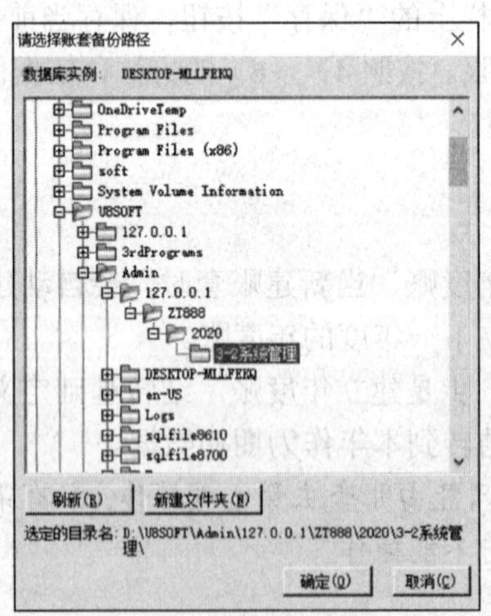

图 2-19 选择账套备份路径

【特别注意】建议每次备份时新建一个文件夹，以区分每次的实训结果。单击“确定”按钮前，一定要看清最下面一行提示：“选定的目录名：D:\U8SOFT\Admin\127.0.0.1\ZT888\2020\3-2 系统管理\”，确保路径正确。

5）备份输出。系统自动将备份文件复制到上一步指定的文件夹中，弹出“输出成功”信息提示框，单击“确定”按钮，完成账套输出，如图 2-20 所示。

图 2-20　确认输出

【相关说明】输出成功后，到指定的文件夹中查看是否有 UFDATA.BAK 和 UfErpAct.Lst 这两个文件，并查看文件大小和生成日期，其中，UfErpAct.Lst 可直接用文本打开。

6）将备份文件夹复制到 U 盘。

2．账套引入

1）以 Admin 的身份登录系统管理。

2）打开账套引入功能。执行“账套”－“引入”命令，进入恢复账套功能。

【特别注意】在引入账套前，需要将上一次的备份复制到硬盘。

3）选择账套备份位置。选择备份文件 UfErpAct.Lst，单击“确定”按钮，如图 2-21 所示。

【特别注意】选择账套备份位置是选择恢复的数据源，注意体验与下一步操作的不同。如果有多个备份，注意看清楚备份文件位置。

4）选择将账套恢复到哪里。出现默认引入路径提示后，单击“确定”按钮，会弹出“请选择账套引入的目录 当前默认路径为 D:\V8SOFT\Admin\”信息提示框，如图 2-22 所示，单击“确定”按钮。

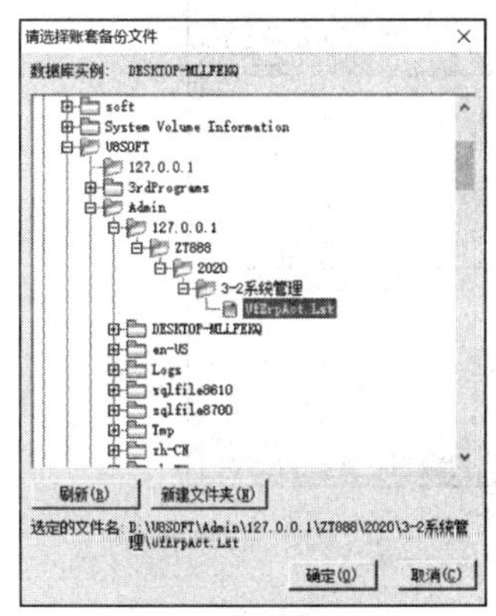

图 2-21　选择账套备份文件

图 2-22　账套数据引入路径

选择将账套恢复到哪里，即选择将备份文件恢复到哪个文件夹，应该选择“D:\U8SOFT\Admin\”这个位置。原因是当初建账套时选择的是这个位置，因此，需要按原位置恢复。选择后，注意查看最下面的提示是否为“选定的目录名：D:\U8SOFT\Admin\”。

5）开始恢复。在恢复过程中，如果有历史数据，会有“覆盖”提示，单击“是”按钮。几分钟后，弹出“账套[888]引入成功！”信息提示框，完成操作。

3．自动备份计划

1）以 Admin 的身份登录系统管理。

2）执行“系统”—“设置备份计划”命令，打开“备份计划设置”窗口，如图 2-23 所示。

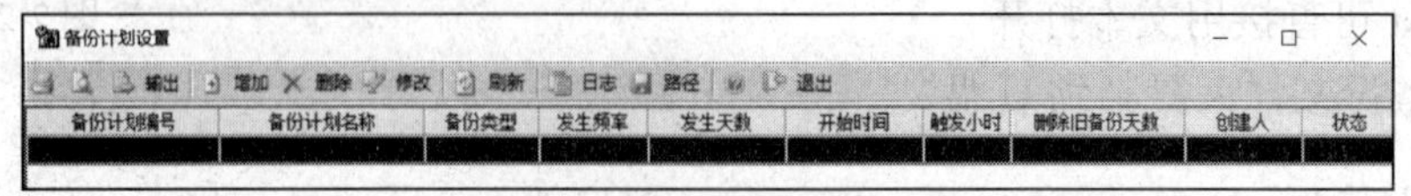

图 2-23 “备份计划设置”窗口

3）单击“增加”按钮，弹出“备份计划详细情况”对话框。

4）录入如下信息：计划编号为“202001”，计划名称为“888 账套备份计划”。发生频率选“每周”，开始时间选“3:00:00”。单击“请选择备份路径”后的“增加”按钮，选中位置“C:\”，单击“新建文件夹”，录入“UFIDAU8BAK”，单击“确定”按钮，选择此文件夹后，再单击“确定”按钮，选中账套号“888”，取消选中“备份文件上传到用友数据存储空间”复选框，最后单击“增加”按钮即可，如图 2-24 所示。

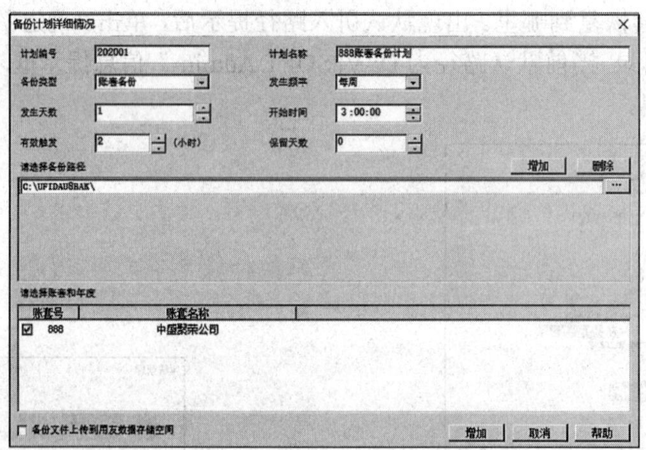

图 2-24 增加备份计划

5）单击“备份计划详细情况”对话框中的“取消”按钮，在备份计划设置中可以看到有一条记录。单击工具栏上的“退出”按钮，完成全部操作。

【相关说明】自动备份计划的具体含义为每周一凌晨 3 时自动备份 888 账套，备份文件存放在 C:\UFIDAU8BAK 文件夹。完成操作后，指定的 C:\UFIDAU8BAK 文件夹并不会生成文件，因为当前并不满足给定的条件。Admin 和账套主管都可以启动此功能。Admin 登录后，将进行账套的自动输出设置；而账套主管登录后，将进行年度账的自动输出。

（八）数据维护

为保证系统稳定运行，需要掌握软件运行原理，并掌握基本维护知识。

1. 应用服务器配置

应用服务器配置主要实现数据库服务器配置、消息中心参数配置、服务器参数配置，通过异常处理可以清除数据库配置、重启 IIS（internet information services，互联网信息服务），启动界面如图 2-25 所示。

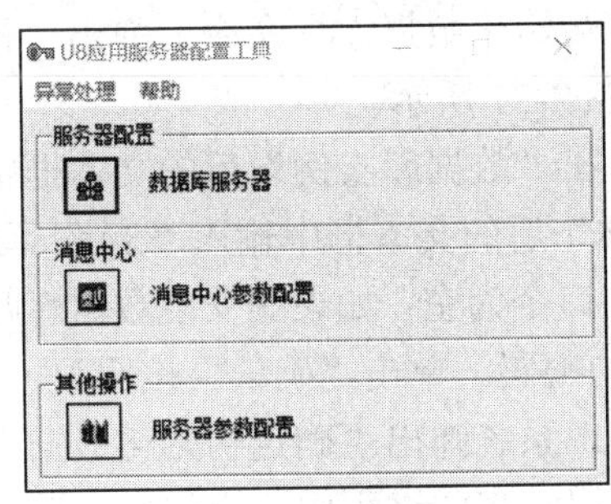

图 2-25　应用服务器配置启动界面

应用服务器配置说明

2. 年度账管理

年度账管理包括所有年度账套的建立、修改、引入和输出。其中，系统管理员有权进行年度账套的建立、引入和输出操作，而年度账套信息的修改则由账套主管负责。

一般来说，企业需要先建立本年度账套并完成对应账务处理后结账，再来结转上年数据开展下一年的年度账套，此时上一年度的期末数据结转到本年作为期初数据。只有上一年度的最后一个期间结账后，才能建立新年度账。

3. 异常问题处理

由于用友软件可在多用户环境下运行，在使用过程中可能会由不可预见的因素造成某些单据处于锁定状态或异常占用状态，其他用户无法使用。

系统在“视图”菜单下提供清除异常任务、清除选定任务、清除所有任务、清退站点、清除单据锁定功能，如图 2-26 所示。

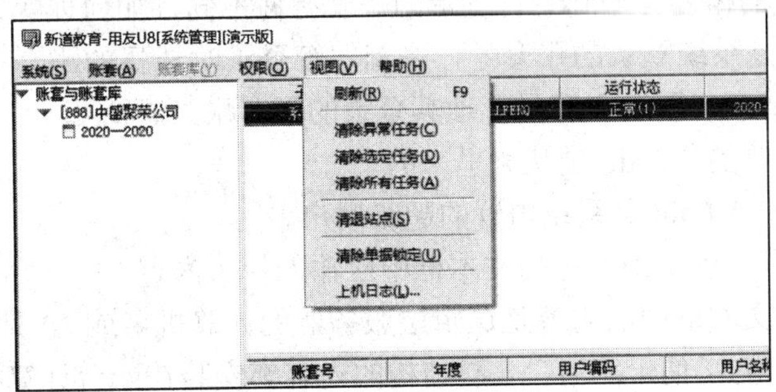

图 2-26　异常问题处理

当系统出现非正常锁定状态或异常状态时，只需要启动相应功能即可清除只读和锁定。如果不知道启动哪个功能处理，调动“清除所有任务”功能即可。

4．初始化数据库

初始化功能是指对系统中的所有数据进行清空，将系统还原到安装时最干净的状态，系统内没有任何账套，也没有任何自定义的操作员。

初始化数据库的操作方法如下。

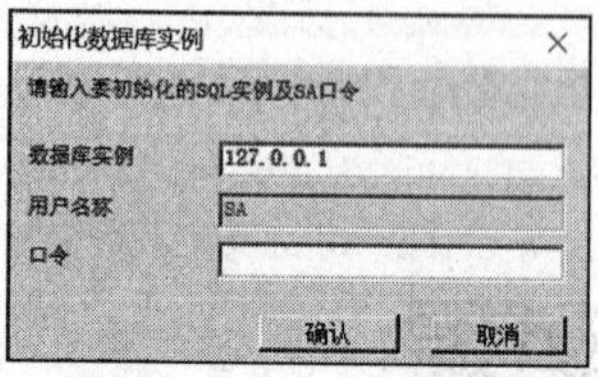

1）执行“系统”—“初始化数据库”命令，弹出“初始化数据库实例”对话框，如图 2-27 所示。

2）输入实例和口令。在“数据库实例”后的文本框中输入“127.0.0.1”，在“用户名称”后的文本框中输入“SA”。如果安装时没有设置 SA 口令，则口令为空；如果在安装数据库时已设有密码，则输入当时设置的密码。单击“确认”按钮。

图 2-27　初始化数据

3）系统自动还原数据。系统弹出“确定初始化数据库实例吗？”信息提示框，单击“是”按钮，进入初始化过程。在此过程中，会弹出“覆盖系统数据库”“覆盖门户数据库”“覆盖工作流数据库”“覆盖 MOM 数据库”等信息提示框，分别单击“是”按钮即可。几分钟后，系统自动完成初始化。

在练习时，三层结构都安装在一台计算机中，所以需要在实例中输入本地计算机，此处可以有多种填写方法，除了可以录入“127.0.0.1”，也可以录入“.”，还可以录入本地计算机名或本地真实 IP 地址。

在工作中，三层结构分别安装在不同的计算机上，初始化实例中应该录入数据层的 IP 地址。

初始化功能可在没有登录的情况下直接调用，也可在登录后调用。如果登录后调用，初始化完成后，需要重新登录。

【相关说明】每次下课前都要做备份，以保证下次操作的连续性。在备份账套前，一定不要做初始化。如果备份前先做初始化，会导致账套丢失，无法进行备份。

【特别注意】在正式工作中，不要随意做初始化，初始化会导致数据丢失。

八、疑难解答

1）Admin 登录的账套与账套主管登录的账套有何不同，如何理解？

Admin 登录的是系统默认的账套号，账套主管登录时选择的账套是账套号+账套名。Admin 管理所有的账套，账套主管只管理其登录的那套账。

2）第一次登录时的 Admin 是从哪里来的？

第一次登录时的 Admin 是系统内置的超级用户。

3）登录界面中，“登录到”后的文本框中应输入什么内容？

“登录到”后的文本框中的内容是逻辑层服务器的计算机名或 IP 地址，用于配置表示层与逻辑层的连接。为了便于练习，三层结构的内容都安装在一台计算机中，在“登录到”后的文本框中输入的都是本机的计算机名。

4）在登录时，为什么输入“02 操作员”不能登录？

Admin 还没有进行人员权限设置，账套中不存在有关联的“02 操作员”。

5）新增的用户没有登录过，为什么不能删除？

可查询这个用户是否设置了角色或权限。一个数据在其他地方使用到了，就不能修改，也不能删除，这个规则说明了数据关系及其保护措施的本质。

6）在新建账套时，提示账套已存在，该如何处理？

由于现在的账套号已经存在，要么通过删除账套或初始化清空数据，再新建账套，要么就只能改变账套号后再新建账套。

7）为什么“01 账套主管”能登录系统管理，而“02 操作员”不能登录系统管理？

因为只有 Admin 和“01 账套主管”才能登录系统管理，“02 操作员”没有权限。

8）在无纸化教考平台中，进入考试系统后，指定的操作员无法登录系统，提示账套不存在，如何处理？

由于在发布账套文件的过程中，计算机响应时间过长，账套文件没有正常加载到数据库中，需要到关系数据库管理系统 SQL Server 中通过手动的方法附加指定的账套。

九、实训报告

项目二任务二　实训报告

 问题思考

1）2020 年业务处理完毕后，还需要新建账套吗？为什么？
2）如何删除账套？
3）修改账套时不能修改的内容有哪些？

任务三　基 础 设 置

一、任务描述

在系统管理子系统中创建账套和设置用户权限后，还需要进一步确定软件操作的一些规则，如设置基础数据，这些工作称为基础设置。本任务主要训练学生掌握基本信息定义、基础档案定义及数据权限定义的方法。

二、实训任务

1）系统启用。
2）部门档案管理。
3）人员管理。
4）客户管理。

5）供应商管理。

6）数据权限管理。

三、任务目标

1）熟悉基础设置的各项具体功能。

2）掌握基础设置中各项定义内容的操作方法。

3）理解数据权限与功能权限的差异。

4）理解基础设置在整个系统中的作用。

四、准备工作

1）修改或确认计算机时间为2020年1月1日。

2）引入“2-2 系统管理的操作”文件夹下的备份账套。

五、任务引例

1．系统启用

启用“GL 总账”“AR 应收款管理”“AP 应付款管理”“FA 固定资产”“WA 薪资管理”模块，启用日期为2020年1月1日。

2．部门档案

部门档案信息如表2-9所示。

表2-9　部门档案信息

部门编码	部门名称
01	总经理办公室
02	人力资源部
03	会计核算中心
04	资产管理中心
05	采购部
0501	商品采购部
0502	办公用品采购部
06	销售部
0601	总部销售中心
0602	华南办事处
0603	华北办事处
0604	海外办事处
07	仓管部

3．人员类别

人员类别编码及名称如表2-10所示。

表 2-10　人员类别编码及名称

人员类别编码	人员类别名称
1001	管理人员
1002	采购人员
1003	销售人员
1004	兼职人员

4. 人员档案

人员档案信息如表 2-11 所示。

表 2-11　人员档案信息

人员编码	人员姓名	性别	人员类型	行政部门	是否业务员
0001	严锦	男	管理人员	总经理办公室	是
0002	习致	男	管理人员	人力资源部	是
0003	周密	男	管理人员	会计核算中心	是
0004	邹道	男	管理人员	资产管理中心	是
0005	赖新	男	采购人员	商品采购部	是
0006	柯酷	男	采购人员	商品采购部	是
0007	金鑫	男	采购人员	商品采购部	是
0008	靳力	男	采购人员	办公品采购部	是
0009	侯德	男	销售人员	总部销售中心	是
0010	沈斯	男	销售人员	华南办事处	是
0011	闵星	男	销售人员	华北办事处	是
0012	陈欣	男	销售人员	海外办事处	是
0013	程义	男	管理人员	仓管部	是
0014	薛曦	女	管理人员	仓管部	是
0015	李玲	女	兼职人员	人力资源部	否
0016	王嘉	女	兼职人员	人力资源部	否

5. 客户分类

客户分类信息如表 2-12 所示。

表 2-12　客户分类信息

类别编码	类别名称
01	海外
02	国内

6. 客户档案

客户档案信息如表 2-13 所示。

表 2-13　客户档案信息

编码	客户名称	简称	所属分类	税号	分管部门	专管业务员
01	SAP 集团	SAP	01	111222333	海外办事处	陈欣
02	用友集团	用友	02	222333444	华北办事处	闵星
03	金蝶集团	金蝶	02	333444555	华南办事处	沈斯
04	金算盘有限公司	金算盘	02	444555666	华北办事处	闵星
05	任我行有限公司	任我行	02	555666777	华北办事处	闵星
06	速达有限公司	速达	02	666777888	华南办事处	沈斯
07	零散销售客户	零售	02		总部销售中心	侯德

7．供应商分类

供应商分类信息如表 2-14 所示。

表 2-14　供应商分类信息

分类编码	分类名称
01	产品供应商
02	办公用品供应商

8．供应商档案

供应商档案信息如表 2-15 所示。

表 2-15　供应商档案信息

编码	供应商名称	简称	所属分类	税号	分管部门	分管业务员
01	联想集团	联想	01	123456789	商品采购部	柯酷
02	戴尔集团	戴尔	01	012345678	商品采购部	金鑫
03	惠普集团	惠普	02	234567890	办公用品采购部	靳力

以上供应商全部选择采购属性。

六、教学关注

在本任务的实训过程中，初学者往往不理解为什么要进行这些操作，只知道录入数据。现在，一方面要对学生强调继续做下去；另一方面，教师要尽可能讲清楚所录数据以后分别在哪些地方用到，学生也要主动研究数据的逻辑关系。

容易出错的地方有系统启用日期、编码方案。

七、过程指导

任务引例中未提供的信息或者未做要求的内容，均使用系统默认值。

（一）登录企业应用平台

账套管理和用户管理已在系统管理模块中完成。

基础数据定义和日常业务操作在企业应用平台中完成，基础数据操作由“01 操作员”完成。

1）通过开始菜单启用企业应用平台。执行“开始”—“用友 ERP-U8V10.1”—“企业应用平台”命令，打开“登录”界面，如图 2-28 所示。

2）以“01 操作员”的身份登录系统。录入操作员“01”、密码“01”，选择账套“[888](default)中盛聚荣公司”，选择操作日期“2020-01-01”，单击“确定”按钮，进入企业应用平台，如图 2-29 所示。

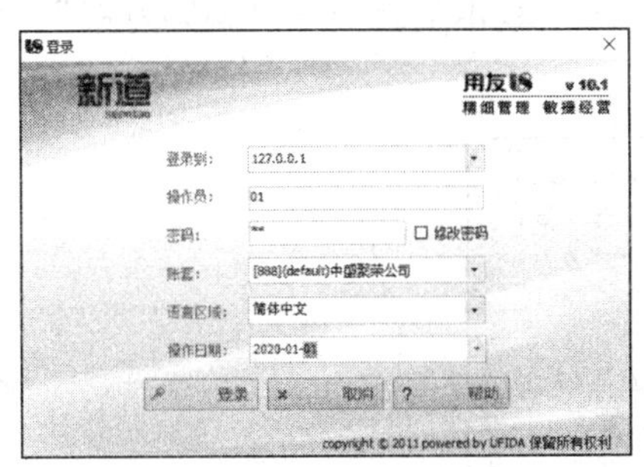

图 2-28　登录企业应用平台

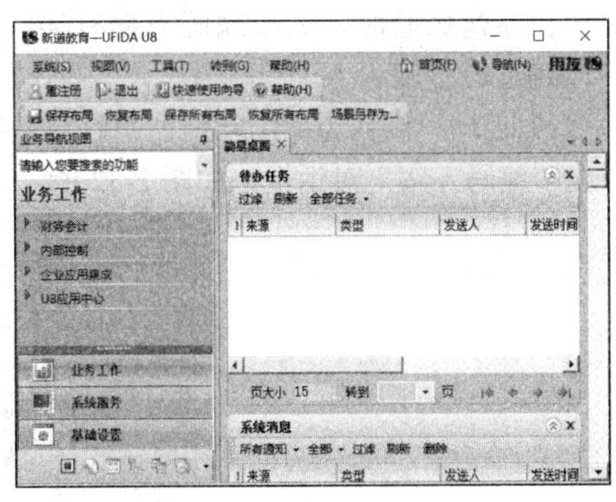

图 2-29　企业应用平台

【相关说明】Admin 无法登录企业应用平台。

企业应用平台中的主要功能通过左边的“业务导航视图”实现，通过页签和树状图实现模拟菜单功能。

【特别注意】在登录过程中，操作日期非常重要，如果是演示版，只能连续使用 3 个月，超过 3 个月的登录日期会导致软件过期而无法使用，正式版无此问题。

（二）系统启用

1）启动“系统启用”功能。执行“基础设置”—“基本信息”—“系统启用”命令，打开“系统启用”界面。

2）启用总账。选择总账，选择“GL”复选框，弹出日历，如图 2-30 所示，选择 2020 年 1 月 1 日，依次单击“确定”按钮和“是”按钮，完成总账的启用。

3）启用其他模块。依次启用“AR 应收款管理”“AP 应付款管理”“FA 固定资产”“WA 薪资管理”等模块，启用日期都为 2020 年 1 月 1 日。启用结果如图 2-31 所示。

图 2-30　日历

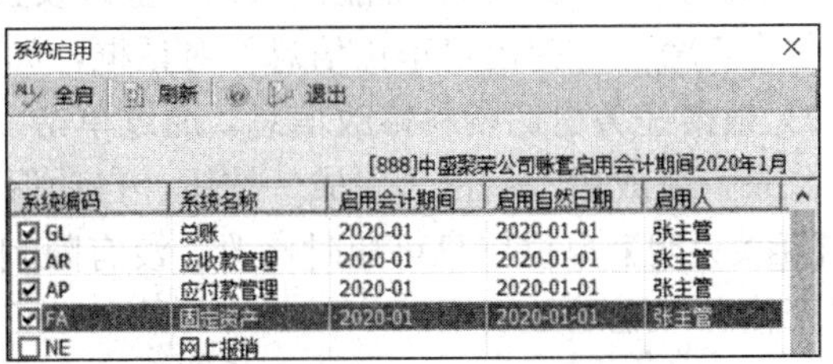

图 2-31　启用结果

【相关说明】只有账套主管和 Admin 可以使用“系统启用”模块。

【特别注意】启用日期一定要在 2020 年 1 月 1 日，假如启用日期是 2020 年 1 月 31 日，将导致 31 日以前的日常业务无法处理。

模块启用后，如果操作过相关模块，此模块将无法取消启用。如果想取消，需要删除操作过的内容。

（三）编码方案

在新建账套时，如果编码方案有误，可以在此重新调整；如果编码方案没有错误，可以跳过此步骤。

1）启动“编码方案”功能。执行“基础设置”－“基本信息”－“编码方案”命令，弹出“编码方案”对话框，如图 2-32 所示。

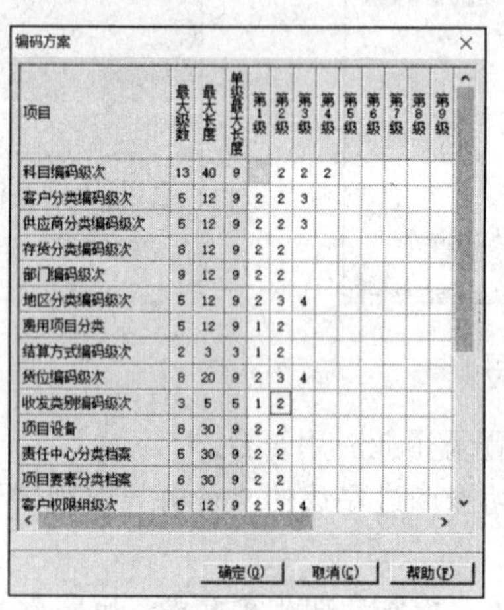

图 2-32 “编码方案”对话框

2）根据任务引例资料修改其他编码方案。

3）修改后，单击“确定”按钮保存，再单击“取消”按钮，退出当前功能。

【相关说明】使用过的定义无法修改。如果出现只读状态，需要通过系统管理中的异常任务处理进行清除。

（四）本单位信息

此内容在创建账套时录入过，如果在创建账套时录入有误，可以在此处进行修改。

1）启动“单位信息”功能。执行“基础设置”－“基础档案”－“机构人员”－“本单位信息”命令，弹出“单位信息”对话框，如图 2-33 所示。

2）根据任务引例资料修改信息。通过单击“下一步”按钮和单击“上一步”按钮录入数据，录入完成后，单击“完成”按钮，自动保存数据并关闭界面。

【相关说明】单位信息可随时修改，没有限制。单位名称应录入全称，打印发票时会调用这个信息，这是必填项。

图 2-33　“单位信息”对话框

（五）部门档案定义

部门档案用于设置企业各个职能部门的信息，既可以是企业真实的部门机构，也可以是虚拟的核算单元。

1）启动“部门档案”功能。执行“基础设置”－“基础档案”－“机构人员”－“部门档案”菜单，打开“部门档案录入”界面。

2）进入增加状态。单击工具栏上的“增加”按钮，界面右边进入增加状态。

3）录入数据。在部门编码中录入“01”，在部门名称中录入“总经理办公室”。

4）保存当前档案信息。单击工具栏上的“保存”按钮，保存当前记录。

5）录入其他部门档案。根据任务引例资料，录入其他部门档案，如图 2-34 所示。

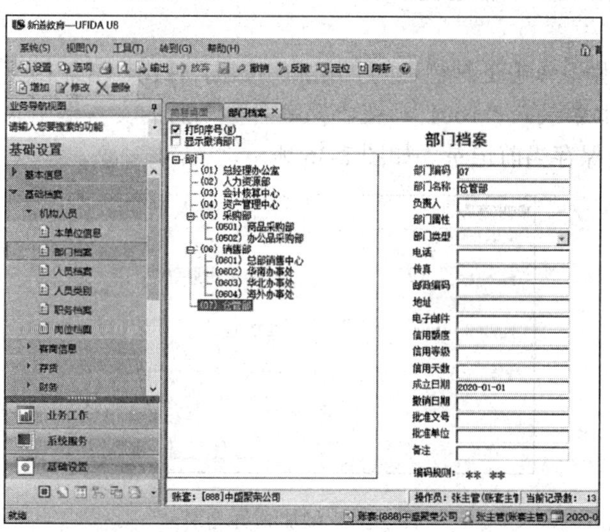

图 2-34　部门档案设置

6）关闭界面。单击工具栏上的“退出”按钮，关闭当前界面。

【相关说明】部门编码和部门名称是必填项，成立日期自动取登录日期。部门编码不可修改，部门名称可随时修改。增加的快捷键是 F5，保存的快捷键是 F6，可以通过使用快捷键提高操作速度。部门编码必须符合编码规则，编码规则一旦使用，不可修改。

【特别注意】注意查看最下一行的编码规则提示，“**　**”表示编码规则为“2-2”，如果与此不相同，说明定义的“编码方案”有问题，需要重新调整编码方案。

（六）人员类别定义和人员档案定义

由于在定义个人档案时需要调用人员类别信息，因此需要先定义人员类别。人员档案定义用于设置各部门中需要进行核算和业务管理的职员信息，方便其他业务模块的调用。

1．人员类别定义

1）打开“人员类别”窗口。执行“基础设置”－“基础档案”－“机构人员”－“人员类别”命令，打开“人员类别”窗口，如图 2-35 所示。

人员类别

增加 修改 删除 刷新 退出

人员类别

人员类别(HR_CT000)
正式工
合同工
实习生

序号	档案编码	档案名称	档案简称	档
1	101	正式工	正式工	ZS
2	102	合同工	合同工	HT(
3	103	实习生	实习生	SXS

图 2-35 “人员类别”窗口

2）删除系统预置类别。选中“正式工”所在行，单击工具栏上的“删除”按钮，弹出“请确认要删除该档案项？”信息提示框，单击“确定”按钮。依次删除“合同工”与“实习生”。

3）增加人员类别。单击工具栏上的“增加”按钮，弹出“增加档案项”对话框，在“档案编码”后的文本框中录入“1001”，在“档案名称”后的文本框中录入“管理人员”，单击 “确定”按钮，保存当前记录。如图 2-36 所示。

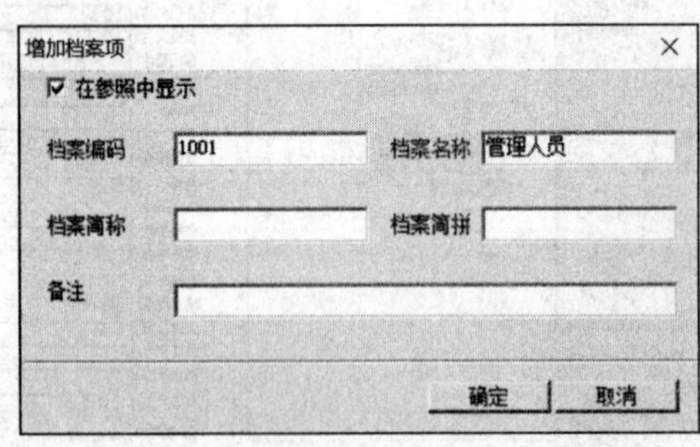

图 2-36 增加人员类别

4）完成其他人员定义。根据任务引例资料，完成采购人员、销售人员和兼职人员类别定义。

5）关闭界面。单击工具栏上的“退出”按钮，关闭当前界面。

2．人员档案定义

1）打开“人员档案设置”界面。双击“基础设置”－“基础档案”－“机构人员”－

“人员档案”菜单，打开“人员档案设置”界面。

2）进入增加状态。单击工具栏上的“增加”按钮，进入“人员档案”增加界面。

3）录入数据。在“人员编码”后的文本框中录入“0001”，在“人员姓名”后的文本框中录入“严锦”。单击“性别”后的下拉按钮，选择“男”；单击“人员类别”后的下拉按钮，选择“管理人员”；单击“行政部门”后的下拉按钮，选择“总经理办公室”。选中“是否业务员”复选框，系统自动填写“业务或费用部门”后文本框的内容，如图 2-37 所示。

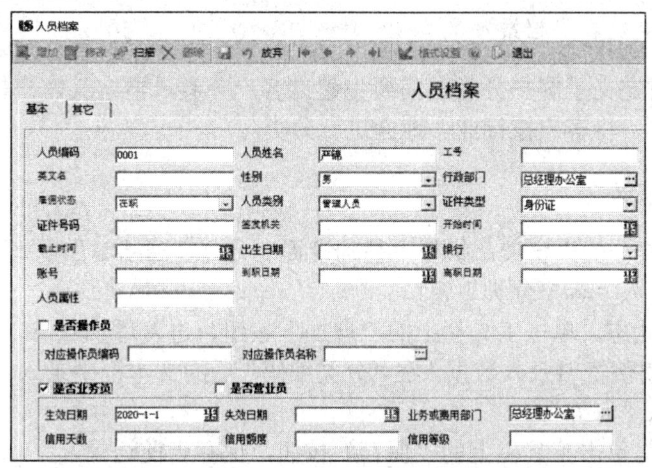

图 2-37　增加人员档案

4）单击工具栏上的“保存”按钮，保存当前记录。

5）依次录入数据。根据任务引例资料，录入其他人员档案，如图 2-38 所示。

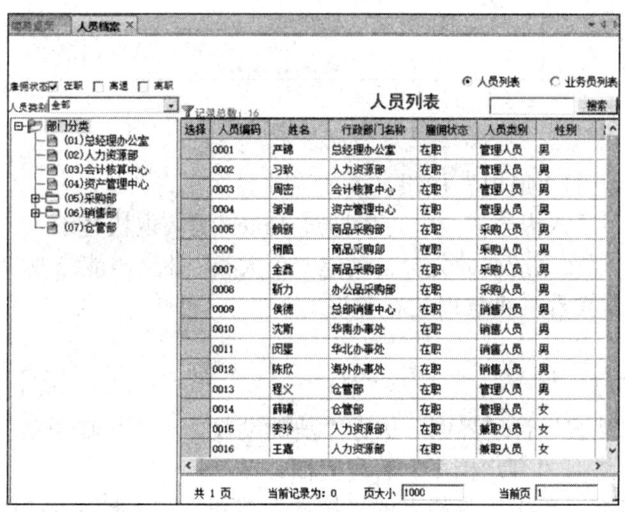

图 2-38　人员档案列表

6）关闭界面。单击工具栏上的“退出”按钮，返回到“人员档案”界面，再单击工具栏上的“退出”按钮，关闭当前界面。

【相关说明】进入新增状态时，无须选中具体的部门。录入人员档案信息时，尽量用参照，参照的快捷键是F2。先录入一个字，再参照，可以提高操作的速度。人员编码必须唯一，人员姓名可以重复。行政部门可以是非末级部门。修改个人所在的行政部门时，业务或费用部门不会同步变更，需要手工修改。

【特别注意】在新增时，不要录入错误，否则容易出现行政部门与业务部门或费用部门不一致的现象，需要手工修改。参照录入后，如果参照错误，需要清除原有参照结果，再重新参照，否则会出现参照时只有一条记录的现象。

（七）客户分类及客户档案定义

在建立账套时定义了客户分类，需要先建立客户分类，再定义客户档案。企业可以根据自身管理的需要，将客户按行业、地区进行分类。

1. 客户分类定义

1）进入“客户分类”窗口。执行“基础设置”－“基础档案”－“客商信息”－“客户分类”命令，进入“客户分类”窗口。

2）进入增加状态。单击工具栏上的“增加”按钮，进入增加状态。

3）根据任务引例资料录入数据。在“分类编码”后的文本框中录入“01”、“分类名称”后的文本框中录入“海外”。

4）保存数据。单击工具栏上的“保存”按钮，保存当前记录。

5）根据任务引例资料录入国内客户分类，如图2-39所示。

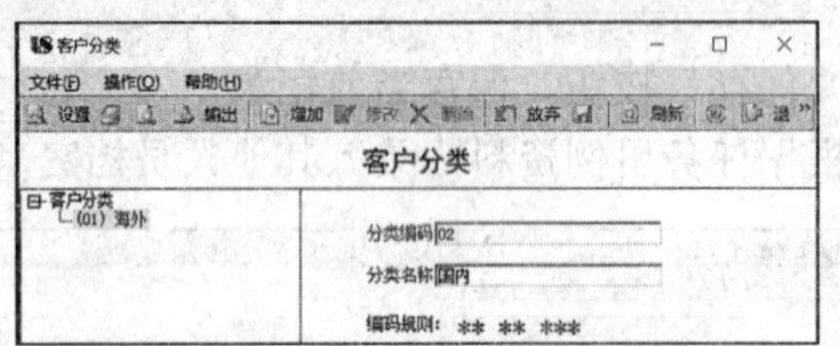

图2-39 客户分类设置

6）单击工具栏上的“退出”按钮，关闭当前界面。

【相关说明】由于录入内容较少，可以通过Enter键实现快速录入。如果在创建账套时没有选择客户分类，那么系统在此处会自动建一个大类，并且不能修改和删除，也不能新增。

【特别注意】注意查看编码规则是否有误。

2. 客户档案定义

1）进入“客户档案”管理界面。执行“基础设置”－“基础档案”－“客商信息”－“客户档案”命令，进入“客户档案”管理界面。

2）进入增加状态。单击工具栏上的“增加”按钮，进入档案增加界面。

3）录入数据。选择“基本”选项卡，在“客户编码”后的文本框中录入“01”，在“客户名称”后的文本框中录入“SAP 集团”，在“客户简称”后的文本框中录入“SAP”，所属分类选择“01-海外”，在“税号”后的文本框中录入“111222333”，选中“国内”复选框，如图2-40所示。选择“联系”选项卡，分管部门选择“海外办事处”，专管业务员选择“陈欣”。

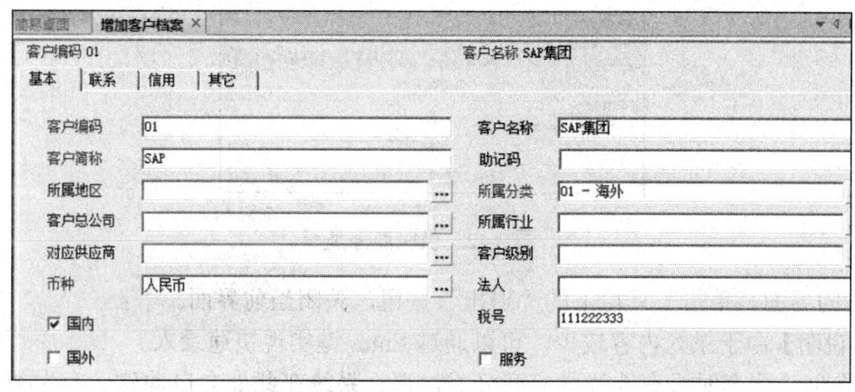

图 2-40　增加客户档案

4）保存当前记录。单击工具栏上的“保存”按钮，保存当前记录。

5）录入其他客户档案。根据任务引例资料，录入其他客户档案，如图 2-41 所示。

客户档案

打印序号(N)

客户分类：(01) 海外；(02) 国内

序号	选择	客户编码	客户名称	客户简称	地区名称	发展日期	联系人	电话	专营业务员名称	分管部门名称
1		01	SAP集团	SAP		2020-01-01			陈欣	海外办事处
2		02	用友集团	用友		2020-01-01			闵星	华北办事处
3		03	金蝶集团	金蝶		2020-01-01			沈斯	华南办事处
4		04	金算盘	金算盘		2020-01-01			闵星	华北办事处
5		05	任我行有限公司	任我行		2020-01-01			闵星	华北办事处
6		06	速达有限公司	速达		2020-01-01			沈斯	华南办事处
7		07	零散销售客户	零售		2020-01-01			侯德	总部销售中心

图 2-41　客户档案列表

6）单击工具栏上的“退出”按钮，返回到“客户档案列表”界面，再单击工具栏上的“退出”按钮，关闭当前界面。

【相关说明】发现一个客户定义了两个代码，并且都已经使用，可以通过“并户”功能将两条记录合并成一条记录。

【特别注意】如果没有建立客户分类，将无法新增客户档案。

（八）供应商分类及供应商档案定义

因为在建立账套时选择了供应商分类，所以需要先建立供应商分类，再定义供应商档案。

1．供应商分类定义

1）打开“供应商分类”窗口。执行“基础设置”－“基础档案”－“客商信息”－“供应商分类”命令，进入“供应商分类”窗口。

2）进入增加状态。单击工具栏上的“增加”按钮，进入增加状态。

3）根据任务引例资料录入数据。在“分类编码”后的文本框中录入“01”，在“部门名称”后的文本框中录入“产品供应商”。

4）保存数据。单击工具栏上的“保存”按钮，保存当前记录。

5）录入办公用品供应商分类。根据任务引例资料录入办公用品供应商分类，如图 2-42 所示。

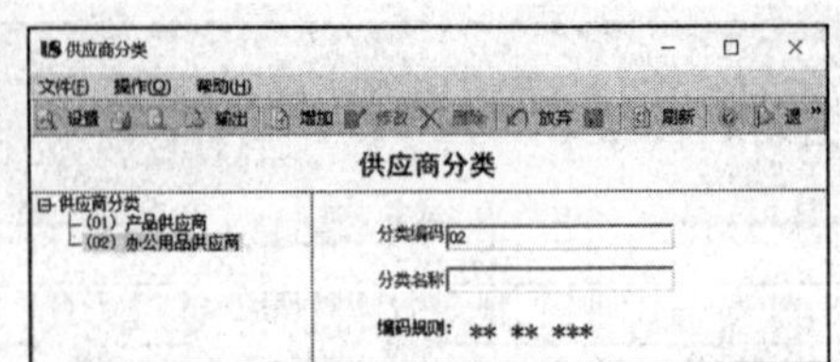

图 2-42 供应商分类

6）关闭界面。单击工具栏上的“退出”按钮，关闭当前界面。

【**相关说明**】由于录入内容较少，可以通过 Enter 键实现快速录入。

如果在创建账套时没有选择供应商分类，那么系统在此处会自动建一个大类，并且不能修改和删除，也不能新增。

【**特别注意**】*注意编码规则是否有误。*

2. 供应商档案定义

1）进入“供应商档案”管理界面。执行“基础设置”－“基础档案”－“客商信息”－“供应商档案”命令，进入“供应商档案”管理界面。

2）进入增加状态。单击工具栏上的“增加”按钮，进入“增加供应商档案”界面，如图 2-43 所示。

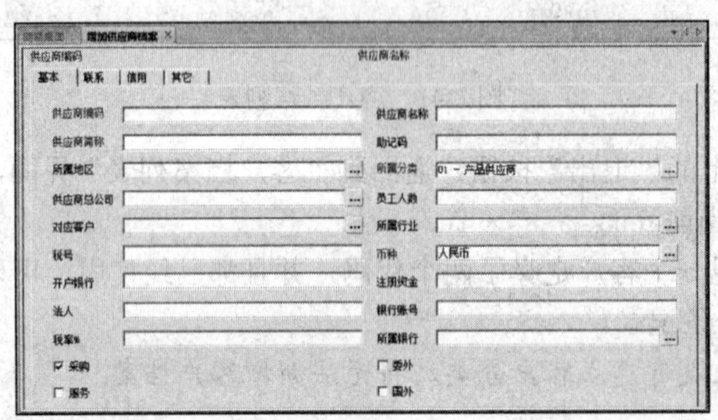

图 2-43 “增加供应商档案”界面

3）录入数据。在“供应商编码”后的文本框中录入“01”，在“供应商名称”后的文本框中录入“联想集团”，在“供应商简称”后的文本框中录入“联想”；所属分类选择“01-产品供应商”；在“税号”后的文本框中录入“123456789”。选择“联系”选项卡，分管部门选择“商品采购部”，专管业务员选择“柯酷”。

4）保存当前记录。单击工具栏上的“保存”按钮，保存当前记录。

5）录入其他供应商档案。根据任务引例资料，录入其他供应商档案，如图 2-44 所示。

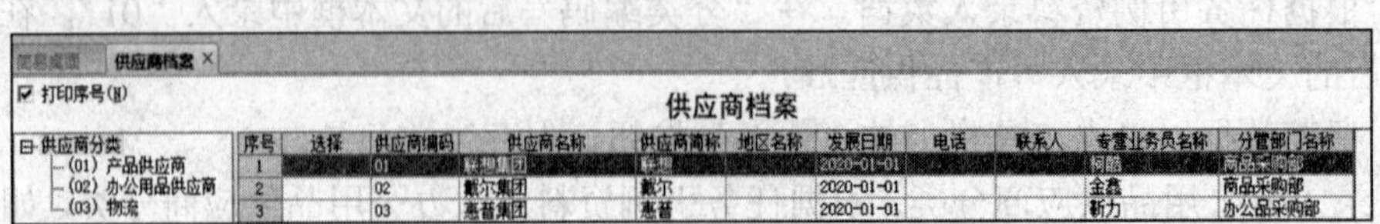

序号	选择	供应商编码	供应商名称	供应商简称	地区名称	发展日期	电话	联系人	专管业务员名称	分管部门名称
1		01	联想集团	联想		2020-01-01			柯酷	商品采购部
2		02	戴尔集团	戴尔		2020-01-01			金鑫	商品采购部
3		03	惠普集团	惠普		2020-01-01			靳力	办公品采购部

图 2-44 供应商列表

6）关闭界面。单击工具栏上的“退出”按钮，返回到“客户档案列表”界面，再单击工具栏上的“退出”按钮，关闭当前界面。

【相关说明】如果没有建立供应商分类，将无法新增供应商档案。如果一个供应商定义了两个代码，并且都已经使用，可以通过“并户”功能将两条记录合并成一条记录。如果没有建立供应商分类，将无法新增供应商档案。

（九）账套备份

将账套输出至“2-3 基础设置”文件夹内，压缩后保存到U盘。

八、疑难解答

1）设置部门档案时，为什么在“机构人员”下只显示“本单位信息”，无法进行档案设置？

因为没有进行系统启用的操作。账套主管登录企业应用平台，执行“基础设置”—“基本信息”—“系统启用”命令，打开“系统启用”界面，进行系统启用的操作。启用系统后，进行“重注册”操作。

2）建立客户档案时，为什么要先进行客户分类？

如果在建立账套时定义了客户分类，在建立客户档案时就必须先进行客户分类定义，然后设置客户档案。

3）为什么先定义部门档案再定义人员档案？

因为在定义人员档案时需要使用部门档案信息。

九、实训报告

项目二任务三　实训报告

问题思考

1）系统管理的功能有哪些？

2）基础设置的具体内容有哪些？

3）Admin 和账套主管的权限有何不同？

4）2020 年业务处理完毕后，还需要新建账套吗？为什么？

5）如何删除账套？

6）修改账套时不能修改的内容有哪些？

7）Admin 为什么不能登录企业应用平台？

8）为什么系统启用日期要用 2020 年 1 月 1 日？

9）如果编码规则与任务引例资料不符，应怎样修改编码方案？

项目三　总账系统应用

学习要点

1. 总账系统。
2. 总账系统初始设置。
3. 总账日常账务处理。
4. 出纳业务管理。
5. 总账月末账务处理。
6. 账证查询。

学习目标

1. 熟悉总账系统的功能与操作流程。
2. 掌握总账系统初始设置的方法。
3. 能够熟练地进行记账凭证的填制和审核。
4. 能够采用合适的方法对错账进行更正。
5. 掌握出纳业务管理的方法。
6. 正确进行月末自动转账凭证的定义。
7. 理解自动转账凭证生成的顺序并能正确生成凭证。
8. 掌握账证查询的各种方法。
9. 培养会计软件操作的规范性和发现问题的敏感性。
10. 培养勤奋学习精神和合作精神。

学习指引

在项目二中完成了设置用户、建新账套、分配权限和基础设置等工作，接下来项目三要进行的工作是总账系统的应用。

这里的总账不是指手工意义上的总分类账，而是指集成账务。总账系统是财务系统的核心模块，主要应用有总账系统初始设置、总账日常账务处理、总账月末账务处理等。

通过学习，注意与手工账处理进行比较。

任务一 总 账 系 统

一、总账系统的功能结构

1．总账系统初始设置

总账系统初始设置是总账系统应用的第一步，关系到日后的账务处理。总账系统初始设置的实质是将通用账务核算系统设置为适合本单位核算要求的专用账务核算系统。

2．总账日常账务处理

总账日常账务处理包括常用凭证定义、凭证录入、审核、记账、查询、打印，以及出纳签字等。

3．出纳业务管理

出纳业务管理包括现金和银行存款日记账的输出、支票登记簿的管理及银行对账。

4．账簿查询

账簿查询是实现总账、明细账、凭证联查，可查询包含未记账凭证的最新数据。

5．辅助核算管理

（1）个人往来管理

个人往来管理主要包括进行个人借款、还款管理工作。

（2）部门核算

部门核算主要是反映和控制部门费用的支出，提供部门总账、明细账的查询，进行部门收支分析。

（3）项目管理

项目管理用于核算在建工程、产成品成本、科研课题等，提供项目总账、明细账及统计查询。

（4）单位往来管理

单位往来管理主要是进行客户和供应商往来款项的管理工作，提供往来总账、明细账、催款单、往来账清理、账龄分析报告等功能。

6．期末处理

期末处理包括银行对账、期末转账、试算平衡、对账、结账等。

二、总账系统与其他系统的关系

总账系统既可以单独使用，也可以与其他系统同时使用。总账系统与其他系统的数据流程关系如图 3-1 所示。

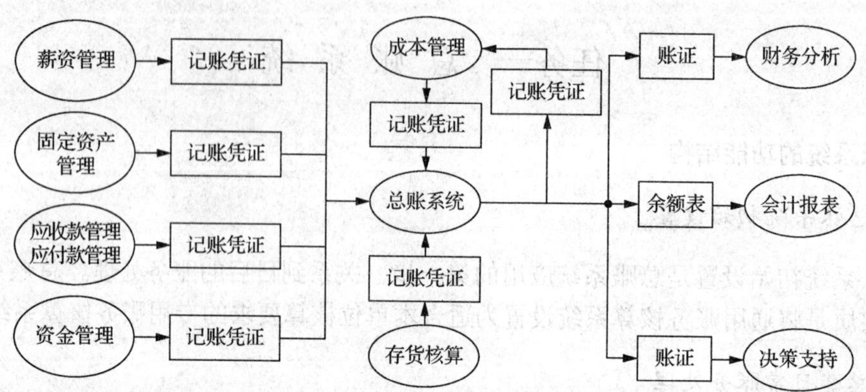

图 3-1 总账系统与其他系统的数据流程关系

三、总账系统的操作流程

总账系统的岗位分工如表 3-1 所示，总账系统的基本操作流程如图 3-2 所示。

表 3-1 总账系统的岗位分工

工作任务	工作岗位	工作内容
初始设置	账套主管	设置总账系统参数 设置外币种类及汇率 设置会计科目 建立部门、职员、客户和供应商档案及项目目录 设置凭证类别 设置结算方式 录入期初余额
日常账务处理	制单会计	填制、修改和删除记账凭证
	出纳员	出纳签字
	审核会计	审核记账凭证
	主管会计	会计主管签字
	记账会计	记账
月末账务处理	主管会计	定义自动转账凭证
	制单会计	生成自动转账凭证
	审核会计	审核自动转账凭证
	记账会计	自动转账凭证记账
	出纳员	银行对账
	主管会计	结账
数据管理	Admin	账套数据备份与恢复
	账套主管	年度数据备份与恢复

初始设置主要完成会计科目体系的建立和期初余额录入。日常账务处理主要完成凭证的录入、审核、记账。月末账务处理主要完成自动转账、对账与结账，以及账表的查询、输出。

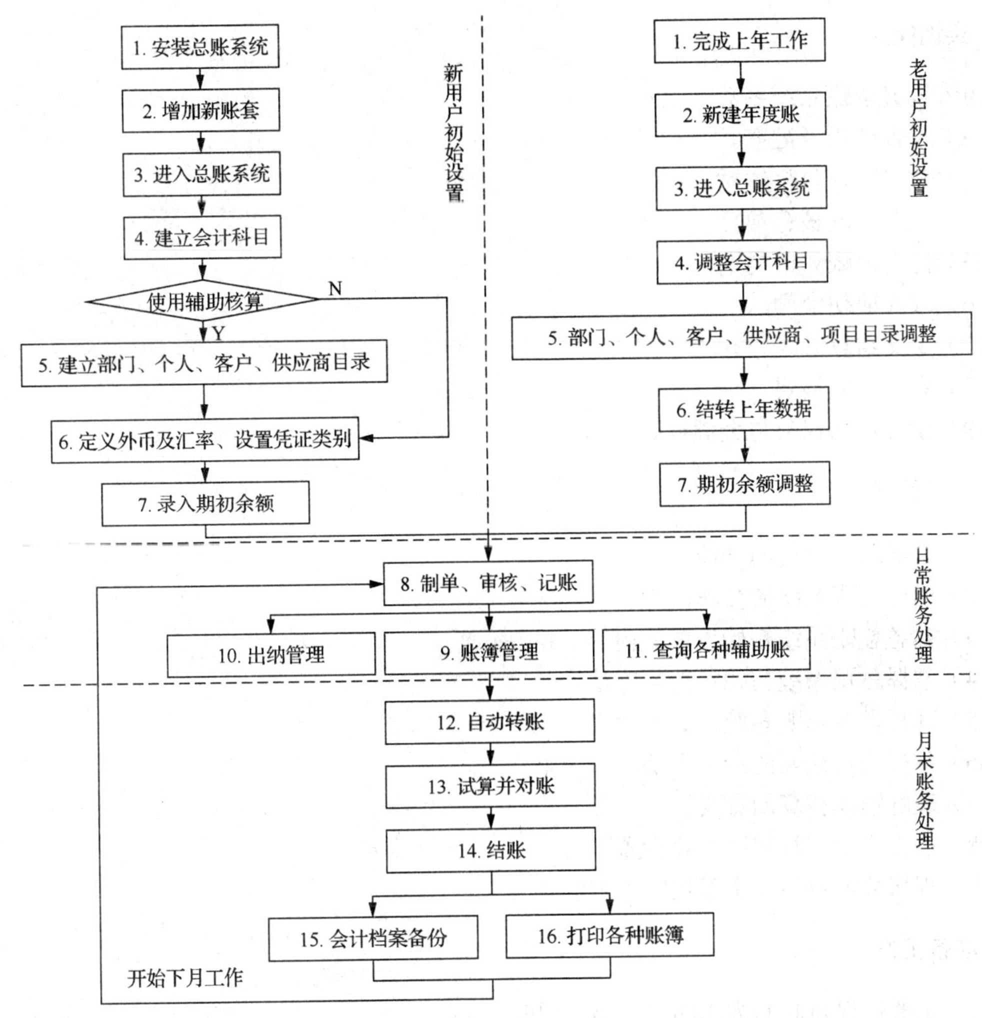

图 3-2　总账系统的基本操作流程

对于计算机系统而言，凭证录入即数据输入，记账相当于数据处理，账表查询属于数据输出，审核是为了保证输入的正确性，月末自动转账的实质是让计算机代替人工填写凭证，结账是为了对输入的数据进行封存。数据输入由操作员完成，数据处理和输出由计算机完成，数据输入直接关系到数据输出的准确性。

任务二　总账系统初始设置

一、任务描述

总账系统初始设置是总账业务处理的基础性工作，本任务主要训练学生掌握选项设置、会计科目设置、辅助核算定义、凭证类别定义、外币及汇率设置、结算方式设置、期初余额录入的方法。

二、实训任务

1）设置总账系统参数。
2）设置外币及汇率。
3）建立会计科目体系。
4）设置辅助核算项目。
5）定义记账凭证类别。
6）录入期初余额。
7）定义结算方式。
8）定义常用摘要。
9）设置数据权限与金额权限。

三、任务目标

1）了解总账系统的功能。
2）明确总账系统的操作流程。
3）熟悉总账系统初始设置的内容。
4）掌握总账系统初始设置的方法。
5）理解设置总账系统参数的意义。
6）掌握期初余额的录入方法。
7）理解辅助核算的意义。
8）能正确地进行辅助核算设置。
9）理解数据权限与金额权限设置的意义。

四、准备工作

1）更改计算机时间为2020年1月1日。
2）引入“2-3基础设置”文件夹下的备份账套。

五、任务引例

1．总账系统参数

进行支票控制，取消“赤字控制”和“现金流量科目必录现金流量项目”，可以使用“应收受控”科目、“应付受控”科目、“存货受控”科目，制单权限控制到科目，凭证审核控制到操作员，不允许修改、作废他人填制的凭证，部门、个人及项目排序方式均按编码排序，数量小数位和单价小数位均为2，其他选项按默认值。

2．外币

外币美元符号为USD，采用固定汇率，汇率小数为4位数，记账汇率为6.100 0。

3．会计科目

在预置科目基础上，增加或修改科目。会计科目表（基于预置的 2007 年新会计制度科目）见表 3-2。

表 3-2　会计科目表（基于预置的 2007 年新会计制度科目）

类型	级次	科目编码	科目名称	外币	单位	辅助账类型	方向
资产	1	1001	库存现金			日记账	借
资产	1	1002	银行存款			日记账 银行账	借
资产	2	100201	工商银行			日记账 银行账	借
资产	2	100202	建设银行	美元		外币 日记 银行	借
资产	1	1121	应收票据			客户往来	借
资产	1	1122	应收账款			客户往来	借
资产	2	112201	人民币账户			客户往来	借
资产	2	112202	美元账户	美元		客户往来	借
资产	1	1123	预付账款			供应商往来	借
资产	2	122101	其他个人应收款			个人往来	借
资产	2	122102	其他单位应收款			客户往来	借
资产	2	122103	预付报刊费				借
资产	2	122104	其他				借
资产	2	132101	受托代销商品				借
资产	2	140501	联想电脑		台	数量核算	借
资产	2	140502	戴尔电脑		台	数量核算	借
资产	2	140601	分期收款发出商品				借
资产	1	1605	工程物资			项目核算	借
资产	2	160501	专用材料			项目核算	借
资产	2	160502	专用设备			项目核算	借
资产	2	160503	预付大型设备款			项目核算	借
资产	2	160504	为生产准备的工具			项目核算	借
负债	1	2201	应付票据			供应商往来	贷
负债	2	220201	应付货款			供应商往来	贷
负债	2	220202	暂估应付款				贷
负债	1	2203	预收账款			客户	贷
负债	2	221101	应付工资				贷
负债	2	221102	工会经费				贷
负债	2	221103	职工教育经费				贷
负债	2	221104	养老保险				贷
负债	2	221105	医疗保险				贷
负债	2	221106	失业保险				贷
负债	2	221107	住房公积金				贷
负债	2	222101	应交增值税				贷
负债	3	22210101	进项税额				贷
负债	3	22210102	销项税额				贷

续表

类型	级次	科目编码	科目名称	外币	单位	辅助账类型	方向
负债	2	222102	未交增值税				贷
负债	2	222103	应交消费税				贷
负债	2	222104	应交企业所得税				贷
负债	2	231401	受托代销商品款				贷
权益	2	410101	法定盈余公积				贷
权益	2	410102	任意盈余公积				贷
权益	2	410401	提取法定盈余公积				贷
权益	2	410402	提取任意盈余公积				贷
权益	2	410403	未分配利润				贷
损益	2	600101	联想电脑		台	数量核算	贷
损益	2	600102	戴尔电脑		台	数量核算	贷
损益	1	6101	公允价值变动收益				贷
损益	1	6112	其他收益				贷
损益	1	6113	资产处置收益				贷
损益	1	6114	净敞口套期收益				贷
损益	2	640101	联想电脑		台	数量核算	借
损益	2	640102	戴尔电脑		台	数量核算	借
损益	1	6403	税金及附加				借
损益	2	660101	广告费				借
损益	2	660102	会务费			部门核算	借
损益	2	660103	招待费			部门核算	借
损益	2	660104	通讯费			部门核算	借
损益	2	660105	办公费			部门核算	借
损益	2	660106	折旧费			部门核算	借
损益	2	660107	工资			部门核算	借
损益	2	660108	工会经费			部门核算	借
损益	2	660109	职工教育经费			部门核算	借
损益	2	660110	养老保险			部门核算	借
损益	2	660111	医疗保险			部门核算	借
损益	2	660112	失业保险			部门核算	借
损益	2	660113	住房公积金			部门核算	借
损益	2	660114	其他				借
损益	2	660201	差旅费			部门核算	借
损益	2	660202	办公费			部门核算	借
损益	2	660203	会务费			部门核算	借
损益	2	660204	折旧费			部门核算	借
损益	2	660205	工资			部门核算	借
损益	2	660206	工会经费			部门核算	借
损益	2	660207	职工教育经费			部门核算	借
损益	2	660208	养老保险			部门核算	借
损益	2	660209	医疗保险			部门核算	借

续表

类型	级次	科目编码	科目名称	外币	单位	辅助账类型	方向
损益	2	660210	失业保险			部门核算	借
损益	2	660211	住房公积金			部门核算	借
损益	2	660212	招待费			部门核算	借
损益	1	6605	研发费用				借
损益	1	6702	信用减值损失				借

1）增加不存在的科目，修改已有的会计科目，不在表 3-2 中的科目不用删除。

2）指定“1001 库存现金”为现金总账科目；“1002 银行存款”为银行总账科目；“1001 库存现金”“100201 工商银行”“100202 建设银行”为现金流量科目。

3）“1121 应收票据”“1122 应收账款”“112201 人民币账户”“112202 美元账户”“2203 预收账款”“122102 其他单位应收款”等科目辅助账类型为“客户往来”，受控系统为应收系统。

4）“2201 应付票据”“220201 应付货款”“1123 预付账款”等科目辅助账类型为“供应商往来”，受控系统为应付系统。

4．项目目录

项目大类为工程管理（普通项目，项目级次为 1 级，长度为 2，其他级次长度为 0），核算科目为“1605 工程物资”及其下级所有明细科目，项目分类为 01-停车棚和 02-宿舍区停车棚。项目目录如表 3-3 所示。

表 3-3 项目目录

编号	名称	是否结算	所属分类码
01	办公区停车棚	否	停车棚（01）
02	宿舍区停车棚	否	停车棚（01）

5．凭证类别

凭证类别信息如表 3-4 所示。

表 3-4 凭证类别信息

类别名称	限制类型	限制科目
收款凭证	借方必有	1001，1002
付款凭证	贷方必有	1001，1002
转账凭证	凭证必无	1001，1002

6．期初余额

期初余额信息见表 3-5。

表 3-5　期初余额信息

单位：元

科目编码	科目名称	外币	单位	辅助账类型	方向	余额
100201	工商银行			日记 银行	借	1 200 000.00
100202	建设银行			外币 日记 银行	借	415 410.00
		美元				68 100.00
1122	应收账款			客户往来	借	926 600.00
122101	其他个人应收款			个人往来	借	6 000.00
132101	受托代销商品				借	45 000.00
140501	联想电脑			数量核算	借	500 000.00
			台			100.00
140502	戴尔电脑			数量核算	借	1 250 000.00
			台			250.00
1407	商品进销差价				贷	20 000.00
1601	固定资产				借	2 608 600.00
1602	累计折旧				贷	471 200.00
160501	专用材料			项目核算	借	58 000.00
160502	专用设备			项目核算	借	43 000.00
2001	短期借款				贷	1 000 000.00
220201	应付货款			供应商往来	贷	565 000.00
220202	暂估应付款				贷	500 000.00
22210101	进项税额				贷	−130 000.00
22210102	销项税额				贷	260 000.00
231401	受托代销商品款				贷	25 000.00
2501	长期借款				贷	2 000 000.00
4001	实收资本				贷	2 000 000.00
410101	法定盈余公积				贷	341 410.00

（1）“1122 应收账款”明细账

2019 年 12 月 6 日，金蝶集团购联想电脑 100 台，每台无税售价 8 200 元，增值税销项税额为 106 600 元，款未收，合计 926 600 元，凭证号转－0218。

（2）“122101 其他个人应收款”明细账

2019 年 12 月 8 日，总经理办公室严锦借差旅费 6 000 元，凭证号转－0288。

（3）项目明细

项目明细如表 3-6 所示。

表 3-6　项目明细

科目	项目	金额/元
160501 专用材料	01 办公区停车棚	30 000.00
	02 宿舍区停车棚	28 000.00
160502 专用设备	01 办公区停车棚	23 000.00
	02 宿舍区停车棚	20 000.00

（4）“220201 应付货款”明细账

2019 年 12 月 10 日，向戴尔集团购入戴尔电脑 100 台，每台无税价 5 000 元，合计 500 000 元；增值税为 65 000 元，合计 565 000 元，款未付，凭证号转－0318。

7. 结算方式

结算方式信息如表 3-7 所示。

表 3-7　结算方式信息

结算方式编码	结算方式名称	是否票据管理
1	现金	否
2	现金支票	是
3	转账支票	是
4	电汇	是
5	网上银行	是
6	银行承兑汇票	是

注：对应票据类型全部为空。

8. 常用摘要

常用摘要编码及内容如表 3-8 所示。

表 3-8　常用摘要编码及内容

摘要编码	摘要内容
1	出差借款
2	商品采购
3	销售商品
4	计提折旧

9. 数据权限定义

（1）科目权限

02、04 用户具有所有科目的查账和制单权限。

（2）用户权限

03 用户对应 01、02 用户，具有查询、审核、弃审权限。

六、教学关注

本任务关注会计科目属性的设置，即客户、供应商、部门、个人、项目、日记账、银行账、数量、外币、指定现金账、指定银行账、指定现金流量。科目属性的设置关联到后续一系列账务处理工作，是计算机处理会计业务的巧妙之处，是区别于手工账务的关键之处。还需要注意区分功能权限、数据权限和金额权限三者的不同。

七、过程指导

总账系统初始设置工作由账套主管操作，登录日期为 2020 年 1 月 1 日。

（一）设置总账系统参数

用友软件是一个通用软件，可以通过定义相应参数来满足企业自身管理需要。

1．启动总账的“设置”功能

执行“业务工作”－“财务会计”－“总账”－“设置”－“选项”命令，打开总账的参数设置界面，如图 3-3 所示。

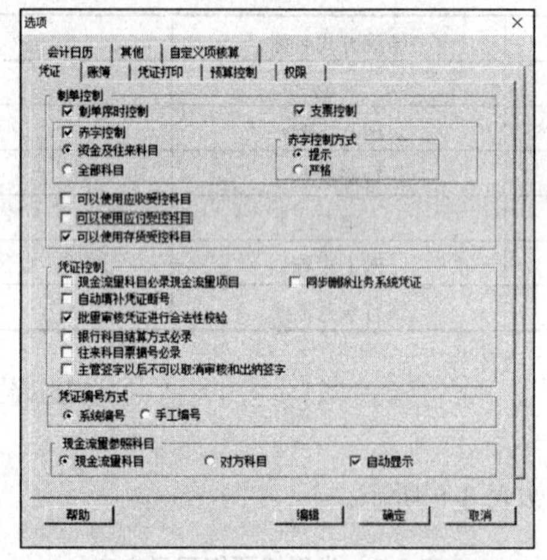

图 3-3　总账的参数设置界面

2．进入修改状态

单击“编辑”按钮，进入参数的修改状态。

3．修改总账参数

根据任务引例资料修改总账选项参数，如图 3-4 所示。

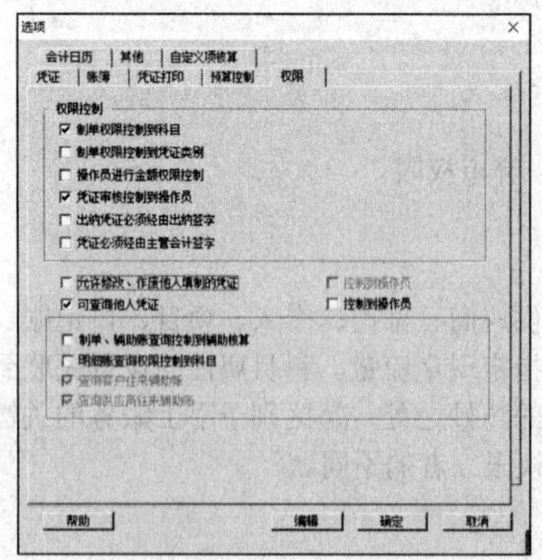

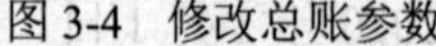
图 3-4　修改总账参数

总账选项参数说明

4．关闭界面

单击“确定”按钮，自动保存设置，并关闭选项界面。

（二）外币设置

1．启动“外币设置”功能

执行“基础设置”—“基础档案”—“财务”—“外币设置”命令，打开“外币设置”对话框，如图 3-5 所示。

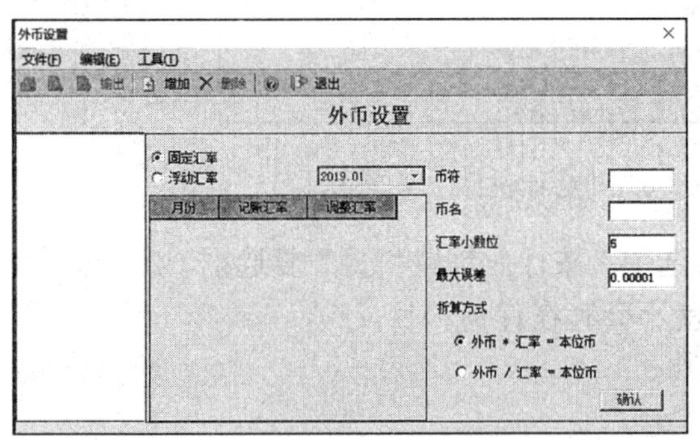

图 3-5　“外币设置”对话框

外币业务说明

2．增加外币种类

单击工具栏上的“增加”按钮，进入增加状态，根据任务引例资料，在“币符”后的文本框中录入“USD”，在“币名”后的文本框中录入“美元”，在“汇率小数位”后的文本框中录入“5”，核对折算方式，并单击“确认”按钮，完成增加。

3．设置外币汇率

选择“美元”选项，录入记账汇率为“6.100 00”，按 Enter 键。

【相关说明】记账汇率在制单时使用，调整汇率在月末计算汇兑损益时使用。

4．关闭界面

单击工具栏上的“退出”按钮，关闭当前界面。

（三）定义会计科目

本功能完成对会计科目的设立和管理，用户可以根据业务的需要增加、插入、修改、查询、打印会计科目。具体操作如下。

1．打开“会计科目”管理界面

执行“基础设置”—“基础档案”—“财务”—“会计科目”命令，打开“会计科目”窗口，如图 3-6 所示。

图 3-6 “会计科目”窗口

【相关说明】 如果在新建账套时选中“按行业预置科目”复选框，此处就有系统已增加的标准科目；如果没有选中，此处就不会存在任何科目。

2．增加会计科目

对于不存在的科目编码，需要通过新增的方法来增加科目。

（1）进入增加状态

单击工具栏上的“增加”按钮，弹出“新增会计科目”对话框，如图 3-7 所示。

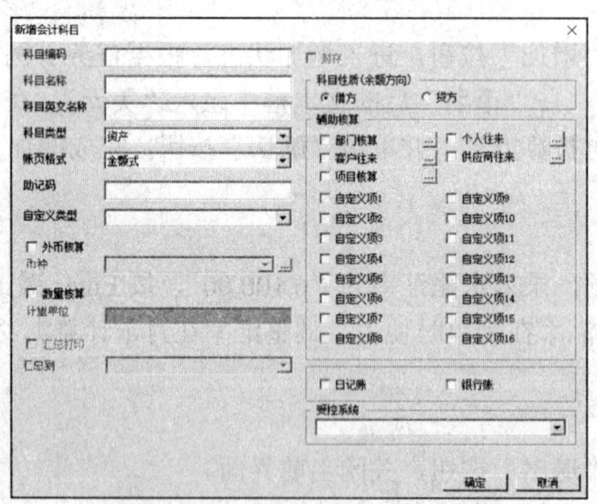

图 3-7 “新增会计科目”对话框

（2）输入科目信息

录入科目编码为“100201”，科目名称为“工商银行”，选中“日记账”和“银行账”复选框。

（3）保存新增数据

单击“确定”按钮，数据自动保存，“确定”按钮自动变成“增加”按钮。

（4）录入其他明细科目

根据任务引例资料，录入其他明细科目。

（5）关闭界面

单击“关闭”按钮，关闭增加界面，退回到浏览状态。

科目设置说明

3．修改会计科目

（1）选择修改对象

在“会计科目”窗口，找到并单击需要修改的科目“1001”。

（2）进入修改状态

单击工具栏上的“修改”按钮，弹出“会计科目_修改”对话框，如图 3-8 所示。

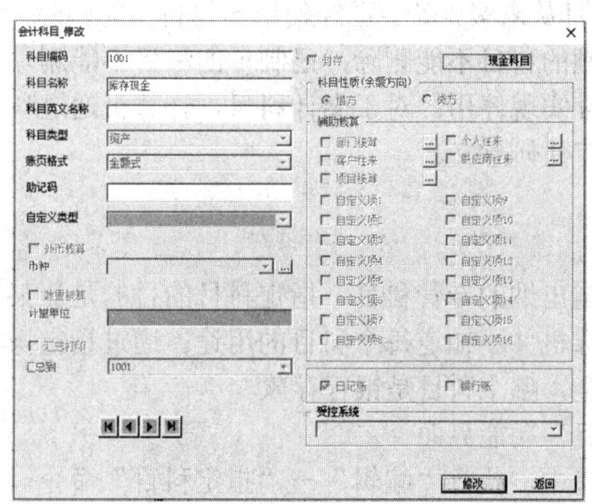

图 3-8　“会计科目_修改”对话框

（3）修改定义

在“会计科目_修改”对话框中单击“修改”按钮，选中“日记账”复选框。

（4）保存修改

单击“确定”按钮，保存修改数据，单击“返回”按钮，关闭修改界面。

（5）修改其他科目

根据任务引例资料，修改其他科目。

【相关说明】只有在修改状态下才能设置汇总打印和封存。

【特别注意】只有未使用的科目编码才可以修改。科目编码一旦使用，将不能修改，但科目名称可以随时修改。已录入期初余额的科目不要强行修改科目，若要修改，则需要先清除该科目的余额再修改。

4．删除会计科目

对于多余的科目，可以通过以下方法进行删除。

（1）选择删除对象

在“会计科目”窗口中，单击选择需要删除的会计科目。

（2）删除科目

单击工具栏上的“删除”按钮，弹出“记录删除后不能修复！真的删除此记录吗？”信息提示框，如图3-9所示，单击“确定”按钮即可。

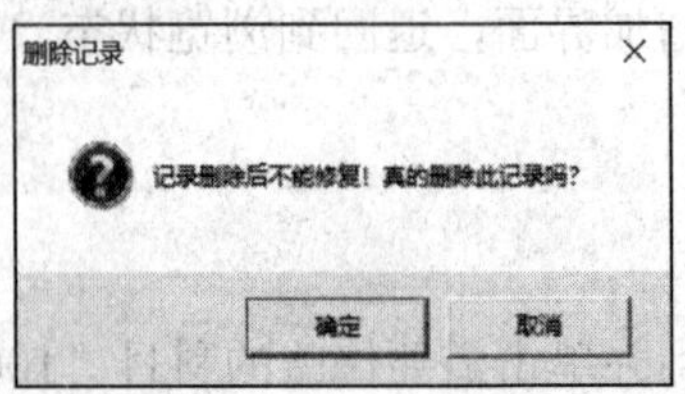

图3-9 “删除记录”对话框

【相关说明】删除科目从末级开始。已经使用的科目不能删除，包括已被指定的科目不能删除，已录入期初余额的科目不能删除，已制单的科目不能删除。已使用的科目，以后不再使用，但可通过封存实现停用。对于会计科目，计算机通过科目代码进行识别，科目名称对于计算机来说没有任何意义。

5．指定会计科目

指定会计科目是指定出纳的专管科目。指定科目的目的是让某些科目与相应的功能建立关联。也就是说，计算机并不知道每个科目的用途。通过指定操作，可以让计算机“认识”哪个科目是库存现金，哪个科目是银行存款。

（1）打开“指定科目”功能界面

在“会计科目”窗口中，执行“编辑”－“指定科目”命令，弹出“指定科目”对话框，如图3-10所示。

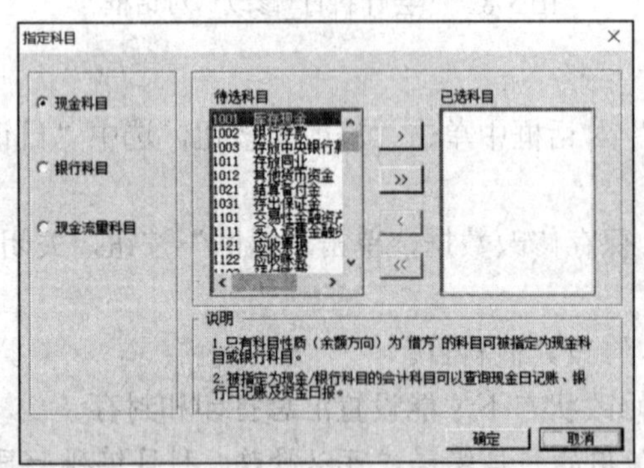

图3-10 “指定科目”对话框

（2）指定现金科目

选中“现金科目”单选按钮，将“1001库存现金”从待选科目区移至已选科目区。

（3）指定银行科目

选中“银行科目”单选按钮，将“1002银行存款”从待选科目区移至已选科目区。

（4）指定现金流量科目

选中“现金流量科目”单选按钮，将“1001库存现金、100201工商银行、100202建设银行”从待选科目区移至已选科目区。

（5）保存科目

单击“确定”按钮，保存指定的科目，并自动关闭窗口。

指定科目说明

（四）定义项目档案

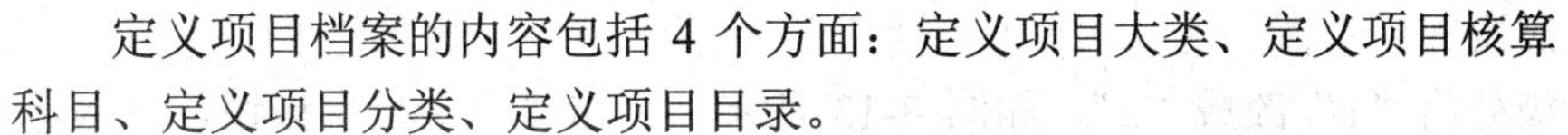

定义项目档案的内容包括 4 个方面：定义项目大类、定义项目核算科目、定义项目分类、定义项目目录。

1．启动“项目档案”管理功能

执行“基础设置”－“基础档案”－“财务”－“项目目录”命令，弹出“项目档案”对话框，如图 3-11 所示。

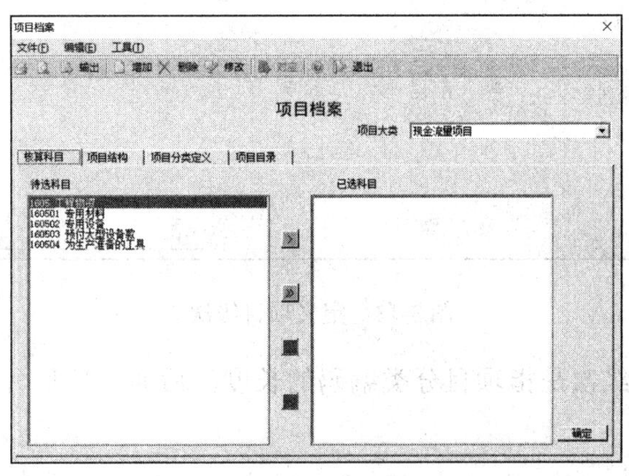

图 3-11 “项目档案”对话框

2．定义项目大类

（1）打开增加项目大类向导

单击工具栏上的“增加”按钮，系统打开向导，进入增加状态。

（2）定义项目大类名称

在新项目大类名称处录入“工程管理”，并选中“普通项目”单选按钮，如图 3-12 所示，然后单击“下一步”按钮，进入下一个设置界面。

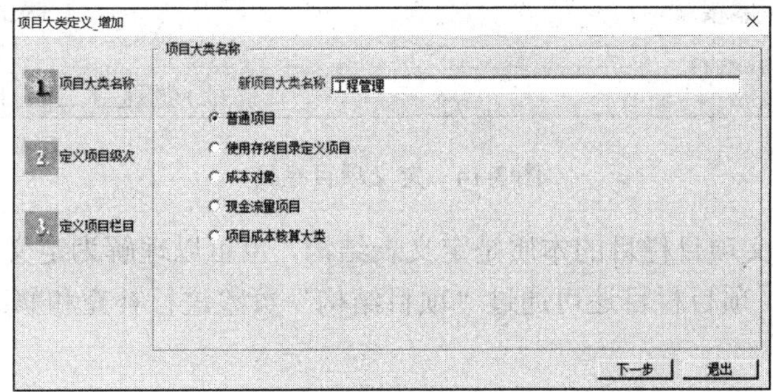

图 3-12 定义项目大类名称

【相关说明】系统提供 5 个可选项：普通项目、使用存货目录定义项目、成本对象、现金流量项目、项目成本核算大类。普通项目是可以自由定义的项目，是一个通用型的项目。其他几个类型是专用型的项目，它会按项目内容自动增加项目栏目，或者增加项目目录，有一定的使用条件限制。在此，我们只以普通项目为例进行学习。

（3）定义项目级次

在项目级次一级处将“1”改成“2”，如图 3-13 所示。单击“下一步”按钮，进入下一个设置界面。

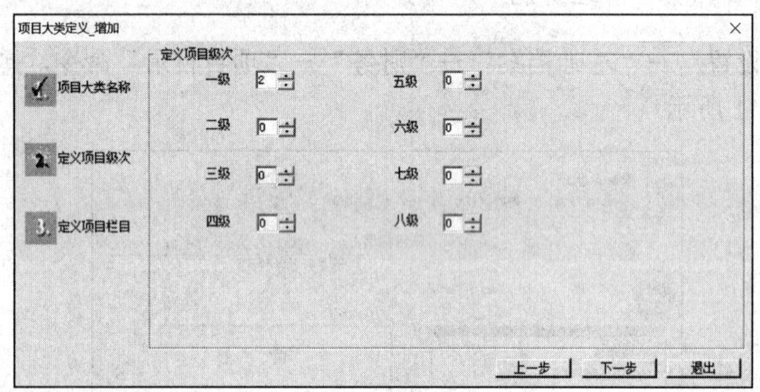

图 3-13　定义项目级次

【相关说明】项目级次是指项目分类编码的长度，后面的项目分类编码必须符合此处定义的编码规则。

（4）定义项目栏目

此处无须增加新的栏目，因此，单击“完成”按钮，如图 3-14 所示。完成项目大类的定义，返回到项目档案界面。

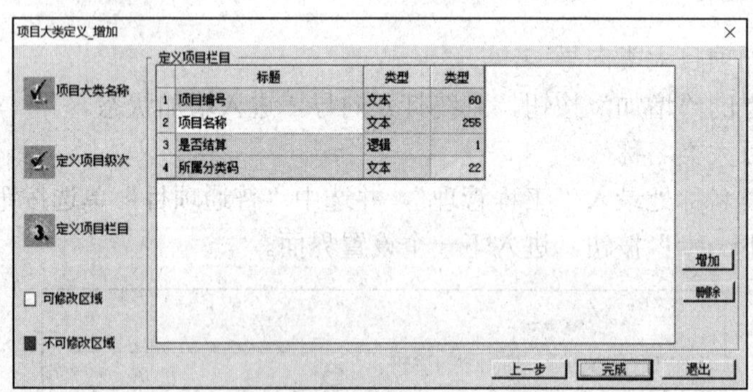

图 3-14　定义项目栏目

【相关说明】定义项目栏目的本质是定义表结构，也可以理解为定义项目的属性，相当于数据库表的字段。项目栏目还可通过“项目结构”页签进行补充和修改。

3. 定义项目核算科目

定义项目大类与科目的关系，即什么科目使用哪个项目。

（1）选择项目大类

选择“核算科目”选项卡，在“项目大类”下拉列表中选择“工程管理”选项，如图 3-15 所示。

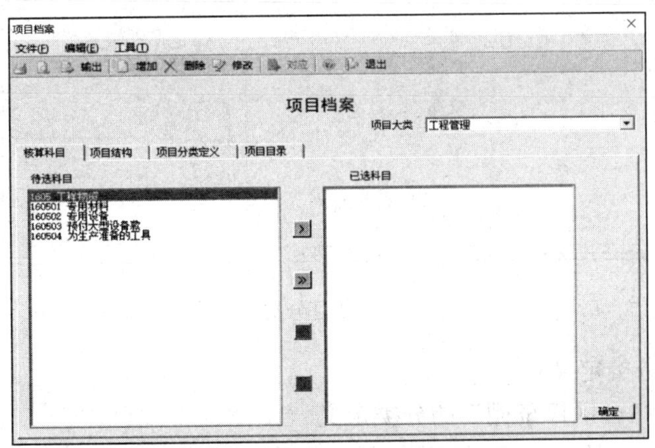

图 3-15　指定项目核算科目

（2）选择科目

将左边的“1605”及其明细科目从待选科目区全部移到已选科目区。

（3）保存设置

单击右下角的“确定”按钮，保存科目。

【特别注意】此处操作要注意防范两种错误的发生：一个是没有修改项目大类，错将科目关联到现金流量项目；另一个是设置好科目后，没有单击“确定”按钮保存数据。如果错将科目关联至其他项目，需要将科目移回到待选科目，单击“确定”按钮后，重新设置。

4. 定义项目分类

定义项目分类用于定义项目目录的分类。

（1）进入增加状态

选择“项目分类定义”选项卡，选择“工程管理”选项，单击“增加”按钮，系统进入增加状态（系统默认已进入增加状态）。

（2）录入分类数据

在“分类编码”后的文本框中录入“01”，在“分类名称”后的文本框中录入“停车棚”。

（3）保存结果

单击“确定”按钮，保存录入的数据，在左边的树状结构中会显示保存结果，如图 3-16 所示。

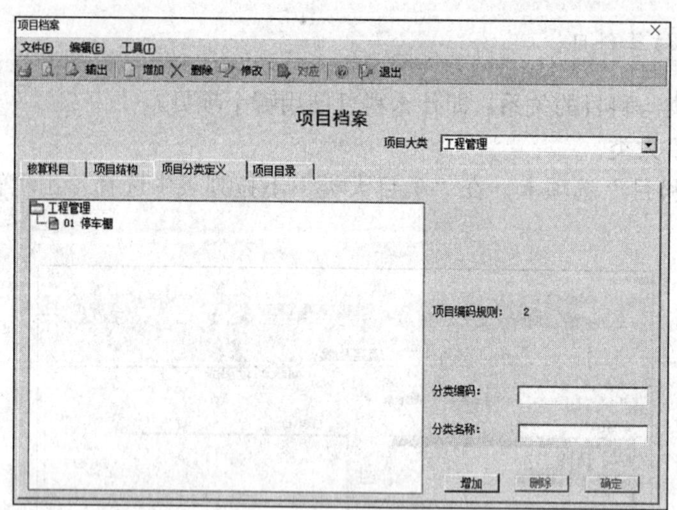

图 3-16 项目分类定义

（4）完成其他分类定义

继续完成“02 宿舍区停车棚”的分类定义。

【相关说明】分类编码必须符合编码规则。编码规则在定义项目大类时录入，可以通过修改项目大类进行修改，已使用的规则不能修改。在实际工作中，如果不想分类，可以在此建立一个大类。

【特别注意】在录入时，注意观察项目大类是否为“工程管理”，项目大类是操作员要操作的对象，要确保正确。在录入编码和名称后，要单击“确定”按钮保存数据，单击“增加”按钮不能保存数据。录入完成后，如果在左边没有录入的数据，说明操作有错误，结果没有保存，需要重新录入。

5．定义项目目录

定义项目目录用于录入具体的项目明细。

（1）启动“项目目录维护”功能

选择“项目目录”选项卡，选择“工程管理”选项，单击“维护”按钮，打开“项目目录维护”窗口。

（2）进入增加状态

单击工具栏上的“增加”按钮，在表体处自动增加一空白行。

（3）录入项目目录数据

在“项目编码”中录入“01”，在“项目名称”中录入“办公区停车棚”，在“所属分类码”中选择“01”；在“项目编码”中录入“02”，在“项目名称”中录入“宿舍区停车棚”，在“所属分类码”中选择“01”，如图 3-17 所示。

项目编号	项目名称	是否结算	所属分类码	所属分类名称
01	办公区停车棚		01	停车棚
02	宿舍区停车棚		01	停车棚

图 3-17　录入项目目录数据

（4）关闭窗口

单击工具栏上的“退出”按钮，关闭当前窗口，返回到上一界面。

【相关说明】“是否结算”是指此项目是否已结算完成，在新增时无须选择。此界面中无“保存”按钮，退出时自动保存。多余的空行可按两次 Esc 键取消。

【特别注意】在项目目录页签无法直接新增记录，需要单击“维护”按钮后在新窗口中录入数据。此界面中无“保存”按钮，退出时自动保存，多余的空行可按两次 Esc 键取消。

（五）定义凭证类别

通过凭证类别的定义，用户可以按照本企业的需要对凭证进行分类管理。

1．启动“凭证类别”功能

执行“基础设置”－“基础档案”－“财务”－“凭证类别”命令，打开“凭证类别预置”界面。

2．选择分类方式

根据任务引例资料要求，选中“收款凭证 付款凭证 转账凭证”单选按钮，如图 3-18 所示，然后单击“确定”按钮，系统进入“凭证类别”界面，并自动增加 3 条记录。

3．设置限制类型和限制科目

单击工具栏上的“修改”按钮，再双击第一行的限制类型，选择“借方必有”，在“限制科目”中输入或参照录入“1001,1002”，并依次录入第二行与第三行，如图 3-19 所示。

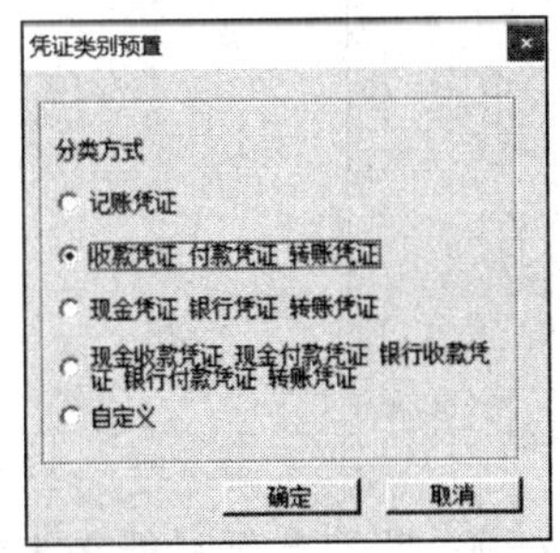

图 3-18　凭证类别设置

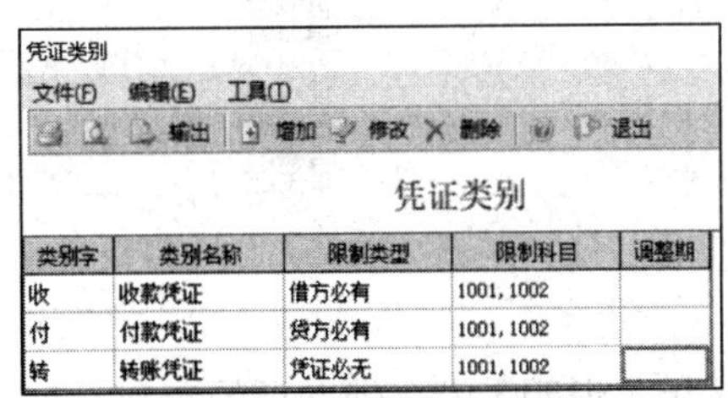

类别字	类别名称	限制类型	限制科目	调整期
收	收款凭证	借方必有	1001, 1002	
付	付款凭证	贷方必有	1001, 1002	
转	转账凭证	凭证必无	1001, 1002	

图 3-19　设置凭证类别

4. 关闭界面

单击工具栏上的“退出”按钮，关闭当前界面。

【相关说明】如果已定义凭证类别，第二次进入时系统将直接打开凭证类别明细列表界面。已使用的凭证类别不能删除，也不能修改类别字。若有科目限制，则至少要输入一个限制科目。限制科目中既可以录入末级科目，也可以录入非末级科目。若限制科目为非末级科目，则在制单时，其所有下级科目都将受到同样的限制。表格右侧的上下箭头按钮可以调整凭证类别的前后顺序，它将决定明细账中凭证的排列顺序。

【特别注意】限制科目“1001,1002”中的数字和逗号都是半角符号，如果录入错误，会弹出“科目编码有误!”信息提示框。当不小心增加了空行时，取消的方法是按两次Esc键。

（六）录入期初余额

期初余额录入工作有两项：一是录入科目的期初余额和科目辅助账的期初明细；二是核对期初余额，并试算平衡。

1. 打开“期初余额录入”窗口

执行“业务工作”－“财务会计”－“总账”－“设置”－“期初余额”命令，打开“期初余额录入”窗口。

2. 录入基本科目余额

单击“工商银行”科目的期初余额区域，录入“1 200 000”。根据任务引例资料，用同样的方法录入其他白色区域科目的余额，如图3-20所示。

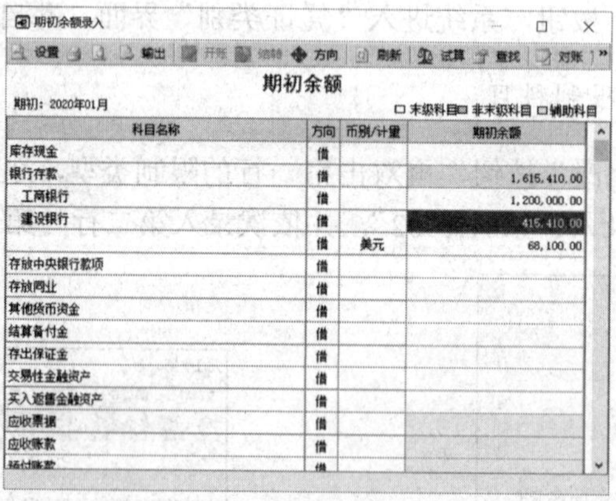

期初余额录入

科目名称	方向	币别/计量	期初余额
库存现金	借		
银行存款	借		1,615,410.00
工商银行	借		1,200,000.00
建设银行	借		415,410.00
	借	美元	68,100.00
存放中央银行款项	借		
存放同业	借		
其他货币资金	借		
结算备付金	借		
存出保证金	借		
交易性金融资产	借		
买入返售金融资产	借		
应收票据	借		
应收账款	借		
预付账款	借		

图3-20 “期初余额录入”窗口

【相关说明】没有辅助项的科目，可以直接录入期初余额。期初余额只能在末级科目上录入，非末级科目由计算机根据末级科目自动计算。期初余额录入后，该科目处于已使用状态，如果要修改科目，需要将此科目的余额改成0。

3．录入辅助项科目余额（以应收账款为例）

（1）打开“辅助期初余额”窗口

双击“112201 人民币账户”科目的期初余额区域，系统自动打开“辅助期初余额”窗口，如图 3-21 所示。

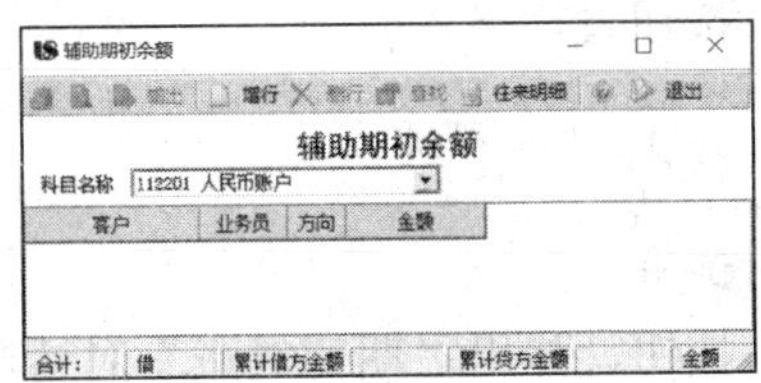

图 3-21　“辅助期初余额”窗口

（2）打开“期初往来明细”窗口

单击工具栏上的“往来明细”按钮，系统自动打开“期初往来明细”窗口。

（3）录入往来明细

单击工具栏上的“增行”按钮，增加一个空行，根据资料录入日期，参照录入凭证号，参照录入客户，录入摘要，选择方向，录入金额，如图 3-22 所示。

图 3-22　录入往来明细

（4）汇总往来明细

单击工具栏上的“汇总”按钮，将明细数据根据客户和业务员分类汇总到辅助期初余额中，弹出“完成了往来明细到辅助期初表的汇总!”信息提示框，如图 3-23 所示，单击“确定”按钮。

图 3-23　完成汇总

（5）返回至“期初余额录入”窗口

单击工具栏上的“退出”按钮，关闭“期初往来明细”窗口，在“辅助期初余额”窗口中可以看到已增加了一行汇总数据，单击工具栏上的“退出”按钮，关闭“辅助期初余额”窗口，返回到“期初余额录入”窗口。

4．录入其他辅助科目数据

根据所给引例资料，录入其他辅助科目数据。

【相关说明】具有辅助属性的科目，所在区域都以黄色显示，辅助科目需要录入明细记录，辅助科目的期初余额会根据录入的明细数据自动汇总。如果在应收应付模块中录入了期初值，可在此单击“引入”按钮直接导入明细。

5．期初对账

（1）打开“期初对账”对话框

单击工具栏上的“对账”按钮，弹出“期初对账”对话框，如图3-24所示。

图3-24 “期初对账”对话框

（2）开始对账

单击“开始”按钮，系统自动开始对账，并在界面上显示对账结果。

（3）退出对账

单击“取消”按钮，关闭“期初对账”对话框，返回至上一界面。

6．试算平衡

（1）试算平衡表

单击工具栏上的“试算”按钮，系统自动开始试算平衡，然后弹出“期初试算平衡表”对话框，显示计算结果，如图3-25所示。

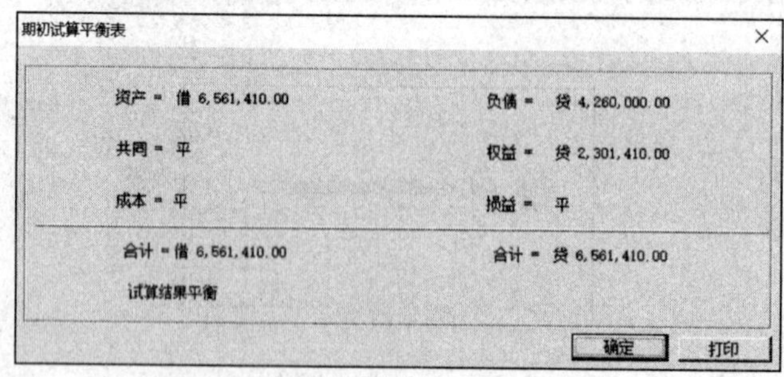

图3-25 “期初试算平衡表”对话框

（2）关闭界面

单击“确定”按钮，关闭当前界面，返回到上一界面。

【相关说明】期初余额不平，可以制单，但不能记账。记账后期初余额不能修改。

（七）定义结算方式

企业与银行的业务往来需要很多票据，如现金支票、转账支票等，为了方便银行对账，在制单过程中或其他往来业务单据中，需要记录这些结算方式，因此，在使用结算方式前，需要进行结算方式的定义。该功能就是用来建立和管理用户在经营活动中所涉及的结算方式。

1）启动“结算方式”功能。执行“基础设置”－“基础档案”－“收付结算”－“结算方式”命令，进入“结算方式”窗口。

2）进入增加状态。单击工具栏上的“增加”按钮，界面右边进入增加状态。

3）根据任务引例资料录入数据。在“结算方式编码”后的文本框中录入“1”，在“结算方式名称”后的文本框中录入“现金”，取消选中“是否票据管理”“适用零售”复选框，如图 3-26 所示。

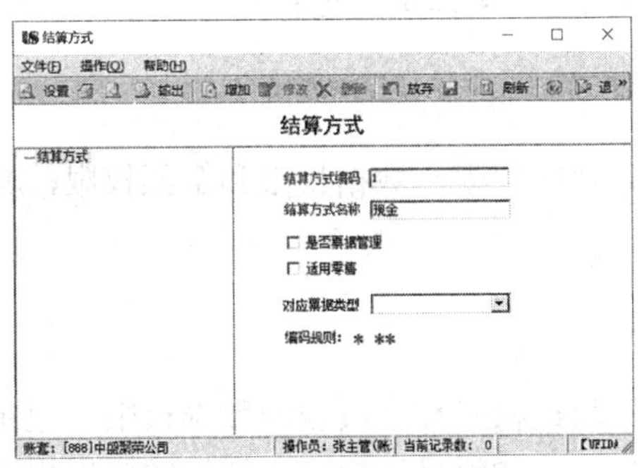

图 3-26　设置结算方式

4）保存数据。

单击工具栏上的“保存”按钮，保存当前记录。

5）录入其他结算方式。

根据任务引例资料，录入其他结算方式。

6）关闭界面。

单击工具栏上的“退出”按钮，关闭当前界面。

【相关说明】注意编码规则是否有误，结算方式编码必须符合编码规则。结算方式名称最多可写 6 个汉字（12 个字符）。票据管理要与总账选项中的支票控制配合使用，启用票据管理的结算方式将参与支票控制。对应票据类型不用填写。

（八）定义常用摘要

在输入单据或凭证的过程中，会出现摘要完全相同的情况。如果将这些常用摘要存储起来，在输入单据或凭证时随时调用，将大大提高工作效率。调用常用摘要可以在输入摘要时直接输入摘要代码或参照输入。

1）启动“常用摘要”功能。执行“基础设置”－“基础档案”－“其他”－“常用摘要”命令，打开“常用摘要”界面。

2）增加一条常用摘要。单击工具栏上的“增加”按钮，进入增加状态，根据任务引例资料录入摘要编码“1”、摘要内容“出差借款”，如图 3-27 所示，按回车键。

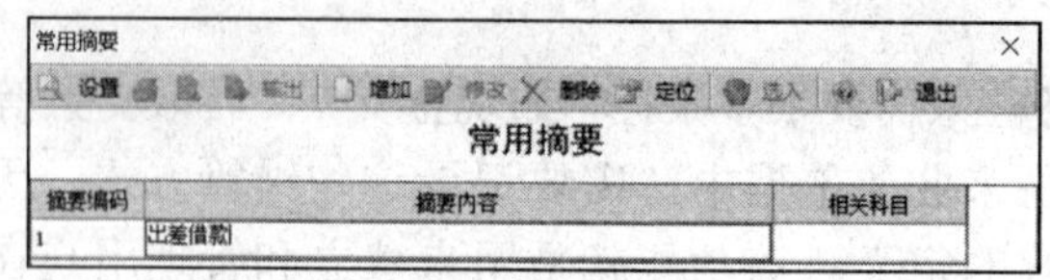

图 3-27　设置常用摘要

3）根据任务引例资料，录入其他常用摘要。

4）单击工具栏上的“退出”按钮，关闭当前界面。

【相关说明】摘要编码可以是数字，也可以是字母。采用摘要首字母进行编码，方便记忆和使用。摘要编码和摘要内容无论是否使用，都可以随意修改和删除。

【特别注意】在退出前，如果最后一行是空行或者是不完整的行，退出的方法是按两次 Esc 键。第一次是退出录入状态，第二次是退出增加状态。

（九）数据权限与金额权限

用友软件中的权限分为功能权限、数据权限和金额权限，其中功能权限设置在系统管理中完成。

1. 数据权限

数据权限分为记录级的数据权限和字段级的数据权限，记录级的数据权限可以理解为对一个数据表中行的使用权限，如科目表中部分科目的使用权限或用户表中对部分用户的审核权限；字段级的数据权限可以理解为对一个数据表中列的使用权限，如限制仓库保管员看到出入库单据上的有关产品的价格信息。记录级数据权限操作方法如下。

1）启动“数据权限分配”功能。执行“系统服务”—“权限”—“数据权限分配”命令，打开“数据权限分配”窗口，如图 3-28 所示。

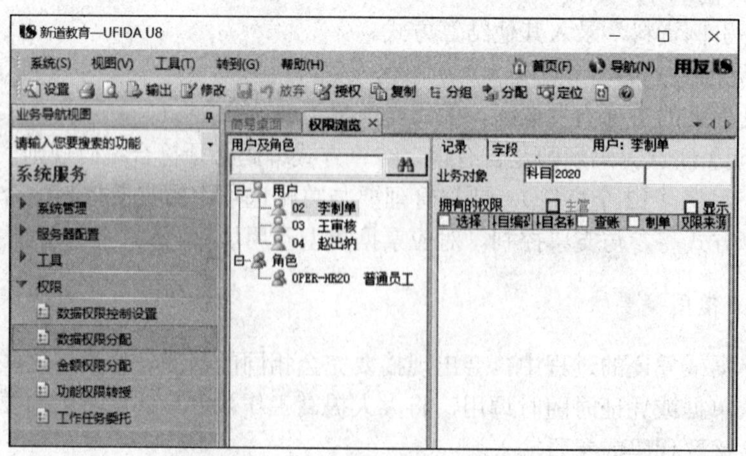

图 3-28　“数据权限分配”窗口

2）选择权限分配对象和业务对象。选择用户“02 李制单”，在“业务对象”下拉列表框中选择“科目”选项，单击工具栏上的“授权”按钮，系统弹出“记录权限设置”对话框，如图 3-29 所示。

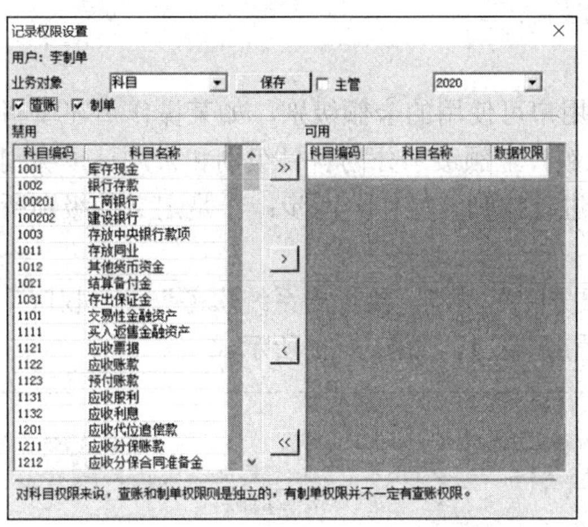

图 3-29　科目记录权限设置

3）设置权限并选择记录。核对权限，保证“查账”和“制单”权限处于选择状态，根据资料要求，将全部科目从左边的禁用区移至右边的可用区。

4）保存设置。单击“保存”按钮，弹出信息提示框，单击“确定”按钮关闭提示，再单击窗口右上角的“关闭”按钮，关闭当前界面，返回到上一界面。

5）完成操作员的数据权限设置。根据任务引例资料，按照 2）～4）的方法，需要将 2）中的业务对象改为“用户”，其他操作方法基本相同，如图 3-30 所示。

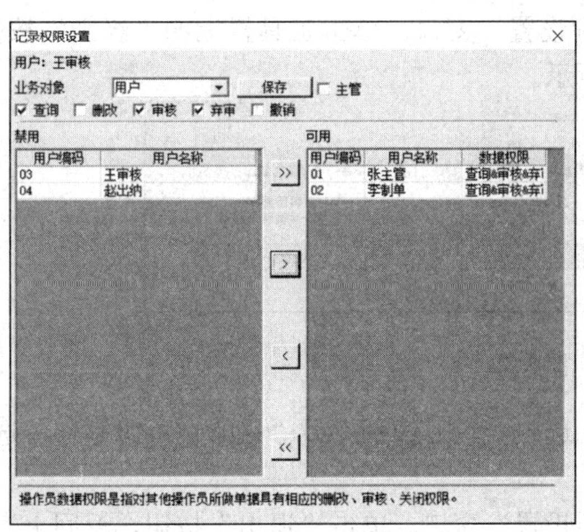

图 3-30　用户权限设置

6）单击工具栏上的“退出”按钮，关闭当前界面。

【相关说明】可对用户进行权限分配，也可对角色进行权限分配。账套主管因为拥有所有权限，不受此功能限制。当角色与用户权限相冲突时，以用户权限为准。业务对象可以通过“数据权限控制设置”功能进行管理。“主管”复选项表示具有当前业务对象所有记录的全部权限，无须再设置记录。

【特别注意】操作过程中要先设置权限，再移动记录，最后保存，否则权限会出现错误。

2．金额权限

金额权限用于设置用户可使用的金额级别，如某操作员在填写凭证时对于某科目只能填写 5 000 元以内的金额。金额级别分为科目级别和采购订单级别，分别对科目的金额和采购订单中的金额大小进行控制。操作分两步：一是定义某级别所对应的金额，二是定义用户所对应的级别。

1）启动“金额权限分配”功能。执行“系统服务”—“权限”—“金额权限分配”命令，打开“金额权限设置”窗口，如图 3-31 所示。

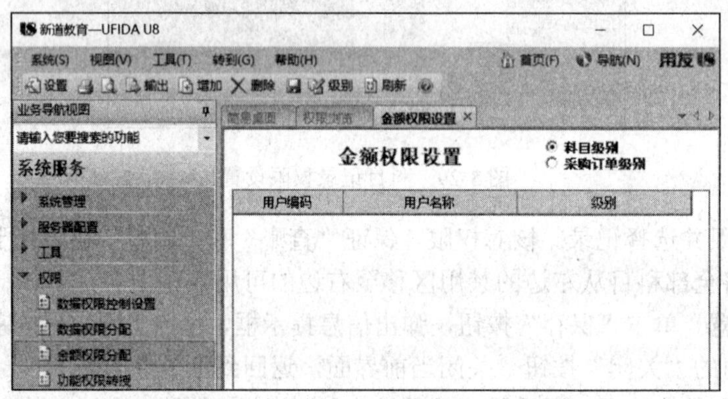

图 3-31 金额权限设置

2）打开“金额级别设置”窗口。单击工具栏上的“级别”按钮，打开“金额级别设置”窗口，如图 3-32 所示。

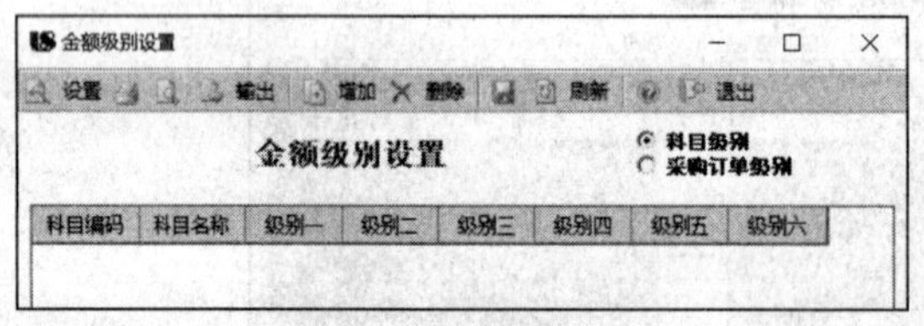

图 3-32 金额级别设置

金额权限说明

3）设置级别明细。选中“科目级别”或“采购订单级别”单选按钮，增加级别明细，并保存。

4）打开“金额权限设置”窗口。单击“退出”按钮，返回上一界面。

5）设置用户对应级别。单击工具栏上的“增加”按钮，选择用户编码，选择级别，单击“保存”按钮。

6）单击工具栏上的“退出”按钮，关闭当前功能。

（十）账套备份

将账套输出至“3-2 总账系统初始设置”文件夹，压缩后保存到 U 盘。

八、疑难解答

1）如果应收账款没有定义客户属性，然后直接录入了科目的期初余额，现在想设置该科目的客户属性，该如何处理？

需要先将该科目的期初余额改为0，然后选中该科目客户往来属性，最后录入该科目的客户往来明细金额。

2）为什么定义完项目大类后，在待选科目区没有科目？

有两种可能性：一是已将科目与其他项目大类关联，二是没有定义相应的科目为项目核算属性。如果是第一种情况，那么需要在其他项目大类中将科目移回待选区；如果是第二种情况，只需要修改相应科目为项目核算属性即可。

3）录入期初余额后，试算不平衡，怎么检查错误？

试算不平衡，唯一的方法就是将所有科目的期初值核对一遍，往往是期初值多0或少0问题。如果与同学一起练习，可与其他同学的试算结果比对一下，然后只需要重点检查资产、负债、所有者权益某一个方面的期初值。

4）录入代码时，提示不符合编码规则，如何处理？

如果录入的代码没有错误，那就是编码规则错误，需要执行“基础设置”—“基本信息”—“编码方案”命令修改编码规则。

九、实训报告

项目三任务二　实训报告

问题思考

1）录入期初余额后，试算不平衡，检查的流程是什么？

2）录入代码时，提示不符合编码规则，如何处理？

3）新增科目时，有何限制？

4）功能权限、数据权限与金额权限三者之间有何联系和区别？

5）项目定义包括哪几个内容？

6）科目定义的主要属性有哪些？

任务三　总账日常账务处理

一、任务描述

总账日常账务主要是记账凭证处理工作，本任务主要训练学生学会记账凭证的填制、修改、删除、审核及记账。

二、实训任务

1）填制凭证。
2）修改凭证。
3）删除凭证。
4）设置常用凭证。
5）审核凭证。
6）出纳签字。
7）主管签字。
8）记账。

三、任务目标

1）了解日常账务处理工作的内容。
2）掌握日常账务中凭证处理方法。
3）掌握凭证填制过程中辅助账数据录入的方法。
4）能对不同情况下的错账采取合适的更正方法。
5）能分析不能进行凭证修改和删除的原因。
6）能分析不能进行凭证审核和出纳签字的原因。
7）能解决制单不序时的问题。
8）能解决不能记账问题。
9）能对错账进行有痕迹修改和无痕迹修改。
10）会删除不需要的凭证。
11）理解业务日期超前和滞后的提示问题。

四、准备工作

1）更改计算机时间为 2020 年 1 月 31 日。
2）引入“3-2 总账系统初始设置”文件夹下的备份账套。

五、任务引例

1．2020 年 1 月发生的经济业务

1）2020 年 1 月 1 日，从工商银行提取现金 50 000 元，日常工作备用。

借：库存现金　　50 000
　　贷：银行存款——工商银行　　50 000

2）2020 年 1 月 2 日，收到金蝶集团转账支票一张，收回上月货款 926 600 元，支票号为 ZZ3004，存入工商银行。

借：银行存款——工商银行　　926 600
　　贷：应收账款　　926 600

3）2020 年 1 月 3 日，向联想集团购入联想笔记本电脑 100 台，每台不含税进价 5 000

元，计 500 000 元，增值税为 65 000 元，发票已到，商品已验收入库，款未付。

借：库存商品——联想电脑　500 000

应交税费——应交增值税（进项税额）　65 000

贷：应付账款——应付货款　565 000

4）2020 年 1 月 4 日，用工商银行转账支票向联想集团支付货款 565 000 元，支票号为 ZZ1002，用于支付本月 3 日购买的 100 台联想笔记本电脑的货款，支票领用人为柯酷。

借：应付账款——应付货款　565 000

贷：银行存款——工商银行　565 000

5）2020 年 1 月 4 日，以工商银行转账支票归还前欠戴尔集团货款 565 000 元，支票号为 ZZ1003，用于支付上个月 100 台电脑的货款，支票领用人为金鑫。

借：应付账款——应付货款　565 000

贷：银行存款——工商银行　565 000

6）2020 年 1 月 5 日，以现金预付全年的报刊费 9 600 元。

借：预付账款——预付报刊费　9 600

贷：库存现金　9 600

7）2020 年 1 月 5 日，人力资源部摊销应由本月负担的报刊费 800 元。

借：管理费用——办公费　800

贷：预付账款——预付报刊费　800

8）2020 年 1 月 5 日，向用友集团出售联想电脑 100 台，每台不含税售价 8 200 元，增值税销项税额为 106 600 元，产品已发出，款项尚未收到。

借：应收账款　926 600

贷：主营业务收入——联想电脑　820 000

应交税费——应交增值税（销项税额）　106 600

9）2020 年 1 月 5 日，向 SAP 集团出售戴尔电脑 50 台，每台不含税售价 1 400 美元，1 美元兑人民币汇率为 6.100 0，价税合计 79 100 美元，折合人民币共计 482 510 元，其中不含税总额 427 000 元，增值税销项税额为 55 510 元，产品已发出，货款以网上银行结算，已存入建行银行，结算号为 WY4001。

借：银行存款　建设银行　482 510

贷：主营业务收入——戴尔电脑　427 000

应交税费——应交增值税（销项税额）　55 510

10）2020 年 1 月 6 日，收到用友集团转账支票一张，收回本月 5 日销售货款 926 600 元，结算号为 ZZ2004，存入工商银行。

借：银行存款——工商银行　926 600

贷：应收账款　926 600

11）2020 年 1 月 6 日，用工商银行转账支票支付产品广告费 3 000 元，结算号为 ZZ1004，支票领用人为侯德。

借：销售费用——广告费　3 000

贷：银行存款——工商银行　3 000

12）2020 年 1 月 8 日，总经理办公室严锦报销差旅费 5 700 元，偿还借款 300 元。

借：库存现金　　300

　　管理费用——差旅费　　5 700

　　贷：其他应收款——其他个人应收款　　6 000

2．修改凭证

把第 7 笔业务的费用摊销部门由人力资源部改为总经理办公室。

3．常用凭证

摘要：从工商银行提取现金。
凭证类别：付款凭证。
科目编码：1001 和 100201。

4．审核和记账

对所有的凭证进行审核，出纳签字，主管签字，记账。

六、教学关注

实训重点是填制凭证，注意判断凭证的类别；对于具有辅助项的科目，注意弹出的窗口，掌握修改辅助项的方法；体会数据权限和金额权限的作用；掌握现金流量录入的方法。填制凭证过程指导只给出部分特殊业务操作过程，操作时注意将所有业务全部录入。在审核、出纳签字和主管签字时，应注意更换操作员。

七、过程指导

初始设置完成后即可进行日常账务处理。日常账务处理包括填制凭证，修改、删除凭证，凭证录入，出纳签字，审核凭证，主管签字，记账，账套备份。

（一）填制凭证

填制凭证也称为制单，是账务处理的基础环节，直接影响整个账务处理系统的应用效果。

【相关说明】检查当前操作员，确认操作员是否是 02；如果不是，则应更换操作员。

1．填制第 1 笔业务的记账凭证

1）启用企业应用平台，以“02 操作员”的身份登录系统。

2）启动“填制凭证”功能。执行“业务工作”－“财务会计”－“总账”－“凭证”－“填制凭证”命令，打开“填制凭证”窗口。

3）进入增加状态。单击工具栏上的“增加”按钮，或按 F5 键。

4）更改凭证类型。单击凭证类别的参照按钮，选择“付款凭证”选项。

5）更改凭证日期。将凭证日期改为“2020.01.01”。

6）录入摘要。在“摘要”栏中录入“日常工作备用金”，并按 Enter 键确认。

7）录入借方科目。在“科目名称”栏，单击“参照”按钮（或按F2键），选择“资产”类科目“1001 库存现金”，或者直接在“科目名称”栏中录入“1001”，并按Enter键确认。

8）录入借方金额。在借方金额栏录入金额“50 000”并按Enter键确认。

【相关说明】如果凭证的金额录错了方向，可以直接按空格键改变余额方向。如果想查询当前科目的相关数据，可以通过“查看”菜单中的“查辅助明细”“查最新余额”“预算查询”“联查明细账”“联查原始单据”等功能查看。

9）录入贷方科目。在“科目名称”栏，参照或直接录入“100201”并按Enter键确认。

【相关说明】科目编码必须是末级科目编码。

10）在弹出的“辅助项”对话框中单击“取消”按钮。

11）录入贷方金额。按Enter键，或单击“贷方金额”栏，录入贷方金额“50 000”，或直接按“=”键，如图3-33所示。

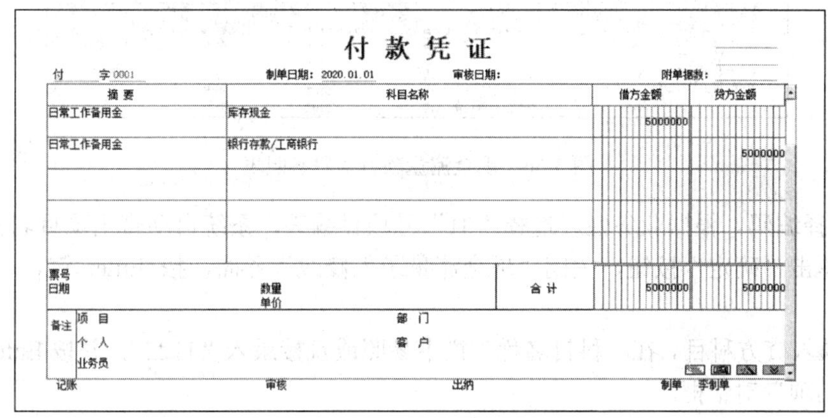

图3-33　付款凭证

12）保存凭证。单击“保存”按钮，弹出“凭证已保存成功！”信息提示框，单击“确定”按钮返回。

2．填制第2笔业务的记账凭证

1）进入增加状态。在“填制凭证”窗口中，单击“增加”按钮或按F5键。

2）选择凭证类别为收款凭证，更改凭证日期为“2”日。

3）录入摘要。在“摘要”栏中录入“收回销售欠款”，并按Enter键确认。

4）录入借方科目。在“科目名称”栏，参照或直接录入“100201”，按Enter键确认，弹出“辅助项”对话框。

5）录入辅助项数据。在“辅助项”对话框中，单击“结算方式”参照按钮选择“3”，录入票号“ZZ3004”，发生日期为“2020-01-02”，如图3-34所示。

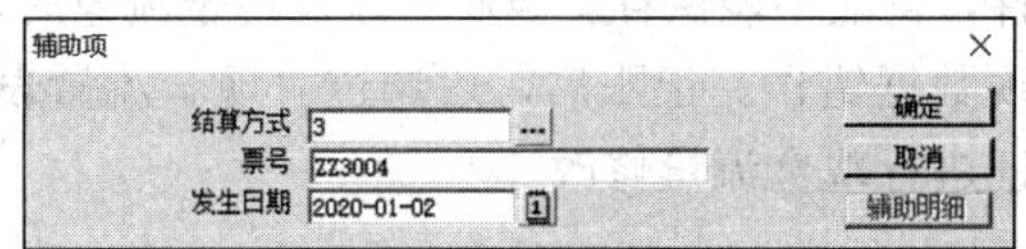

图3-34　结算方式“辅助项”对话框

6）录入借方金额。单击“确定”按钮，在借方录入金额“926 600”。

7）录入现金流量。单击工具栏上的“流量”按钮，打开“现金流量录入修改”界面，如图 3-35 所示。

现金流量录入修改

摘要	科目	方向	金额	项目编码	项目名称
收回销售欠款	100201	借	926,600.00		

图 3-35 “现金流量录入修改”界面

8）选择参照。单击“项目编码”参照按钮，弹出参照列表，如图 3-36 所示。

参照

编辑 全载 刷新 返回 退出 模糊匹配定位: 左 右 包含 精确

现金流量项目
- 01 经营活动
- 02 投资活动
- 03 筹资活动
- 04 汇率变动
- 05 现金及现金等

项目编号	项目名称	是否结算	所属分类码	方向
01	销售商品、提…	否	0101	流入
02	收到的税费返还	否	0101	流入
03	收到的其他与…	否	0101	流入
04	购买商品、接…	否	0102	流出
05	支付给职工以…	否	0102	流出
06	支付的各项税费	否	0102	流出

图 3-36 现金流量项目编码参照表

9）选择编码。根据业务性质选择“01”号项目编码，系统自动带出项目名称。

10）单击“确定”按钮，关闭“现金流量录入修改”界面，按 Enter 键，自动增加下一行摘要。

11）录入贷方科目。在“科目名称”栏中参照或直接录入“1122”，并按 Enter 键确认，弹出“辅助项”对话框。

12）录入辅助信息。在弹出的“辅助项”对话框中录入辅助信息，如图 3-37 所示。

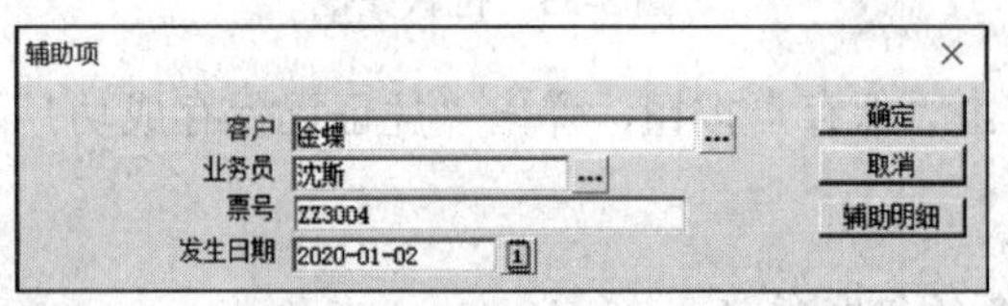

图 3-37 客户“辅助项”对话框

13）录入贷方金额。单击“确定”按钮，按“=”键，录入贷方金额“926 600”。

14）保存凭证。单击“保存”按钮，弹出“凭证已保存成功！”信息提示框，单击“确定”按钮返回。

【相关说明】在填制凭证时，如果使用含有辅助核算内容的会计科目，则应选择相应的辅助核算内容，否则将不能查询到辅助核算的相关资料。在设置凭证类别时已经设置了不同种类凭证的限制类型及限制科目，如果凭证类别选择错误，则在进入新的状态时系统会提示凭证不能满足的条件，凭证不能保存。当业务涉及现金流量时，一定要录入现金流量，否则在填制报表时会出现数据错误。记账后，可通过“现金流量表”－“现金流量凭证查询”功能对现金流量凭证进行现金流量修改。

3．填制第 3 笔业务的记账凭证

1）进入增加状态。在“填制凭证”窗口中，单击“增加”按钮或按 F5 键。

2）选择凭证类别为转账凭证，更改凭证日期为“3”日。

3）录入摘要。在“摘要”栏录入“进货，款未付”，并按 Enter 键确认。

4）录入借方科目。在“科目名称”栏中参照或直接录入“140501”，并按 Enter 键确认，弹出“辅助项”对话框，如图 3-38 所示，录入辅助项数据。

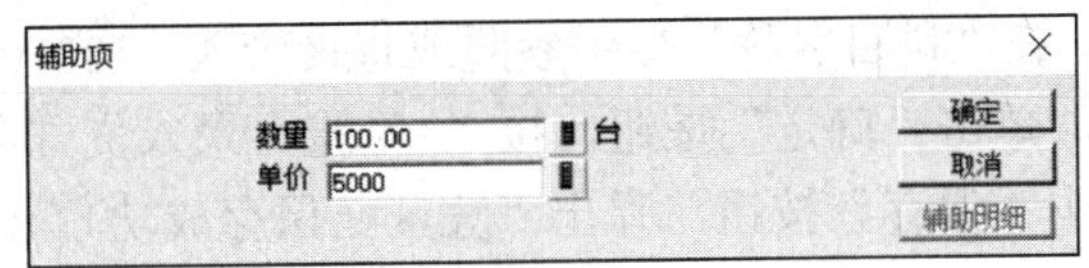

图 3-38　数量“辅助项”对话框

5）单击“确定”按钮，系统自动录入借方金额，按 Enter 键确认。按照上述方法，录入借方第二个科目。

6）录入贷方科目。在“科目名称”栏中参照或直接录入“220201”并按 Enter 键确认。

7）在弹出的“辅助项”对话框中录入供应商信息。单击供应商参照按钮，选择“联想”或输入客户编码“01”（业务员会自动弹出），如图 3-39 所示。供应商辅助项的必填项是供应商，如果业务中没有给出票号，则不填。

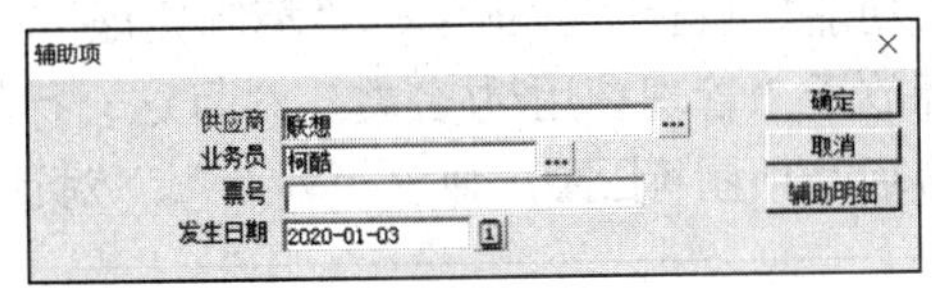

图 3-39　供应商“辅助项”对话框

8）录入贷方金额。单击“确定”按钮，按“=”键，录入贷方金额“565 000”。

9）保存凭证。单击“保存”按钮，弹出“凭证已保存成功！”信息提示框，单击“确定”按钮返回。

4．填制第 4～6 笔业务的记账凭证

按照上述方法录入第 4～6 笔业务的记账凭证。这三笔业务要注意录入现金流量，第 4 笔和第 5 笔业务还要注意进行支票的补充登记。

5．填制第 7 笔业务的记账凭证（录入部门辅助项）

1）进入增加状态。在“填制凭证”窗口中，单击“增加”按钮或按 F5 键。

2）选择凭证类别，更改凭证日期。

3）录入摘要。在“摘要”栏录入“摊销报刊费”，并按 Enter 键确认。

4）录入借方科目。在“科目名称”栏中参照或直接录入“660202”，并按 Enter 键确认，弹出“辅助项”对话框。

5）录入部门信息。在“辅助项”对话框中，单击“部门”参照按钮选择“人力资源部”

选项，或录入客户编码“02”，如图3-40所示。

图3-40　部门“辅助项”对话框

6）录入借方金额。单击“确定”按钮，录入借方金额“800”。

7）录入贷方科目。在“科目名称”栏中参照或直接录入“122103”并按Enter键确认。

8）录入贷方金额。单击“确定”按钮，按“=”键，录入贷方金额“800”。

9）保存凭证。单击“保存”按钮，弹出“凭证已保存成功！”信息提示框，单击“确定”按钮返回。

6. 填制剩余5笔业务的记账凭证

按照上述方法，将剩余5笔业务的记账凭证录入系统中。

（二）修改凭证

在填制凭证时，尽管系统提供了多种控制错误的措施，但误操作还是在所难免。未复核的凭证可以由制单人直接修改，现以第7笔业务为例进行修改。

1）启动“填制凭证”功能。执行“凭证”—“填制凭证”命令，找到转字2号凭证。

2）选中科目。将光标放于“管理费用/办公费”科目这一行的任意位置。

3）打开辅助项。双击辅助项图标，弹出“辅助项”对话框，如图3-41所示。

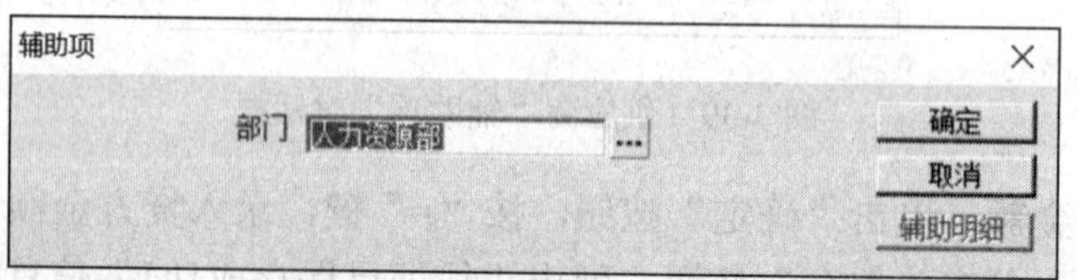

图3-41　修改前的“辅助项”对话框

4）更改部门。删除“人力资源部”，单击“部门”参照按钮，选择“总经理办公室”选项，或录入部门编码“01”，如图3-42所示。

图3-42　修改后的“辅助项”对话框

5）保存凭证。单击“确定”按钮，并保存凭证，弹出“凭证已保存成功！”信息提示框，单击“确定”按钮，退出界面。

【相关说明】参照功能默认按已录入的值过滤显示，当参照对象已填写值时，单击参照按钮只显示过滤后的参照，如果要重新参照，应先清除已填写的值，再重新参照选择。外部系统传递来的凭证不能在总账中进行修改。已审核未记账的凭证不能直接进行修改，但可以先取消审核，再由制单人修改。修改日期不能在上一张日期之前、下一张日期之后。能否修改他人填写的凭证受总账系统参数控制，同时受数据权限控制。

（三）删除凭证

系统未提供直接删除凭证的功能，必须通过先作废再整理完成。

1）打开“填制凭证”窗口。以“02 操作员”的身份，执行“凭证”－“填制凭证”命令，打开“填制凭证”窗口。

2）查找凭证。单击“上张”“下张”按钮，找到要删除的凭证。

3）作废凭证。执行“制单”－“作废/恢复”命令，在凭证左上角打上“作废”的标志。

4）整理凭证。执行“制单”－“整理凭证”命令，根据系统要求选择凭证期间，单击“确定”按钮，系统弹出“作废凭证表”对话框，在表格中双击“删除”栏选择删除对象。

5）整理凭证号。单击“确定”按钮，弹出“是否还需整理凭证断号？”信息提示框，单击“是”按钮，系统完成对凭证号的重新整理。

6）关闭界面。

【相关说明】未审核的凭证可以直接删除，已审核或出纳已签字的凭证不能直接删除，必须在取消审核及取消出纳签字后再删除。若要删除凭证，必须先进行“作废”操作，再进行整理。如果在总账系统中选中“自动填补凭证断号”“系统编号”，那么在对作废凭证进行整理时选择不整理断号，则填制凭证时可以由系统自动填补断号；否则，将会出现凭证断号。对于作废凭证，可以单击“作废/恢复”按钮，取消“作废”标志。作废凭证不能修改、审核，只能对未记账凭证进行凭证整理。账簿查询时查不到作废凭证的数据。

（四）凭证录入

在录入凭证过程中，除了可以使用 F5 键增加、F6 键保存、F2 键参照、“=”键自动平衡、空格键切换借贷方向等常用快捷键提高录入效率，还可以通过常用摘要、常用凭证、红字凭证、凭证复制、凭证草稿保存、账证联查、自动转账等功能提高凭证录入效率。

1．常用摘要

将经常使用的凭证摘要定义为常用摘要。当需要录入摘要时，只需要录入常用摘要编码即可，此方法可加快摘要录入速度，减轻录入人员的工作量。常用摘要的定义方法除了本项目任务二中介绍的方法，还可以在填写凭证时，在摘要参照界面直接新增摘要为常用摘要，可大大提高常用摘要录入效率。

2．常用凭证

可以将反复出现的业务设置成常用凭证，以提高工作效率。

1）启动“常用凭证”功能。执行“业务工作”－“财务会计”－“总账”－“凭证”－“常用凭证”命令，弹出“常用凭证”对话框。

2）进入增加状态。单击“增加”按钮。

3）选择凭证类型。录入编码“1”、说明“从工商银行提取现金”、凭证类别“付 付款凭证”，如图 3-43 所示。

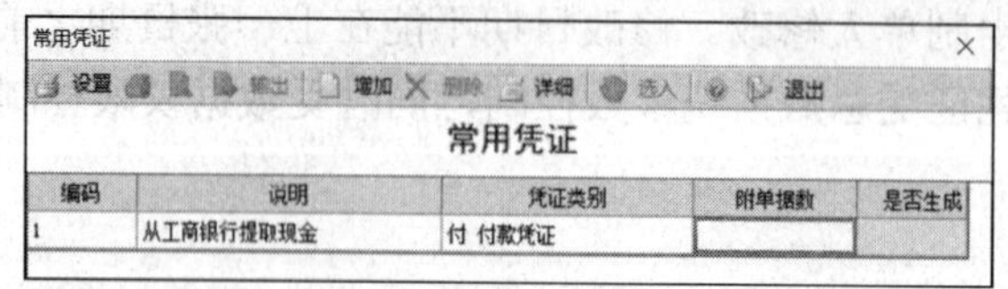

图 3-43 设置常用凭证

4）打开“常用凭证”填制对话框。单击“详细”按钮，弹出“常用凭证－付款凭证”对话框。

5）录入科目编码。单击“增加”按钮，录入科目编码“1001”，再单击“增加”按钮，在第 2 行“科目编码”栏中录入“100201”，不填辅助信息，填写结果如图 3-44 所示。

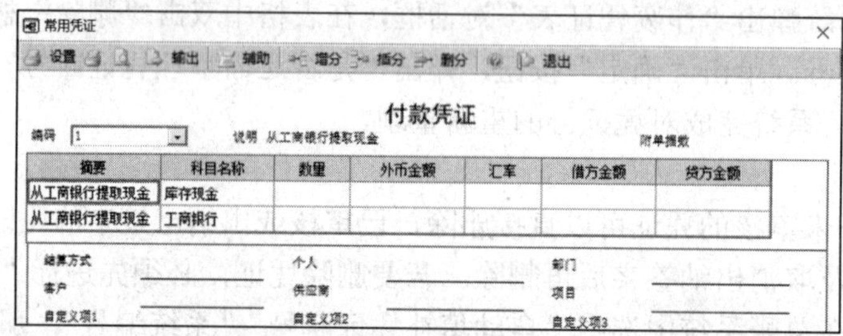

图 3-44 常用凭证具体内容

6）退出界面。

【相关说明】在填制凭证时，可将当前凭证通过“制单”－“生成常用凭证”功能生成常用凭证，也可以执行“制单”－“调用常用凭证”（快捷键 F4）命令，调用事先定义的常用凭证，调用的常用凭证可以修改。

3. 红字凭证

如果发现已记账凭证有错误，可到填制凭证中通过冲销凭证功能生成一张红字冲销凭证，无须手工录入，实现有痕迹修改。操作方法如下：在填制凭证的浏览状态下，单击工具栏上的“冲销凭证”按钮，选择月份、凭证类别，录入凭证号，单击“确定”按钮即可生成红字冲销凭证。“冲销凭证”对话框如图 3-45 所示。

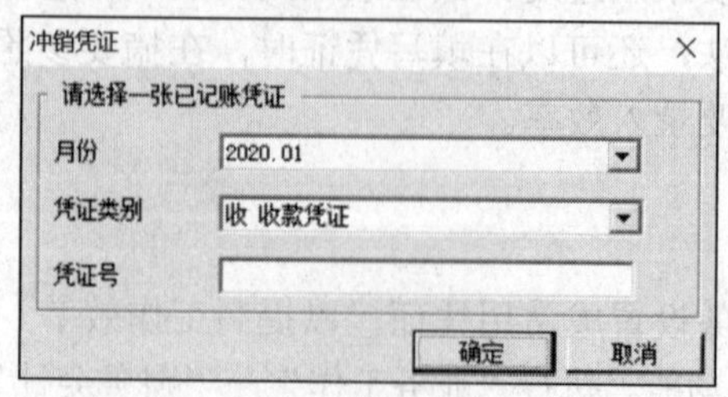

图 3-45 “冲销凭证”对话框

4．凭证复制

当需要重复填写凭证时，或要填写的大部分内容相同时，可通过复制功能快速生成凭证内容。操作方法如下：在填写凭证窗口的浏览状态找到要复制的凭证对象，单击工具栏上的“复制”按钮，自动增加一张内容一样的凭证，适当修改后保存即可。

5．凭证草稿保存

在填写凭证的过程中，如果凭证信息不完整，可通过“凭证草稿保存”功能进行挂单处理，在进行草稿保存时，不对凭证任何数据进行有效性检查。当需要继续录入时，通过“凭证草稿引入”功能导入挂单数据。

6．账证联查

在填写凭证时，可直接查询当前行科目的历史数据，可查询的功能有联查明细账、联查原始单据、查辅助明细、科目余额。此处的查询结果均包含未记账凭证数据。

7．自动转账

自动转账分为账务内转账和账务外转账，账务内转账在总账模块完成，通过月末的转账功能实现，可将有取数规律的凭证交由计算机自动生成，在后面的业务中会有专门的介绍。账务外转账通过总账之外的其他模块生成凭证，如固定资产、应收款管理等模块，均可根据原始单据生成凭证到总账中，无须人工录入凭证，在相关模块均有详细讲解。

（五）出纳签字

为加强现金收支管理，保证数据正确，系统设置了“出纳签字”功能。出纳人员可通过“出纳签字”功能对制单人填制的涉及库存现金或银行存款科目的凭证进行核对，主要核对金额是否正确。对于审查中认为错误或有异议的凭证，应由填制人员修改后再核对。

1）重新注册。以“04 操作员”身份登录系统。

2）启动“出纳签字”功能。执行“业务工作”－“财务会计”－“总账”－“凭证”－“出纳签字”命令，弹出“出纳签字”对话框，如图 3-46 所示。

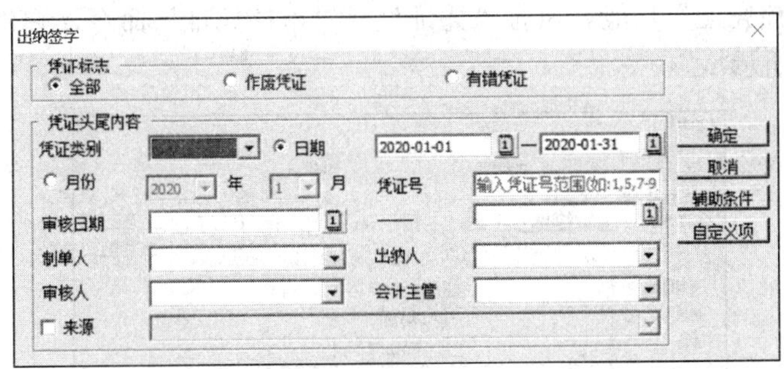

图 3-46　“出纳签字”对话框

3）打开“出纳签字”窗口。单击“确定”按钮，打开“出纳签字”列表窗口，如

图 3-47 所示。

凭证共 9张　已签字 0张　未签字 9张　凭证号排序　制单日期排序

制单日期	凭证编号	摘要	借方金额合计	贷方金额合计	制单人	签字人	系统名	备注	审核日期
2020-1-2	收 - 0001	收回销售欠款	926,600.00	926,600.00	李制单				
2020-1-5	收 - 0002	出售戴尔电脑	482,510.00	482,510.00	李制单				
2020-1-6	收 - 0003	收回本月5日销售货款	926,600.00	926,600.00	李制单				
2020-1-8	收 - 0004	报销差旅费	6,000.00	6,000.00	李制单				
2020-1-1	付 - 0001	日常工作备用金	50,000.00	50,000.00	李制单				
2020-1-4	付 - 0002	支付3日购买联想笔记本	565,000.00	565,000.00	李制单				
2020-1-4	付 - 0003	支付上个月电脑的货款	565,000.00	565,000.00	李制单				
2020-1-5	付 - 0004	预付全年的报刊杂志费	9,600.00	9,600.00	李制单				
2020-1-6	付 - 0005	支付产品广告费	3,000.00	3,000.00	李制单				

图 3-47　“出纳签字”列表窗口

4）打开待签字凭证。单击“确定”按钮，打开“待签字的收字 1 号凭证”窗口。

5）出纳签字。单击工具栏上的“签字”按钮，完成该凭证的签字。单击“下张凭证”按钮，再单击“签字”按钮，直到将已经填制的凭证全部签字完毕。

6）关闭界面。单击“退出”按钮。

【相关说明】并不是所有的凭证都需要出纳签字，出纳签字只能签含有指定现金、指定银行科目的凭证。要在总账系统中进行出纳签字，应满足以下条件：在“基础设置－基本信息”设置时不要启用“出纳管理”系统；进行出纳签字的操作员已在系统管理中被赋予出纳签字权限，在总账系统的“选项”中已经设置了“出纳凭证必须经由出纳签字”，已经在会计科目中进行了“指定现金”和“指定银行”的操作。发现已进行出纳签字的凭证有错误，应在取消出纳签字后再在“填制凭证”功能中进行修改。可以单张签字，也可以成批签字；签字可以取消，但必须由本人取消。

（六）审核凭证

审核凭证是指由具有审核权限的操作员按照会计制度规定对制单人填制的记账凭证进行的合法性检查。

1）重新注册。以“03 操作员”的身份登录系统。

2）启动“审核凭证”功能。执行“凭证”－“审核凭证”命令，弹出“凭证审核”对话框，如图 3-48 所示。

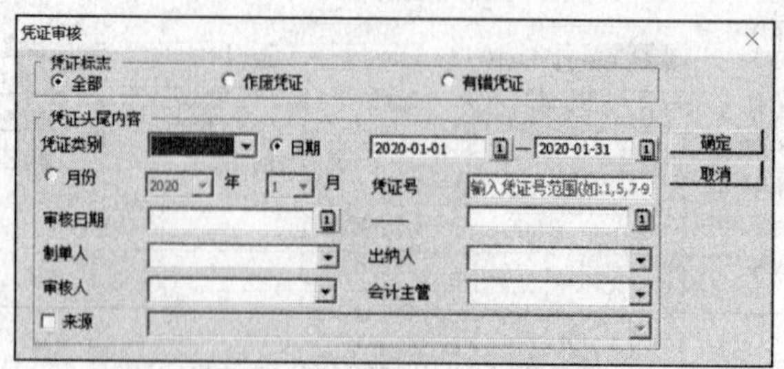

图 3-48　“凭证审核”对话框

3）设置查询条件。单击“确定”按钮，打开“凭证审核”列表窗口，如图 3-49 所示。

凭证共 12张　已审核 0 张　未审核 12 张　凭证号排序　制单日期排序

制单日期	凭证编号	摘要	借方金额合计	贷方金额合计	制单人	审核人	系统名	备注	审核日期	年度
2020-1-2	收 - 0001	收回销售欠款	926,600.00	926,600.00	李制单					2020
2020-1-5	收 - 0002	出售戴尔电脑	462,510.00	462,510.00	李制单					2020
2020-1-6	收 - 0003	收回本月5日销售货款	926,600.00	926,600.00	李制单					2020
2020-1-6	收 - 0004	报销差旅费	6,000.00	6,000.00	李制单					2020
2020-1-1	付 - 0001	日常工作备用金	50,000.00	50,000.00	李制单					2020
2020-1-4	付 - 0002	支付3日购买联想笔记本	565,000.00	565,000.00	李制单					2020
2020-1-4	付 - 0003	支付上个月电脑的货款	565,000.00	565,000.00	李制单					2020
2020-1-5	付 - 0004	预付全年的报刊杂志费	9,600.00	9,600.00	李制单					2020
2020-1-6	付 - 0005	支付产品广告费	3,000.00	3,000.00	李制单					2020
2020-1-3	转 - 0001	进货，款未付	565,000.00	565,000.00	李制单					2020
2020-1-3	转 - 0002	摊销报刊杂志费	800.00	800.00	李制单					2020
2020-1-5	转 - 0003	向用友集团出售联想电脑	926,600.00	926,600.00	李制单					2020

图 3-49 “凭证审核”列表窗口

4）打开待审核凭证。单击“确定”按钮，打开“待审核的收字 1 号凭证”窗口。

5）审核凭证。单击工具栏上的“审核”按钮，系统自动审核第一张凭证，并打开下一张未审核凭证。

6）依次审核其他凭证，直到将已经填制的凭证全部审核完毕。

7）单击“退出”按钮退出。

【相关说明】系统要求制单人和审核人不能是同一个人，因此，在审核凭证前一定要检查当前操作员是否是制单人，如果是，应更换操作员。凭证审核的操作权限应首先在“系统管理”的权限中进行赋权，其次要注意在总账系统的选项中是否设置了“凭证审核控制到操作员”的选项，如果设置了该选项，则应继续设置审核的明细权限，即“数据权限”中的“用户”权限。只有在“数据权限”中设置了某用户有权审核其他某一用户所填制凭证的权限，该用户才真正拥有了审核凭证的权限。在“审核凭证”的功能中除了可以分别对单张凭证进行审核，还可以启动“成批审核”功能，对符合条件的待审核凭证进行成批审核。在“审核凭证”的功能中可以对有错误的凭证进行“标错”处理与“取消”审核。已审核的凭证不能直接修改，只能在取消审核后才能在“填制凭证”的功能中进行修改。

（七）主管签字

主管签字可以理解为主管对凭证的“复核”。

1）重新注册。以“01 操作员”的身份登录系统。

2）启动“主管签字”功能。执行“凭证”—“主管签字”命令，弹出“主管签字”对话框，如图 3-50 所示。

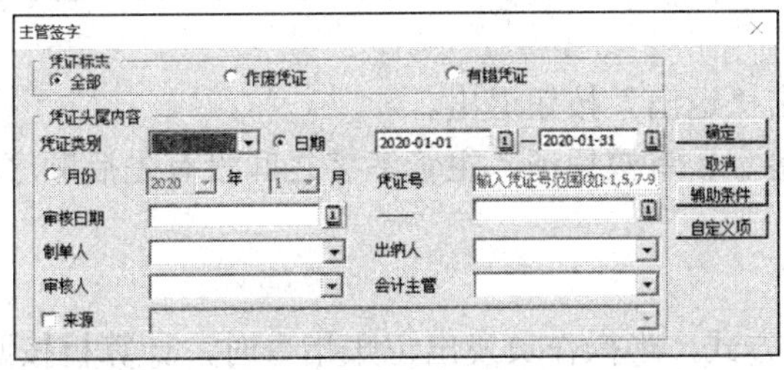

图 3-50 “主管签字”对话框

3）打开“主管签字”列表窗口。单击“确定”按钮，打开“主管签字”列表窗口，如图 3-51 所示。

凭证共 12张　已签字 0张　未签字 12张　凭证号排序

制单日期	凭证编号	摘要	借方金额合计	贷方金额合计	制单人	签字人	系统名
2020-1-2	收 - 0001	收回销售欠款	926,600.00	926,600.00	李制单		
2020-1-5	收 - 0002	出售戴尔电脑	482,510.00	482,510.00	李制单		
2020-1-6	收 - 0003	收回本月5日销售货款	926,600.00	926,600.00	李制单		
2020-1-8	收 - 0004	报销差旅费	6,000.00	6,000.00	李制单		
2020-1-1	付 - 0001	日常工作备用金	50,000.00	50,000.00	李制单		
2020-1-4	付 - 0002	支付3日购买联想笔记本	565,000.00	565,000.00	李制单		
2020-1-4	付 - 0003	支付上个月电脑的货款	565,000.00	565,000.00	李制单		
2020-1-5	付 - 0004	预付全年的报刊杂志费	9,600.00	9,600.00	李制单		
2020-1-6	付 - 0005	支付产品广告费	3,000.00	3,000.00	李制单		
2020-1-3	转 - 0001	进货，款未付	565,000.00	565,000.00	李制单		
2020-1-3	转 - 0002	摊销报刊杂志费	800.00	800.00	李制单		
2020-1-5	转 - 0003	向用友集团出售联想电脑	926,600.00	926,600.00	李制单		

图 3-51　“主管签字”列表窗口

4）打开待签字凭证。单击“确定”按钮，打开待签字的“收字 1 号凭证”窗口。

5）签字。单击工具栏上的“签字”按钮，系统将自动在凭证的右上角签字，如图 3-52 所示。

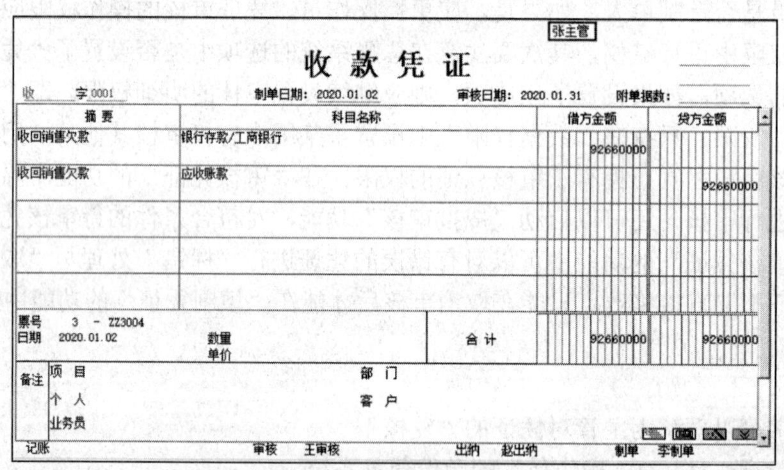

张主管

收款凭证

收　字 0001　制单日期：2020.01.02　审核日期：2020.01.31　附单据数：

摘要	科目名称	借方金额	贷方金额
收回销售欠款	银行存款/工商银行	92660000	
收回销售欠款	应收账款		92660000
票号 3 - ZZ3004　日期 2020.01.02	数量　单价	合计 92660000	92660000

备注　项目　部门　个人　客户　业务员

记账　审核 王审核　出纳 赵出纳　制单 李制单

图 3-52　主管已签字凭证

6）依次签字其他凭证。单击“下张凭证”按钮，再单击“签字”按钮，直到将已经填制的凭证全部签字完毕。

7）关闭界面。单击“退出”按钮退出。

【相关说明】出纳签字、审核凭证、主管签字之间没有先后顺序。

（八）记账

记账一般采用向导方式，当操作员发出记账指令时，计算机按照预先设计的记账程序自动地进行合法性检验、科目汇总、登记账簿等操作。

1）启动“记账”功能。以“01 操作员”的身份登录系统，执行“凭证”－“记账”命令，弹出“记账”对话框，如图 3-53 所示。

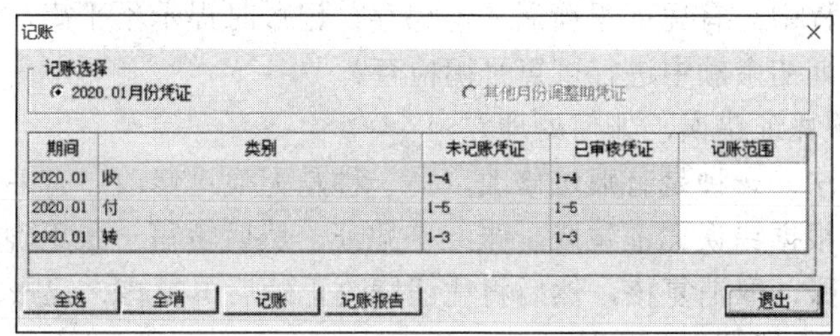

图 3-53 “记账”对话框

2）选择记账范围。单击“全选”按钮，再单击“记账”按钮，弹出“期初试算平衡表”对话框，如图 3-54 所示。

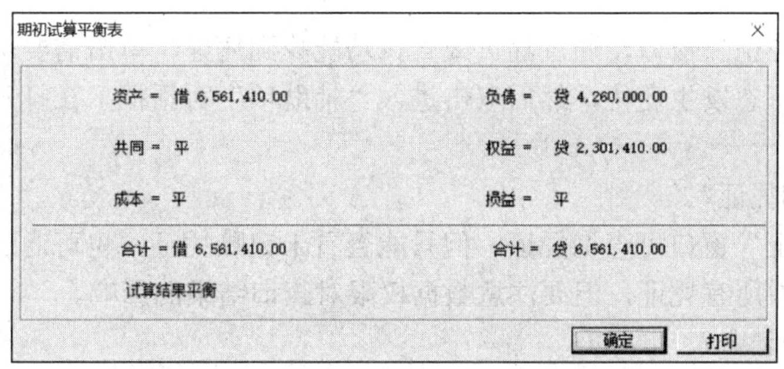

图 3-54 “期初试算平衡表”对话框

3）进行记账。单击“确定”按钮，系统自动开始记账，完成后弹出“记账完毕！”信息提示框，单击“确定”按钮，退出界面。

【相关说明】期初余额试算不平衡、未审核的凭证不允许记账，上月未结账本月不能记账。如果不输入记账范围，系统默认为所有凭证。记账后不能整理断号。已记账的凭证不能在“填制凭证”功能中查询。如果要取消记账，则在“对账”窗口中按“Ctrl+H”快捷键，激活恢复记账前状态，在“恢复记账前状态”功能中选择恢复方式，恢复到记账前状态。

（九）账套备份

将账套输出至“任务 3-3 总账日常账务处理”文件夹，压缩后保存到 U 盘。

八、疑难解答

1）为什么在出纳签字时，只能看到部分凭证？

并不是所有凭证都需要出纳签字，只有凭证中含有指定现金科目、指定银行科目中包含的科目时，才需要出纳签字。

2）可不可以由“01 操作员”填写凭证，由“02 操作员”复核凭证？

从功能权限上来看，“01 操作员”具有制单权限，“02 操作员”具有复核权限。但是，由于设置了用户级的数据权限，如果“02 操作员”对“01 操作员”没有审核权，就不能实现此操作。

3）记账时试算不平衡，如何判断错误的位置？

因为在制单过程中只有凭证平衡后才能保存，记账时提示不平衡，一般是因为期初余额不平衡，需要到期初余额中进行试算平衡检查。

4）记账后发现凭证错误，如何处理？

有两种处理方法，一种是有痕迹修改，另一种是无痕迹修改。有痕迹修改的方法是采用红字冲销法，即根据错误凭证生成一张红字凭证，然后填写一张正确的凭证；无痕迹修改的方法是取消记账，取消复核，然后将凭证修改正确后再复核、记账。

5）填制凭证时不能调用常用摘要，如何解决？

进入系统管理系统，依次执行“权限－公共目录设置－其他”命令，选中“常用摘要”复选框。

6）凭证录入后发现结算方式等辅助信息没有录入或客户、供应商等录入错误，如何修改或补录辅助信息？

打开“填制凭证”窗口，通过翻页或查找功能找到凭证，单击需要重新填写辅助信息的栏目直至鼠标形态发生变化，然后双击进入“辅助项”对话框，在打开的窗口中录入或修改辅助信息。

7）如何查询凭证？

在“填制凭证”窗口可查询凭证，但只能查看未记账凭证，也可通过“凭证”－“查询凭证”功能查看所有凭证，但要注意数据权限对查询结果的影响。

8）如何取消记账？

取消记账这个功能被用友软件隐藏了起来，需要由主管到“对账”里面按“Ctrl+H”快捷键进行激活，再通过执行“凭证”－“恢复记账前状态”命令取消记账。

9）如何判断凭证是否已记账？

可通过“查询凭证”功能查找到凭证，查看凭证下方的记账人签名，如果有签名，表示已记账，也可设置凭证查询条件为“已记账凭证”，如果显示，表示已记账。

10）制单人与出纳可否为同一人？制单人与复核人可否为同一人？制单人与主管可否为同一人？

用友软件中要求制单人与复核人不能为同一人，其他并没有限制。

11）在制单过程中，填写现金流量科目及其金额后，如果想让计算机自动弹出现金流量填写窗口，而不是手动单击“流量”按钮，应如何设置？

可以在“总账”的选项中勾选“现金流量科目必录现金流量项目”复选框。

九、实训报告

项目三任务三　实训报告

问题思考

1）如何批量复核凭证？

2）如何查询凭证？

3）如何取消记账？

4）如何判断凭证是否已记账？

5）如何生成红字冲销凭证？

6）制单人与出纳可否为同一人？制单人与复核人可否为同一人？制单人与主管可否为同一人？

7）在制单过程中，填写现金流量科目及其金额后，如果想让计算机自动弹出现金流量填写窗口，而不是手动单击“流量”按钮，应如何设置？

任务四　出纳业务管理

一、任务描述

本任务主要训练学生掌握支票登记簿管理、银行对账及日记账查询的方法。

二、实训任务

1）登记支票登记簿。

2）录入银行对账期初数据。

3）录入银行对账单。

4）银行对账。

5）输出余额调节表。

6）核销银行账。

7）查询现金日记账。

8）查询资金日报表。

三、任务目标

1）掌握出纳业务的处理方法。

2）掌握银行对账的处理方法。

四、准备工作

1）更改计算机时间为 2020 年 1 月 31 日。

2）引入“3-3 总账日常账务处理”文件夹下的备份账套。

五、任务引例

（一）转账支票

1 月 12 日，办公品采购部靳力领用转账支票一张，支票号为 ZZ1080，准备用于购买办公用品，限额 5 000 元。

（二）100201 工商银行对账期初数据

企业日记账余额为 1 200 000 元，银行对账单期初余额为 1 150 000 元，有企业已收而银行未收的未达账（2019 年 12 月 28 日）转账支票，结算号为 ZZ0911，金额为 50 000 元。

（三）2020 年 1 月银行对账单

2020 年 1 月银行对账单如表 3-9 所示。

表 3-9　2020 年 1 月银行对账单

日期	结算方式	票号	借方金额/元	贷方金额/元	余额/元
2020.01.01	现金		50 000		1 200 000
2020.01.02	转账支票	ZZ0911	50 000		1 250 000
2020.01.04	转账支票	ZZ3004	926 600		2 176 600
2020.01.08	转账支票	ZZ1003		565 000	1 611 600
2020.01.20	转账支票	ZZ4008	72 000		1 683 600

六、教学关注

银行存款日记账来源于企业，银行对账单来自开户银行。当月凭证填写完成，记账后即可得到企业银行存款日记账，而银行对账单需要每月人工输入。注意体会什么样的科目才能进行银行对账，思考在填写凭证时没有填写结算方式和结算号会有什么样的结果。

七、过程指导

（一）登记支票登记簿

为了加强企业的支票管理，出纳人员通常通过“支票登记簿”功能记录支票领用人、领用日期、支票用途、是否报销等情况。

1）启动企业应用平台，以“04 操作员”的身份登录系统。

2）启动“支票登记簿”功能。执行“业务工作”－“财务会计”－“总账”－“出纳”－“支票登记簿”命令，弹出“银行科目选择”对话框，如图 3-55 所示。

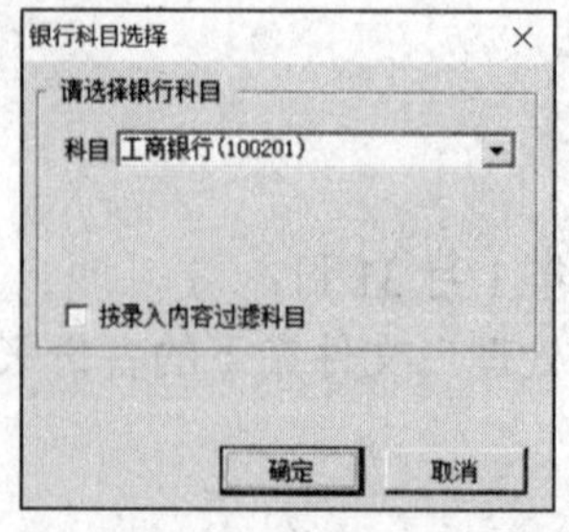

图 3-55　“银行科目选择”对话框

3）选择银行科目。单击“确定”按钮，打开“支票登记簿”窗口。

4）进入增加状态。单击工具栏上的“增加”按钮，系统自动增加一个空行。

5）录入支票领用信息。录入领用日期“2020.01.12”、领用部门“商品采购部”、领用人“靳力”、支票号“ZZ1080”、预计金额“5 000”，如图 3-56 所示。

支票登记簿

科目：工商银行(100201)　　支票张数：4(其中：已报3 未报:

领用日期	领用部门	领用人	支票号	预计金额	用途	报销日期	备注	实际金额	支票密码
2020.01.04	商品采购部	柯酷	ZZ1002	565,000.00		2020.01.04		565,000.00	
2020.01.04	商品采购部	金鑫	ZZ1003	565,000.00		2020.01.04		565,000.00	
2020.01.06	总部销售中心	侯德	ZZ1004	3,000.00		2020.01.06		3,000.00	
2020.01.12	办公品采购部	靳力	ZZ1080	5,000.00	购买办公用品				

预计未报金额 5,000.00　科目截止余额 借 1870200.00　□已报销 □未报销

图 3-56　支票登记簿

6）保存数据。单击“保存”按钮，保存当前数据。

7）单击工具栏上的“退出”按钮，关闭当前界面。

【相关说明】只有在总账系统的初始设置选项中已选择“支票控制”，并在结算方式中已设置“票据结算”标志，而且在会计科目中指定银行账的科目，才能使用支票登记簿。当支票登记簿中报销日期为空时，表示该支票未报销，填写报销日期后，系统认为该支票已报销。当支票支出后，在填制凭证时输入该支票的结算方式和结算号，系统会自动在支票登记簿中将该号支票写上报销日期，该支票即为已报销。报销日期不能在领用日期之前。已报销的支票可以成批删除。

（二）录入银行对账期初

在第一次使用银行对账功能前，系统要求录入日记账和对账单的调整前余额和未达账项。

1）启动“银行对账期初”录入功能。执行“业务工作”—“财务会计”—“总账”—“出纳”—“银行对账”—“银行对账期初”录入命令。

2）选择银行科目。打开“银行科目选择”窗口，选择“工商银行（100201）”，单击“确定”按钮，打开“银行对账期初”界面。

3）录入调整前余额。在单位日记账的调整前“余额”栏中录入“1 200 000”，在银行对账单的调整前“余额”栏中录入“1 150 000”。

4）录入期初未达账项。单击“日记账期初未达账项”按钮，打开“企业方期初”窗口，单击工具栏上的“增加”按钮，录入或选择凭证日期“2019.12.28”，在“借方金额”栏中录入“50 000”，如图 3-57 所示。

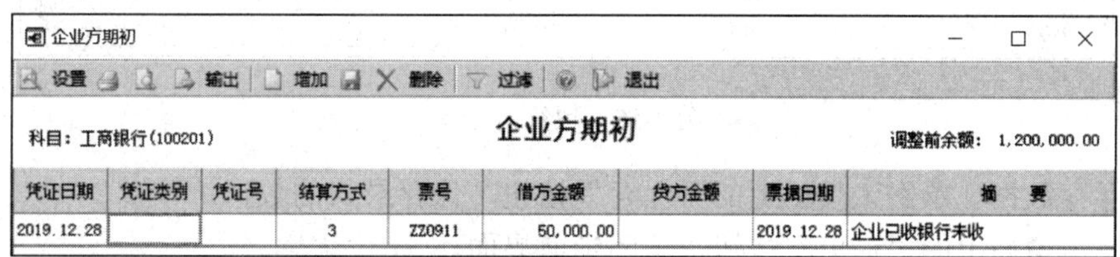

企业方期初

设置 输出 增加 删除 过滤 退出

企业方期初

科目：工商银行(100201)　调整前余额：1,200,000.00

凭证日期	凭证类别	凭证号	结算方式	票号	借方金额	贷方金额	票据日期	摘要
2019.12.28			3	ZZ0911	50,000.00		2019.12.28	企业已收银行未收

图 3-57　企业方期初

5）保存数据。单击“保存”按钮，保存当前数据，单击工具栏上的“退出”按钮，返回“银行对账期初”界面，最终结果如图 3-58 所示。

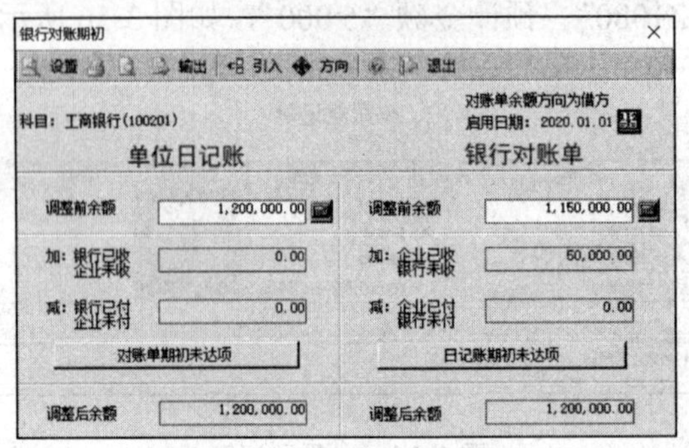

图 3-58 “银行对账期初”界面

6）关闭界面。

【相关说明】系统会根据调整前余额及期初未达账项，自动计算出银行对账单与单位银行存款日记账的调整后的余额。单位日记账调整前的余额与对应银行科目的期初值相同。

【特别注意】录入完对账期初数据后须核对，以保证调整后的余额相等。

（三）录入银行对账单

要实现计算机自动进行银行对账，在月末对账前，必须将银行开出的银行对账单输入计算机，存入“对账单”文件。

1）启动“银行对账单”功能。执行“业务工作”—“财务会计”—“总账”—“出纳”—“银行对账”—“银行对账单”命令，弹出“银行科目选择”对话框。

2）选择银行科目。单击“确定”按钮，打开“银行对账单”窗口。

3）进入增加状态。单击工具栏上的“增加”按钮，系统自动增加一个空行。

4）录入“银行对账单”数据。选择日期“2020.01.01”，选择结算方式“现金”，录入借方金额“50 000”，按 Enter 键。

5）依次录入其他数据。按照 4）的操作方法，录入其他数据，如图 3-59 所示。

银行对账单

科目：工商银行(100201)

日期	结算方式	票号	借方金额	贷方金额	余额
2020.01.01	1		50,000.00		1,200,000.00
2020.01.02	3	ZZ0911	50,000.00		1,250,000.00
2020.01.04	3	ZZ3004	926,600.00		2,176,600.00
2020.01.08	3	ZZ1003		565,000.00	1,611,600.00
2020.01.20	3	ZZ4008	72,000.00		1,683,600.00

图 3-59 银行对账单

6）保存数据。单击工具栏上的“保存”按钮，保存录入的数据。

7）单击窗口上的“退出”按钮，关闭当前界面。

【相关说明】如果企业在多家银行开户，对账单位应与其对应账号所对应的银行存款下的末级科目一致。录入银行对账单时，其余额由系统根据银行对账期初自动计算生成。

（四）银行对账

银行对账业务说明

1）启动“银行对账”功能。执行“业务工作”－“财务会计”－“总账”－“出纳”－“银行对账”命令，打开“银行科目选择”窗口。

2）选择银行科目。单击“确定”按钮，打开“银行对账”窗口，如图3-60所示。

科目：100201（工商银行）

单位日记账

票据日期	结算方式	票号	方向	金额	两清	凭证号数	摘要
2019.12.26	3	ZZ0911	借	50,000.00		-0000	企业已收银行未
			贷	50,000.00		付-0001	提取现金备用
2020.01.02	3	ZZ3004	借	926,600.00		收-0001	收回上月货款
2020.01.04	3	ZZ1002	贷	565,000.00		付-0002	支付本月3日的货
2020.01.04	3	ZZ1003	贷	565,000.00		付-0003	归还前欠戴尔集团
2020.01.06	3	ZZ2004	借	926,600.00		收-0003	收回本月5日销售
2020.01.06	3	ZZ1004	贷	3,000.00		付-0005	支付产品广告费

银行对账单

日期	结算方式	票号	方向	金额	两清	对账序号
2020.01.01	1		借	50,000.00		
2020.01.02	3	ZZ0911	借	50,000.00		
2020.01.04	3	ZZ3004	借	926,600.00		
2020.01.08	3	ZZ1003	贷	565,000.00		
2020.01.20	3	ZZ4008	借	72,000.00		

图3-60 “银行对账”窗口

3）进行对账。单击“对账”按钮，打开“自动对账”对话框，如图3-61所示。

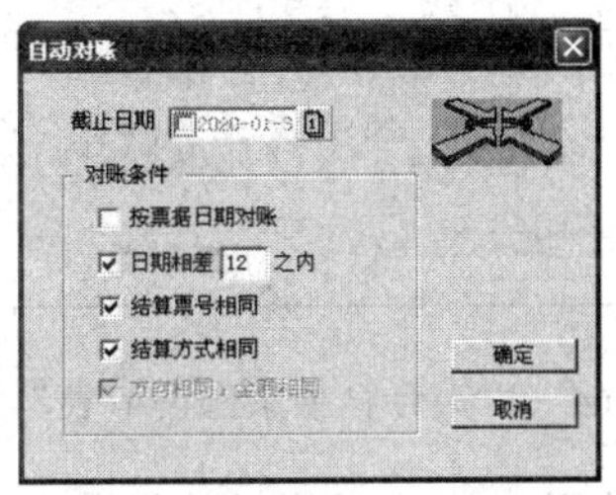

图3-61 “自动对账”对话框

4）设置对账条件。在“自动对账条件选择”窗口中，单击“确定”按钮，出现对账结果，如图3-62所示。

科目：100201（工商银行）

单位日记账

票据日期	结算方式	票号	方向	金额	两清	凭证号数	摘要
2019.12.28	3	ZZ0911	借	50,000.00	○	-0000	企业已收银行未
			贷	50,000.00		付-0001	提取现金备用
2020.01.02	3	ZZ3004	借	926,600.00	○	收-0001	收回上月货款
2020.01.04	3	ZZ1002	贷	565,000.00		付-0002	支付本月3日的货
2020.01.04	3	ZZ1003	贷	565,000.00	○	付-0003	归还前欠戴尔集团
2020.01.06	3	ZZ2004	借	926,600.00		收-0003	收回本月5日销售
2020.01.06	3	ZZ1004	贷	3,000.00		付-0005	支付产品广告费

银行对账单

日期	结算方式	票号	方向	金额	两清	对账序号
2020.01.01	1		借	50,000.00		
2020.01.02	3	ZZ0911	借	50,000.00	○	2020022900001
2020.01.04	3	ZZ3004	借	926,600.00	○	2020022900003
2020.01.08	3	ZZ1003	贷	565,000.00	○	2020022900002
2020.01.20	3	ZZ4008	借	72,000.00		

图3-62 银行对账结果

5）单击工具栏上的“退出”按钮，关闭当前界面。

（五）输出余额调节表

对账完成后，系统自动生成银行存款余额调节表。

1）启动“余额调节表”功能。执行“业务工作”－“财务会计”－“总账”－“出纳”－“银行对账”－“余额调节表”命令，打开“银行存款余额调节表”界面，如图3-63所示。

银行存款余额调节表

银行科目（账户）	对账截止日期	单位账账面余额	对账单账面余额	调整后存款余额
工商银行(100201)		1,870,200.00	1,683,600.00	1,992,200.00
建设银行(100202)		79,100.00	0.00	79,100.00

图3-63 “银行存款余额调节表”界面

2）查看“银行存款余额”。单击工具栏上的“查看”按钮，打开“银行存款余额调节表”界面，如图3-64所示。

银行存款余额调节表

设置 输出 详细 退出

银行账户：工商银行(100201)　　对账截止日期：

单位日记账		银行对账单	
账面余额	1,870,200.00	账面余额	1,683,600.00
加：银行已收企业未收	122,000.00	加：企业已收银行未收	926,600.00
减：银行已付企业未付	0.00	减：企业已付银行未付	618,000.00
调整后余额	1,992,200.00	调整后余额	1,992,200.00

图3-64 “银行存款余额调节表”界面

3）查看详细记录。单击工具栏上的“详细”按钮，打开“余额调节表（详细）”窗口。

4）单击工具栏上的“退出”按钮，关闭当前界面，依次关闭本功能其他界面。

【相关说明】银行存款余额调节表应显示账面余额平衡，若不平衡，则应分别查看银行对账期初、银行对账单和银行对账是否正确。在银行对账之后可以查询对账勾兑情况，确认银行对账结果是正确的，可以使用核销银行账功能核销已达账。

（六）核销银行账

当银行对账已平、系统中已达账项已没有保留的必要时，可以通过核销已达账功能，清空用于对账的日记账已达账项和银行对账单已达账项，核销银行账后删除的已达账项不可恢复，银行对账不平时，不能使用核销功能。

1）启动“核销银行账”功能。执行“业务工作”－“财务会计”－“总账”－“出纳”－“银行对账”－“核销银行账”命令，弹出“核销银行账”对话框，如图3-65所示。

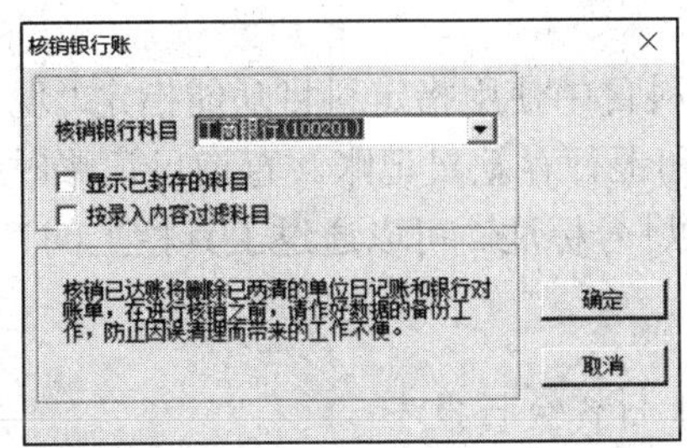

图 3-65　“核销银行账”对话框

2）核销银行账。选择“100201”科目，单击“确定”按钮，自动核销银行账（在训练过程中，不要单击“确定”按钮，否则无法检查前面的对账错误）。

3）关闭界面。

【相关说明】核销后已达账项会真正删除，不可恢复。核销不影响银行存款日记账的查询和打印。

（七）查询现金日记账

1）启动“现金日记账”功能。执行“业务工作”－“财务会计”－“总账”－“出纳”－“现金日记账”命令，弹出“现金日记账查询条件”对话框，如图 3-66 所示。

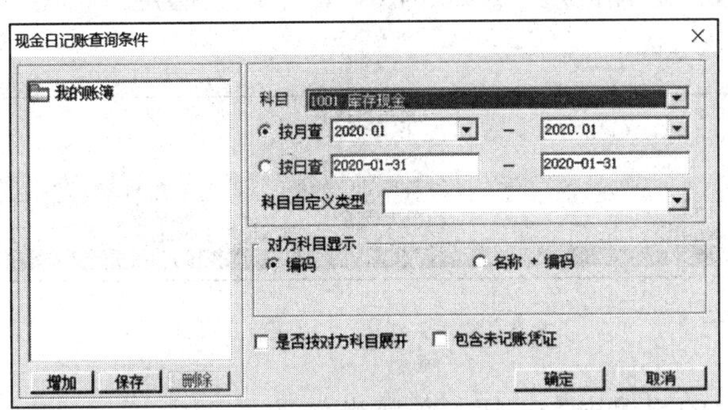

图 3-66　“现金日记账查询条件”对话框

2）显示查询结果。在查询条件中单击“确定”按钮，打开“现金日记账”窗口，如图 3-67 所示。

现金日记账

金额式

科目　1001 库存现金　　　　月份：2020.01-2020.01

2020年 月	日	凭证号数	摘要	对方科目	借方	贷方	方向	余额
01	01	付-0001	提取现金备用	100201	50,000.00		借	50,000.00
01	01		本日合计		50,000.00		借	50,000.00
01	05	付-0004	预付全年的报刊杂志费	122103		9,600.00	借	40,400.00
01	05		本日合计			9,600.00	借	40,400.00
01	08	收-0004	报销差旅费	122101	300.00		借	40,700.00
01	08		本日合计		300.00		借	40,700.00
01			当前合计		50,300.00	9,600.00	借	40,700.00
01			当前累计		50,300.00	9,600.00	借	40,700.00
			结转下年				借	40,700.00

图 3-67　“现金日记账”窗口

3）关闭界面。

【相关说明】只有在会计科目中使用指定科目功能指定“现金总账”科目和“银行总账”科目，才能查询现金日记账和银行存款日记账。查询日记账时，还可以查询包含未记账凭证的日记账，未记账记录将以*号标注。可以通过工具栏上的“凭证”或“总账”按钮联查记账凭证或总账。

（八）查询2020年1月1日资金日报表

资金日报表是反映某一日现金、银行存款发生额及余额情况的报表，在企业财务管理中占据重要位置，提供当日借、贷金额合计和余额，以及发生的业务量等信息。

1）启动“资金日报”功能。执行“业务工作”－“财务会计”－“总账”－“出纳”－“资金日报”命令，弹出“资金日报表查询条件”对话框，如图3-68所示。

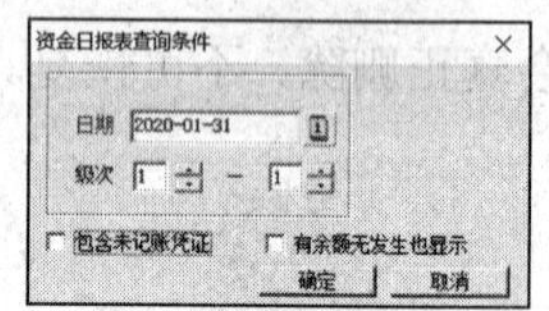

图3-68 “资金日报表查询条件”对话框

2）显示查询结果。选择日期“2020.01.01”，单击“确定”按钮，打开“资金日报表”界面，如图3-69所示。

资金日报表

日期:2020.01.01

科目编码	科目名称	币种	今日共借	今日共贷	方向	今日余额	借方笔数	贷方笔数
1001	库存现金		50,000.00		借	50,000.00	1	
1002	银行存款			50,000.00	借	1,565,410.00		1
合计			50,000.00	50,000.00	借	1,615,410.00	1	1

图3-69 “资金日报表”界面

3）单击工具栏上的“退出”按钮，关闭当前界面。

【相关说明】资金日报功能可以查询现金、银行存款科目某日的发生额及余额情况。查询资金日报表时，可以查询包含未记账凭证的资金日报表。如果在“资金日报表查询条件”对话框中选中“有余额无发生额也显示”复选框，则即使现金或银行科目在查询日没有发生业务，只有余额，也显示该科目。

（九）账套备份

将账套输出至“3-4出纳业务管理”文件夹，压缩后保存到U盘。

八、疑难解答

1）在进行银行对账时，为什么单位日记账是空的？

说明银行存款日记账中没有发生额，解决的方法是对所有的凭证进行记账。

2）为什么银行账期初余额平衡，在操作完银行对账后不平衡？

手工对账时，左边选择的金额之和不等于右边选择的金额之和。

3）核销银行账操作完成后，核销的记录可以恢复吗？

核销银行账后，记录将被删除，无法恢复。

4）银行对账时为什么不能显示 2019 年 12 月 28 日的那一条记录？

此记录是在银行对账期初时录入，如果要显示此条记录，在银行对账查询条件窗口的月份起始值必须为空。

九、实训报告

项目三任务四　实训报告

问题思考

1）在什么情况下才可以使用支票登记簿功能？

2）银行对账期初中的单位日记账调整前的余额与哪里的金额相同？

3）核销银行账操作完成后，核销的记录可以恢复吗？

4）资金日报表与现金、银行存款日记账有何不同？

任务五　总账月末账务处理

一、任务描述

本任务主要训练学生掌握月末自动转账和结账处理的方法，重点是对自动转账原理的认识、自动转账公式的定义、自动转账业务流程的理解。

二、实训任务

1）完成自定义结转。

2）完成对应结转。

3）完成销售成本结转。

4）完成汇兑损益结转。

5）完成期间损益结转。

6）完成期末对账工作。

7）完成期末结账工作。

三、任务目标

1）了解自动转账原理。

2）掌握自动转账设置的方法。

3）能够利用自动转账功能设置自动转账凭证。

4）能够利用已设置的自动转账模型生成转账凭证。

5）了解总账月末账务处理的内容与程序。

6）能够按规范步骤完成期末业务处理。

7）能根据系统提示信息或报告信息判断系统运行所遇到的问题。

8）能够按正确的方法修正错误。

四、准备工作

1）更改计算机时间为“2020 年 1 月 31 日”。

2）引入“3-4 出纳业务管理”文件夹下的备份账套。

五、任务引例

（一）自定义转账

当业务对应分录固定不变，发生额需要通过计算得到，且计算结果可通过数学表达式描述时，可通过自定义转账功能自动生成此业务。此类业务在月末转账时经常出现，用户可以自行定义自动转账凭证，以完成每个会计期末的固定转账业务。数学表达式中可包含总账模块专用函数，常用函数如下。

1）期初余额（QC）：取某科目期初值。

2）期末余额（QM）：取某科目期末值。

3）发生额（FS）：取某科目借方或贷方发生额。

4）净发生额（JE）：取某科目净发生额。

5）结果（JG）：取对方科目之和。

前 4 类函数还有专门的数量、外币取数函数，这些函数都是从科目的总分类账中取数的，因此，在开始转账之前，相关凭证务必记账，以保证总账数据的完整性。结果公式根据有借必有贷、借贷必相等的原理，当结果公式在借方时，取贷方之和，反之亦然。函数使用的具体细节见操作步骤。

计提应由本月负担的短期借款利息，月利率为 0.5%。

借：财务费用

　　贷：应付利息

（二）对应结转

结转进项税额与销项税额到未交增值税账户。

（三）销售成本结转

结转已销商品的成本。

（四）计算汇兑损益

月末调整汇率为 6.090 0。

（五）计提应交所得税费用、结转所得税费用和本年利润

应交所得税额=应纳税所得额×所得税税率

本企业没有纳税调整项目，按利润总额的25%计提本月应交所得税，并予以结转。

应交所得税=本年利润×25%

借：所得税费用

　　贷：应交税费——应交所得税

借：本年利润

　　贷：所得税费用

借：本年利润

　　贷：未分配利润

六、教学关注

在本任务中，要关注自动转账原理，深刻体会“转账数据的来源是总账，转账生成的凭证是一张未审核同时也未记账的凭证”。

转账凭证的生成有严格的顺序，如结转制造费用必须在结转生产成本之前，结转汇兑损益、摊销无形资产等必须在结转期末损益之前完成。对后续有影响的期末业务凭证生成之后，一定要立即审核入账，记账完成后才能处理后续转账业务。建议每生成一张结转业务凭证，都立即执行审核、记账操作。

七、过程指导

【特别注意】日常经济业务凭证均已记账后，才能进行月末业务处理。月末自动转账生成的相关经济业务或会计事项凭证必须全部审核并记账后，才能进行期间损益结转凭证生成。生成的期间损益结转凭证审核、记账后，才能生成计提应交所得税凭证。在计提的应交所得税凭证审核、记账后，需要再次生成期间损益结转凭证，并依次审核和记账，最终将所得税费用结转到“本年利润”账户。

（一）自定义转账

用户可以自行定义自动转账凭证，以完成每个会计期末的固定转账业务。

1．设置自定义结转

1）启动企业应用平台。以“02操作员”的身份注册进入企业应用平台。

2）启动期末“自定义转账”功能。执行“业务工作”－“财务会计”－“总账”－“期末”－“转账定义”－“自定义转账”命令，打开“自定义转账设置”窗口。

3）进入增加凭证定义状态。单击工具栏上的“增加”按钮，打开“转账目录”对话框。

4）录入转账目录。录入转账序号“1”，转账说明“计提短期借款利息”；选择凭证类别“转 转账凭证”，如图3-70所示。单击“确定”按钮，继续定义转账凭证分录信息。

5）增加一个空行。单击工具栏上的“增行”按钮，系统自动增加一个空行。

6）录入科目并选择方向。在科目编码中选择“6603”，方向“借”。

7）打开金额“公式向导”。双击“金额公式”栏，选择参照按钮，弹出“公式向导”对话框，如图3-71所示。

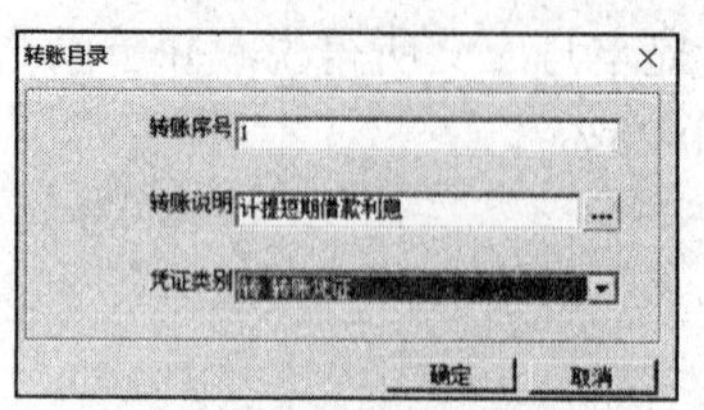

图3-70　转账目录

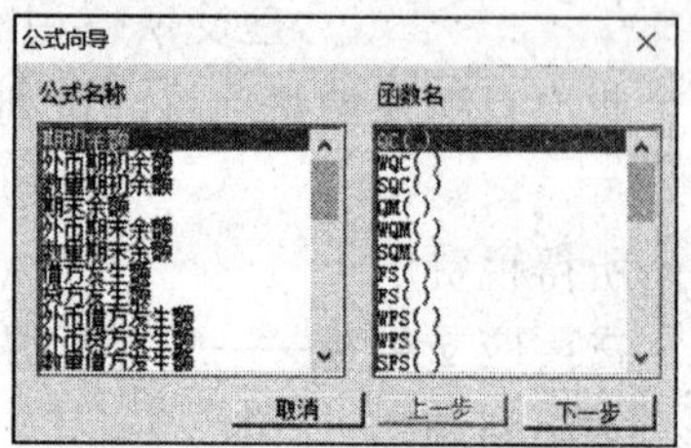

图3-71　“公式向导”对话框

8）选择函数。在窗口中选择“期末余额”函数，单击“下一步”按钮，继续公式定义。

9）录入函数的参数。选择科目“2001”，如图3-72所示，其他采取系统默认，单击“完成”按钮，系统自动填写公式“QM(2001,月)”。

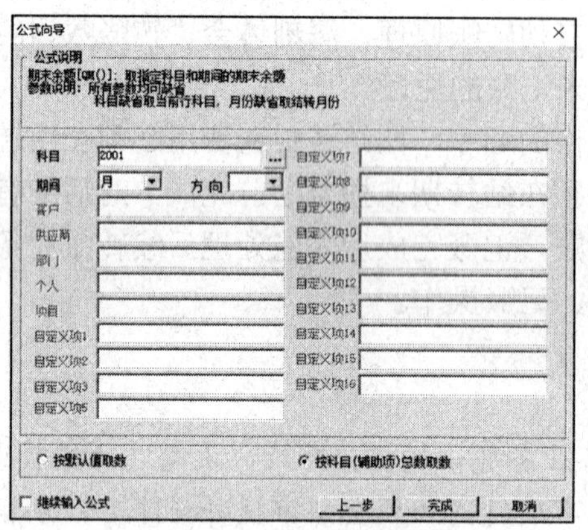

图3-72　录入参数

10）完成金额公式录入。在金额公式中将光标移置末尾，输入“*0.005”，按 Enter 键确认。

11）增加一个空行。单击工具栏上的“增行”按钮，系统再次自动增加一个空行。

12）录入分录的贷方信息。选择科目编码“2231”，方向“贷”，输入金额公式“JG()”，按 Enter 键确认，如图3-73所示。

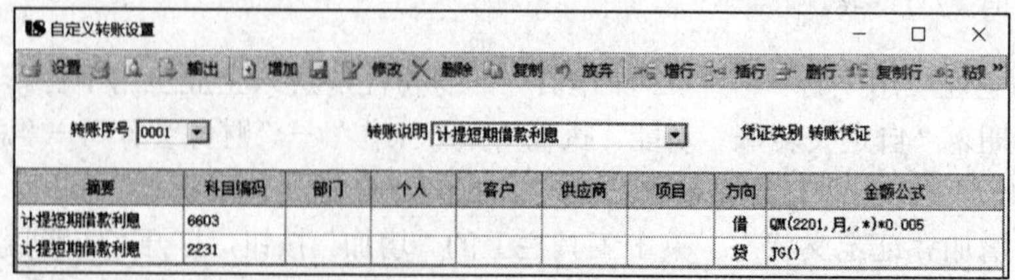

摘要	科目编码	部门	个人	客户	供应商	项目	方向	金额公式
计提短期借款利息	6603						借	QM(2201,月,,*)*0.005
计提短期借款利息	2231						贷	JG()

图3-73　自定义结转设置

13）保存定义。单击工具栏上的“保存”按钮，保存录入的数据。

14）单击工具栏上的“退出”按钮，退出自定义转账设置界面。

【相关说明】转账说明就是凭证摘要内容。转账序号是指所定义的凭证模板的编码，是期末运用自动转账模型生成凭证时的处理次序，而不是所生成的记账凭证的编号。取数公式中的“月”表示当月，可随会计期的变化而变化。

2．生成自定义结转凭证

1）启动“转账生成”功能。执行“业务工作”—“财务会计”—“总账”—“期末”—“转账生成”命令，弹出“转账生成”对话框。

2）选择类型。选中“自定义转账”单选按钮。

3）选择编号。单击“全选”按钮，“是否结转”栏出现“Y”，如图 3-74 所示。

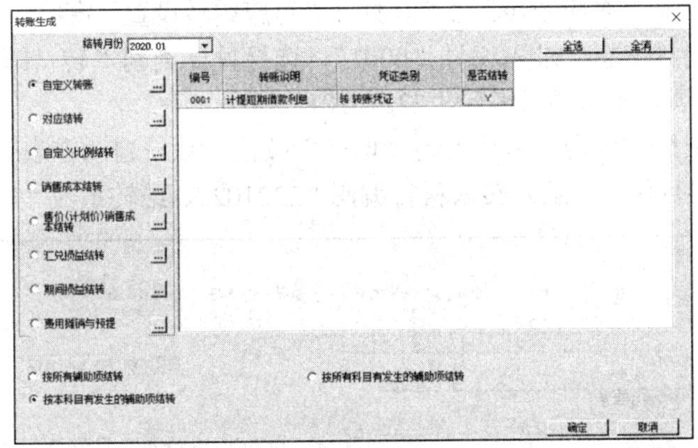

图 3-74　转账生成

4）生成凭证。单击“确定”按钮，生成计提短期借款利息凭证。

5）保存凭证。单击工具栏上的“保存”按钮，凭证上出现“已生成”的标志，如图 3-75 所示。

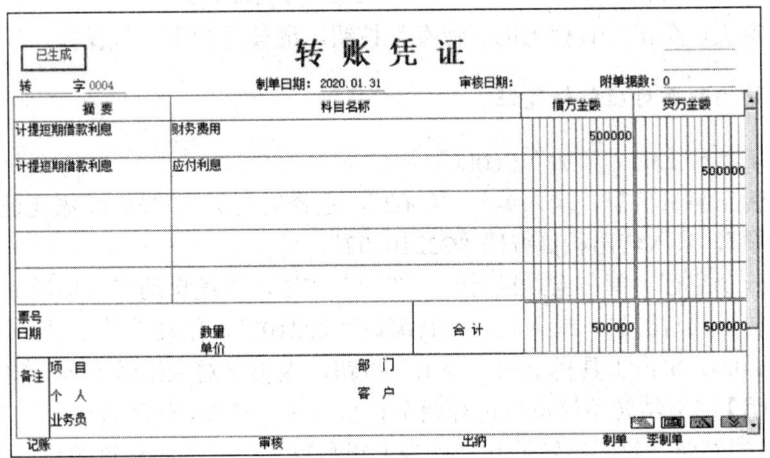

图 3-75　已生成凭证

6）退出凭证。单击凭证上工具栏上的“退出”按钮，退出凭证界面。

7）退出转账生成功能。单击“取消”按钮，退出该功能。

【特别注意】计提短期借款利息的凭证生成后，必须在期间损益结转前记账。

（二）对应结转

对应结转是指将一个科目的全部期末余额按比例结转到其他多个科目中。由于取数方法固定，无须定义公式，只需定义转出方、转入方和结转比例即可。

1．设置进项税额对应结转凭证

1）启动“对应结转”功能。执行“业务工作”－“财务会计”－“总账”－“期末”－“转账定义”－“对应结转”命令，打开“对应结转设置”窗口，自动进入增加状态。

2）录入转出科目信息。录入编号“0001”，选择凭证类别“转 转账凭证”，录入摘要“结转进项税额”，录入转出科目编码“22210101”。

3）增加一个空行。单击工具栏上的“增行”按钮，系统自动在表体增加一个空行。

4）录入转入科目信息。录入转入科目编码“222102”、结转系数“1”，如图3-76所示。

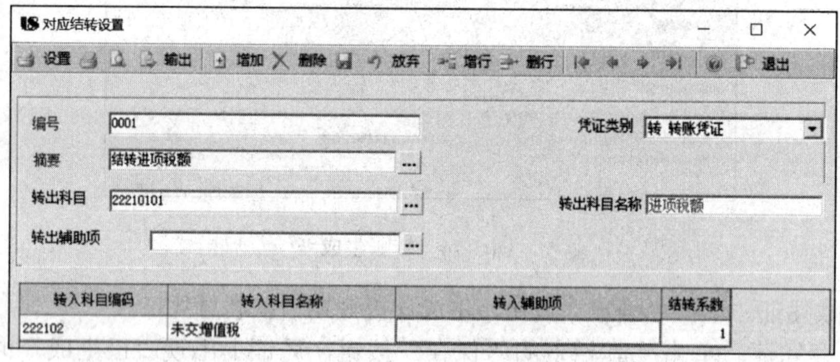

图3-76　对应结转设置

5）保存定义。单击工具栏上的“保存”按钮。继续进行下一步操作。

2．设置销项税额对应结转凭证

1）单击工具栏上的“增加”按钮。

2）录入转出科目信息。录入编号“0002”，选择凭证类别“转 转账凭证”，录入摘要“结转销项税额”，录入转出科目编码“22210102”。

3）增加一个空行。单击工具栏上的“增行”按钮，系统自动在表体增加一个空行。

4）录入转入科目信息。录入转入科目编码“222102”，结转系数“1”，按Enter键。

5）关闭界面。单击工具栏上的“退出”按钮，退出“对应结转设置”窗口。

【相关说明】对应结转不仅可以进行两个科目一对一结转，还可以进行一个转出科目对多个转入科目的结转。对应结转的科目可为上级科目，但其下级科目的科目结构必须一致（相同明细科目）。如果有辅助核算，科目的辅助账类也必须对应。对应结转只能结转期末余额。

3．生成对应结转凭证

1）启动“转账生成”功能。执行“业务工作”—“财务会计”—“总账”—“期末”—“转账生成”命令，弹出“转账生成”对话框。

2）选择类型。在转账生成窗口中选中“对应结转”单选按钮，如图3-77所示。

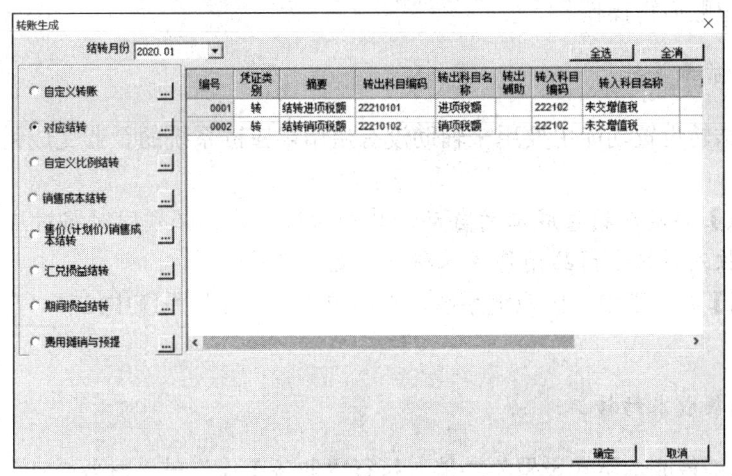

图3-77 对应结转

3）选择编号。单击“全选”按钮，系统自动选择要结转的凭证所在行。

4）生成凭证。单击“确定”按钮，生成“结转进项税额”凭证和“结转销项税额”凭证，如图3-78所示。

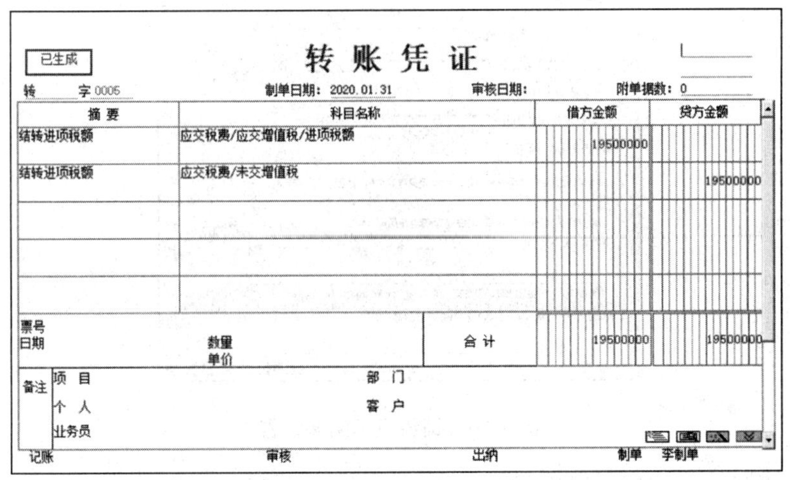

图3-78 凭证生成

5）保存凭证。单击工具栏上的“保存”按钮，凭证上出现“已生成”的标志，保存进项税额结转凭证；单击工具栏上的“下张凭证”按钮，出现销项税额结转凭证，单击工具栏上的“保存”按钮，凭证上出现“已生成”的标志，保存销项税额结转凭证。

6）退出凭证。单击凭证上工具栏上的“退出”按钮，退出凭证界面。

7）单击“取消”按钮，退出该功能。

【相关说明】为了保证数据准确，应培养在所有业务都记账后再进行期末转账业务操作的习惯。在进行期间损益结转之前，需要将本月所有未记账凭证进行记账，以保证损益类科目的完整性。当生成凭证时，弹出“2020.01 月之前有未记账凭证，是否继续结转？”信息提示框，应记账后再操作。

（三）销售成本结转

销售成本结转设置功能主要用来辅助没有启用供应链系统的企业完成销售成本的计算和结转。

【特别注意】要实现销售成本的自动计算和结转功能，必须同时将对应的库存商品科目、商品销售收入科目、商品销售成本科目设置成数量核算。

【相关说明】如果启用了供应链系统，销售成本将在存货系统中结转，在总账中无须设置数量核算。

1．设置销售成本结转

1）启动“销售成本结转设置”功能。执行“业务工作”—“财务会计”—“总账”—“期末”—“转账定义”—“销售成本结转”命令，弹出“销售成本结转设置”对话框。

2）录入凭证内容。在“凭证类别”下拉列表框中选择“转账凭证”选项，录入库存商品科目编码“1405”、商品销售收入科目编码“6001”、商品销售成本科目编码“6401”，如图 3-79 所示。

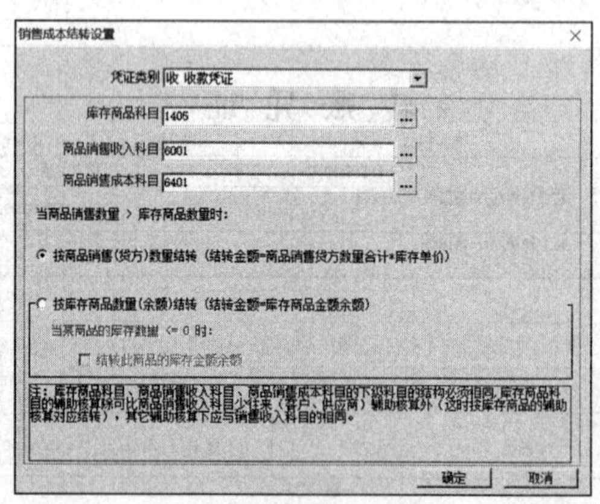

图 3-79 销售成本结转设置

3）单击“确定”按钮，退出界面。

2．生成销售成本结转凭证

1）启动“转账生成”功能。执行“业务工作”—“财务会计”—“总账”—“期末”—“转账生成”命令，打开“转账生成”界面。

2）选择类型。选中“销售成本结转”单选按钮。

3）生成销售成本结转一览表。单击“确定”按钮，打开“销售成本结转一览表”界面，如图 3-80 所示。

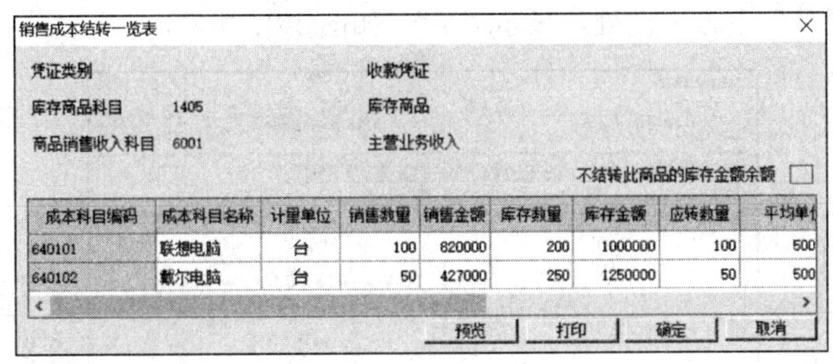

销售成本结转一览表

凭证类别　　收款凭证
库存商品科目　1405　　库存商品
商品销售收入科目　6001　　主营业务收入
不结转此商品的库存金额余额

成本科目编码	成本科目名称	计量单位	销售数量	销售金额	库存数量	库存金额	应转数量	平均单价
640101	联想电脑	台	100	620000	200	1000000	100	500
640102	戴尔电脑	台	50	427000	250	1250000	50	500

预览　打印　确定　取消

图 3-80　“销售成本结转一览表”界面

4）生成凭证。单击“确定”按钮，生成凭证，如图 3-81 所示。

已生成

转账凭证

转 0007　　制单日期：2020.01.31　　审核日期：　　附单据数：0

摘要	科目名称	借方金额	贷方金额
2020.01销售成本结转	库存商品/联想电脑		50000000
2020.01销售成本结转	主营业务成本/联想电脑	50000000	
2020.01销售成本结转	库存商品/戴尔电脑		25000000
2020.01销售成本结转	主营业务成本/戴尔电脑	25000000	
票号 日期	数量 100.00台 单价 5000.00　合计	75000000	75000000

备注　项目　　部门
个人　　客户
业务员

记账　审核　出纳　制单　李制单

图 3-81　凭证生成

5）保存凭证。单击凭证上工具栏上的“保存”按钮，凭证上出现“已生成”的标志。

6）退出凭证。单击凭证上工具栏上的“退出”按钮，退出凭证界面。

7）单击“取消”按钮，退出该功能。

【特别注意】销售成本计算结转凭证生成后，必须在期间损益结转前记账。

（四）汇兑损益结转

1．录入调整汇率

进入企业应用平台，执行“基础设置”－“基础档案”－“财务”－“外币设置”命令，录入月末的调整汇率“6.090 0”，按 Enter 键确认后再关闭“外币设置”窗口。

【特别注意】在生成汇兑损益凭证时，必须先录入调整汇率。

2．设置汇兑损益结转

1）启动“汇兑损益结转设置”功能。执行“业务工作”－“财务会计”－“总账”－

“期末”—“转账定义”—“汇兑损益”命令，弹出“汇兑损益结转设置”对话框。

2）定义凭证。选择凭证类别“付 付款凭证”，录入汇兑损益入账科目“6061”，单击“是否计算汇兑损益”下方空白处，显示“Y”，如图 3-82 所示。

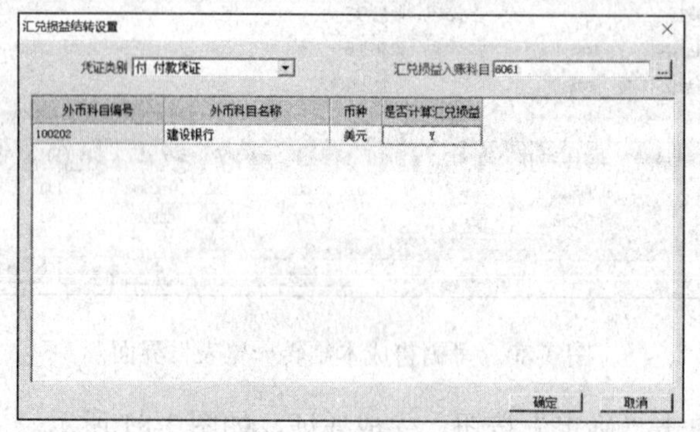

图 3-82 “汇兑损益结转设置”对话框

3）完成定义，退出该功能。单击“确定”按钮，退出汇兑损益结转功能。

3．生成汇兑损益结转凭证

1）启动“转账生成”功能。执行“业务工作”—“财务会计”—“总账”—“期末”—“转账生成”命令，打开“转账生成”对话框。

2）选择类型。选中“汇兑损益结转”单选按钮。

3）选择要生成凭证的所在行。在“外币币种”下拉列表框中选择“美元 USD”选项，单击“全选”按钮，系统自动选择要结转的凭证所在行，如图 3-83 所示。

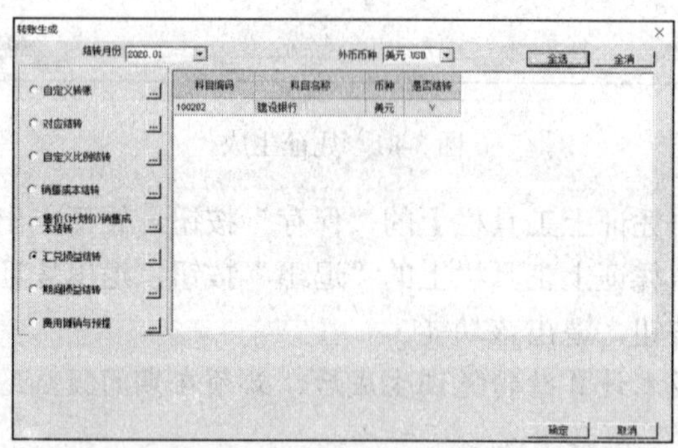

图 3-83 汇兑损益结转

4）生成汇兑损益试算表。单击“确定”按钮，生成汇兑损益试算表，如图 3-84 所示。

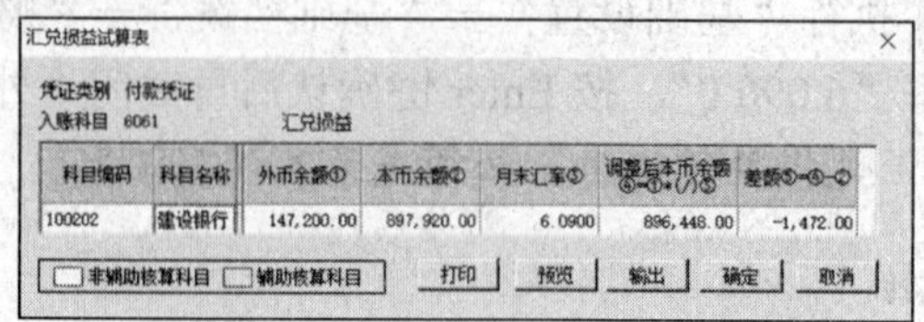

图 3-84 汇兑损益试算表

5）生成凭证。单击“确定”按钮，生成“汇兑损益结转”凭证。

6）保存凭证。单击凭证上的“保存”按钮，凭证上出现“已生成”的标志，如图 3-85 所示。

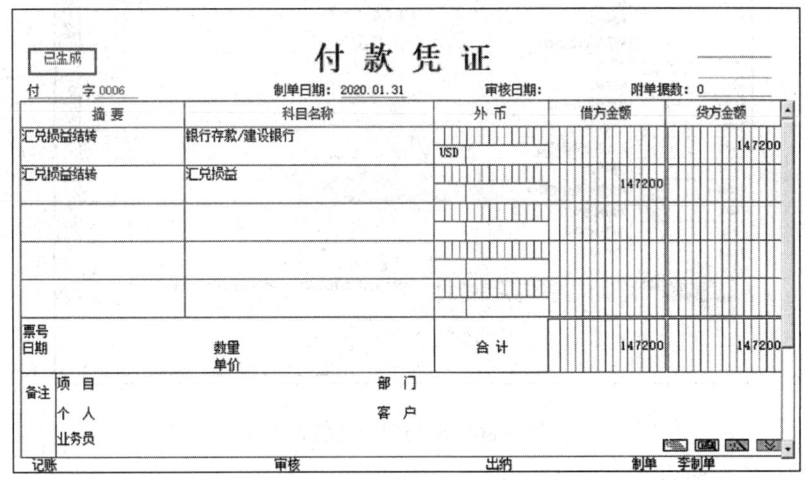
付 款 凭 证
已生成
付 字 0006 制单日期：2020.01.31 审核日期： 附单据数：0

摘要	科目名称	外币	借方金额	贷方金额
汇兑损益结转	银行存款/建设银行	USD		147200
汇兑损益结转	汇兑损益		147200	
票号 日期	数量 单价	合计	147200	147200

备注 项目 部门
个人 客户
业务员
记账 审核 出纳 制单 李制单

图 3-85 已生成凭证

7）退出凭证。单击凭证上“工具栏”上的“退出”按钮，退出凭证界面。

8）单击“取消”按钮，退出该功能。

【特别注意】汇兑损益计算凭证生成后，必须在期间损益结转前记账。

（五）对生成的结转凭证进行审核、记账

对生成的 5 张凭证进行审核、主管签字的操作，付款凭证还需要进行出纳签字操作，然后由“01 操作员”进行记账。

【特别注意】对于结转业务，必须注意前后数据的关联。与前面有关联的业务，前面的凭证没有记账，后面的凭证不能生成，否则将产生数据错误。

（六）期间损益结转

1．期间损益结转设置

1）启动“期间损益结转设置”功能。执行“业务工作”－“财务会计”－“总账”－“期末”－“转账定义”－“期间损益”命令，打开“期间损益结转设置”窗口。

2）定义设置。选择凭证类别“转 转账凭证”，录入本年利润科目“4103”，如图 3-86 所示。

期间损益结转设置

凭证类别 转 转账凭证　　本年利润科目 4103

损益科目编号	损益科目名称	损益科目账类	本年利润科目编码	本年利润科目名称	本年利润科目账类
600101	联想电脑				
600102	戴尔电脑				
6011	利息收入				
6021	手续费及佣金收入				
6031	保费收入				
6041	租赁收入				
6051	其他业务收入				
6061	汇兑损益				
6101	公允价值变动损益				
6111	投资收益				
6201	摊回保险责任准备金				
6202	摊回赔付支出				
6203	摊回分保费用				
6301	营业外收入				

每个损益科目的期末余额将结转到与其同一行的本年利润科目中。若损益科目与之对应的本年利润科目都有辅助核算，那么两个科目的辅助账类必须相同 。损益科目为空的期间损益结转将不参与

打印　预览　确定　取消

图 3-86　期间损益结转设置

3）单击“确定”按钮，退出该功能。

【相关说明】损益科目结转表中，“本年利润”科目必须为末级科目，且为“本年利润”入账科目的下级科目。

2．生成期间损益结转凭证

1）启动“转账生成”功能。执行“业务工作”－“财务会计”－“总账”－“期末”－“转账生成”命令，打开“转账生成”窗口。

2）选择类型。选中“期间损益结转”单选按钮。

3）选择结转类型“收入”，单击“全选”按钮，如图 3-87 所示。

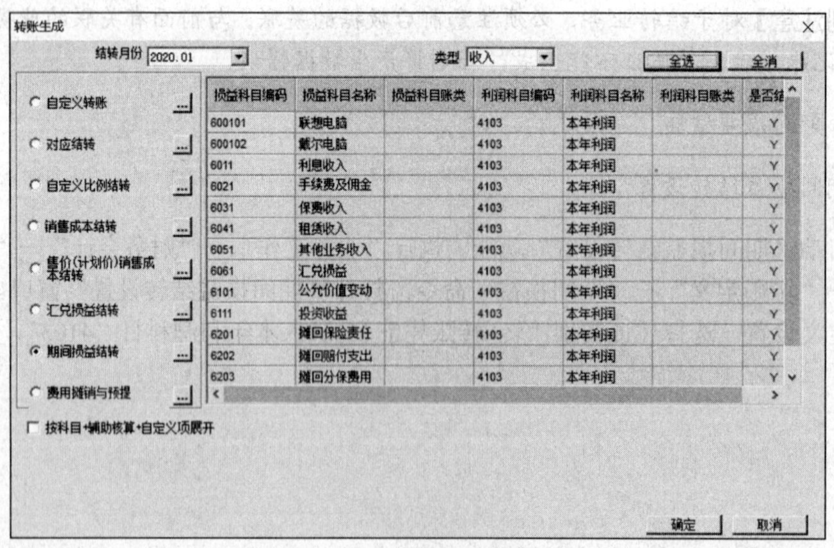

转账生成

结转月份 2020.01　　类型 收入　　全选　全消

自定义转账
对应结转
自定义比例结转
销售成本结转
售价（计划价）销售成本结转
汇兑损益结转
期间损益结转
费用摊销与预提

损益科目编码	损益科目名称	损益科目账类	利润科目编码	利润科目名称	利润科目账类	是否结
600101	联想电脑		4103	本年利润		Y
600102	戴尔电脑		4103	本年利润		Y
6011	利息收入		4103	本年利润		Y
6021	手续费及佣金		4103	本年利润		Y
6031	保费收入		4103	本年利润		Y
6041	租赁收入		4103	本年利润		Y
6051	其他业务收入		4103	本年利润		Y
6061	汇兑损益		4103	本年利润		Y
6101	公允价值变动		4103	本年利润		Y
6111	投资收益		4103	本年利润		Y
6201	摊回保险责任		4103	本年利润		Y
6202	摊回赔付支出		4103	本年利润		Y
6203	摊回分保费用		4103	本年利润		Y

按科目+辅助核算+自定义项展开

确定　取消

图 3-87　期间损益结转生成确定

4）生成凭证。单击“确定”按钮，生成期间收入类结转凭证。

5）保存凭证。单击工具栏上的“保存”按钮，凭证上出现“已生成”的标志，如图 3-88 所示。

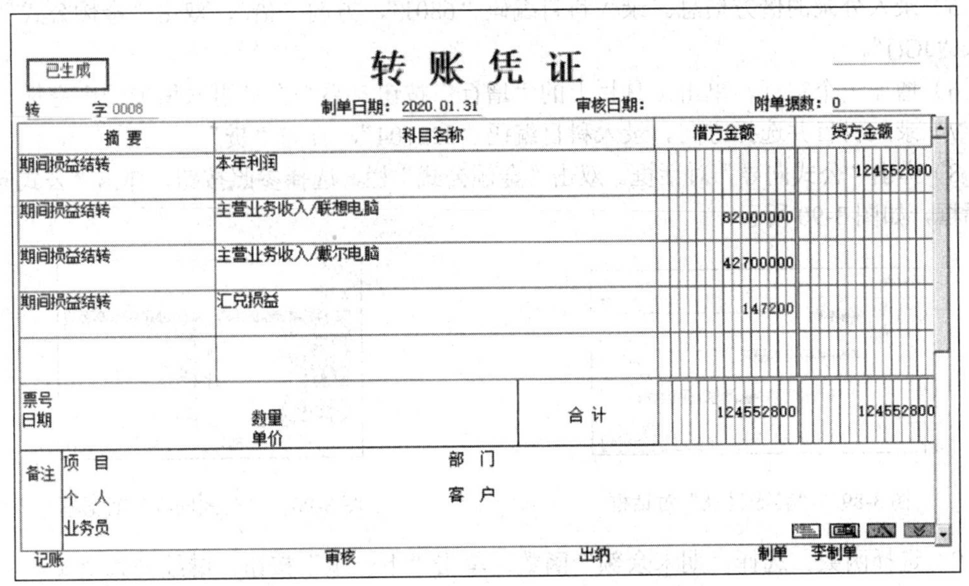

图 3-88 期间收入类结转凭证生成

6）单击工具栏上的“退出”按钮，退出凭证界面。

7）按照 3）～6）的方法，完成“支出”类型的损益结转。在“转账生成”界面，选中“期间损益结转”单选按钮，选择结转类型为“支出”，单击“全选”按钮，单击“确定”按钮，生成期间支出类结转凭证，单击工具栏上的“保存”按钮，凭证上出现“已生成”的标志，单击工具栏上的“退出”按钮，退出凭证界面。

8）退出“转账生成”功能。单击“取消”按钮，退出该功能。

9）对生成的期间损益结转凭证进行审核和记账。

【特别注意】 损益结转既可以通过选择“收入”和“支出”生成两张凭证，也可以选择“全部”生成一张凭证。如果有多种转账凭证形式，特别是涉及多项结转业务，一定要注意转账的先后顺序。通过转账生成功能生成的转账凭证必须保存，否则将视同放弃。期末自动转账处理工作是针对已记账业务进行的，在进行月末转账工作之前应将所有未记账的凭证记账。如果进行期末损益结转处理后又生成了其他业务的记账凭证，则需要再次进行结转期间损益的处理，以确保业务终了时期间损益类科目没有余额。

（七）计提应交所得税和结转所得税费用

1．设置自定义结转

1）启动“自定义转账设置”功能。执行“业务工作”—“财务会计”—“总账”—“期末”—“转账定义”—“自定义转账”命令，打开“自定义转账设置”窗口。

2）进入增加凭证状态。单击工具栏上的“增加”按钮，弹出“转账目录”对话框。

3）录入转账目录。录入转账序号“2”，录入转账说明“计提应交所得税”，选择凭证类别“转 转账凭证”，如图3-89所示，单击“确定”按钮，继续定义转账凭证分录信息。

4）增加一个空行。单击工具栏上的“增行”按钮，系统自动增加一个空行。

5）录入分录的借方信息。录入科目编码“6801”，方向“借”，双击“金额公式”栏，录入“JG()”。

6）增加一个空行。单击工具栏上的“增行”按钮，系统自动再次增加一个空行。

7）录入科目并选择方向。录入科目编码“222104”，方向“贷”。

8）弹出“公式向导”对话框。双击“金额公式”栏，选择参照按钮，弹出“公式向导”对话框，如图3-90所示。

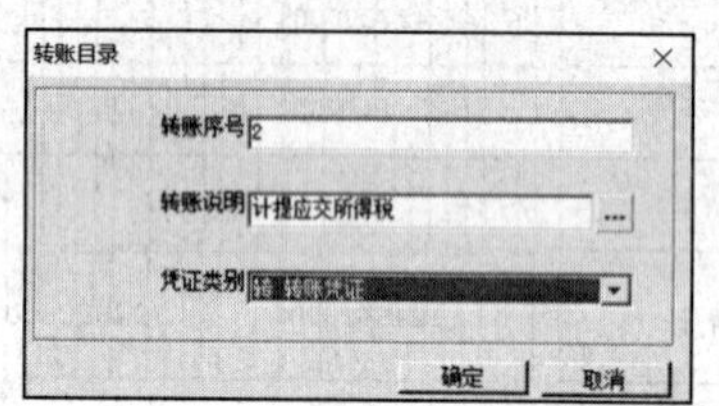

图3-89 “转账目录”对话框

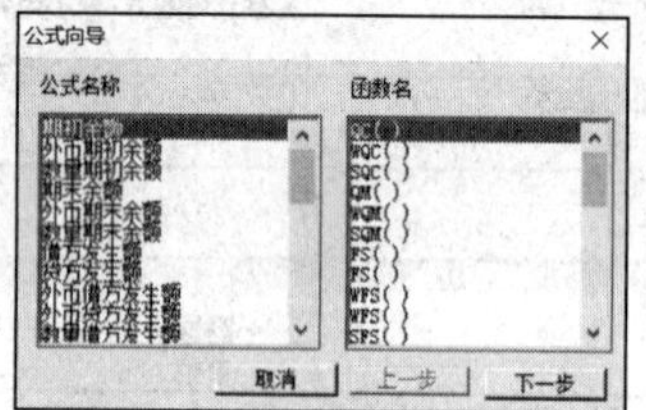

图3-90 “公式向导”对话框

9）选择函数。选择“期末余额”函数，单击“下一步”按钮，继续公式定义。

10）输入函数的参数。录入科目编码“4103”，其他采取系统默认，如图3-91所示，单击“完成”按钮，系统自动填写公式“QM(4103,月)”。

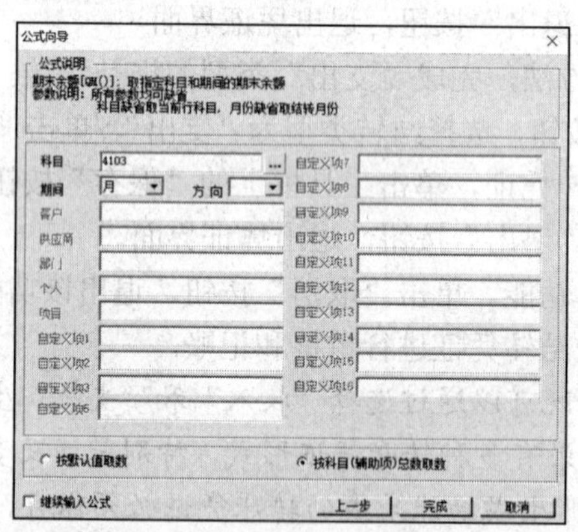

图3-91 继续定义公式

11）完成金额公式录入。在金额公式中将光标移到末尾，输入“*0.25”，按Enter键确认，如图3-92所示。

图3-92 自定义转账设置

12）保存定义。单击工具栏上的“保存”按钮，保存录入的数据。

13）单击工具栏上的“退出”按钮，退出“自定义转账设置”界面。

2．生成计提应交所得税结转凭证

1）启动“转账生成”功能。执行“业务工作”－“财务会计”－“总账”－“期末”－“转账生成”命令，打开“转账生成”对话框。

2）选择类型。选中“自定义转账”单选按钮。

3）选择转账编号。双击编号“0002”后面的“是否结转”空白处，出现“Y”，如图 3-93 所示。

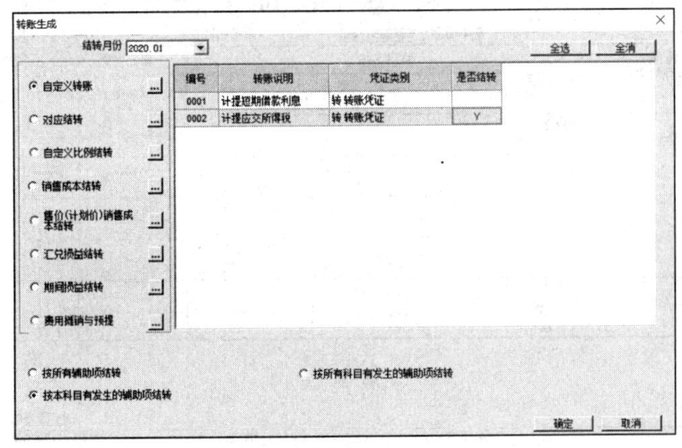

图 3-93　选择要结转的凭证

4）生成凭证。单击“确定”按钮，生成计提应交所得税凭证，如图 3-94 所示。

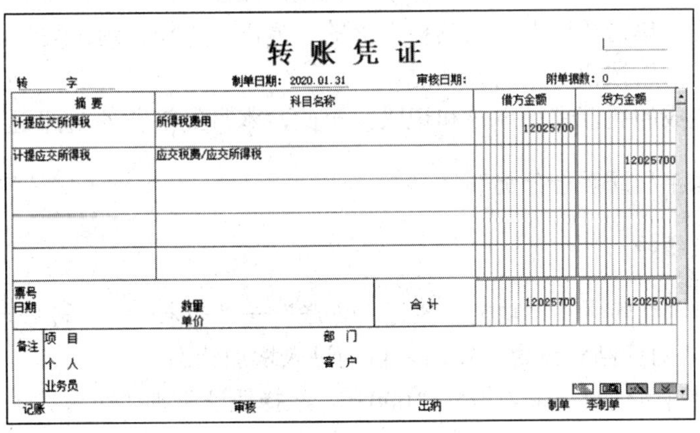

图 3-94　计提应交所得税凭证生成

5）保存凭证。单击工具栏上的“保存”按钮，凭证上出现“已生成”的标志。

6）单击凭证上“工具栏”上的“退出”按钮，退出凭证界面。

7）退出“转账生成”功能。单击“取消”按钮，退出该功能。

8）对刚才生成的凭证进行审核、记账。

【特别注意】必须先对刚才生成的凭证进行审核、记账，然后才能进行下一步操作。

3．生成期间损益结转凭证

1）启动“转账生成”功能。执行“业务工作”－“财务会计”－“总账”－“期末”－“转账生成”命令，打开“转账生成”对话框。

2）选择类型。选中“期间损益结转”单选按钮。

3）选择编码。单击窗口上的“全选”按钮。

4）生成凭证。单击“确定”按钮，生成凭证，如图 3-95 所示。

转 账 凭 证

转 字　　制单日期：2020.01.31　　审核日期：　　附单据数：0

摘要	科目名称	借方金额	贷方金额
期间损益结转	本年利润	12025700	
期间损益结转	所得税费用		12025700
票号 日期	数量 单价　　合 计	12025700	12025700

备注　项 目　　部 门
　　　个 人　　客 户
　　　业务员

记账　　审核　　出纳　　制单　李制单

图 3-95　所得税费用结转凭证生成

5）保存凭证。单击工具栏上的“保存”按钮，凭证上出现“已生成”的标志。

6）退出凭证。单击凭证上“工具栏”上的“退出”按钮，退出凭证界面。

7）单击“取消”按钮，退出该功能。

8）对刚才生成的凭证进行审核和记账，至此，本月经济业务全部记账。

（八）结转本年利润至未分配利润

1．设置对应结转

1）启动“对应结转设置”功能。执行“总账”－“期末”－“转账定义”－“对应结转”命令，打开“对应结转设置”窗口，自动进入增加状态。

2）录入转出科目信息。录入编号“0003”，选择凭证类别“转账凭证”，录入摘要“结转本年利润”，录入转出科目“4103”。

3）增加一个空行。单击工具栏上的“增行”按钮，系统自动在表体增加一个空行。

4）录入转入科目信息。录入转入科目编码“410403”、结转系数“1”，如图 3-96 所示。

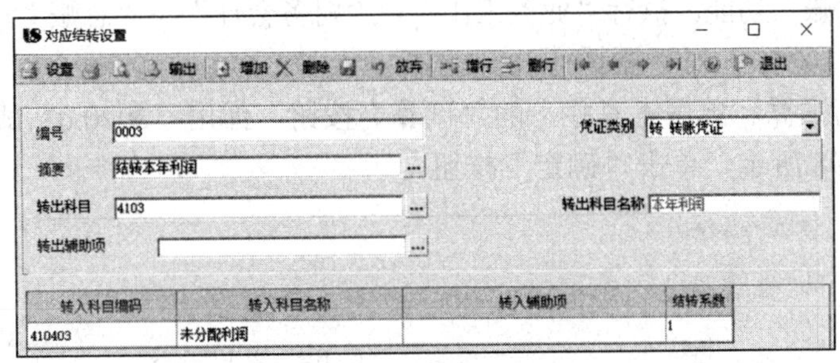

图 3-96 对应结转设置

5）保存定义。单击工具栏上的“保存”按钮。继续进行下一步操作。

2．生成结转到未分配利润凭证

1）启动“转账生成”功能。执行“总账”—“期末”—“转账生成”命令，打开“转账生成”窗口。

2）选择类型。在“转账生成”对话框中单击“对应结转”按钮。

3）选择编号。单击“全选”按钮，系统自动选择要结转的凭证所在行。

4）生成凭证。单击“确定”按钮，生成“结转本年利润”凭证，如图 3-97 所示。

转 账 凭 证

转 字　　制单日期：2020.01.31　　审核日期：　　附单据数：0

摘要	科目名称	借方金额	贷方金额
结转本年利润	本年利润	36077100	
结转本年利润	利润分配/未分配利润		36077100
票号 日期	数量 单价　　合 计	36077100	36077100

备注　项 目　　部 门
　　　个 人　　客 户
　　　业务员

记账　　审核　　出纳　　制单 李利单

图 3-97 “结转本年利润”凭证生成

5）保存凭证。单击工具栏上的“保存”按钮，凭证上出现“已生成”的标志。

6）单击凭证上工具栏上的“退出”按钮，退出凭证界面。

7）单击“取消”按钮，退出该功能。

8）对刚才生成的凭证进行审核、记账。

（九）对账

对账是对账簿数据进行核对，以检查记账是否正确，以及账簿是否平衡，它主要是通过核对总账和明细账、总账与辅助账、辅助账与明细账数据来完成账账核对。为了保证账证相符、账账相符，应经常使用“对账”功能进行对账，一般可在月末结账前进行。

1）启动“对账”功能。执行“业务工作”—“财务会计”—“总账”—“期末”—“对账”命令，弹出“对账”对话框。

2）进行平衡试算。单击工具栏上的“试算”按钮，弹出“2020.01 试算平衡表”信息提示框，如图 3-98 所示，单击“确定”按钮。

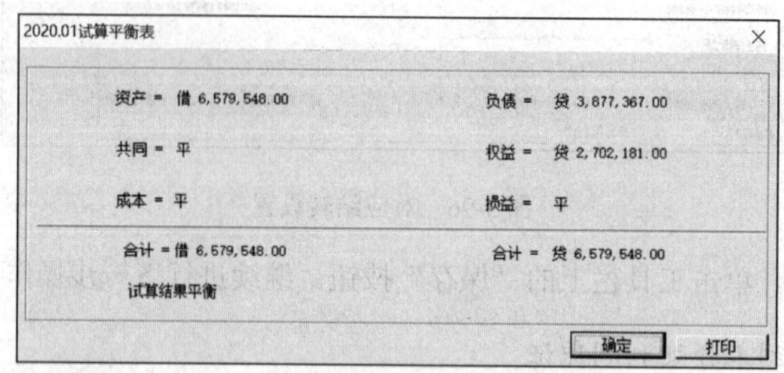

图 3-98 试算平衡表

3）选择月份。单击“选择”按钮，系统自动选择要进行对账的月份，在 2020.01“是否对账”栏出现“Y”标志，如图 3-99 所示。

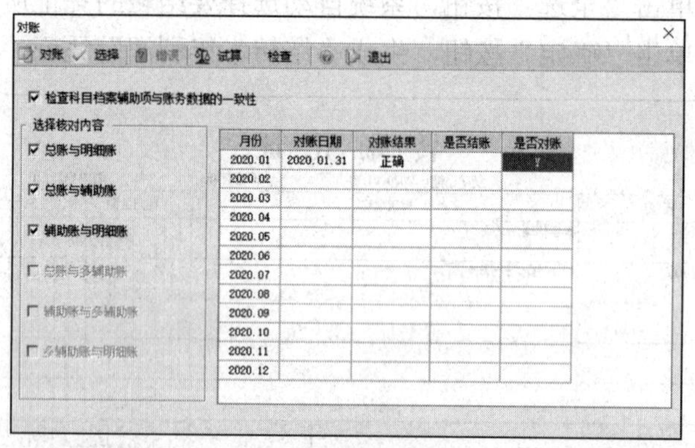

图 3-99 对账结果

4）开始对账。单击工具栏上的“对账”按钮，系统开始自动对账，并显示对账结果。

5）单击工具栏上的“退出”按钮，退出“对账”界面。

（十）结账

结账是指每月月末计算和结转各账簿的本期发生额和期末余额，并终止本期的账务处理工作的过程。结账每月只进行一次。

1）启动“结账”功能。执行“业务工作”—“财务会计”—“总账”—“期末”—“结账”命令，弹出“结账”对话框，如图 3-100 所示。

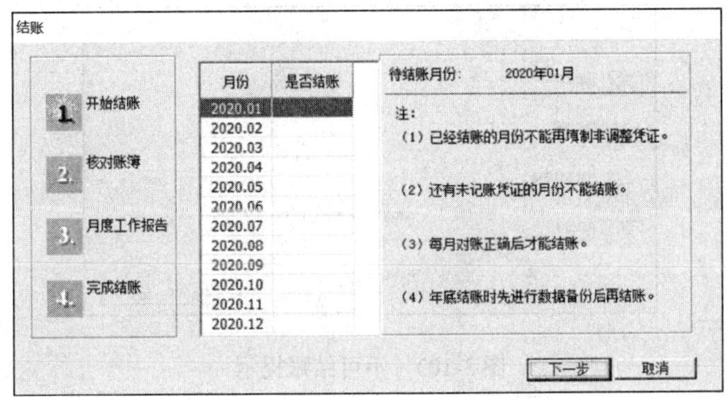

图 3-100　结账向导 1

2）进行对账。单击“下一步”按钮，在“结账”对话框中单击“对账”按钮，系统自动进行对账，如图 3-101 所示。

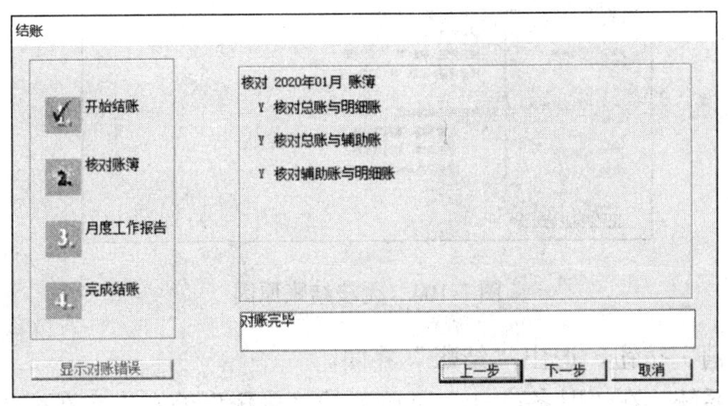

图 3-101　结账向导 2

3）生成工作报告。单击“下一步”按钮，弹出“2020 年 01 月工作报告”对话框，如图 3-102 所示。

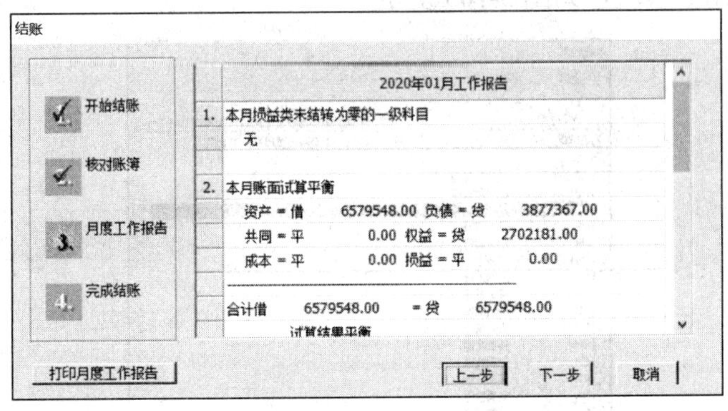

图 3-102　结账向导 3

4）完成结账。单击“下一步”按钮，弹出“2020 年 01 月未通过工作检查，不可以结账!”信息提示框，如图 3-103 所示。

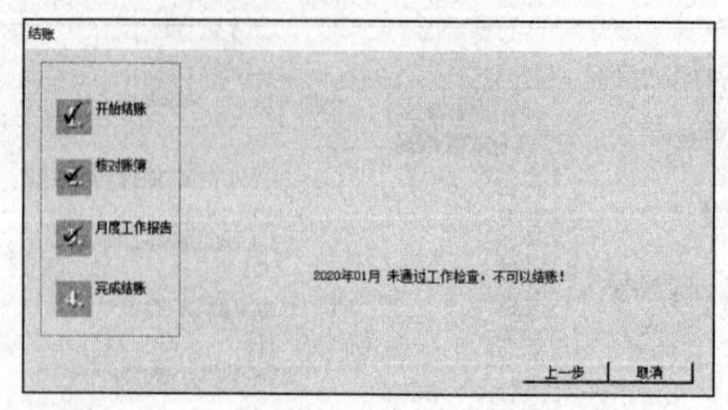

图 3-103　不可结账提示

5）检查原因。单击“上一步”按钮，在“2020 年 01 月工作报告”对话框中发现应付系统本月未结账、应收系统本月未结账、固定资产系统本月未结账，如图 3-104 所示。

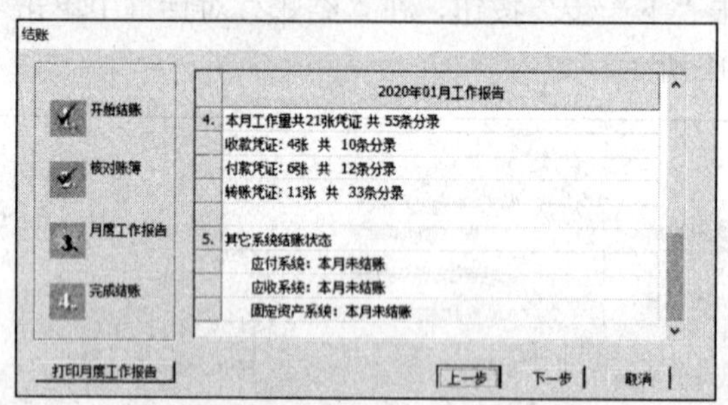

图 3-104　无法结账原因

6）单击“取消”按钮，退出“结账”界面。

7）退出总账系统。在“财务会计”菜单下的“总账”处右击，在弹出的快捷菜单中选择“退出”命令，退出总账系统。

8）启动“系统启用”功能。执行“基础设置”—“基本信息”—“系统启用”命令，打开“系统启用”界面。

9）注销未使用的模块，如图 3-105 所示。

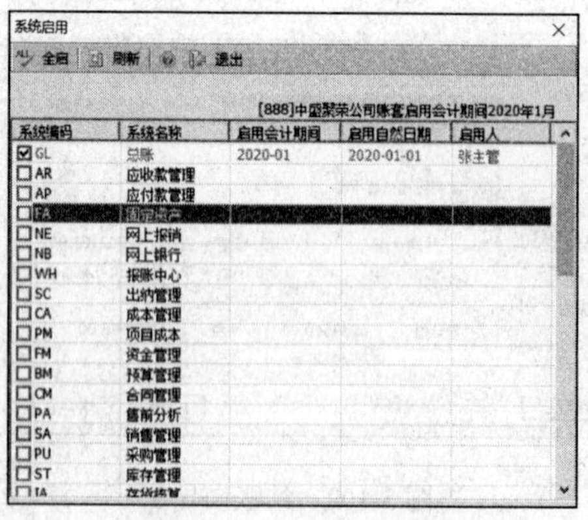

图 3-105　注销未使用的模块

10）启动“结账”功能。执行“业务工作”—“财务会计”—“总账”—“期末”—“结账”命令，弹出“结账”对话框，重新进行结账操作，完成结账。

【相关说明】取消结账的方法：账套主管进入“期末结账功能”界面，选择最后结账的月份，按“Ctrl+Shift+F”组合键，输入口令后确认，即可取消结账。

（十一）账套备份

将账套输出至“3-5 总账月末账务处理”文件夹，压缩后保存到U盘。

八、疑难解答

1）执行自动转账生成，为什么生成的转账凭证有多张相同？

在账务处理的过程中，由系统根据预先设置好的自动转账凭证生成记账凭证，并完成相应结转工作，但这种机制凭证每月只进行一次结转，多次结转就会多次产生多张相同凭证，造成账簿记录错误。

2）为什么生成转账凭证有误？

可能是自动转账凭证的设置有误，主要是科目设置或计算公式设置存在问题；可能存在相关联的未记账凭证，导致账中取数不完整。查看自动转账定义，确认或修改自动转账设置，确保正确无误；将相关联的未记账凭证全部记账，然后执行转账生成的操作。

3）为什么生成的期间损益结转凭证是错误的？

没有充分考虑到账务取数时的前后联系，账中取数不完整。先废除错误的凭证，再正确进行后面的操作。对于前后有联系的转账业务，每生成完一张凭证，都要及时进行审核并记账，然后才能进行后面的转账凭证生成工作。

4）为什么月末结账时，系统提示尚有未结转为零的损益类账户？

期末结账时，损益类账户余额应为零，如果还有未结转为零的账户，说明期末的损益结转工作还没有做完。将未结转的损益类账户的余额进行相应结转（生成凭证），然后更换操作员，进行审核签字，再进行记账。最后可进行结账工作。

5）生成转账凭证时提示“有未记账凭证，是否继续？”，应该如何处理？

此提示表示有凭证没有记账，如果继续生成凭证，从总账中取出的数据可能不正确，需要看该转账凭证的取数函数是否含有未记账的凭证中的科目。如果有，则必须记账后再生成凭证；如果没有，则可忽略此提示，直接生成凭证。

6）对应结转只能将一个科目的余额转到多个科目，如果想实现将多个科目的余额转到一个科目时，应该如何操作？

可分解为多个一对一对应结转，也可通过自定义转账功能，使用期末公式实现。

九、实训报告

项目三任务五　实训报告

问题思考

1）为什么期末自动转账要遵循严格的顺序？如果不按顺序生成期末转账凭证，可能会出现什么问题？

2）设置对应结转凭证时，如果转入科目有多个，则转入比率之和必须为100%，为什么？

3）在已经结账的情况下，有什么方法可以纠正账务处理中的错误？应该如何操作？

任务六 账证查询

一、任务描述

账证查询属于数据输出工作，本任务主要训练学生掌握凭证、总账、明细账、日记账、余额表、辅助账的查询方法，以及账证联查的方法。

二、实训任务

1）查询凭证。
2）查询总账。
3）查询明细账。
4）凭证、明细账和总账联查。
5）查询辅助账。

三、任务目标

1）掌握总账和明细账查询的方法。
2）掌握编制多栏账的方法。
3）掌握总账、明细账和凭证三者联查的方法。

四、准备工作

1）更改计算机时间为“2020年1月31日”。
2）引入“3-5总账月末账务处理”文件夹下的备份账套。

五、任务引例

1）查询本月全部凭证。
2）查询主营业务收入科目总账并联查明细账。
3）查询主营业务收入明细账并联查总账、凭证。
4）查询管理费用普通多栏账。
5）查询应收账款客户科目余额表。

六、教学关注

查询是容易忽略的内容，日常业务处理的最终目的就是得到这些查询结果，我们需要对每个查询条件及查询结果所展现的内容和格式进行认真分析和认识。

七、过程指导

（一）查询本月全部凭证

1）以“02 李制单”的身份登录企业应用平台。

2）启动“查询凭证”功能。执行“业务工作”－“财务会计”－“总账”－“凭证”－“查询凭证”命令，弹出“凭证查询”对话框，如图 3-106 所示。

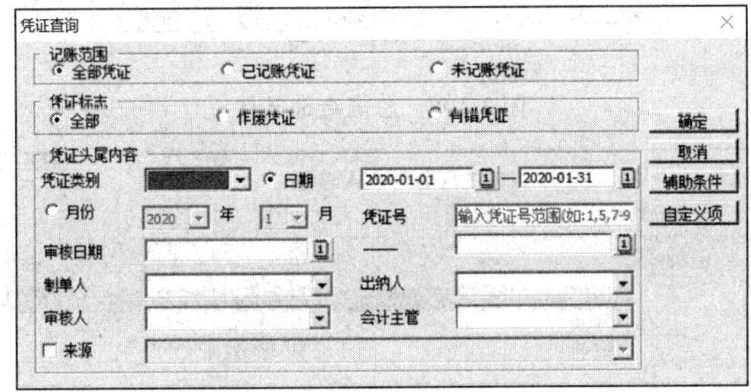

图 3-106　“凭证查询”对话框

3）设置查询凭证条件。选择记账范围中的“全部凭证”，选择凭证标志中的“全部”，单击“确定”按钮，显示查询结果，如图 3-107 所示，单击“确定”按钮可查看凭证内容。

查询凭证列表

凭证共 22张　已审核 22 张　未审核 0 张　◉ 凭证号排序　○ 制单日期排序

制单日期	凭证编号	摘要	借方金额合计	贷方金额合计	制单人	审核人	系统名	备注	审核日期	年度
2020-01-02	收 - 0001	收回上月货款	926,600.00	926,600.00	李制单	王审核			2020-01-31	2020
2020-01-05	收 - 0002	出售戴尔电脑	482,510.00	482,510.00	李制单	王审核			2020-01-31	2020
2020-01-06	收 - 0003	收回本月5日销售货款	926,600.00	926,600.00	李制单	王审核			2020-01-31	2020
2020-01-08	收 - 0004	报销差旅费	6,000.00	6,000.00	李制单	王审核			2020-01-31	2020
2020-01-01	付 - 0001	提取现金备用	50,000.00	50,000.00	李制单	王审核			2020-01-31	2020
2020-01-04	付 - 0002	支付本月3日的货款	565,000.00	565,000.00	李制单	王审核			2020-01-31	2020
2020-01-04	付 - 0003	归还前欠戴尔集团货款	565,000.00	565,000.00	李制单	王审核			2020-01-31	2020
2020-01-05	付 - 0004	预付全年的报刊杂志费	9,600.00	9,600.00	李制单	王审核			2020-01-31	2020
2020-01-06	付 - 0005	支付产品广告费	3,000.00	3,000.00	李制单	王审核			2020-01-31	2020
2020-01-31	付 - 0006	汇兑损益结转	1,472.00	1,472.00	李制单	王审核			2020-01-31	2020
2020-01-03	转 - 0001	购入联想笔记本电脑，款	565,000.00	565,000.00	李制单	王审核			2020-01-31	2020
2020-01-05	转 - 0002	摊销应由本月负担的报刊	800.00	800.00	李制单	王审核			2020-01-31	2020
2020-01-05	转 - 0003	出售联想电脑，款未收	926,600.00	926,600.00	李制单	王审核			2020-01-31	2020
2020-01-31	转 - 0004	计提短期借款利息	5,000.00	5,000.00	李制单	王审核			2020-01-31	2020
2020-01-31	转 - 0005	结转进项税额	-195,000.00	-195,000.00	李制单	王审核			2020-01-31	2020
2020-01-31	转 - 0006	结转销项税额	422,110.00	422,110.00	李制单	王审核			2020-01-31	2020
2020-01-31	转 - 0007	2020.01销售成本结转	750,000.00	750,000.00	李制单	王审核			2020-01-31	2020
2020-01-31	转 - 0008	期间损益结转	1,245,528.00	1,245,528.00	李制单	王审核			2020-01-31	2020
2020-01-31	转 - 0009	期间损益结转	764,500.00	764,500.00	李制单	王审核			2020-01-31	2020
2020-01-31	转 - 0010	计提应交所得税	120,257.00	120,257.00	李制单	王审核			2020-01-31	2020
2020-01-31	转 - 0011	期间损益结转	120,257.00	120,257.00	李制单	王审核			2020-01-31	2020
2020-01-31	转 - 0012	结转本年利润	360,771.00	360,771.00	李制单	王审核			2020-01-31	2020
		合计	8,621,605.00	8,621,605.00						

图 3-107　凭证查询结果列表

4）关闭界面。单击“取消”按钮，关闭查询功能。

（二）查询主营业务收入科目总账并联查明细账

1）打开“总账查询条件”对话框。双击“业务工作”－“财务会计”－“总账”－“账表”－“科目账”－“总账”菜单，弹出“总账查询条件”对话框。

2）设置总账查询条件。直接录入或选择科目编码“6001”，如图 3-108 所示，单击“确定”按钮，显示主营业务收入总账查询结果，如图 3-109 所示。

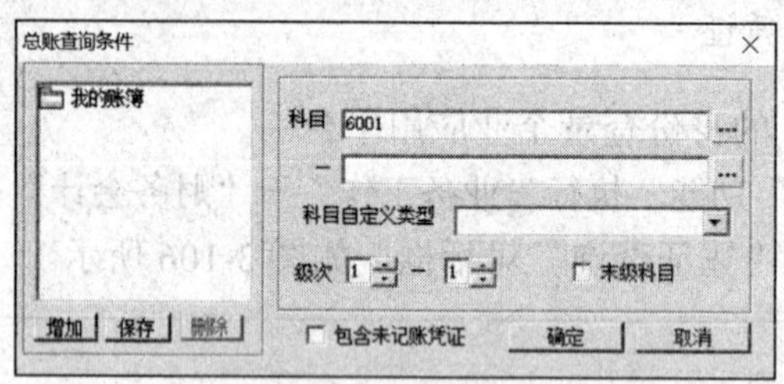

图 3-108　总账查询条件

主营业务收入总账

金额式

科目　6001 主营业务收入

2020年 月	日	凭证号数	摘要	借方	贷方	方向	余额
			上年结转			平	
01			当前合计	1,247,000.00	1,247,000.00	平	
01			当前累计	1,247,000.00	1,247,000.00		

图 3-109　主营业务收入总账查询结果

3）联查明细账。单击“本月合计”栏，单击页面上方工具栏中的“明细”按钮，在右上角的账簿格式列表框中选择“数量金额式”，查询结果如图 3-110 所示。

主营业务收入明细账

金额式

科目　6001 主营业务收入　　月份：2020.01-2020.01

2020年 月	日	凭证号数	摘要	借方	贷方	方向	余额
01	05	收-0002	出售戴尔电脑		427,000.00	贷	427,000.00
01	05	转-0003	出售联想电脑，款未收		820,000.00	贷	1,247,000.00
01	31	转-0008	期间损益结转	820,000.00		贷	427,000.00
01	31	转-0008	期间损益结转	427,000.00		平	
01			当前合计	1,247,000.00	1,247,000.00	平	
01			当前累计	1,247,000.00	1,247,000.00	平	

图 3-110　主营业务收入明细账

4）关闭明细账查询界面。单击“科目明细账”界面右上角的“关闭”按钮，关闭明细账界面。

5）关闭总账查询界面。单击“主营业务收入”界面右上角的“关闭”按钮，关闭总账查询界面。

【相关说明】当前行是期初余额或上年结转所在行，不能联查明细账。在总账查询功能中可以查询“包含未记账”的总账。

（三）查询“主营业务收入”明细账并联查总账、凭证

1）启动“明细账”功能。执行“业务工作”—“财务会计”—“总账”—“账表”—“科目账”—“明细账”命令。

2）设置明细账查询条件。选中“按科目范围查询”单选按钮，在“科目”中直接录入或选择科目编码“6001”，在“月份”栏中选择时间跨度“2020.01”至“2020.01”，如图3-111所示，单击“确定”按钮，进入“主营业务收入明细账”界面。

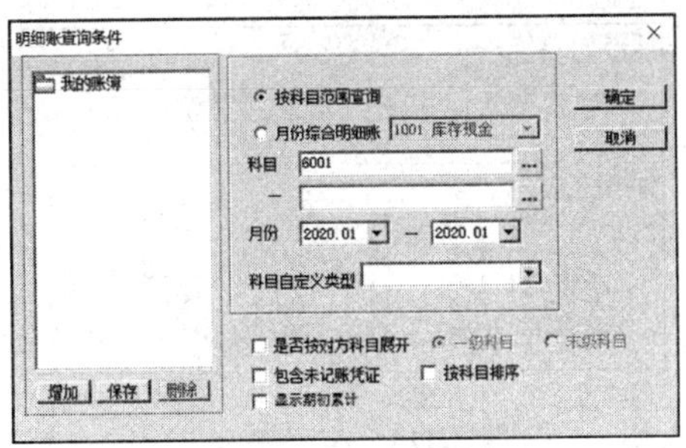

图3-111 明细账查询条件

3）联查总账。单击工具栏上的“总账”按钮，系统打开“主营业务收入总账”界面，查看总账数据；然后，单击总账界面右上角的“退出”按钮，关闭“总账查询”界面。

4）联查凭证。在“主营业务收入明细账”界面，选中“收-0002”凭证所在行，单击工具栏中的“凭证”按钮，系统进入“联查凭证”界面，查看凭证信息，如图3-112所示；然后，单击凭证界面右上角的“退出”按钮，关闭凭证查询界面。

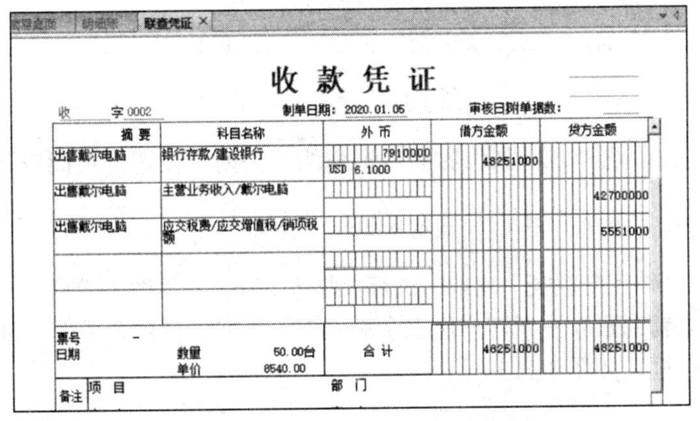

图3-112 凭证联查

5）关闭界面。单击明细账右上角的“关闭”按钮，关闭查询功能。

【相关说明】在“主营业务收入”明细账界面上方的工具栏中，单击“摘要”按钮，可自定义摘要的显示组成。在“明细账”界面上方的工具栏中，单击“过滤”按钮，可以设置“明细账过滤条件”。

（四）查询“管理费用”普通多栏账

1）启动“多栏账”功能。在总账系统中，执行“业务工作”—“财务会计”—“总账”—“账表”—“科目账”—“多栏账”命令。

2）增加多栏账。单击工具栏上的“增加”按钮，系统自动打开“多栏账定义”对话框，选择核算科目“6602 管理费用”，然后单击“自动编制”按钮，系统自动填写栏目，如图 3-113 所示，单击“确定”按钮，保存并退出增加状态，返回上一界面。

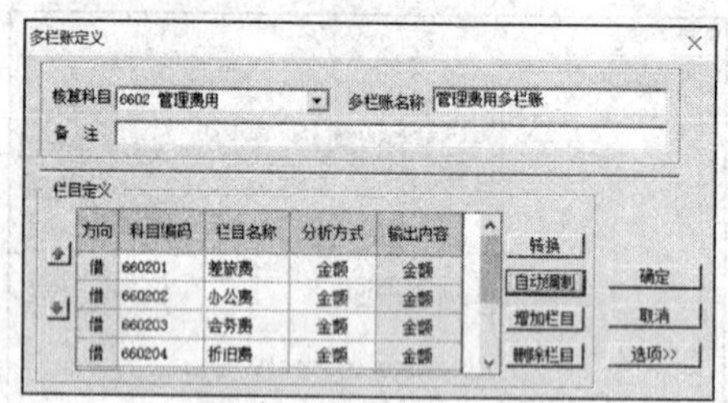

图 3-113　多栏账定义

3）查询“管理费用多栏账”。在“多栏”下拉列表框中选择“管理费用多栏账”选项，单击工具栏上的“查询”按钮，弹出“多栏账查询条件”对话框，单击“确定”按钮，显示“管理费用多栏账”查询结果，如图 3-114 所示。

多栏账

多栏 管理费用多栏账　　　　月份：2020.01-2020.01

2020年 月	日	凭证号数	摘要	借方	贷方	方向	余额	借方 差旅费	办公费	会务费	折旧费
01	05	转-0002	摊销应由本月负担的报刊杂志费	800.00		借	800.00		800.00		
01	08	收-0004	报销差旅费	5,700.00		借	6,500.00	5,700.00			
01	31	转-0009	期间损益结转		6,500.00	平					
01			当前合计	6,500.00	6,500.00	平		5,700.00	800.00		
01			当前累计	6,500.00	6,500.00	平		5,700.00	800.00		

图 3-114　多栏账查询

4）关闭界面。单击“多栏账”界面右上角的“关闭”按钮，关闭查询功能。

（五）查询“应收账款”客户科目余额表

1）启动“客户科目余额表”功能。执行“业务工作”—“财务会计”—“总账”—“账表”—“客户往来辅助账”—“客户往来余额表”—“客户科目余额表”命令，弹出“客户科目余额表”对话框，如图 3-115 所示。

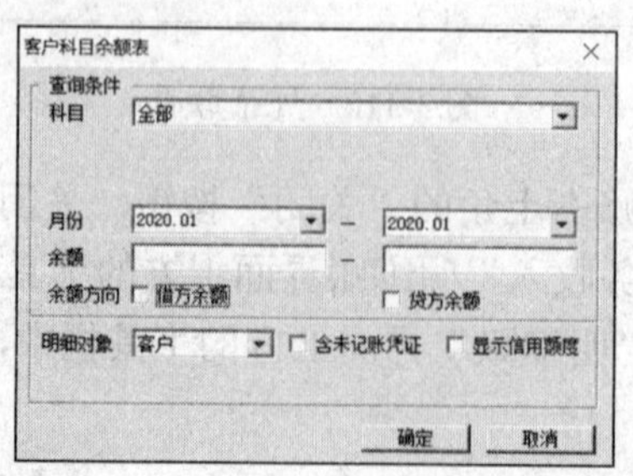

图 3-115　“客户科目余额表”对话框

2）设置"应收账款"客户科目余额表查询条件。在客户科目余额表中"查询条件"的"科目"下拉列表框中选择"1122 应收账款"选项，在"月份"栏选择时间跨度"2020.01"至"2020.01"，其他查询条件保持默认状态。单击"确定"按钮，打开"应收账款"客户科目余额表界面，显示查询结果，如图 3-116 所示。

金额式

科目余额表

科目 1122 应收账款　　　　月份：2020.01-2020.01

科目		客户		方向	期初余额	借方	贷方	方向	期末余额
编码	名称	编号	名称		本币	本币	本币		本币
1122	应收账款	02	用友	平		926,600.00	926,600.00	平	
1122	应收账款	03	金蝶	借	926,600.00		926,600.00	平	
合计:				借	926,600.00	926,600.00	1,853,200.00	平	

图 3-116　"应收账款"客户科目余额表界面

3）关闭界面。单击"应收账款"客户科目余额表右上角的"关闭"按钮，关闭查询功能。

八、疑难解答

1）"02 操作员"在查询账簿时，无法查询银行存款日记账和现金日记账，为什么？

指定会计科目后，只有具有出纳权限的操作员才能查询银行存款日记账和现金日记账。

2）"04 操作员"具有出纳业务权限，但是执行"总账"－"账表"－"科目账"－"日记账"命令，查询不到银行存款日记账和现金日记账业务，为什么？

指定会计科目后，银行存款科目只能从出纳业务菜单中进入，通过启动"银行日记账"功能才能实现查询，现金日记账的查询与其相同。

3）在查询明细账时，如何查询未记账凭证数据？

在查询条件中选中"包含未记账凭证"复选框即可，此选项默认没有选中。

九、实训报告

项目三任务六　实训报告

问题思考

1）在查询明细账时，如何联查总账、联查凭证？

2）在查询总账时，如何联查明细账？

3）在查询明细账时，如何查询未记账凭证数据？

4）在填制凭证时，联查的明细账是否包含未记账凭证？

5）如何查询本月含有现金科目的凭证？

项目四　报表系统应用

学习要点

1. 报表系统的功能和操作流程。
2. 报表格式设计。
3. 报表数据处理。

学习目标

1. 能根据实际需要设计报表表样。
2. 能够正确进行报表公式设计。
3. 能够调用报表模板编制报表。
4. 培养软件操作的规范性和发现问题的敏感性。
5. 培养勤奋学习精神和合作精神。

学习指引

总账系统账务处理完毕，接下来项目四的工作就是编制报表。用友 UFO 报表系统是一个独立的模块，可以在报表系统中进行取数，也可以从账务系统中取数，还可以从其他系统中取数。

任务一　报表系统的功能和操作流程

一、报表系统的功能

利用 UFO 报表系统，既能编制对外报表，又可编制各种内部报表。

UFO 报表系统的主要功能有提供各行业报表模板、文件管理功能、格式管理功能、数据处理功能、图表功能、打印功能、二次开发功能。

用户可以自行设计报表格式，也可以调用报表系统提供的模板自动生成报表格式，还可以将报表结果另存为 Excel 文件，使用 Excel 功能对数据进行加工处理。

二、报表系统的操作流程

1）启动报表系统。

2）创建报表文件。

3）定义报表格式，包括设置表尺寸、画表格线、设置组合单元、录入表样文字、设置关键字位置、设置单元属性、定义单元公式等。报表格式定义的重点问题是报表取数公式的定义。

4）处理报表数据，包括打开报表、增加表页、录入关键字的值、编制报表、审核报表。

5）输出报表。

6）分析报表。

三、报表系统中的基本概念

（一）报表结构

报表按其结构的复杂性可分为简单表和复合表。简单表就是由若干行和列组成的二维表。简单表的格式一般由标题、表头、表体和表尾组成，资产负债表、利润表、现金流量表都是简单表。复合表由若干张简单表组合而成。

标题即报表的名称。表头包括编制单位、日期、计量单位、报表栏目等，报表栏目是表头中最重要的内容。表体是报表的主体，由行和列组成。表尾即表体以下的辅助说明部分。

（二）单元、单元属性、单元风格

单元是报表中由行和列确定的方格，是组成报表的最小单位。例如，C2 单元是 C 列第 2 行对应的方格。

单元属性是指单元类型、数字格式、边框的样式。单元类型有数值型、字符型、表样型。

单元风格是指单元内容的字体、字号、字形、对齐方式、颜色图案等。

（三）表页

表页是由若干行和列组成的一个二维表。描述某表页某单元格的方法为“列行@页”，如第 2 页中的 C2 单元的表示方法为“C2@2”。

（四）报表文件

报表文件是存储数据的基本单位，是以 rep 为后缀的一个文件，如 zcfzb.rep。表示某文件某表页某单元格的方法为“路径+文件名”->列行@页。例如，d:\zcfzb.rep 文件第 2 页 C2 单元的表示方法为“d:\zcfzb.rep”->C2@2。

一个报表文件可以容纳多张报表（表页）。

（五）固定区和可变区

固定区是指组成一个区域的行数和列数是固定的。可变区是指一个区域的行数或列数是不固定的。可变区的最大值在格式设计中设定。在大多数情况下，报表内的记录数是不固定的，不能确定表的大小。

含有可变区的表称为可变表，不含可变区的表叫固定表，一个报表只能设置一个可变区，行可变或列可变，可变区在格式状态下只显示一行或一列，在数据状态下，可变区随需要增减。

（六）区域

区域是由一组相邻单元组成的矩形块。在描述一个区域时，开始单元（左上角单元）

与结束单元（右下角单元）用冒号连接，如 A3:F7 表示从 A3 到 F7 的一个矩形范围。

（七）关键字

关键字是游离于单元之外的特殊数据单元，可用于在大量表页中快速选择表页。每个表页中可定义多个关键字，关键字一般包括单位名称、单位编号、年、季、月、日，也可以自定义关键字。

（八）格式状态和数据状态

格式状态是设计报表格式的状态，可以定义公式，在该状态下的操作对该报表文件的所有表页都有效，只能看到报表格式而不能看到报表的数据。

数据状态是处理报表数据的状态，用来显示报表运算的结果，在该状态下不能修改报表格式，但能看到格式和数据，即报表的所有内容。

四、报表公式

（一）报表公式分类

UFO 有 3 类公式：计算公式（单元公式）、审核公式、舍位平衡公式。公式的定义在格式状态下进行。

计算公式定义了报表数据之间的运算关系，在报表数值单元中键入“=”就可直接定义计算公式，所以称为单元公式。

审核公式用于审核报表内或报表之间的勾稽关系是否正确，通过“审核公式”菜单项定义。

舍位平衡公式用于报表数据进行进位或小数取整时调整数据，避免破坏原数据平衡，需要用“舍位平衡公式”菜单项定义。

（二）函数

利用函数可以提高系统的数据处理能力，这里介绍常用函数，其他可参阅联机帮助。

1．统计函数

（1）合计函数

指定固定区求和：PTOTAL(区域,区域筛选条件)。

指定可变区求和：GTOTAL(区域,区域筛选条件)。

指定立体方向求和：TOTAL(区域,页筛选条件)。

（2）求平均值函数

指定固定区求平均值：PAVG(区域,区域筛选条件)。

指定可变区求平均值：GAVG(区域,区域筛选条件)。

指定立体方向求平均值：AVG(区域,页筛选条件)。

（3）计数函数

指定固定区满足条件的单元个数：PCOUNT(区域,区域筛选条件)。

指定可变区满足条件的单元个数：GCOUNT(区域,区域筛选条件)。

指定立体方向满足条件的单元个数：COUNT(区域,页筛选条件)。

2．表操作函数

（1）页面号函数

返回当前表页页号：MRECNO()。

（2）本表他页取数函数

返回符合条件的本表他页数据区数字：SELECT(区域,页筛选条件)。

例如，若当前表页中关键字“月”为3，本页D4单元格取本表关键字“月”为2的表页中D4单元格的值，公式为D4＝SELECT (D4,月@＝月+1)。

3．账务取数函数

（1）期初函数

格式：QC(科目编码,会计期间,方向,账套号,会计年度,编码1,编码2,截止日期,是否包含未记账,编码1汇总,编码2汇总,是否包含调整期)。

（2）期末函数

格式：QM(科目编码,会计期间,方向,账套号,会计年度,编码1,编码2,截止日期,是否包含未记账,编码1汇总,编码2汇总,是否包含调整期)。

（3）发生额函数

格式：FS(科目编码,会计期间,方向,账套号,会计年度,编码1,编码2,是否包含未记账,自定义项1,…,自定义项16,是否包含调整期)。

（4）净发生额函数

格式：JE(科目编码,会计期间,账套号,会计年度,编码1,编码2,是否包含未记账,自定义项1,…,自定义项16,是否包含调整期)。

（5）条件发生函数

格式：TFS(科目编码,期间,方向,摘要,摘要匹配方式,账套,会计年度,编码1,编码2,核算类别,项目大类名称,业务员姓名,自定义项名称1,自定义项内容1,自定义项名称2,自定义项内容2,自定义项名称3,自定义项内容3,是否包含未记账,是否包含调整期)。

（6）对方科目发生函数

格式：DFS(科目编码,对方科目编码,会计期间,方向,摘要,摘要匹配方式,账套号,会计年度,编码1,编码2,是否包含未记账,是否包含调整期)。

任务二 报表格式设计

一、任务描述

报表格式设计是报表编制的前提。本任务主要训练学生掌握报表的表样设计、关键字设置和单元公式定义的方法，重点是对账务取数函数的理解和应用。

二、实训任务

自定义一张报表。

三、任务目标

1）了解报表处理系统基本知识。
2）掌握报表表样设计和公式定义的操作方法。
3）能够熟练地设计资产负债表和利润表。

四、准备工作

1）更改计算机时间为“2020 年 1 月 31 日”。
2）引入“3-5 总账月末账务处理”文件夹下的备份账套。

五、任务引例

（一）报表表样内容

利润表表样如表 4-1 所示。

表 4-1　利润表表样

A	B	C	D
利润表			
编制单位：　　　　年　　月			会企 02 表
项目	行数	本月数	本年累计数
一、营业收入	1		
减：营业成本	2		
税金及附加	3		
销售费用	4		
管理费用	5		
研发费用	6		
财务费用（收益以“-”号填列）	7		
加：公允价值变动收益（损失以“-”号填列）	8		
其他收益	9		
投资收益（损失以“-”号填列）	10		
净敞口套期收益（损失以“-”号填列）	11		
资产减值损失（损失以“-”号填列）	12		
信用减值损失（损失以“-”号填列）	13		
资产处置收益（损失以“-”号填列）	14		
二、营业利润（亏损以“-”号填列）	15		
营业外收入	16		
减：营业外支出	17		
三、利润总额（亏损总额以“-”号填列）	18		
减：所得税	19		
四、净利润（净亏损以“-”号填列）	20		

（二）报表取数公式

利润表计算公式如表 4-2 所示。

表 4-2　利润表计算公式

单元	公式
C5	FS(6001,月,贷)+FS(6051,月,贷)
C6	FS(6401,月,借)+FS(6402,月,借)
C7	FS(6403,月,借)
C8	FS(6601,月,借)
C9	FS(6602,月,借)
C10	FS(6605,月,借)
C11	TFS(6603,月,贷,期间损益结转,==)−TFS(6061,月,借,期间损益结转,==)
C12	FS(6101,月,贷)
C13	FS(6112,月,贷)
C14	FS(6111,月,贷)
C15	FS(6114,月,贷)
C16	FS(6701,月,借)
C17	FS(6702,月,借)
C18	FS(6113,月,贷)
C19	C5−C6−C7−C8−C9−C10−C11+C12+C13+C14+C15−C16−C17+C18
C20	FS(6301,月,贷)
C21	FS(6711,月,借)
C22	C19+C20−C21
C23	FS(6801,月,借)
C24	C22-C23
D5	?C5+select(?D5,年@=年and月@=月+1)
D6	?C6+select(?D6,年@=年and月@=月+1)
D7	?C7+select(?D7,年@=年and月@=月+1)
D8	?C8+select(?D8,年@=年and月@=月+1)
D9	?C9+select(?D9,年@=年and月@=月+1)
D10	?C10+select(?D10,年@=年and月@=月+1)
D11	?C11+select(?D11,年@=年and月@=月+1)
D12	?C12+select(?D12,年@=年and月@=月+1)
D13	?C13+select(?D13,年@=年and月@=月+1)
D14	?C14+select(?D14,年@=年and月@=月+1)
D15	?C15+select(?D15,年@=年and月@=月+1)
D16	?C16+select(?D16,年@=年and月@=月+1)
D17	?C17+select(?D17,年@=年and月@=月+1)
D19	?C19+select(?D19,年@=年and月@=月+1)
D20	?C20+select(?D20,年@=年and月@=月+1)
D21	?C21+select(?D21,年@=年and月@=月+1)

续表

单元	公式
D22	?C22+select(?D22,年@=年and月@=月+1)
D23	?C23+select(?D23,年@=年and月@=月+1)
D24	?C24+select(?D24,年@=年and月@=月+1)

六、教学关注

本任务的学习重点和难点都是单元取数公式的设计。

如果学过Excel，可以结合Excel进行对比学习。

七、过程指导

（一）登录UFO报表系统

在企业应用平台，执行“财务会计”－“UFO报表”命令，进入UFO报表系统。

（二）设置表尺寸

1）执行“文件”－“新建”命令，创建一张报表。

2）执行“格式”－“表尺寸”命令，弹出“表尺寸”对话框。

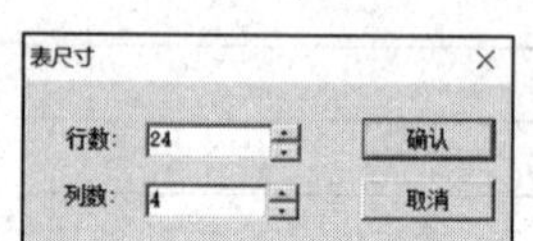

图4-1 表尺寸

3）定义报表尺寸。录入行数“24”、列数“4”，如图4-1所示，单击“确认”按钮。

【相关说明】一个实际报表包括标题、表头（编制单位、日期等）、表体（报表主要数据内容）、表尾（辅助说明部分）3个部分，在设置表尺寸时应考虑到这几个部分。表尺寸是指报表的行数和列数。

（三）定义行高和列宽

在UFO报表中，应根据单元的内容，设置合适的行高和列宽，方法有菜单方式和鼠标操作（分割线拖动）两种。操作步骤如下。

1）设置A1单元行高。选中A1单元，执行“格式”－“行高”命令，弹出“行高”对话框。录入A1单元所在行的行高“12”，如图4-2所示，单击“确认”按钮。

2）设置A4单元至D24单元行高。选中A4单元，拖动鼠标到D24单元，执行“格式”－“行高”命令，弹出“行高”对话框。录入A4:D24区域的行高为“6”，如图4-3所示，单击“确认”按钮。

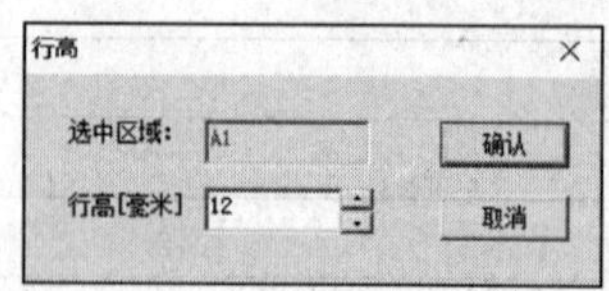

图4-2 设置行高（一）

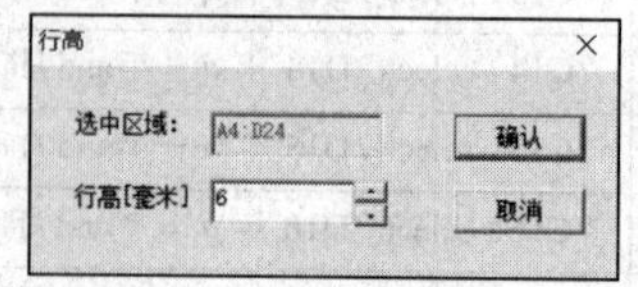

图4-3 设置行高（二）

3）设置A1单元的列宽。选中A1单元，执行“格式”－“列宽”命令，弹出“列宽”

对话框。录入A1单元所在列的列宽为“130”，单击“确认”按钮。

4）依据相同的步骤，设置B1单元的列宽和C列、D列的列宽。B1单元列宽为“10”，C列、D列的列宽为“50”。

【相关说明】设置列宽应以能够放下本栏最宽数据为原则。

（四）画表格线

在UFO报表系统，可以方便地在报表上画线和涂线，包括网格线、斜线、横线、竖线等。

1）弹出“区域画线”对话框。选中A4单元后拖动鼠标到D24单元，执行“格式”—“区域画线”命令，如图4-4所示。

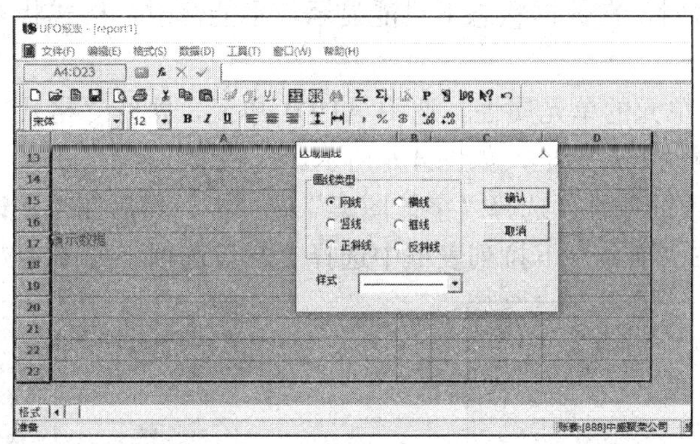

图4-4 区域画线

2）选择适合的线条类型。此例选中“网线”单选按钮，单击“确认”按钮完成操作。

（五）定义组合单元

组合单元是将相邻的两个或两个以上的单元组合在一起。可以将同一行或同一列中相邻的几个单元组合在一起，也可以把一个多行多列的矩形区域设定为一个组合单元。组合单元具有相同的单元格属性，数据操作中将其作为一个单元处理。组合单元主要用于结构复杂的报表，如具有多层表头的报表，也可以用作报表的文字说明内容或标题等。

1）弹出“组合单元”对话框。选中A1单元后拖动鼠标到D1单元，执行“格式”—“组合单元”命令，如图4-5所示。

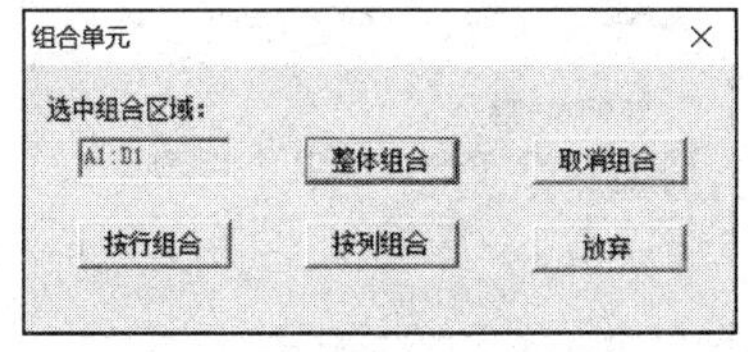

图4-5 组合单元

2）选择适合的组合方式。此例选择“按行组合”即将第一行组合成为一个单元。

【相关说明】组合单元实际上是把几个单元当成一个单元来使用。

（六）输入项目内容

在格式状态下，录入表 4-1 中的所有文字。

【相关说明】单位名称及日期不用手工录入，用设置关键字的方法设置。报表左下角有“格式”和“数据”两种状态，单击可实现切换。

（七）设置单元格属性

单元格属性是指单元类型、字体图案、对齐、边框。单元类型是指单元存放的数据类型，有以下 3 种类型：数据单元用于存放数值型数据，新表所有单元的类型默认为数据单元；字符单元用于存放字符型数据，可以是汉字、字母、数字及各种字符；表样单元只能在格式设计状态下编辑，在数据状态下只能显示，不能修改，格式状态下录入的文字都是表样。

1）设置 A1:D1 单元的单元属性。选中 A1:D1 单元，执行“格式”－“单元属性”命令，弹出“单元格属性”对话框，如图 4-6 所示。

2）选择所要修改的属性。选择“字体图案”选项卡，然后在“字体”下拉列表框中选择“黑体”选项，在“字号”下拉列表框中选择“28”选项，如图 4-7 所示。

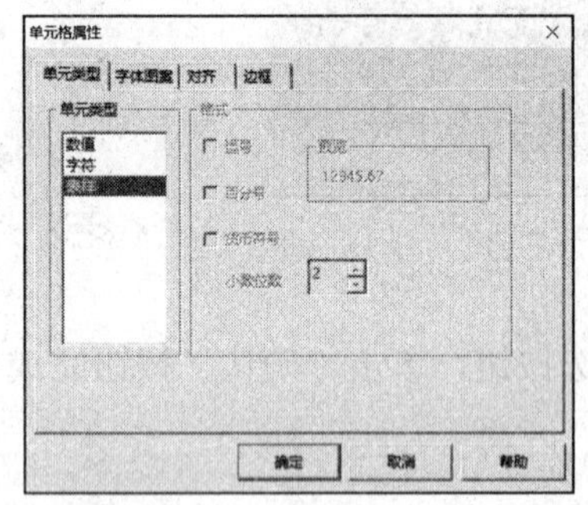

图 4-6 “单元格属性”对话框

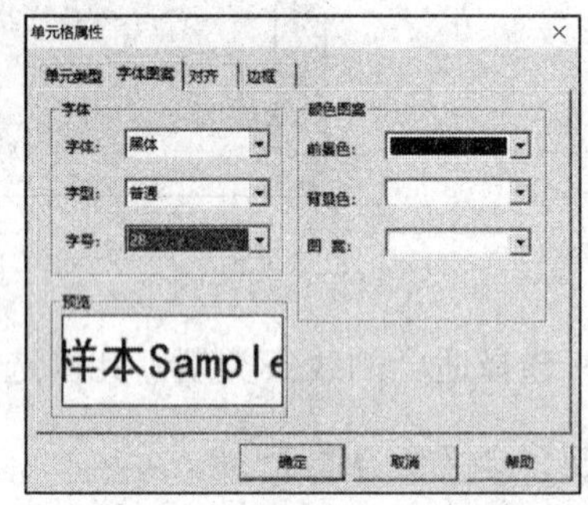

图 4-7 “字体图案”选项卡

3）设置“对齐”形式。选择“对齐”选项卡，选择水平方向“居中”及垂直方向“居中”，如图 4-8 所示，单击“确定”按钮。

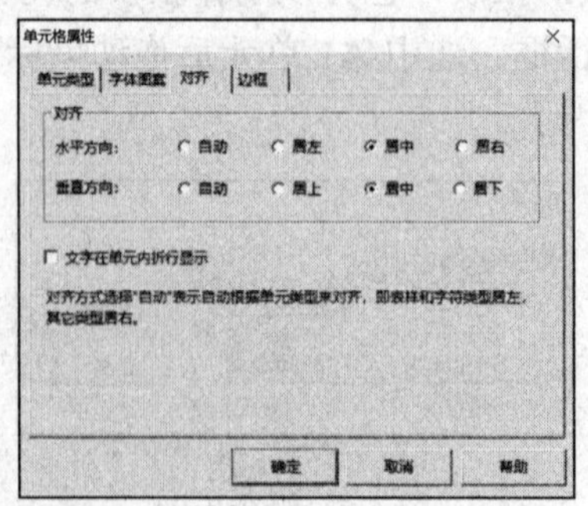

图 4-8 “对齐”选项卡

4）设置 A4 单元至 D4 单元属性。同理，将该区域设置字体为“黑体”、字号为“14”。

选择水平方向“居中”及垂直方向“居中”。

5）以此方法设置 A5:D24 区域的字体为“楷体”、字号为“14”，单击“确定”按钮。

（八）定义关键字位置

在格式状态定义关键字是指选择关键字和定义关键字显示的位置。取数公式中使用的关键字变量在格式设计时必须定义，数据状态下还要对关键字赋值。

1）打开“设置”对话框。选中 A3 单元，执行“数据”－“关键字”－“设置”命令。

2）插入单位名称关键字。在“设置关键字”选择“单位名称”选项，并单击“确定”按钮。

3）设置其他关键字。在 B3 单元中设置关键字“年”，在 C3 单元中设置关键字“月”。

（九）录入单元公式

单元公式是报表的灵魂。许多单元的数据不是直接录入，而是通过从账套中取数或从其他单元格取数运算得到的。

1）弹出“定义公式”对话框。选中 C5 单元，执行“数据”－“编辑公式”－“单元公式”命令。

2）选取函数名。在“函数向导”对话框，选择“函数分类”列表中的“用友账务函数”选项，在右侧“函数名”列表中选择“发生（FS）”，如图 4-9 所示。

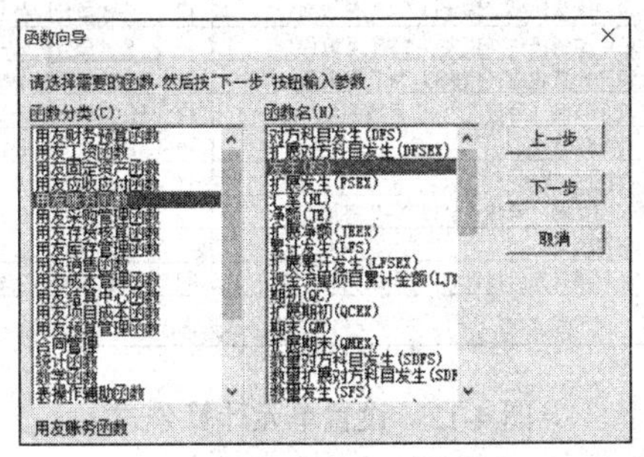

图 4-9　选取函数名

3）弹出“账务函数”对话框。单击“下一步”按钮，弹出“用友账务函数”对话框；单击“参照”按钮，弹出“账务函数”对话框，如图 4-10 所示。

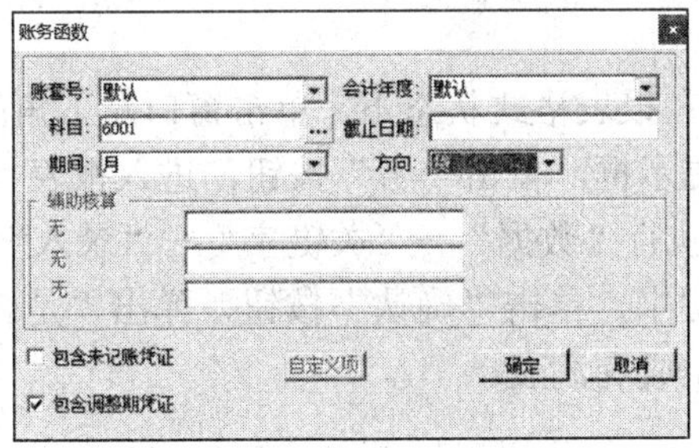

图 4-10　选择函数

4）选择函数的参数。科目选择“6001”，方向为“贷”，单击“确定”按钮，弹出“定义公式”对话框，如图 4-11 所示，单击“确认”按钮即可。

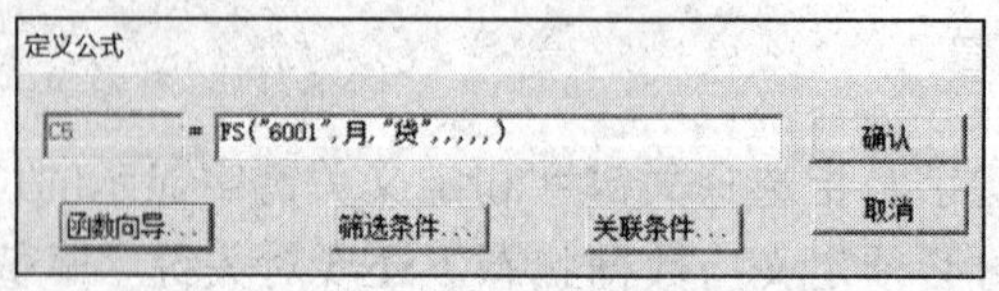

图 4-11　定义公式

5）根据任务引例资料所给出的公式，设置所有单元公式，如图 4-12 所示。

	A	B	C	D
1	利润表			
2				会企02表
3	单位名称：xxxxxxxxxxxxxxxxxxxxxxxxxxxxxx xxxx 年		xx 月	单位：元
4	项目	行数	本月数	本年累计数
5	一、营业收入	1	公式单元	公式单元
6	减：营业成本	2	公式单元	公式单元
7	税金及附加	3	公式单元	公式单元
8	销售费用	4	公式单元	公式单元
9	管理费用	5	公式单元	公式单元
10	研发费用	6	公式单元	公式单元
11	财务费用（收益以“-”号填列）	7	公式单元	公式单元
12	加：公允价值变动收益（损失以“-”号填列）	8	公式单元	公式单元
13	其他收益	9	公式单元	公式单元
14	投资收益（损失以“-”号填列）	10	公式单元	公式单元
15	净敞口套期收益（损失以“-”号填列）	11	公式单元	公式单元
16	资产减值损失（损失以“-”号填列）	12	公式单元	公式单元
17	信用减值损失（损失以“-”号填列）	13	公式单元	公式单元
18	资产处置收益（损失以“-”号填列）	14	公式单元	公式单元
19	二、营业利润（亏损以“-”号填列）	演示数据 15	公式单元	公式单元
20	营业外收入	16	公式单元	公式单元
21	减：营业外支出	17	公式单元	公式单元
22	三、利润总额（亏损总额以“-”号填列）	18	公式单元	公式单元
23	减：所得税	19	公式单元	公式单元
24	四、净利润（净亏损以“-”号填列）	20	公式单元	公式单元

格式　准备　账套:[888]中盛聚美公司　操作员:张主管(账套主

图 4-12　设置单元计算公式

【相关说明】既可以使用向导方式生成公式，也可以手工录入。手工录入时，所有的字符都必须是半角状态。单元名称前有“？”号，表示该单元为相对引用。在定义本年累计数公式时，先定义 D5 单元公式（使用相对引用），其余公式通过复制方法实现快速定义。

（十）编制 1 月利润表

1）切换到数据状态。在报表格式状态下，单击窗口左下角的“格式”按钮，弹出“是否确定全表重算？”信息提示框，单击“否”按钮，进入报表“数据”状态。

2）录入关键字的值。执行“数据”—“关键字”—“录入”命令，弹出“录入关键字”信息提示框，录入各项关键字，单击“确认”按钮，弹出“是否重算第一页？”信息提示框，单击“是”按钮即可生成利润表。

（十一）保存利润表

1）保存利润表。执行“文件”—“保存”命令，选择保存路径，修改文件名为“利润表”。

2）单击“另存为”按钮即可完成保存操作。

【相关说明】报表文件是独立的文件，需要单独保存，与账套备份文件无关，账套输出文件中不包含报表文件。

八、疑难解答

1）进入函数向导界面录入“表页内部取数公式”，为什么系统提示“公式录入错误”？

编辑“表页内部取数公式”不需要进入“函数向导”界面，直接在“定义公式”对话框编辑。

2）为什么关键字不能在格式定义时直接输入？

关键字不是报表一般项目，“关键字”是表页的标识，“单位名称”“年、月、日”必须在格式状态下以“关键字”来定义。

九、实训报告

项目四任务二　实训报告

问题思考

1）报表格式设计的步骤有哪些？

2）如何定义应收账款期初值的取数公式？

3）关键字的作用是什么？

4）如何取消组合单元、画线及关键字位置定义？

5）在利润表中，如果将“上期金额”改成“本年累计数”，对应的取数公式应该如何设置？

任务三　报表数据处理

一、任务描述

报表数据处理就是生成报表数据，本任务主要训练学生掌握报表模板调用和修改方法、报表数据生成方法。

二、实训任务

利用报表模板生成会计报表。

三、任务目标

1）熟悉报表模板使用的方法。

2）掌握报表模板修改的方法。

3）掌握报表生成的操作方法。

4）能利用系统提供的模板生成报表。

四、准备工作

1）更改计算机时间为“2020 年 1 月 31 日”。

2）引入“3-5 总账月末账务处理”文件夹下的备份账套。

五、任务引例

1）编制 1 月的资产负债表。

2）编制 1 月的利润表。

3）编制 1 月的现金流量表。

4）舍位平衡。

5）表页管理。

六、教学关注

用友 UFO 报表系统提供了标准报表格式，可以使用系统提供的报表模板，根据情况加以修改，再保存至模板，免去从头到尾设计报表的烦琐过程。

七、过程指导

（一）调用资产负债表模板

利用系统内置的报表模板建立一张标准格式的报表。

1）新建一张报表。执行“文件”－“新建”命令，进入报表“格式”状态。

2）调出报表模板。执行“格式”－“报表模板”命令，弹出“报表模板”对话框。

3）选择所在企业的行业。在“报表模板”对话框中的“您所在的行业：”下拉列表框中选择“2007 年新会计制度科目”，在“财务报表”下拉列表框中选择“资产负债表”选项，如图 4-13 所示。

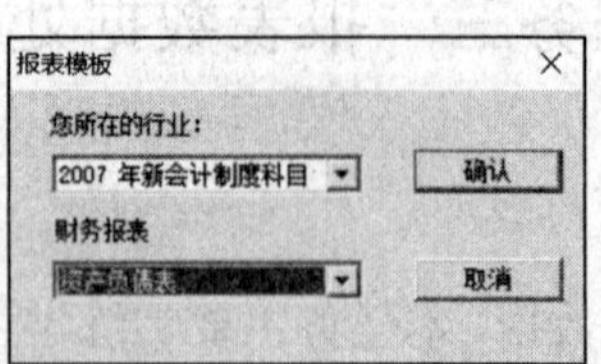

图 4-13　选择报表模板

4）应用所选报表模板。单击“确认”按钮后，弹出“模板格式将覆盖本表格式！是否继续？”信息提示框，单击“确定”按钮，结果如图 4-14 所示。

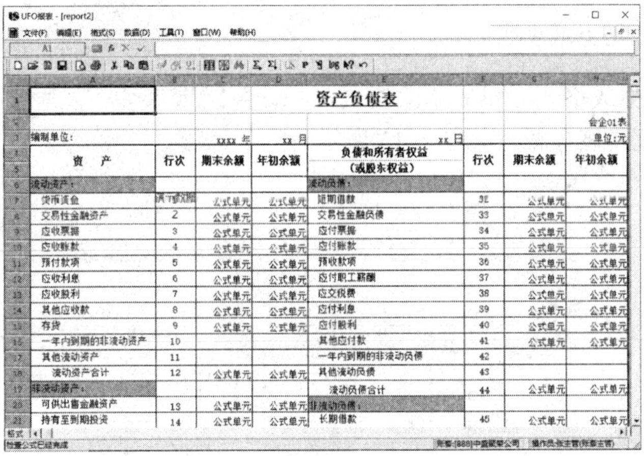

图 4-14　资产负债表

（二）修改资产负债表模板

1）删除单元内容。在“格式”状态下，选中 A3 单元，删除“编制单位”。

2）设置关键字。在“格式”状态下，选中 A3 单元，执行“数据”－“关键字”－“设置”命令，设置关键字为“单位名称”，单击“确定”按钮即可。

3）修改“存货”栏目的计算公式。

在 C15 单元中添加+QM(“1321”,月,,,年,,)−QM(“2314”,月,,,年,,)。

在 D15 单元中添加+QC(“1321”,全年,,,年,,)−QC(“2314”,全年,,,年,,)。

（三）编制 1 月资产负债表

1）切换到数据状态。在报表“格式”状态下，单击窗口左下角的“格式”按钮，弹出“是否确定全表重算？”信息提示框，单击“否”按钮，进入报表“数据”状态。

2）输入关键字的值，计算出指定月份的数据。执行“数据”－“关键字”－“录入”命令，弹出“录入关键字”对话框，录入各项关键字，单击“确认”按钮，弹出“是否重算第一页？”信息提示框，单击“是”按钮即可生成资产负债表。

3）保存资产负债表。

（四）编制 1 月利润表

1）打开已经设计好的利润表，或者从报表模板中调出利润表后对公式进行重新设计。

2）切换到数据状态。在报表“格式”状态下，单击窗口左下角的“格式”按钮，弹出“是否确定全表重算？”信息提示框，单击“否”按钮，进入报表“数据”状态。

3）录入关键字的值。执行“数据”－“关键字”－“录入”命令，弹出“录入关键字”信息提示框，录入各项关键字，单击“确认”按钮，出现“是否重算第一页？”信息提示框，单击“是”按钮即可生成利润表。

4）保存利润表。执行“文件”－“保存”命令，选择保存路径，修改文件名为“利润表”，单击“另存为”按钮即可完成保存操作。

（五）编制1月现金流量表

根据标准模板生成格式，然后修改格式，并计算结果。

1）调用现金流量表模板，如图4-15所示。

现金流量表

编制单位：　　xxxx 年　　xx 月

项　　目	行次	本期金额
一、经营活动产生的现金流量：		
销售商品、提供劳务收到的现金	1	
收到的税费返还	2	
收到其他与经营活动有关的现金	3	
经营活动现金流入小计	4	公式单元
购买商品、接受劳务支付的现金	5	
支付给职工以及为职工支付的现金	6	
支付的各项税费	7	
支付其他与经营活动有关的现金	8	
经营活动现金流出小计	9	公式单元
经营活动产生的现金流量净额	10	公式单元
二、投资活动产生的现金流量：		
收回投资收到的现金	11	
取得投资收益收到的现金	12	
处置固定资产、无形资产和其他长期资产收回的现金净额	13	
处置子公司及其他营业单位收到的现金净额	14	
收到其他与投资活动有关的现金	15	

图4-15　现金流量表模板

2）弹出“定义公式”对话框。选中C6单元，执行“数据”—“编辑公式”—“单元公式”命令，弹出“定义公式”对话框。

3）编辑单元公式。单击“函数向导”按钮，在“函数分类”中选择“用友账务函数”选项，在“函数名”中选择“现金流量项目金额”，单击“下一步”按钮，在“用友账务函数”对话框中单击参照按钮，弹出“账务函数”对话框，打开“现金流量项目编码”的参照窗口，在窗口中双击符合的项目名称，依次单击“确定”按钮即可，如图4-16所示。

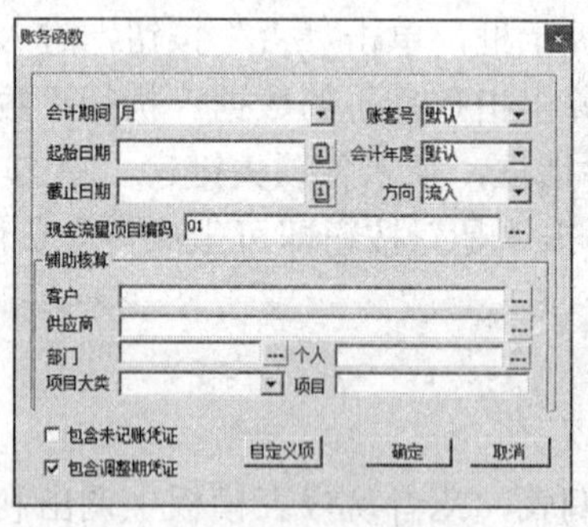

图4-16　设置函数参数

4）按照上述方法依次编辑所有单元公式。

5）生成现金流量表。公式编辑完之后，按照资产负债表设置关键字方法，设置现金流量表关键字。设置关键字之后，单击窗口左下角的“格式”按钮，弹出“是否确定全表重算？”信息提示框，单击“否”按钮，进入报表“数据”状态。执行“数据”—“关键字”—“录入”命令，弹出“录入关键字”对话框，录入各项关键字，单击“确认”按钮，弹出“是否重算第一页？”信息提示框，单击“是”按钮即可生成现金流量表。

【相关说明】现金流量表模板未设置单元公式，要先设置才能使用。

（六）舍位平衡

报表数据在进行进位时，如以“元”为单位的报表在上报时可能会转换为以“千元”或“万元”为单位的报表，原来满足的数据平衡关系因四舍五入的原因可能被破坏，需要进行调整，使之平衡。例如：原始报表数据平衡关系为

$$50.23+5.24=55.47$$

若计量单位放大十倍后，即除以 10 后保留 2 位小数，数据平衡关系为

$$5.02+0.52<5.55$$

原来的平衡关系被破坏，应调整为

$$5.02+0.53=5.55$$

报表经舍位之后，重新调整平衡关系的公式称为舍位平衡公式。其中，进行进位的操作称为舍位，舍位后调整平衡关系的操作称为平衡调整公式。平衡公式的编写应遵循以下原则。

1）倒顺序写，首先写最终运算结果，然后一步一步向前推。

2）每个公式一行，各公式之间用逗号隔开，最后一行公式不写逗号。

3）公式中只能使用+、-符号，不能使用其他运算符及函数。

4）等号左边只能为一个单元（不带页号和表名）。

5）一个单元只允许在等号右边出现一次。

例如：

$$F1=B2+D2,$$
$$B2=B3+B4+B5+B6,$$
$$D2=D3+D4+D5+D6$$

1．定义舍位公式

1）打开前面保存的资产负债表。

2）打开“舍位平衡公式”窗口。在报表格式状态下，执行“数据”－“编辑公式”－“舍位公式”命令，弹出“舍位平衡公式”对话框。

3）录入舍位平衡公式内容。舍位表名“C:\资产负债表 BW”，舍位范围“C7:H38”，舍位位数“2”，舍位公式“C38=G38,(Enter) D38=H38”，如图 4-17 所示，单击“完成”按钮保存并关闭。

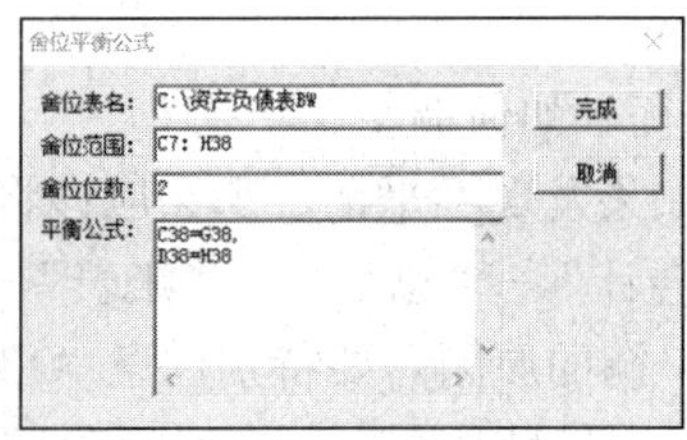

图 4-17　舍位平衡公式

【相关说明】舍位表名是指舍位后生成的文件名，不能与原文件名相同；舍位范围是指参与舍位的范围；舍位位数是指小数位向左移动的位数，支持1到8位。

2．生成舍位平衡报表

1）进入“数据”处理状态。单击左下角“格式”按钮，显示1月报表数据。

2）舍位平衡计算。执行“数据”－“舍位平衡”命令，自动在C盘根目录生成“资产负债表BW.rep”文件，并自动打开。

3）关闭舍位平衡文件与原文件。

（七）表页管理

一个UFO报表最多可容纳99 999张表页，一个报表中的所有表页具有相同的格式，但其数据不同，关键字不同，可将同种类型不同会计期间的报表存放在同一个报表的不同表页中。表页在报表中的序号在表页的下方以标签的形式出现，称为“页标”。页标用“第1页”～“第99999页”表示，演示版本只支持4页。表页只存在于数据处理状态，可对表页进行交换、删除、插入、追加、透视、排序、汇总、重算等操作。

1）打开前面保存的资产负债表。

2）进入数据处理状态。单击左下角的“格式”按钮，显示1月报表数据。

3）增加表页。执行“编辑”－“追加”－“表页”命令，在追加表页数量中输入“1”，单击“确定”按钮，在下方的页标处显示“第2页”。

4）录入关键字的值。单击页标“第2页”，执行 “数据”－“关键字”－“录入”命令，调出录入“关键字”对话框，将月份改为“2”，日期改为“28”，单击“确认”按钮，弹出“是否重算第2页”信息提示框。

5）计算第2页。单击“是”按钮，稍等片刻，显示计算结果。

6）关闭并保存文件。

八、疑难解答

1）为什么利润表编制的结果不正确？

在编制利润表时，应注意损益发生情况，还要注意取数公式设计与取数时机对应关系。利润表各项目所填列数据必须是不包括期末损益结转的净发生额。如果在期间损益结转前编制利润表，可以使用FS、JE、QM等函数来设计公式；如果在期间损益结转后编制利润表，应该使用TFS或DFS函数来设计公式，FS函数的应用局限于期末损益结转前科目单一方向发生业务的情况。

2）为什么资产负债表不平衡？如何调整至平衡？

资产负债表编制完成后，如果发现不平衡，那么应该将资产负债表中的数据与科目余额表中（“业务工作”－“财务会计”－“总账”－“账表”－“科目账”－“科目余额表”）的数据进行逐项比对，找到不平衡的原因。要特别注意“1321受托代销商品”“2314代销商品款”“4103本年利润”这3个科目是否出现在对应项目计算公式中，要注意“1407商品进销差价”科目是否作为抵减项出现在存货计算公式中。

九、实训报告

项目四任务三　实训报告

问题思考

1）如何将修改好的报表格式保存为自定义模板？

2）如何进行表页汇总？

3）如何在报表中根据报表数据显示图表？

项目五　薪资管理系统应用

学习要点

1. 薪资管理系统的功能和操作流程。
2. 薪资管理系统初始设置。
3. 薪资管理业务处理。

学习目标

1. 熟悉薪资管理系统的功能和操作流程。
2. 正确进行薪资管理系统的初始设置。
3. 掌握薪资管理业务处理的方法。
4. 培养会计软件操作的规范性和发现问题的敏感性。
5. 培养吃苦耐劳精神和团队合作精神。

学习指引

在用友 ERP-U8V10.1 系统中，薪资管理系统是人力资源系统中的一个子系统，但可以独立运行。通过薪资管理系统，可以对多种不同类别人员的工资进行不同工资项目的核算，轻松处理各种繁杂的工资报表。在启用薪资管理系统前，应当根据企业实际情况规划设置企业内部所有部门的名称和简称，规范人员类别的划分形式，准备好人员的档案数据、工资数据，整理好需要设置的工资项目及核算方法，这样才能使操作得心应手。

任务一　薪资管理系统的功能和操作流程

一、薪资管理系统的功能结构

薪资管理系统的功能结构如图 5-1 所示。

（一）初始设置

初始设置功能可建立工资账套，进行基础设置，包括企业人员信息、部门信息、工资项目设置与工资运算公式的编辑等。

（二）业务处理

业务处理功能可进行员工工资的计算，提供个人所得税自动计算与申报功能，形成各种工资计算数据。该功能可进行工资费用的分摊，可将当月数据经过处理后结转至下月。将数据经过处理后结转至下年，新年度账将自动建立。

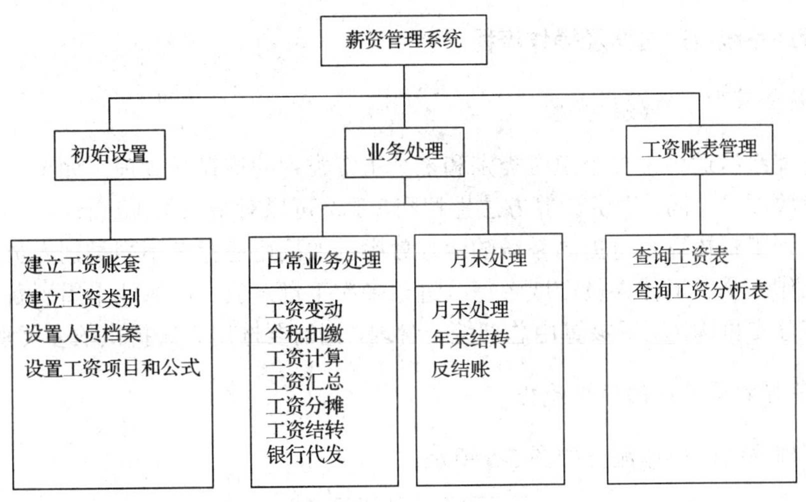

图 5-1　薪资管理系统的功能结构

（三）工资报表管理及分析

可进行工资报表的查询输出及分析，输出工资表、工资分析表等。

二、薪资管理系统与其他系统的关系

工资核算是财务核算的一部分，其日常业务要通过总账记账凭证反映，薪资管理系统和总账系统主要是凭证传递的关系。工资计提、分摊的费用要通过制单的方式传递给总账系统进行处理。

（一）薪资管理系统与总账系统

薪资管理系统将工资计提、分摊结果自动生成转账凭证，传递到总账系统，如图 5-2 所示。

（二）薪资管理系统与成本管理系统

薪资管理系统向成本管理系统传送人员的人工费用，如图 5-3 所示。

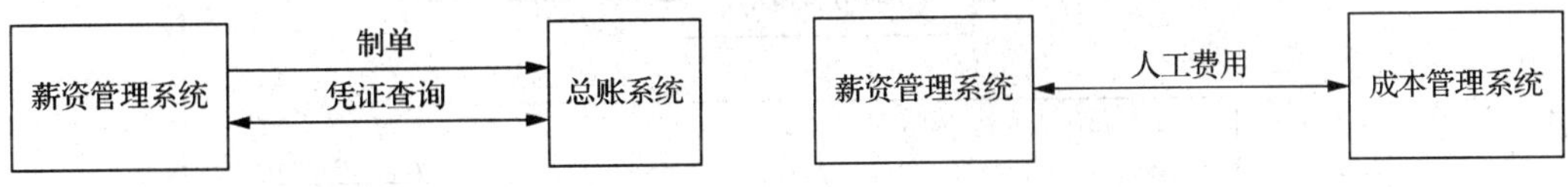

图 5-2　薪资管理系统与总账系统关系图

图 5-3　薪资管理系统与成本管理系统关系图

（三）薪资管理系统与 UFO 报表系统

薪资管理系统向 UFO 报表系统传递数据，如图 5-4 所示。

图 5-4　薪资管理系统与 UFO 报表系统关系图

三、薪资管理系统应用方案及操作流程

（一）薪资管理系统应用方案

薪资管理系统适用于单个工资类别和多个工资类别的核算与管理。如果企业中所有员工的工资发放项目相同，工资计算方法也相同，那么可以对全部员工进行统一的工资核算，应选用单类别工资核算，可提高系统的运行效率。如果企业存在不同类别人员，如在职人员、临时工作人员、退休人员，或者每月进行多次工资发放，如企业采用周薪制，或者不同地区设有分支机构，工资核算由总部统一管理，则需要选用系统提供的多类别工资核算。

（二）薪资管理系统的操作流程

薪资管理系统的操作流程如图 5-5 所示。

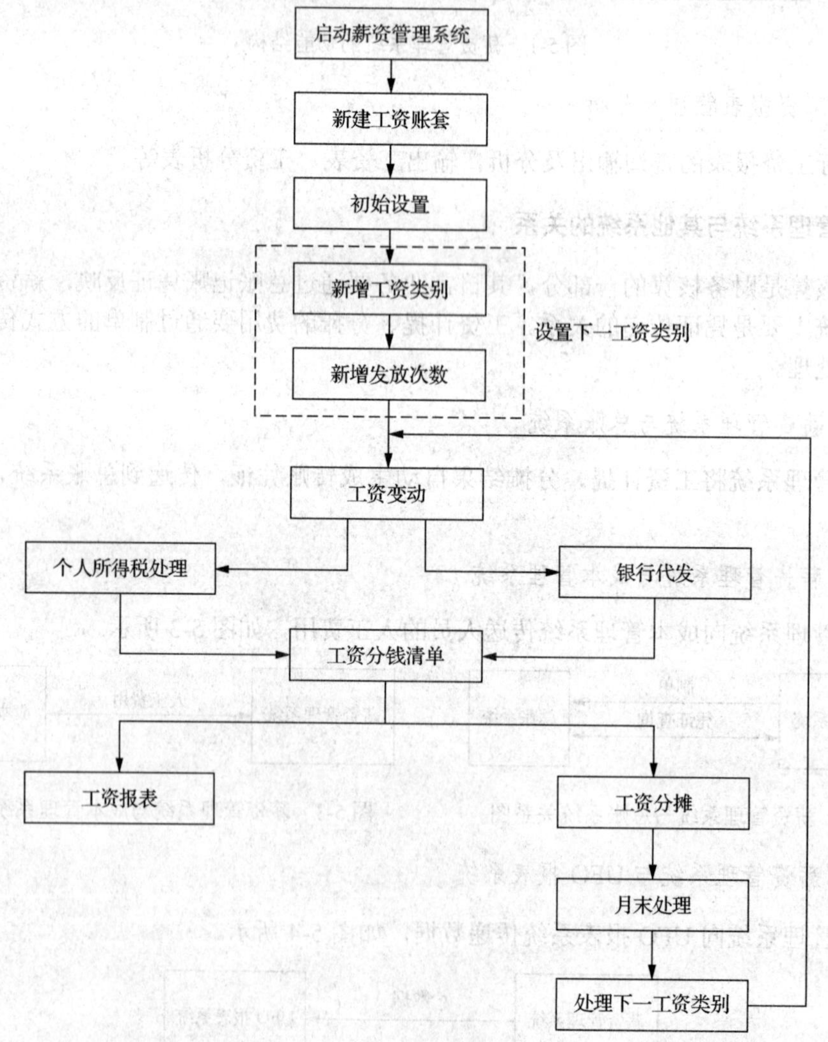

图 5-5　薪资管理系统的操作流程

如果是单类别工资核算的企业，那么在初始设置之后，不做“新增工资类别”“新增发放次数”，其他操作可按上述流程进行。若为多类别工资核算的企业，从“工资变动”到“月末处理”可按工资类别重复处理。

任务二　薪资管理系统初始设置

一、任务描述

本任务主要训练学生掌握工资账套建立的方法、薪资管理系统初始化的方法、工资项目及其公式设置的方法。

二、实训任务

1）建立工资账套。
2）完成薪资管理系统初始化设置。
3）进行工资项目及其公式的设置。

三、任务目标

1）能够熟练完成工资账套的建立，完成系统初始化设置。
2）能够根据企业工资核算要求设置工资项目及其公式。
3）理解和掌握信息化方式下工资核算业务流程。

四、准备工作

1）首次运行薪资管理系统，必须确保总账系统已进行初始化设置。
2）初步了解薪资管理系统的基本功能。
3）整理好工资核算所需信息及数据。
4）更改计算机时间为“2020年1月1日”。
5）引入“3-2 总账系统初始设置”文件夹下的备份账套。

五、任务引例

（一）888账套薪资管理系统的参数

工资类别有两个，工资核算本位币为人民币，不核算计件工资，自动代扣所得税，进行扣零设置且扣零到元。工资类别分为“在岗人员”和“兼职人员”，并且在岗人员分布在各个部门，而兼职人员只属于人力资源部门。

（二）人员附加信息

增加人员附加信息“性别”和“学历”。

（三）工资项目

工资项目见表5-1。

表 5-1　工资项目

工资项目名称	类型	长度	小数	增减项
基本工资	数字	8	2	增项
职务补贴	数字	8	2	增项
福利补贴	数字	8	2	增项
交通补贴	数字	8	2	增项
奖金	数字	8	2	增项
缺勤扣款	数字	8	2	减项
养老保险	数字	8	2	减项
医疗保险	数字	8	2	减项
失业保险	数字	8	2	减项
住房公积金	数字	8	2	减项
缺勤天数	数字	8	2	其他
子女教育	数字	8	2	其他
继续教育	数字	8	2	其他
大病医疗	数字	8	2	其他
住房租金	数字	8	2	其他
住房贷款利息	数字	8	2	其他
老人赡养费	数字	8	2	其他
个人所得税扣除基数	数字	8	2	其他

（四）银行名称

银行名称为“中国工商银行”。账号长度为 11 位，录入时自动带出的账号长度为 8 位。

（五）工资类别及工资项目

在岗人员工资类别：所有工资项目。
退休人员工资类别：只有基本工资和住房公积金两个项目。

（六）在岗人员档案

在岗人员档案如表 5-2 所示。

表 5-2　在岗人员档案

职员编号	姓名	性别	学历	人员类别	所属部门	银行代发账号
0001	严锦	男	本科	管理人员	总经理办公室	10011100101
0002	习致	男	本科	管理人员	人力资源部	10011100102
0003	周密	男	本科	管理人员	会计核算中心	10011100103
0004	邹道	男	本科	管理人员	资产管理中心	10011100104
0005	赖新	男	大专	采购人员	商品采购部	10011100105
0006	柯酷	男	大专	采购人员	商品采购部	10011100106
0007	金鑫	男	大专	采购人员	商品采购部	10011100107
0008	靳力	男	大专	采购人员	办公品采购部	10011100108

续表

职员编号	姓名	性别	学历	人员类别	所属部门	银行代发账号
0009	侯德	男	高中	销售人员	总部销售中心	10011100109
0010	沈斯	男	高中	销售人员	华南办事处	10011100110
0011	闵星	男	高中	销售人员	华北办事处	10011100111
0012	陈欣	男	高中	销售人员	海外办事处	10011100112
0013	程义	男	大专	管理人员	仓管部	10011100113
0014	薛曦	女	大专	管理人员	仓管部	10011100114
0015	李玲	女	本科	兼职人员	人力资源部	10011100115
0016	王嘉	女	本科	兼职人员	人力资源部	10011100116

（七）计算公式

1．在岗人员工资

企业管理人员和销售人员的交通补助均为200元，其他人员的交通补助为60元，相关计算公式为

交通补贴=iff(人员类别="管理人员",200,iff(人员类别="销售人员",200,60))

缺勤扣款＝基本工资/22×缺勤天数

养老保险＝(基本工资＋职务补贴＋福利补贴＋交通补贴＋奖金)×0.08

医疗保险＝(基本工资＋职务补贴＋福利补贴＋交通补贴＋奖金)×0.02

失业保险＝(基本工资＋职务补贴＋福利补贴＋交通补贴＋奖金)×0.005

住房公积金＝(基本工资＋职务补贴＋福利补贴＋交通补贴＋奖金)×0.08

个人所得税扣除基数＝基本工资＋职务补贴＋福利补贴
＋交通补贴＋奖金－缺勤扣款－养老保险
－医疗保险－失业保险－住房公积金
－子女教育－继续教育－大病医疗
－住房租金－住房贷款利息－老人赡养费

2．兼职人员工资

企业兼职人员个人所得税扣除基数计算公式为

个人所得税扣除基数＝(基本工资＋奖金)×0.8

六、教学关注

在薪资管理系统中，有两个概念容易混淆："工资类别""人员类别"。学生往往会认为企业有多少类人员就应该设置多少个工资类别。教师在讲解该系统应用方案时应举例说明。另外，较容易出现错误的还有工资项目中的公式设置及公式的存放顺序，教师应尽可能举不同项目的例子，让学生理解公式为何要这样设置，让学生多做练习。特别要注意工资类别的状态，有的功能需要在关闭工资类别状态下操作，有的功能需要在打开工资类别状态下操作，如工资项目的定义与工资项目调用。

七、过程指导

（一）建立工资账套

建立工资账套是整个工资管理正确运行的基础。建立一个完整的账套是系统正常运行的根本保证。当使用薪资管理系统时，若为初次使用，系统将自动进入建账向导。建账向导分为 4 个步骤：参数设置、扣税设置、扣零设置、人员编码。具体操作如下。

1）以“01 操作员”的身份登录企业应用平台。

2）启动“建立工资套”功能。执行“业务工作”－“人力资源”－“薪资管理”命令，弹出“建立工资套”对话框。

3）参数设置。选择本账套所需处理的工资类别个数为“多个”，币别为“人民币 RMB”，不核算“计件工资”，如图 5-6 所示。单击“下一步”按钮，打开下一界面。

4）扣税设置。选中“是否从工资中代扣个人所得税”复选框，如图 5-7 所示。单击“下一步”按钮，打开下一界面。

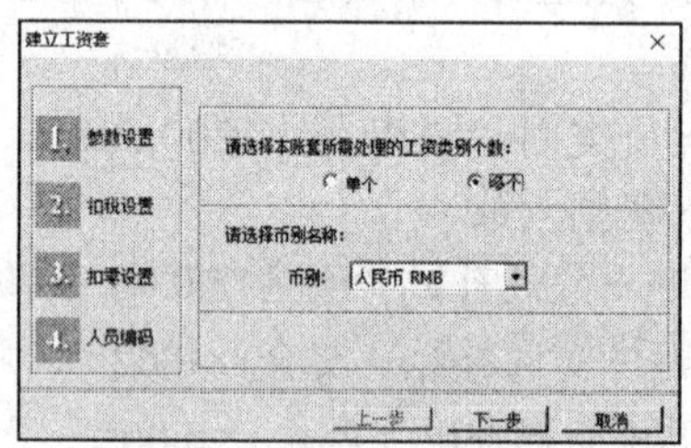

图 5-6　工资账套参数设置

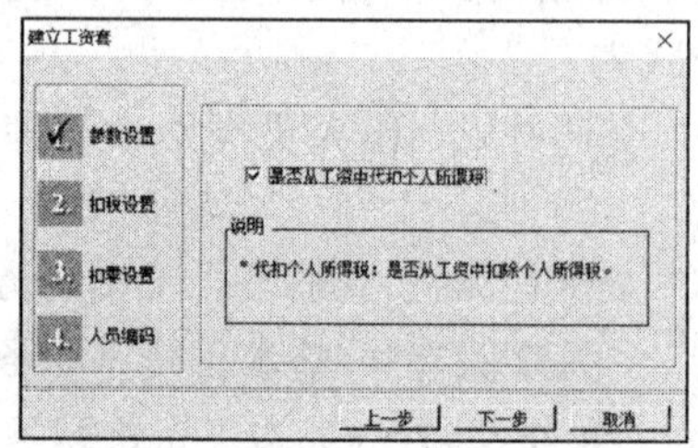

图 5-7　工资账套扣税设置

5）扣零设置。选中“扣零”复选框，再选中“扣零至元”单选按钮，如图 5-8 所示。单击“下一步”按钮，打开下一界面。

6）人员编码信息提示。系统给出人员编码一致性的信息提示，如图 5-9 所示，单击“完成”按钮，关闭界面。

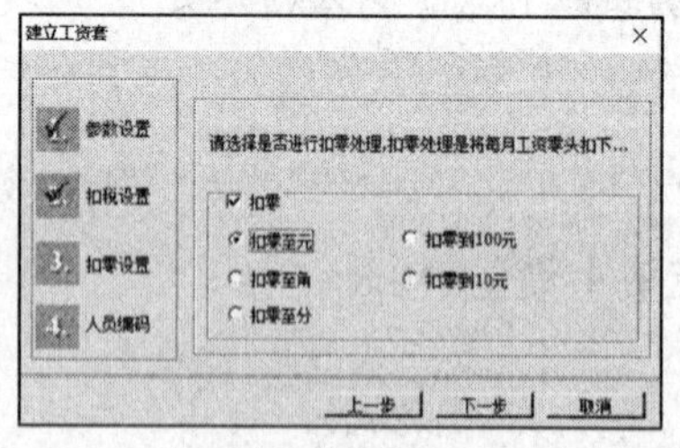

图 5-8　工资账套扣零设置

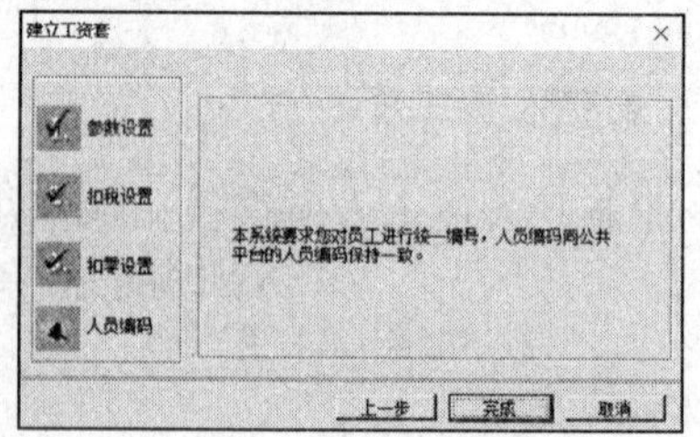

图 5-9　工资账套人员编码设置

【相关说明】选择代扣个人所得税后，系统将自动生成工资项目“代扣税”，并自动进行代扣税金的计算。选择扣零处理，系统在计算工资时将依据所选择的扣零类型将零头扣下，并在积累成整数时补上，扣零的计算公式将由系统自动定义，无须设置。建账完成后，部门建账参数可以在“设置”的“选项”中修改。

（二）人员附加信息设置

人员附加信息设置可增加人员信息、丰富人员档案的内容，便于对人员进行更加有效的管理。例如，增加人员的性别、学历、婚否等。

1）启动“人员附加信息设置”功能。执行“业务工作”—“人力资源”—“薪资管理”—“设置”—“人员附加信息设置”命令，打开“人员附加信息设置”窗口。

2）人员附加信息设置。单击“增加”按钮，在“栏目参照”下拉列表框中选择“性别”选项，如图5-10所示。

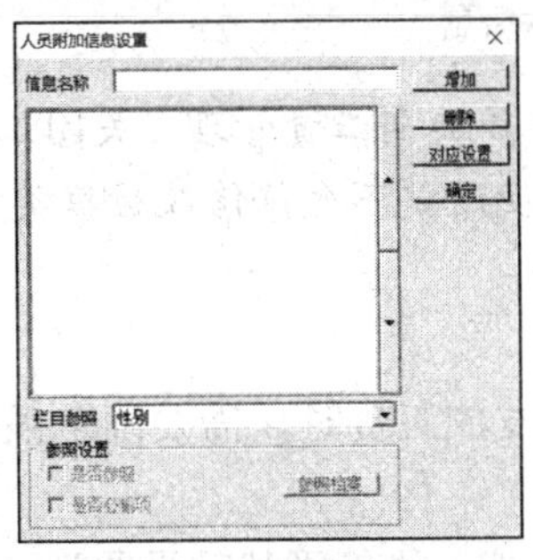

图5-10　人员附加信息

3）按照2）的方法，增加“学历”，单击“确定”按钮。

【相关说明】已使用过的人员附加信息可以修改，但不能删除。不能对人员的附加信息进行加工，如进行公式设置。

（三）工资项目设置

设置工资项目，即定义工资项目的名称、类型、宽度，可根据需要自由设置工资项目，如基本工资、岗位工资、交通补贴等。

1）启动“工资项目设置”功能。执行“业务工作”—“人力资源”—“设置”—“工资项目设置”命令，弹出“工资项目设置”对话框，如图5-11所示。

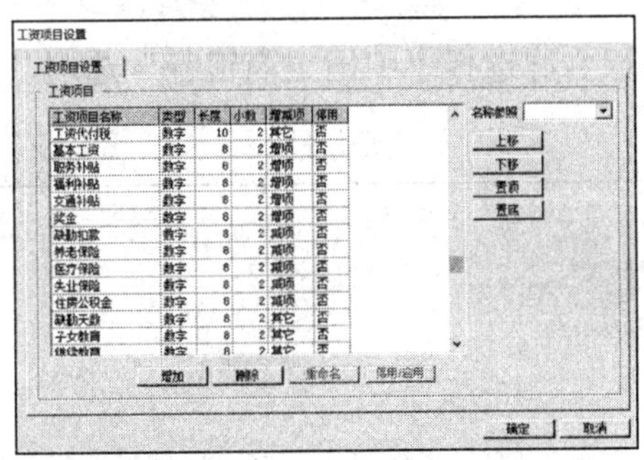

工资项目名称	类型	长度	小数	增减项	停用
工资代付税	数字	10	2	其它	否
基本工资	数字	8	2	增项	否
职务补贴	数字	8	2	增项	否
福利补贴	数字	8	2	增项	否
交通补贴	数字	8	2	增项	否
奖金	数字	8	2	增项	否
缺勤扣款	数字	8	2	减项	否
养老保险	数字	8	2	减项	否
医疗保险	数字	8	2	减项	否
失业保险	数字	8	2	减项	否
住房公积金	数字	8	2	减项	否
缺勤天数	数字	8	2	其它	否
子女教育	数字	8	2	其它	否

图5-11　“工资项目设置”对话框

2）工资项目设置。单击“增加”按钮，录入或在名称参照下拉列表中选择“基本工资”，类型为“数字”，小数位为“2”，增减项为“增项”。

3）按照 2）描述的方法，依次增加其他的工资项目。

4）保存工资项目设置。单击“确定”按钮，弹出“薪资管理”信息提示框，如图 5-12 所示，单击“确定”按钮退出。

图 5-12　薪资管理提示信息

工资项目说明

【特别注意】若在系统中设置多类别工资管理，关闭工资类别后才能新增工资项目。项目名称必须唯一，工资项目一旦使用就不允许修改数据类型。

（四）设置银行名称

当企业采用银行代发的方式发放工资时，需要确定银行的名称及账号的长度。发放工资的银行可按需要设置多个。

1）启动“银行档案”定义功能。执行“基础设置”－“基础档案”－“收付结算”－“银行档案”命令，打开“银行档案”窗口，如图 5-13 所示。

银行档案

序号	银行编码	银行名称	个人账…	个人账号长度	自动带出的
1	00001	中国光大银行	否	11	
2	00002	中国银行	否	11	
3	00003	交通银行	否	11	
4	00004	华夏银行	否	11	
5	00005	民生银行	否	11	
6	00006	兴业银行	否	11	
7	00007	上海浦东发展银行	否	11	
8	00008	中信实业银行	否	11	
9	00009	日本瑞穗实业银行	否	11	
10	00010	广东发展银行	否	11	
11	00011	北京银行	否	11	
12	00012	三菱东京日联银行	否	11	
13	00013	深圳发展银行	否	11	
14	01	中国工商银行	否	11	
15	02	招商银行	否	11	
16	03	中国建设银行	否	11	
17	04	中国农业银行	否	11	

图 5-13　银行档案

2）设置银行档案。银行名称选择“中国工商银行”选项，设置银行信息，如图 5-14 所示。

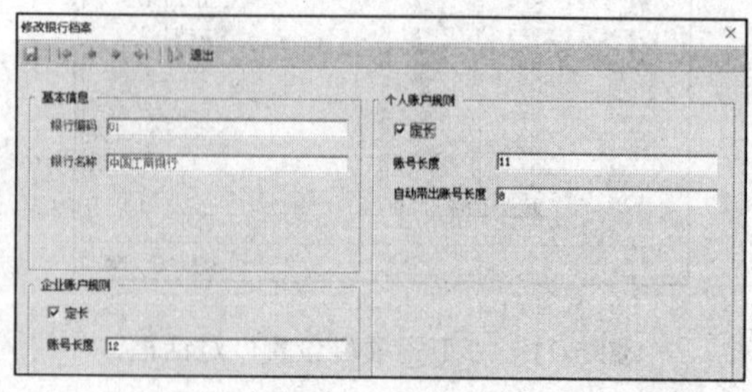

图 5-14　银行档案的修改与设置

3）单击“保存”按钮，退出。

【相关说明】如果系统自带的银行名称不满足要求，可以增加或修改银行名称。修改账号长度时，必须按 Enter 键确认。

（五）新建工资类别

工资类别是指一套工资账中，根据不同情况而设置的工资数据管理类别，如本企业设置为“在岗人员”和“兼职人员”两种类别。

1）启动“新建工资类别”功能。执行“业务工作”—“人力资源”—“薪资管理”—“工资类别”—“新建工资类别”命令，弹出“新建工资类别”对话框。

2）录入在岗人员工资类别名称。在“请输入工资类别名称”栏下输入“在岗人员”，如图 5-15 所示，单击“下一步”按钮。

3）选择部门。打开“新建工资类别—请选择部门”界面。单击“选定全部部门”按钮，如图 5-16 所示。单击“完成”按钮。

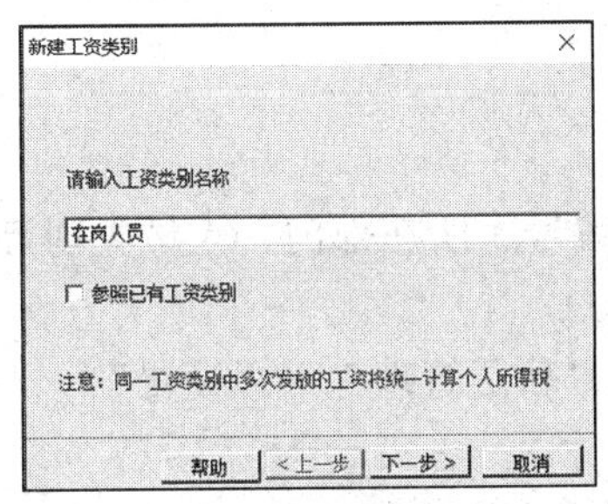

图 5-15　工资类别名称录入

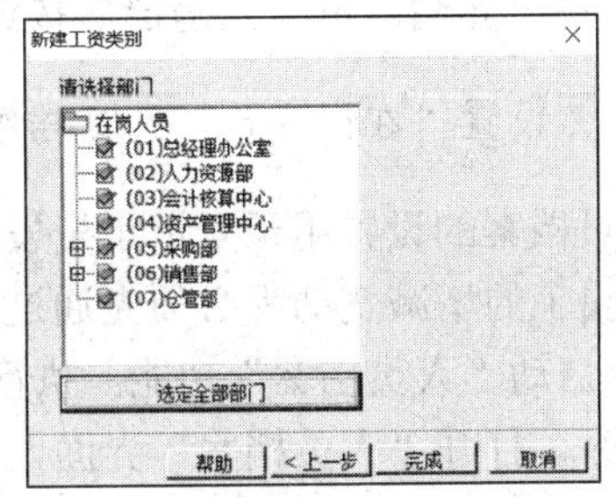

图 5-16　选择部门

4）保存“新建工资类别”设置。弹出“是否以 2020-01-01 为当前工资类别的启用日期”信息提示框，如图 5-17 所示，单击“是”按钮退出即可。

图 5-17　信息提示框

5）关闭工资类别。执行“工资类别”—“关闭工资类别”命令，关闭在岗人员工资类别。

6）按照 2）~5）的操作方法，建立“兼职人员”工资类别，单击“人力资源部”按钮。

【相关说明】必须在关闭工资类别的环境下新建工资类别，新建工资类别后，会自动打开工资类别；新建工资类别时，需要关闭已打开的工资类别。

（六）打开“在岗人员”工资类别

在基础设置中，工资项目设置是指本单位各种工资类别所需要的全部工资项目。由于工资类别不同，工资发放项目不尽相同，计算公式也不相同，在此应对某个指定工资类别所需的工资项目进行设置，并为此工资类别的工资项目设置计算公式。所以先打开某个工资类别，再进行工资项目设置。

1）启动“打开工资类别”功能。执行“人力资源”—“薪资管理”—“工资类别”—“打开工资类别”命令，打开“打开工资类别”窗口。

2）选择在岗人员工资类别。选中“在岗人员”工资类别，如图 5-18 所示。

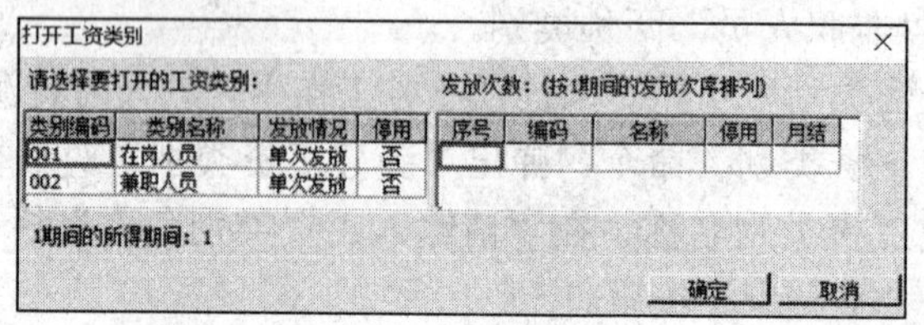

图 5-18　选中“在岗人员”工资类别

3）退出界面。单击“确定”按钮。

（七）设置“在岗人员”工资档案

人员档案的设置用于登记工资发放人员的姓名、编号、所在部门、人员类别等信息。此外，员工的增减变动都必须先通过本功能处理。

1）启动“人员档案”功能。执行“人力资源”—“薪资管理”—“设置”—“人员档案”命令，打开“人员档案”界面，如图 5-19 所示。

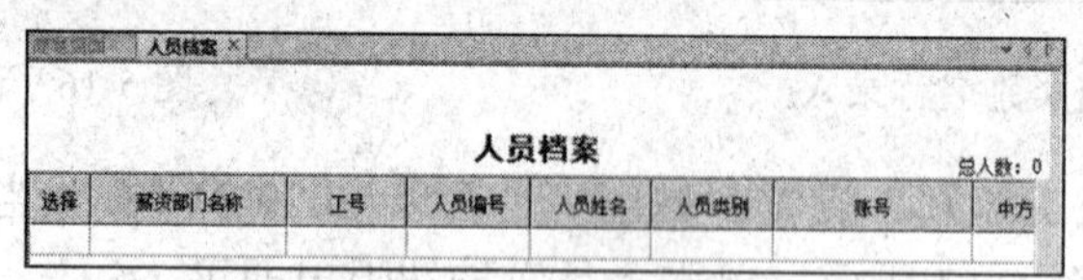

图 5-19　人员档案设置

2）单击“增加”按钮，弹出“人员档案明细”对话框。

3）人员基本信息设置。选择“基本信息”选项卡，在“人员姓名”下拉列表框中选择“严锦”选项，在“银行名称”下拉列表框中选择“中国工商银行”选项，在“银行账号”栏中录入“10011100101”，计算机会自动带出其他相关信息，如图 5-20 所示。

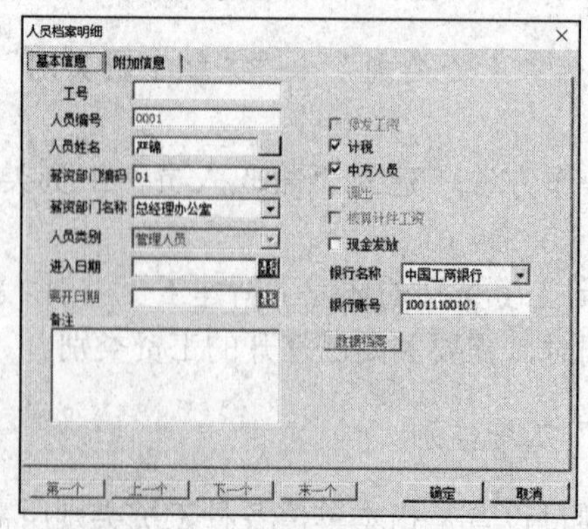

图 5-20　人员基本信息录入

4）继续设置人员附加信息。选择“附加信息”选项卡，在“性别”栏中录入“男”，在“学历”栏中录入“本科”，如图 5-21 所示。

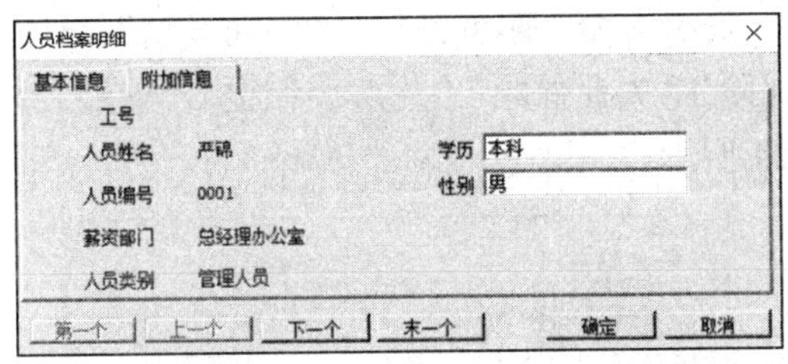

图 5-21 人员附加信息录入

5）保存人员档案信息设置，退出系统。单击“确定”按钮，返回。

6）按照 3）和 5）的方法，依次录入其他人员档案（人员编号 0002～0014）。录入完成后如图 5-22 所示，单击“退出”按钮，退出“人员档案”界面。

人员档案　　总人数：14

选择	薪资部门名称	工号	人员编号	人员姓名	人员类别	账号	中方人员	是否计税
	总经理办公室		0001	严锦	管理人员	10011100101	是	是
	人力资源部		0002	习致	管理人员	10011100102	是	是
	会计核算中心		0003	周密	管理人员	10011100103	是	是
	资产管理中心		0004	邹通	管理人员	10011100104	是	是
	商品采购部		0005	赖新	采购人员	10011100105	是	是
	商品采购部		0006	柯酷	采购人员	10011100106	是	是
	商品采购部		0007	金鑫	采购人员	10011100107	是	是
	办公品采购部		0008	靳力	采购人员	10011100108	是	是
	总部销售中心		0009	侯德	销售人员	10011100109	是	是
	华南办事处		0010	沈斯	销售人员	10011100110	是	是
	华北办事处		0011	闵星	销售人员	10011100111	是	是
	海外办事处		0012	陈欣	销售人员	10011100112	是	是
	仓管部		0013	程义	管理人员	10011100113	是	是
	仓管部		0014	薛曦	管理人员	10011100114	是	是

图 5-22 “人员档案”界面

人员档案设置说明

（八）设置“在岗人员”工资项目

这里只能选择工资账套设置中已设定好的工资项目，不能录入。

1）启动“工资项目设置”功能。执行“人力资源”－“设置”－“工资项目设置”命令，弹出“工资项目设置”对话框，如图 5-23 所示。

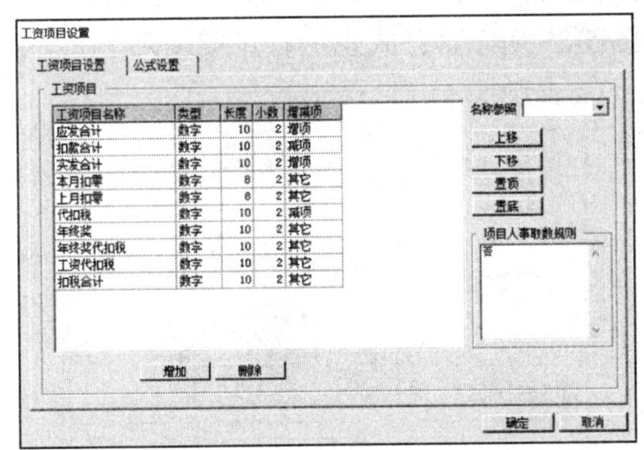

图 5-23 “工资项目设置”对话框

2）增加工资项目。单击“增加”按钮，在“名称参照”下拉列表框中选择“基本工资”选项。

3）按照 2）的方法，依次增加“职务补贴”“福利补贴”“交通补贴”“奖金”“缺勤扣款”“养老保险”“医疗保险”“失业保险”“住房公积金”“缺勤天数”“子女教育”“继续教育”工资项目，如图 5-24 所示。

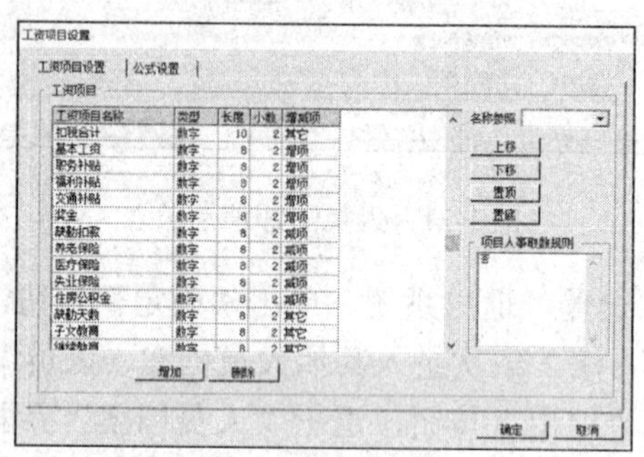

图 5-24　工资项目增加

4）保存“工资项目设置”，单击“确定”按钮，退出。

【相关说明】需要在打开相应工资类别状态下设置项目，工资项目不能重复选择。只有选择后的工资项目才能在公式中使用，没有选择的工资项目不允许在公式中出现。不能删除已输入数据的工资项目和已设置计算公式的工资项目。如果所需要的工资项目不存在，则要关闭本工资类别，然后新增工资项目，再打开此工资类别进行选择。可以通过单击“上移”按钮或“下移”按钮改变工资项目显示顺序。

（九）设置“在岗人员”工资计算公式

1）启动“公式项目设置”功能。执行“人力资源”－“设置”－“工资项目设置”命令，弹出“工资项目设置”对话框，单击“公式设置”选项卡。

2）增加交通补贴项目。单击“增加”按钮，在“工资项目”列表中选择“交通补贴”选项。

3）定义交通补贴公式。单击“交通补贴公式定义”区域，公式为“iff(人员类别=“管理人员”,200,iff(人员类别=“销售人员”,200,60))”，公式中的函数可通过“函数公式向导输入”功能引导完成。结果如图 5-25 所示，公式也可以直接录入。

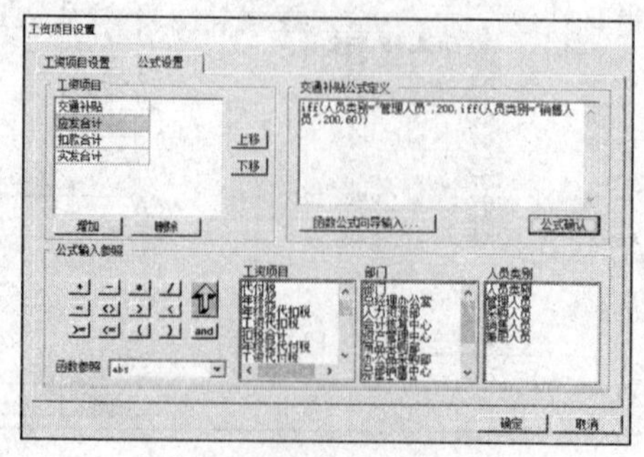

图 5-25　“交通补贴”公式设置

4）检查公式合法性。单击“公式确认”按钮，如果有错误，会弹出错误信息提示框，正确则不会有任何提示。

5）按照 2）～4）的操作方法，设置“缺勤扣款”的计算公式。单击“缺勤扣款公式定义”区域，在“工资项目”列表中选择“基本工资”选项，再单击“运算符”区域中的“/”按钮，在“缺勤扣款公式定义”域中继续录入“22”，单击“运算符”中的“*”按钮，再选择“工资项目”列表中的“缺勤天数”选项，如图 5-26 所示，公式也可以直接录入。

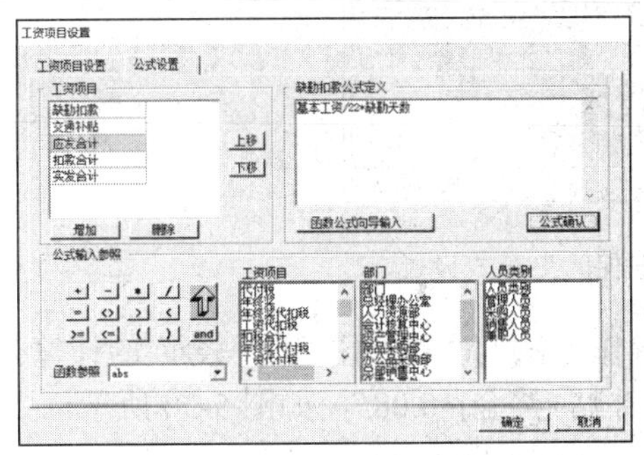

图 5-26　“缺勤扣款”公式设置

6）按照 2）～4）的操作方法，设置“养老保险”的计算公式，公式为“(基本工资+职务补贴+福利补贴+交通补贴+奖金)*0.08”，如图 5-27 所示。

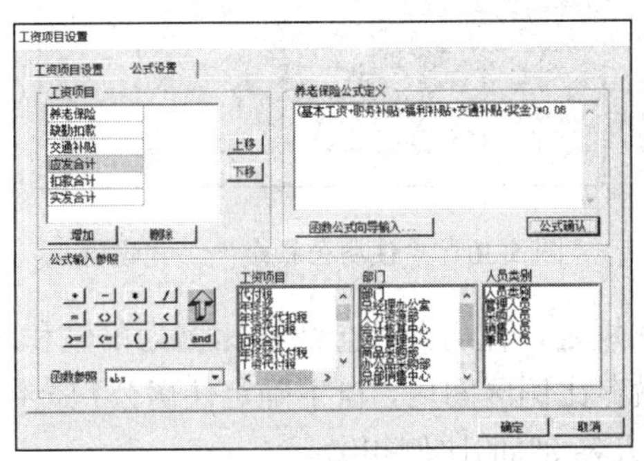

图 5-27　“养老保险”公式设置

7）按照 2）～4）的操作方法，设置“医疗保险”的计算公式，公式为“(基本工资+职务补贴+福利补贴+交通补贴+奖金)*0.02”，如图 5-28 所示。

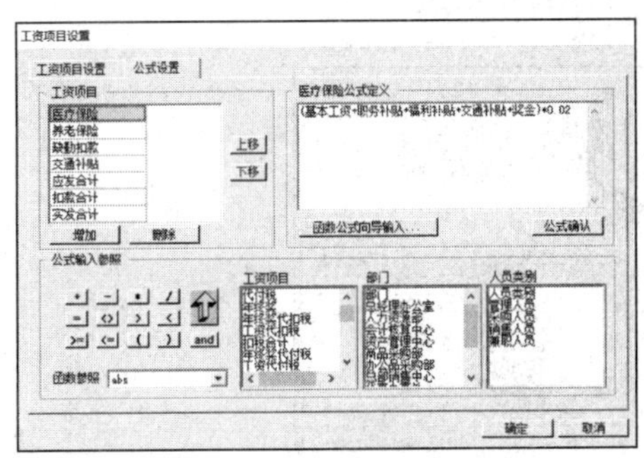

图 5-28　“医疗保险”公式设置

8）按照 2）～4）的操作方法，设置“失业保险”的计算公式，公式为“(基本工资+职务补贴+福利补贴+交通补贴+奖金)*0.005”，如图 5-29 所示。

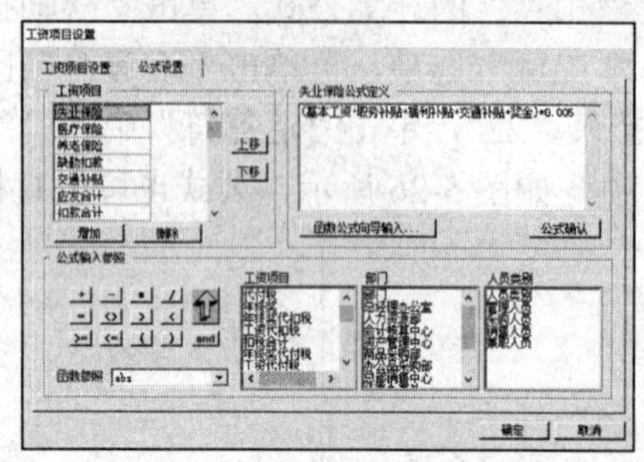

图 5-29 “失业保险”公式设置

企业社保缴纳比例说明

9）按照 2）～4）的操作方法，设置“住房公积金”的计算公式，公式为“(基本工资+职务补贴+福利补贴+交通补贴+奖金)*0.08”，如图 5-30 所示。

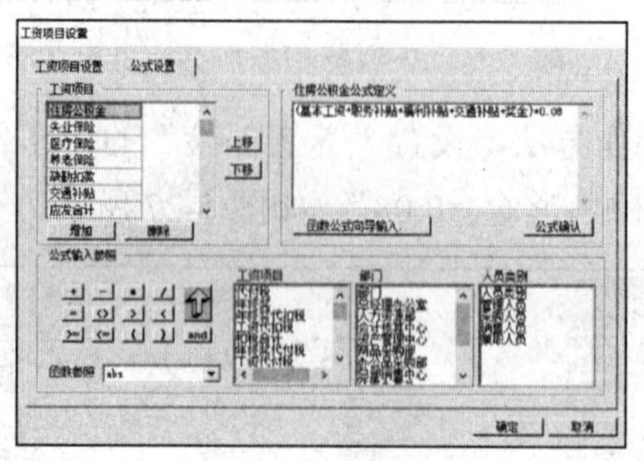

图 5-30 “住房公积金”公式设置

【相关说明】根据国家规定，住房公积金缴存比例为单位和职工个人各 5%～12%，缴存单位可在 5%～12%的缴存比例区间内，自主确定住房公积金缴存比例。本书中采用一般企业做法，按照单位及个人各 8%的比例扣缴。

10）按照 2）～4）的操作方法，设置“个人所得税扣除基数”的计算公式，公式为“基本工资+职务补贴+福利补贴+交通补贴+奖金-缺勤扣款-养老保险-医疗保险-失业保险-住房公积金-子女教育-继续教育-大病医疗-住房租金-住房贷款利息-老人赡养费”，如图 5-31 所示。

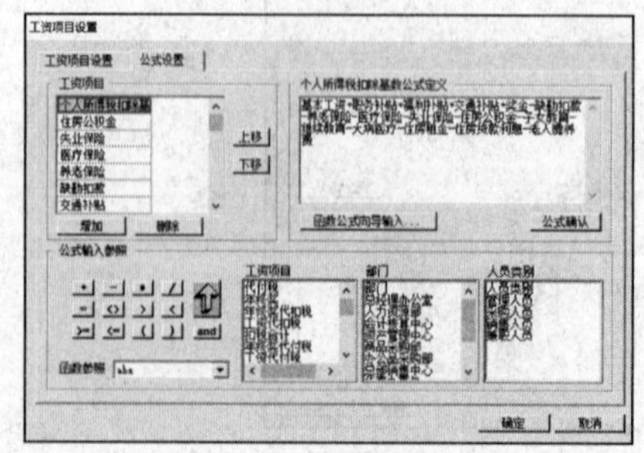

图 5-31 “个人所得税扣除基数”公式设置

个税计算公式设置说明

11）单击“确定”按钮，保存并关闭窗口。

（十）打开“兼职人员”工资类别

1）启动“打开工资类别”功能。执行“人力资源”—“薪资管理”—“工资类别”—“打开工资类别”命令，弹出“打开工资类别”对话框。

2）选择兼职人员工资类别。选中“兼职人员”工资类别，如图 5-32 所示。

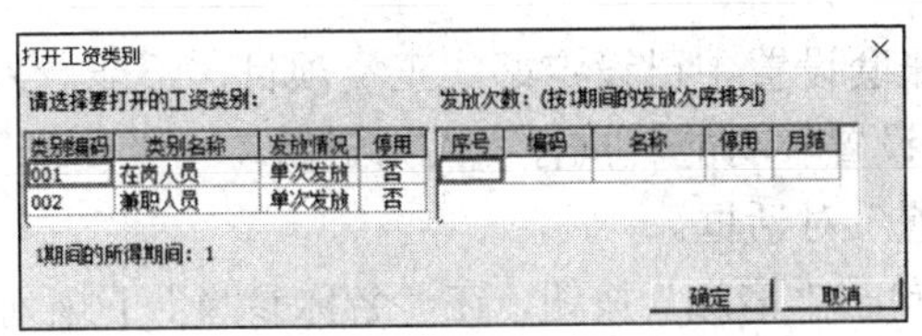

图 5-32 选中“兼职人员”工资类别

3）退出界面。单击“确定”按钮。

（十一）设置“兼职人员”工资档案

1）启动“人员档案”功能。执行“人力资源”—“薪资管理”—“设置”—“人员档案”命令，打开“人员档案”界面。

2）单击“增加”按钮，弹出“人员档案明细”对话框。

3）人员基本信息设置。选择“基本信息”选项卡，在“人员姓名”下拉列表框中选择“李玲”选项，在“银行名称”下拉列表框中选择“中国工商银行”选项，在“银行账号”栏中录入“10011100115”，计算机会自动带出其他相关信息，如图 5-33 所示。

4）继续人员附加信息设置。选择“附加信息”选项卡，在“性别”栏中录入“女”，在“学历”栏中录入“本科”，如图 5-34 所示。

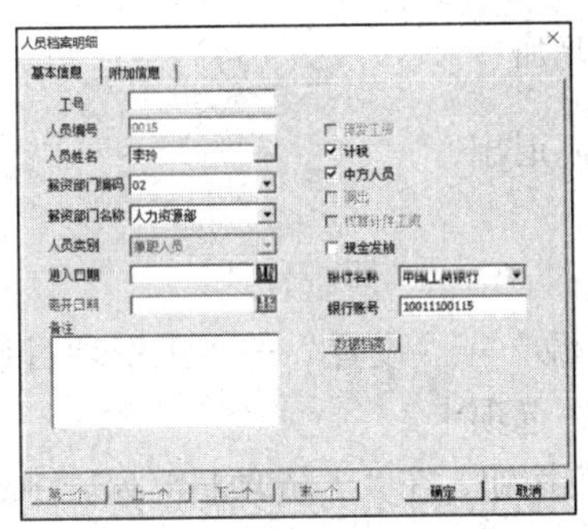

图 5-33 人员基本信息录入

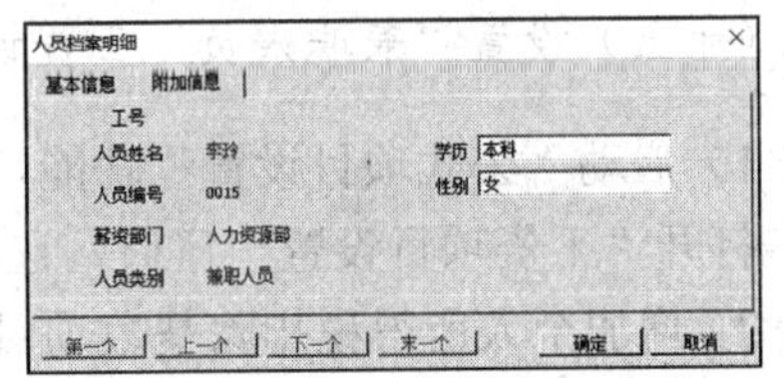

图 5-34 人员附加信息录入

5）保存人员档案信息设置，退出系统。单击“确定”按钮，返回。

6）按照 3）～5）的方法，录入其他人员档案（人员编号 0016）。录入完成后如图 5-35 所示，单击“退出”按钮，退出“人员档案”界面。

人员档案

总人数：2

选择	薪资部门名称	工号	人员编号	人员姓名	人员类别	账号	中方人员	是否计税
	人力资源部		0015	李玲	兼职人员	10011100115	是	是
	人力资源部		0016	王嘉	兼职人员	10011100116	是	是

图 5-35　人员档案信息

（十二）设置“兼职人员”工资项目

这里只能选择工资账套设置中已设定好的工资项目，不能录入。

1）启动“工资项目设置”功能。执行“人力资源”－“设置”－“工资项目设置”命令，弹出“工资项目设置”对话框。

2）增加工资项目。单击“增加”按钮，在“名称参照”下拉列表框中选择“基本工资”选项。

3）按照 2）的方法，依次增加“奖金”“个人所得税扣除基数”工资项目，如图 5-36 所示。

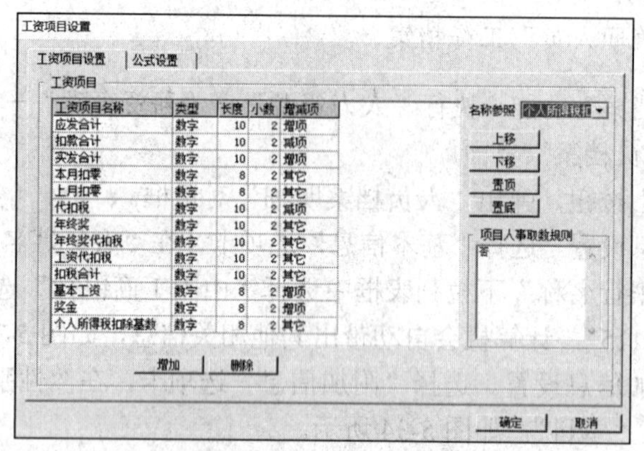

图 5-36　工资项目增加

4）保存“工资项目设置”，单击“确定”按钮，退出。

（十三）设置“兼职人员”工资计算公式

1）启动“公式项目设置”功能。执行“人力资源”－“设置”－“工资项目设置”命令，打开“工资项目设置”窗口，选择“公式设置”选项卡。

2）增加个人所得税扣除基数项目。单击“增加”按钮，在“工资项目”列表中选择“个人所得税扣除基数”选项。

3）定义个人所得税扣除基数公式。单击“个人所得税扣除基数公式定义”区域，公式为“(基本工资+奖金)*0.8”，结果如图 5-37 所示。

4）单击“确定”按钮，保存并关闭窗口。

（十四）账套备份

将账套输出至“5-2 薪资管理系统初始设置”文件夹，压缩后保存到 U 盘。

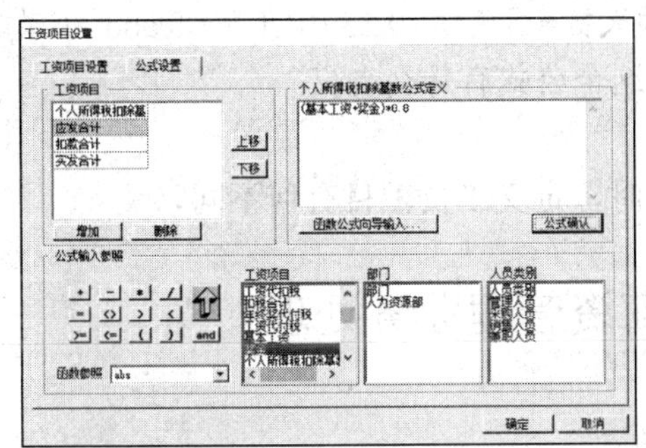

图 5-37　“个人所得税扣除基数”公式设置

新个税工资薪金说明

八、疑难解答

1）公司现在有管理人员、开发人员、采购销售人员等 3 种人员，那么是否应该设置 3 个工资类别呢？

不一定。首先应该区分“人员类别”和“工资类别”两个概念。设置“人员类别”是为了便于按不同人员进行工资的汇总计算，而“工资类别”则是针对企业按不同工资项目来核算而设定的。也就是说，如果这 3 种人员所发的工资项目是一样的，那就只选择“单个”工资类别；如果这 3 种人员的工资项目不一样，就应该选择“多个”工资类别。

2）现在打开了工资类别，想新建一个工资类别，为什么操作不了？

若想新建工资类别，必须关闭当前打开的工资类别，才能进行新建工作。

3）已新建好工资账套，但现在发现有些参数在新建时被误选，应该如何修改呢？

执行“设置”－“选项”命令，单击“编辑”按钮即可对各种参数进行修改。注意：只有主管人员才可修改工资参数。

4）在公式设置中，已按本书相关公式输入完毕，单击“公式确认”按钮，为什么总是提示“公式输入错误”？

使用用友系统输入公式时，除了汉字以外的其他字符默认在英文状态下输入，所以请注意字符的录入应切换至英文状态。或者采用公式向导输入，则不会出现上述问题。

5）为什么不能进入公式录入界面？

录入公式前，需要定义人员档案，如果人员档案为空，将无法进入公式录入界面。

九、实训报告

项目五任务二　实训报告

问题思考

1）首次使用薪资管理系统需要准备哪些资料和数据？

2）病假扣款公式为 iff(工龄>=8,病假天数*日工资*0.25,iff(工龄<8 and 工龄>=5,病假天数*日工资*0.4,病假天数*日工资*0.5))。这个公式有什么含义？

3）薪资管理系统的操作流程如何？

4）在关闭工资类别和打开工资类别时，定义工资项目有何不同？

任务三　薪资管理业务处理

一、任务描述

本任务主要训练学生掌握工资变动设置、扣缴个人所得税、工资分摊、工资月末处理以及工资报表查询和分析的方法。

二、实训任务

1）工资变动设置。

2）扣缴个人所得税。

3）工资分摊。

4）工资月末处理。

5）工资报表查询管理。

6）工资报表分析。

三、任务目标

1）能够熟练完成工资日常业务处理、掌握月末处理方法。

2）能够对系统生成的工资报表进行管理分析。

3）理解薪资管理系统与其他系统的数据传递内容与方式。

四、准备工作

1）更改计算机时间为“2020 年 1 月 31 日”。

2）引入“5-2 薪资管理系统初始设置”文件夹下的备份账套。

五、任务引例

（一）个人所得税计算标准

个人所得税计算标准见表 5-3。

表 5-3　个人所得税税率表

全年应纳税额	税率/%	速算扣除数/元
不超过 36 000 元	3	0
超过 36 000 元至 144 000 元	10	2 520
超过 144 000 元至 300 000 元	20	16 920
超过 300 000 元至 420 000 元	25	31 920

续表

全年应纳税额	税率/%	速算扣除数/元
超过 420 000 元至 660 000 元	30	52 920
超过 660 000 元至 960 000 元	35	85 920
超过 960 000 元	45	181 920

（二）2020 年 1 月工资数据

2020 年 1 月工资数据如表 5-4 所示。

表 5-4 2020 年 1 月工资数据

职员编号	人员姓名	基本工资/元	职务补贴/元	福利补贴/元	奖金/元	缺勤天数/天	子女教育/元	继续教育/元	大病医疗/元	住房租金/元	老人赡养费/元
0001	严锦	3 500	5 000	2 300	1 200		1 000	400		1 000	1 000
0002	习致	3 400	4 800	2 300	1 200		1 000	400		1 500	1 000
0003	周密	3 300	4 800	2 300	1 200		1 000			1 500	2 000
0004	邹道	3 300	4 800	2 200	1 000		1 000			1 500	1 000
0005	赖新	3 300	4 200	2 200	1 000		1 000			1 500	1 000
0006	柯酷	3 200	4 300	2 200	1 000	3	1 000			1 500	2 000
0007	金鑫	3 200	4 500	2 200	1 000		1 000	400		1 500	1 000
0008	靳力	3 200	4 500	2 100	1 000	5	1 000		2 000	1 500	1 000
0009	侯德	3 100	4 300	2 100	1 000		1 000			1 500	2 000
0010	沈斯	3 100	4 300	2 000	800		1 000			1 500	1 000
0011	闵星	3 100	3 900	2 000	800		1 000	400		1 500	1 000
0012	陈欣	3 100	3 700	2 000	800		1 000			1 500	2 000
0013	程义	3 100	3 600	2 000	800		1 000			1 500	1 000
0014	薛曦	3 000	3 800	2 000	800		1 000	400		1 500	1 000
0015	李玲	2 000			4 000						
0016	王嘉	2 000			5 000						

（三）在岗人员工资分摊的类型及计提标准

工资分摊的类型为“应付工资”“工会经费”“职工教育经费”，分别按工资总额的 2%、8%计提工会经费和职工教育经费。分摊设置如表 5-5～表 5-7 所示，完成分摊定义并生成凭证。

表 5-5 “应付工资”分摊构成设置

部门名称	人员类别	项目	借方科目	贷方科目
总经理办公室、人力资源部、会计核算中心、资产管理中心、采购部、仓管部	管理人员 采购人员	应发合计	管理费用——工资（660205）	应付工资（221101）
销售部	销售人员	应发合计	销售费用——工资（660107）	

表 5-6　“工会经费”分摊构成设置

部门名称	人员类别	项目	借方科目	贷方科目
总经理办公室、人力资源部、会计核算中心、资产管理中心、采购部、仓管部	管理人员 采购人员	应发合计	管理费用——工会经费（660206）	工会经费（221102）
销售部	销售人员	应发合计	销售费用——工会经费（660108）	工会经费（221102）

表 5-7　“职工教育经费”分摊构成设置

部门名称	人员类别	项目	借方科目	贷方科目
总经理办公室、人力资源部、会计核算中心、资产管理中心、采购部、仓管部	管理人员 采购人员	应发合计	管理费用——职工教育经费（660207）	职工教育经费（221103）
销售部	销售人员	应发合计	销售费用——职工教育经费（660109）	职工教育经费（221103）

六、教学关注

在本任务实训中，学生经常会发现做到最后得出的实训数据和课本上的不一致，重新检查数遍都找不到原因。当发生错误时，学生会重点检查数据，认为数据没错就应该没有问题。其实不然，在薪资管理系统中人员的档案信息也至关重要。例如，张三本是销售人员，在录入时误录为管理人员，那么在进行工资分摊时，就会造成管理费用及销售费用的差异错误。因此，教师在讲解的过程中应特别注意提醒学生注意。学生在做实训的过程中，也应该理解信息之间的逻辑关系。

七、过程指导

（一）打开在岗人员工资类别

要对某类人员进行具体操作，必须先打开该类工资类别。

1）以“01 操作员”的身份登录企业应用平台。

2）启动“打开工资类别”功能。执行“薪资管理”－“工资类别”－“打开工资类别”命令，弹出“打开工资类别”对话框。

3）打开“在岗人员”工资类别。选中“在岗人员”，如图 5-38 所示，单击“确定”按钮。

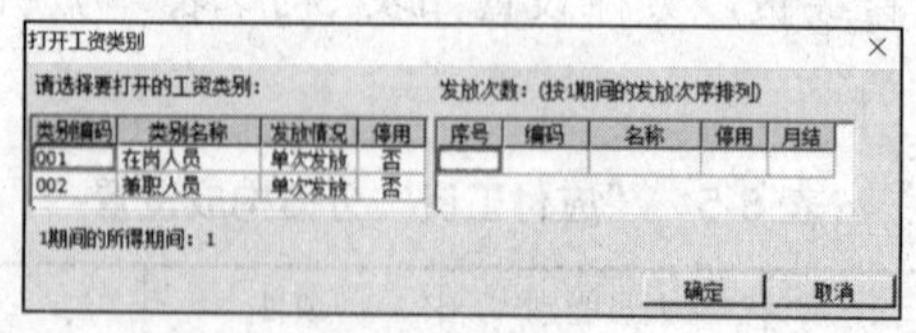

图 5-38　工资类别界面

（二）修改个人收入所得税的计提基数

许多企事业单位计算职工工资薪金所得税时工作量较大，本系统提供个人所得税自动计算功能，用户只需自定义扣除基数及所得税税率，系统将自动计算个人所得税。

1）启动“选项”功能。执行“人力资源”—“薪资管理”—“设置”—“选项”命令，打开“选项”界面，如图 5-39 所示。

2）打开“扣税设置”界面。单击“编辑”按钮，选择“扣税设置”选项卡，选择“个人所得税扣除基数”，如图 5-40 所示。

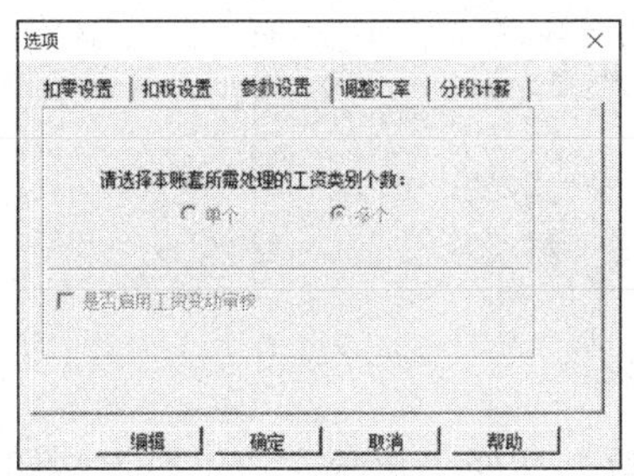

图 5-39　选项设置

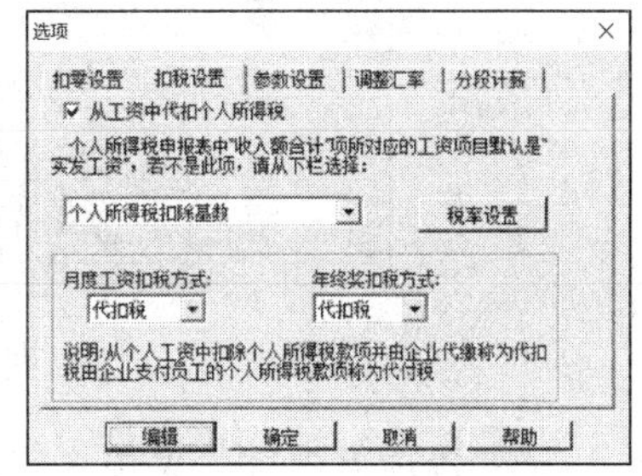

图 5-40　选项扣税设置

3）弹出“个人所得税申请表——税率表”对话框。单击“税率设置”按钮，打开“个人所得税申请表——税率表”对话框。

4）修改所得税的计提基数。在“基数”栏录入“5 000”，按任务引例数据调整计算公式，结果如图 5-41 所示。

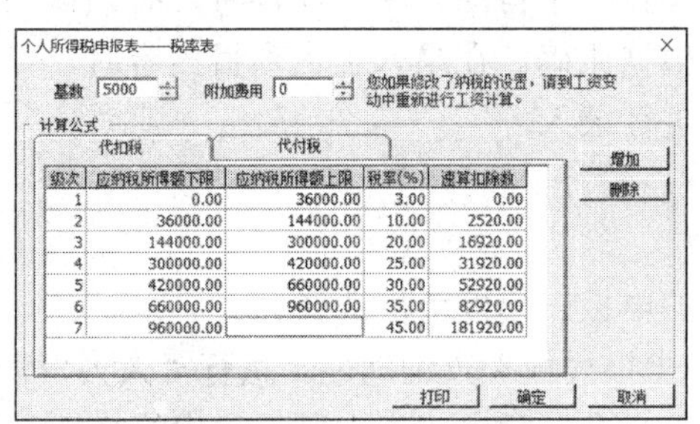

级次	应纳税所得额下限	应纳税所得额上限	税率(%)	速算扣除数
1	0.00	36000.00	3.00	0.00
2	36000.00	144000.00	10.00	2520.00
3	144000.00	300000.00	20.00	16920.00
4	300000.00	420000.00	25.00	31920.00
5	420000.00	660000.00	30.00	52920.00
6	660000.00	960000.00	35.00	82920.00
7	960000.00		45.00	181920.00

图 5-41　修改个人所得税税率表

5）单击“确定”按钮，保存计提基数设置。

6）退出修改参数，单击“取消”按钮退出。

【相关说明】如果单位的扣除费用及税率与国家规定的不一致，可以在个人所得税扣缴申报表中单击“税率”按钮进行修改。在“工资变动”中，系统默认以“实发合计”作为扣税基数，所以在执行完个人所得税计算后，需要到“工资变动”中通过“计算”和“汇总”功能，以保证“代扣税”这个工资项目正确地反映单位实际代扣个人所得税的金额。在实际工作中，建议增加“个人所得税扣除基数”合计项目，将需要计入扣税范围的项目以及税前扣除项目全部累计到此合计项目中，这样能更准确地核算扣税基数。

（三）录入并计算 1 月的工资数据

“工资变动”功能用于日常工资数据的调整变动及工资项目增减等。平常病事假扣发、奖金录入等，可直接在列表中录入或修改数据。

1）启动“工资变动”功能。执行“人力资源”—“薪资管理”—“业务处理”—“工资变动”命令，打开“工资变动”界面。

2）录入工资项目内容。根据资料录入工资项目内容，如图 5-42 所示。

工资变动

过滤器 所有项目 □ 定位器

选择	人员编号	姓名	部门	人员类别	基本工资	职务补贴	福利补贴	奖金	缺勤天数	子女教育	继续教育	大病医疗	住房租金	老人赡养
	0001	严锦	总经理办公室	管理人员	3,500.00	5,000.00	2,300.00	1,200.00		1,000.00	400.00		1,500.00	1,000.
	0002	习歆	人力资源部	管理人员	3,400.00	4,800.00	2,300.00	1,200.00		1,000.00	400.00		1,500.00	1,000.
	0003	周密	会计核算中心	管理人员	3,300.00	4,800.00	2,300.00	1,200.00		1,000.00			1,500.00	2,000.
	0004	邹涵	资产管理中心	管理人员	3,300.00	4,800.00	2,200.00	1,000.00		1,000.00			1,500.00	1,000.
	0005	赖新	商品采购部	管理人员	3,300.00	4,200.00	2,200.00	1,000.00		1,000.00			1,500.00	1,000.
	0006	柯皓	商品采购部	采购人员	3,200.00	4,300.00	2,200.00	1,000.00	3.00	1,000.00			1,500.00	2,000.
	0007	金鑫	商品采购部	采购人员	3,200.00	4,500.00	2,200.00	1,000.00		1,000.00	400.00		1,500.00	1,000.
	0008	靳力	办公品采购部	采购人员	3,200.00	4,500.00	2,100.00	1,000.00	5.00	1,000.00		2,000.00	1,500.00	1,000.
	0009	侯捷	总部销售中心	销售人员	3,100.00	4,300.00	2,100.00	1,000.00		1,000.00			1,500.00	2,000.
	0010	沈斯	华南办事处	销售人员	3,100.00	4,300.00	2,000.00	800.00		1,000.00			1,500.00	1,000.
	0011	闵璧	华北办事处	销售人员	3,100.00	3,900.00	2,000.00	800.00		1,000.00	400.00		1,500.00	1,000.
	0012	陈欣	海外办事处	销售人员	3,100.00	3,700.00	2,000.00	800.00		1,000.00			1,500.00	2,000.
	0013	程义	仓管部	管理人员	3,100.00	3,600.00	2,000.00	800.00		1,000.00			1,500.00	1,000.
	0014	薛曦	仓管部	管理人员	3,000.00	3,800.00	2,000.00	800.00		1,000.00	400.00		1,500.00	1,000.
合计					44,900.00	60,500.00	29,900.00	13,600.00	8.00	14,000.00	[illegible],000.00	2,000.00	21,000.00	18,000.

图 5-42　工资变动表

3）计算工资项目内容。先单击工具栏上的“计算”按钮，再单击“汇总”按钮。

4）单击窗口上的“关闭”按钮，退出当前界面。

【相关说明】第一次使用薪资管理系统必须将所有人员的基本工资数据录入系统。工资数据可以在录入人员档案时直接录入，需要计算的内容在此功能中进行计算。也可以在“工资变动”功能中录入，当工资数据发生变动时应在此录入。如果工资数据变动具有规律性，可以使用替换功能进行成批数据替换。在修改了某些数据、重新设置了计算公式、进行了数据替换或在个人所得税中执行了自动扣税等操作时，必须调用计算和汇总功能对个人工资数据重新计算，以保证数据正确。在录入工资项目内容时，可以单击过滤器的下拉框，过滤要录入的项目内容再进行录入。

（四）扣缴所得税

系统预置了多个地区的申报表模板可供选择。

1）启动“个人所得税申报模板”查询功能。执行“人力资源”－“薪资管理”－“业务处理”－“扣缴所得税”命令，弹出“个人所得税申报模板”对话框。

2）查看个人扣缴所得税。选中“扣缴个人所得税报表”项目，如图 5-43 所示。单击“打开”按钮，打开“所得税申报”窗口，如图 5-44 所示。

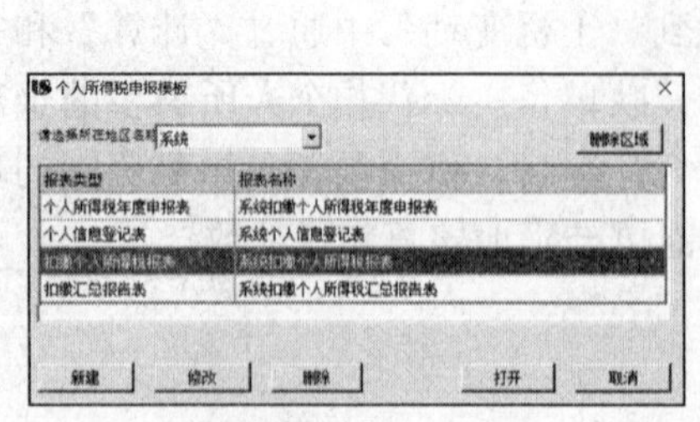

报表类型	报表名称
个人所得税年度申报表	系统扣缴个人所得税年度申报表
个人信息登记表	系统个人信息登记表
扣缴个人所得税报表	系统扣缴个人所得税报表
扣缴汇总报告表	系统扣缴个人所得税汇总报告表

图 5-43　“个人所得税申报模板”界面

系统扣缴个人所得税报表

2020年1月 -- 2020年1月

总人数：14

序号	纳税义务…	身份证照…	所得期间	收入额	费用扣除…	应纳税所…	税率	应扣税额	已扣税额	备注
1	严锦	身份证	1	12200.00	5000.00	1043.00	3	31.29	31.29	
2	习歆	身份证	1	11900.00	5000.00	798.50	3	23.96	23.96	
3	周密	身份证	1	11800.00	5000.00	117.00	3	3.51	3.51	
4	邹涵	身份证	1	11500.00	5000.00	872.50	3	26.18	26.18	
5	赖新	身份证	1	10760.00	5000.00	269.40	3	8.08	8.08	
6	柯皓	身份证	1	10760.00	5000.00	0.00	0	0.00	0.00	
7	金鑫	身份证	1	10960.00	5000.00	32.40	3	0.97	0.97	
8	靳力	身份证	1	10860.00	5000.00	0.00	0	0.00	0.00	
9	侯捷	身份证	1	10700.00	5000.00	0.00	0	0.00	0.00	
10	沈斯	身份证	1	10400.00	5000.00	0.00	0	0.00	0.00	
11	闵璧	身份证	1	10000.00	5000.00	0.00	0	0.00	0.00	
12	陈欣	身份证	1	9800.00	5000.00	0.00	0	0.00	0.00	
13	程义	身份证	1	9700.00	5000.00	0.00	0	0.00	0.00	
14	薛曦	身份证	1	9800.00	5000.00	0.00	0	0.00	0.00	
合计				151140.00	70000.00	3132.80		93.99	93.99	

图 5-44　“所得税申报”窗口

【相关说明】可以对“个人所得税扣缴申报表”中的“基数”和“税率”进行调整，但调整后必须重新计算个人所得税，否则个人所得税数据将发生错误。

（五）查询在岗人员银行代发一览表

目前，许多单位发放工资时采用工资银行卡方式。这种做法既减轻了财务部门发放工资工作的繁重，又提高了对员工个人工资的保密程度。

1）启动“银行代发一览表”功能。执行“人力资源”－“薪资管理”－“业务处理”－“银行代发”命令，在“部门选择范围”窗口单击“确定”按钮，打开“银行代发一览表”界面，如图5-45所示，并自动弹出“银行文件格式”设置窗口。

银行代发一览表

名称：中国工商银行　　人数：14

单位编号	人员编号	账号	金额
1234934325	0001	10011100101	9910.00
1234934325	0002	10011100102	9670.00
1234934325	0003	10011100103	9610.00
1234934325	0004	10011100104	9340.00
1234934325	0005	10011100105	8760.00
1234934325	0006	10011100106	8330.00
1234934325	0007	10011100107	8930.00
1234934325	0008	10011100108	8120.00
1234934325	0009	10011100109	8720.00
1234934325	0010	10011100110	8470.00
1234934325	0011	10011100111	8150.00
1234934325	0012	10011100112	7980.00
1234934325	0013	10011100113	7900.00
1234934325	0014	10011100114	7980.00
合计			121,870.00

图5-45　银行代发一览表

2）设置银行的文件格式。选择“中国工商银行”格式，单击“确定”按钮，弹出“确认设置的银行文件格式？”信息提示框，单击“是”按钮。

3）单击“退出”按钮退出，结束查询。

【相关说明】银行文件格式可以进行设置，并且可以分别以TXT、DAT及DBF文件格式输出。

（六）在岗人员工资分摊设置

发放完工资，还需要对工资费用进行工资总额的计算、分摊及各种经费的计提，并编制转账凭证，供登账处理之用。首次使用工资分摊功能，应先进行工资总额和计提基数的设置。具体操作如下。

1）启动“工资分摊”功能。执行“人力资源”－“薪资管理”－“业务处理”－“工资分摊”命令，弹出“工资分摊”对话框。

2）对工资进行计提比例设置。单击“工资分摊设置”按钮，弹出“分摊类型设置”对话框；再单击“增加”按钮，弹出“分摊计提比例设置”对话框，在“计提类型名称”栏中录入“应付工资”，在“分摊计提比例”栏中录入“100%”，如图5-46所示。

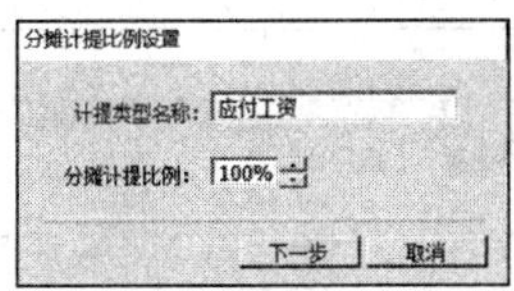

图5-46　工资分摊计提比例设置

3）工资的分摊构成设置。单击“下一步”按钮，打开“分摊构成设置”界面，分别选择分摊构成的各个项目内容，如图 5-47 所示。

分摊构成设置

部门名称	人员类别	工资项目	借方科目	贷方科目	贷方项
总经理办公室,人力资源部,会计核算中心,资产管理中心,仓管部	管理人员	应发合计	660205	221101	
商品采购部,办公品采购部	采购人员	应发合计	660205	221101	
总部销售中心,华南办事处,华北办事处,海外办事处	销售人员	应发合计	660107	221101	

图 5-47　工资分摊构成设置

4）保存设置。单击“完成”按钮，返回“分摊类型设置”对话框。

5）工会经费的计提设置。单击“增加”按钮，在“计提类型名称”栏中录入“工会经费”，在“分摊计提比例”栏中录入“2%”，如图 5-48 所示。

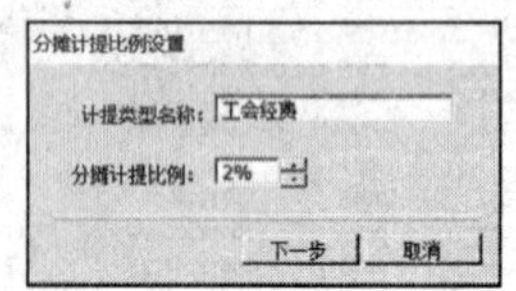

图 5-48　工会经费分摊计提比例设置

6）应付工会经费的分摊设置。单击“下一步”按钮，打开“分摊构成设置”界面，分别选择相关项目内容，如图 5-49 所示。

分摊构成设置

部门名称	人员类别	工资项目	借方科目	贷方科目	贷方项
总经理办公室,人力资源部,会计核算中心,资产管理中心,仓管部	管理人员	应发合计	660206	221102	
商品采购部,办公品采购部	采购人员	应发合计	660206	221102	
总部销售中心,华南办事处,华北办事处,海外办事处	销售人员	应发合计	660108	221102	

图 5-49　工会经费分摊构成设置

7）应付职工教育经费的计提设置。单击“增加”按钮，在“计提类型名称”栏中录入“职工教育经费”，在“分摊计提比例”栏中录入“8%”，见图 5-50。

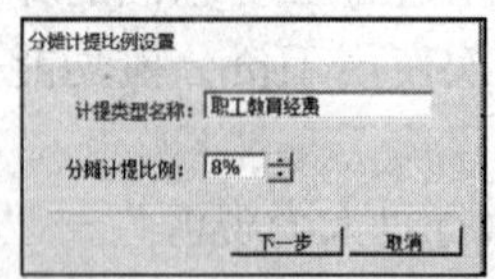

图 5-50　职工教育经费分摊计提比例设置

8）应付职工教育经费的分摊设置。单击“下一步”按钮，打开“分摊构成设置”界面，分别选择相关项目内容，如图 5-51 所示。

分摊构成设置

部门名称	人员类别	工资项目	借方科目	贷方科目	贷方项
总经理办公室,人力资源部,会计核算中心,资产管理中心,仓管部	管理人员	应发合计	660207	221103	
商品采购部,办公品采购部	采购人员	应发合计	660207	221103	
总部销售中心,华南办事处,华北办事处,海外办事处	销售人员	应发合计	660109	221103	

图 5-51　职工教育经费分摊构成设置

9）单击“完成”按钮保存设置，再单击“返回”“取消”按钮，关闭界面。

（七）工资分摊并生成转账凭证

“工资分摊”设置好后，即可生成自动转账凭证，具体操作如下。

1）启动“工资分摊”功能。执行“人力资源”－“薪资管理”－“业务处理”－“工资分摊”命令，弹出“工资分摊”对话框。

2）选中分摊的相关信息。选中“应付工资”“工会经费”“职工教育经费”复选框，选中“分配到部门”，并选中“明细到工资项目”复选框，如图5-52所示。

3）打开工资一览表。单击“确定”按钮，进入“应付工资一览表”界面，选中“合并科目相同、辅助项相同的分录”复选框，选择“应付工资”类型，如图5-53所示。

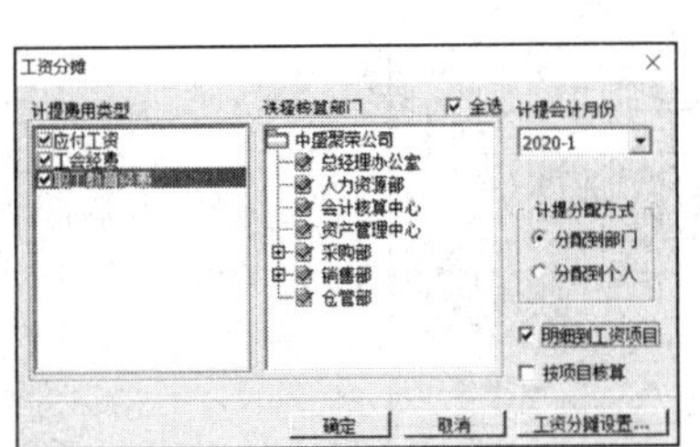

图5-52 工资分摊

应付工资一览表

☑ 合并科目相同、辅助项相同的分录

类型 应付工资　　计提会计月份 1月

部门名称	人员类别	应发合计		
		分配金额	借方科目	贷方科目
总经理办公室	管理人员	12200.00	660205	221101
人力资源部		11900.00	660205	221101
会计核算中心		11800.00	660205	221101
资产管理中心		11500.00	660205	221101
商品采购部	采购人员	32480.00	660205	221101
办公品采购部		10860.00	660205	221101
总部销售中心	销售人员	10700.00	660107	221101
华南办事处		10400.00	660107	221101
华北办事处		10000.00	660107	221101
海外办事处		9800.00	660107	221101
仓管部	管理人员	19500.00	660205	221101

图5-53 应付工资一览表

4）生成转账凭证。单击工具栏上的“制单”按钮，打开“填制凭证”界面，选择凭证类别“转账凭证”，并单击“保存”按钮，结果如图5-54所示。

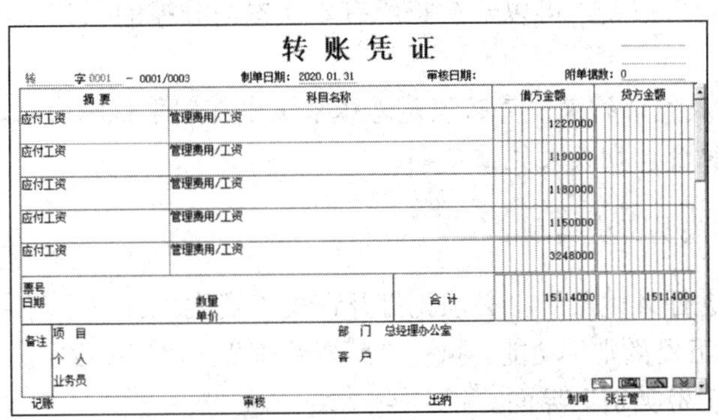

转 账 凭 证

转 字 0001 － 0001/0003　制单日期：2020.01.31　审核日期：　附单据数：0

摘要	科目名称	借方金额	贷方金额
应付工资	管理费用/工资	1220000	
应付工资	管理费用/工资	1190000	
应付工资	管理费用/工资	1180000	
应付工资	管理费用/工资	1150000	
应付工资	管理费用/工资	3248000	
票号 日期　数量 单价	合计	15114000	15114000

备注　项目　部门 总经理办公室　个人　客户　业务员

记账　审核　出纳　制单 张主管

图5-54 应付工资转账凭证

5）按照2）～4）的方法，选择“工会经费”类型，生成“工会经费”转账凭证，如图5-55所示。

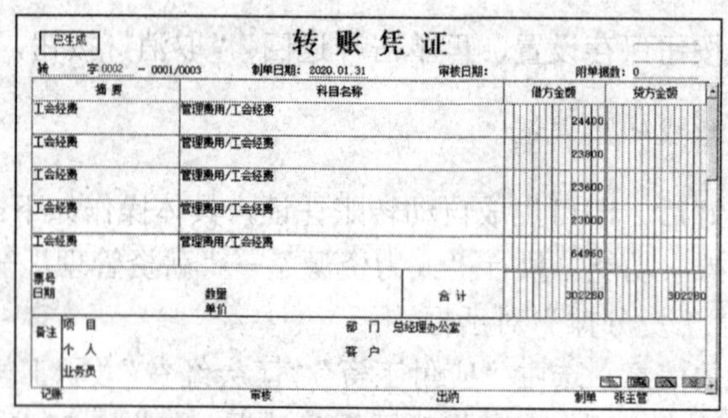

已生成

转 账 凭 证

转 字 0002 － 0001/0003　　制单日期：2020.01.31　　审核日期：　　附单据数：0

摘要	科目名称	借方金额	贷方金额
工会经费	管理费用/工会经费	24400	
工会经费	管理费用/工会经费	23800	
工会经费	管理费用/工会经费	23600	
工会经费	管理费用/工会经费	23000	
工会经费	管理费用/工会经费	64960	
票号 日期　数量 单价	合计	302280	302280

备注　项目　　部门 总经理办公室
个人　　客户
业务员

记账　审核　出纳　制单 张主管

图 5-55　工会经费转账凭证

6）按照 2）～4）的方法，选择“职工教育经费”类型，生成“职工教育经费”转账凭证，如图 5-56 所示。

已生成

转 账 凭 证

转 字 0003 － 0001/0003　　制单日期：2020.01.31　　审核日期：　　附单据数：0

摘要	科目名称	借方金额	贷方金额
职工教育经费	管理费用/职工教育经费	97800	
职工教育经费	管理费用/职工教育经费	95200	
职工教育经费	管理费用/职工教育经费	94400	
职工教育经费	管理费用/职工教育经费	92000	
职工教育经费	管理费用/职工教育经费	259840	
票号 日期　数量 单价	合计	1209120	1209120

备注　项目　　部门 总经理办公室
个人　　客户
业务员

记账　审核　出纳　制单 张主管

图 5-56　职工教育经费转账凭证

【相关说明】工资分摊应按分摊类型依次进行，在进行工资分摊时，如果不选中“合并科目相同、辅助项相同的分录”复选框，则在生成凭证时将每一条分录都对应一个贷方科目；如果单击“批制”按钮，可以一次将所有本次参与分摊的“分摊类型”所对应的凭证全部生成。

【特别注意】生成凭证的操作员必须是总账系统中有制单权限的人，并且日期必须大于或等于当前总账系统会计期最大凭证日期。

（八）打开兼职人员工资类别

要对某类人员进行具体操作，必须先打开该类工资类别。

1）启动“打开工资类别”功能。执行“薪资管理”－“工资类别”－“打开工资类别”命令，进入“打开工资类别”界面。

2）打开“兼职人员”工资类别。选中“兼职人员”，如图 5-57 所示，单击“确定”按钮。

（九）修改兼职人员收入所得税的计提基数

1）启动“选项”功能。执行“人力资源”－“薪资管理”－“设置”－“选项”命令，弹出“选项”对话框，如图 5-58 所示。

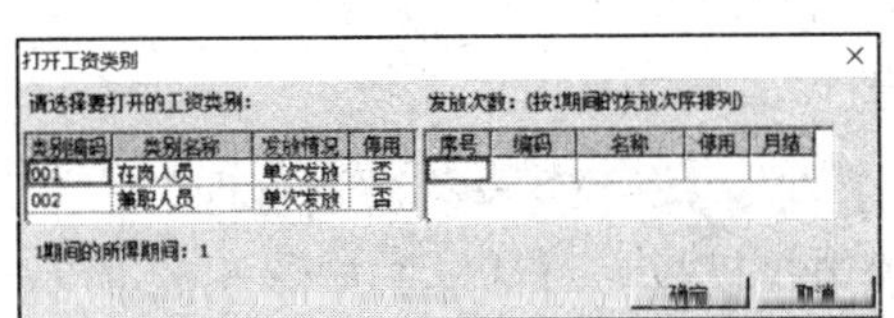

图 5-57　“打开工资类别”对话框

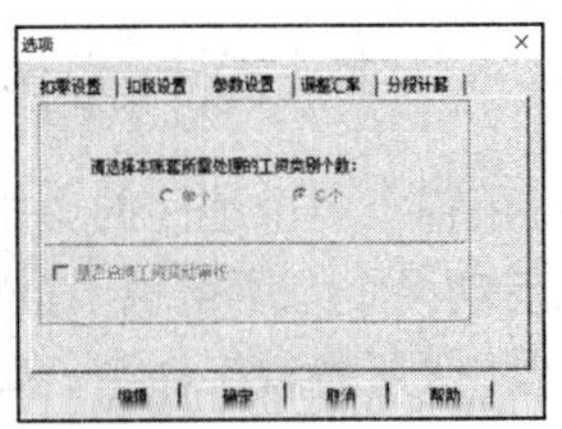

图 5-58　选项设置

2）进入“扣税设置”界面。单击“编辑”按钮，选择“扣税设置”选项卡，如图 5-59 所示。

3）打开“个人所得税申请表——税率表”对话框。单击“税率设置”按钮，弹出“个人所得税申请表——税率表”对话框。

4）修改所得税的计提基数，录入基数“5 000”，按任务引例数据调整计算公式，结果如图 5-60 所示。

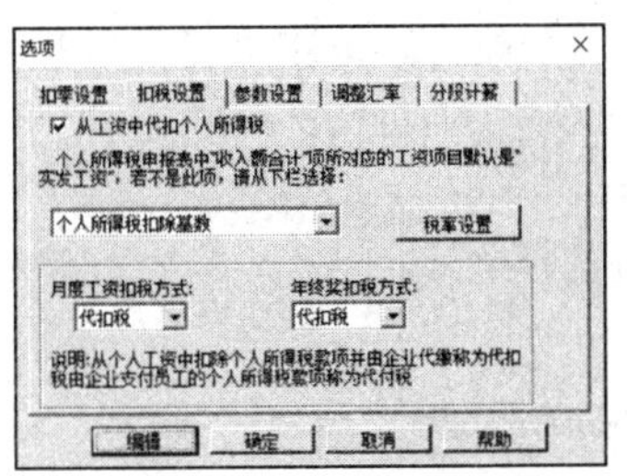

图 5-59　选项扣税设置

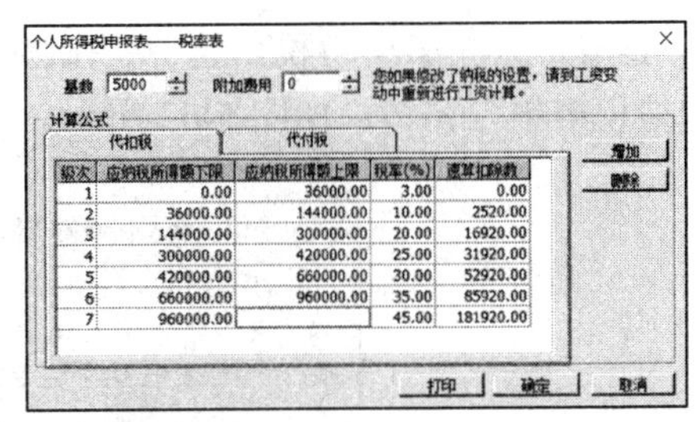

级次	应纳税所得额下限	应纳税所得额上限	税率(%)	速算扣除数
1	0.00	36000.00	3.00	0.00
2	36000.00	144000.00	10.00	2520.00
3	144000.00	300000.00	20.00	16920.00
4	300000.00	420000.00	25.00	31920.00
5	420000.00	660000.00	30.00	52920.00
6	660000.00	960000.00	35.00	85920.00
7	960000.00		45.00	181920.00

图 5-60　修改个人所得税税率表

5）单击“确定”按钮，保存计提基数设置。

6）退出修改参数，单击“取消”按钮退出。

【相关说明】劳务报酬每月预扣并且年底汇算清缴的时候，劳务报酬与其他收入合并计税，基本减除费用，以及专项附加扣除和其他扣除可以减除。

（十）录入并计算兼职人员 1 月的工资数据

1）启动“工资变动”功能。执行“人力资源”－“薪资管理”－“业务处理”－“工资变动”命令，打开“工资变动”界面。

2）录入工资项目内容。根据资料录入工资项目内容，如图 5-61 所示。

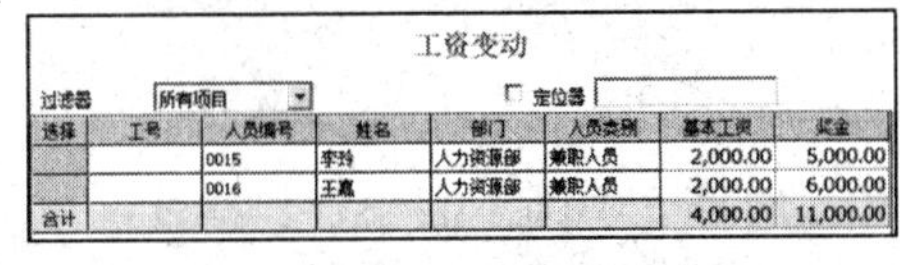

工资变动

选择	工号	人员编号	姓名	部门	人员类别	基本工资	奖金
		0015	李玲	人力资源部	兼职人员	2,000.00	5,000.00
		0016	王嘉	人力资源部	兼职人员	2,000.00	6,000.00
合计						4,000.00	11,000.00

图 5-61　工资变动表

3）计算工资项目内容。先单击工具栏上的“计算”按钮，再单击“汇总”按钮。

4）单击窗口上的“关闭”按钮，退出当前界面。

（十一）兼职人员扣缴所得税

系统预置了多个地区的申报表模板可供选择。

1）启动“个人所得税申报模板”功能。执行“人力资源”－“薪资管理”－“业务处理”－“扣缴所得税”命令，弹出“个人所得税申报模板”对话框，如图 5-62 所示。

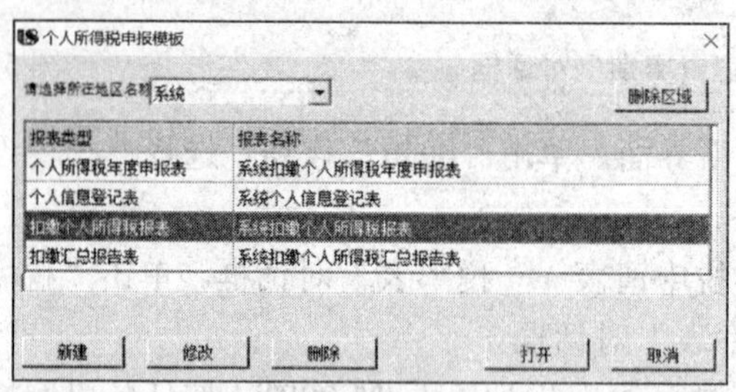

图 5-62 “个人所得税申报模板”对话框

2）查看个人扣缴所得税。选中“扣缴个人所得税报表”项目，单击“打开”按钮，打开“所得税申报”窗口，如图 5-63 所示。

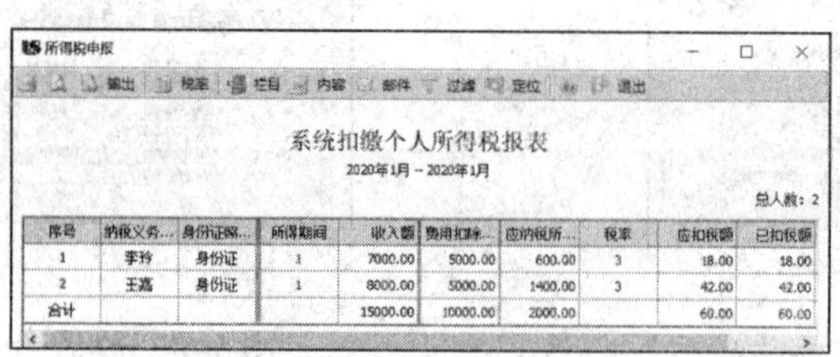

系统扣缴个人所得税报表

2020年1月 -- 2020年1月

总人数：2

序号	纳税义务...	身份证照...	所得期间	收入额	费用扣除...	应纳税所...	税率	应扣税额	已扣税额
1	李玲	身份证	1	7000.00	5000.00	600.00	3	18.00	18.00
2	王嘉	身份证	1	8000.00	5000.00	1400.00	3	42.00	42.00
合计				15000.00	10000.00	2000.00		60.00	60.00

图 5-63 “所得税申报”窗口

（十二）查询兼职人员银行代发一览表

1）启动“银行代发一览表”查询功能。执行“人力资源”－“薪资管理”－“业务处理”－“银行代发”命令，在“部门选择范围”窗口单击“确定”按钮，打开“银行代发一览表”界面，如图 5-64 所示，并自动弹出银行文件格式设置窗口。

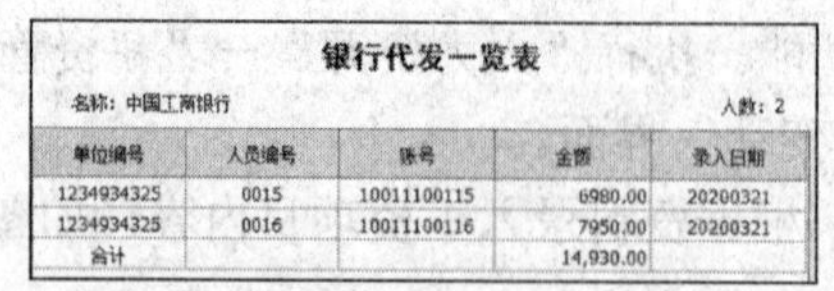

银行代发一览表

名称：中国工商银行 人数：2

单位编号	人员编号	账号	金额	录入日期
1234934325	0015	10011100115	6980.00	20200321
1234934325	0016	10011100116	7950.00	20200321
合计			14,930.00	

图 5-64 银行代发一览表

2）设置银行的文件格式。选择“中国工商银行”格式，单击“确定”按钮，弹出“确认设置的银行文件格式？”信息提示框，单击“是”按钮。

3）单击“退出”按钮退出，结束查询。

（十三）月末处理

月末处理是将当月数据经过处理后结转至下月。每月工资数据处理完毕后均可进行月末结转。

1）启动“月末处理”功能。执行“人力资源”—“薪资管理”—“业务处理”—“月末处理”命令，弹出“月末处理”对话框，单击“确定”按钮，弹出“薪资管理”对话框，如图 5-65 所示。

2）进行月末处理。单击“是”按钮，弹出“是否选中清零项？”信息提示框，单击“是”按钮，弹出“选择清零项目”对话框，选中缺勤天数并移至右边，如图 5-66 所示，单击“确定”按钮，弹出“月末清理完毕!”信息提示框，单击“确定”按钮。

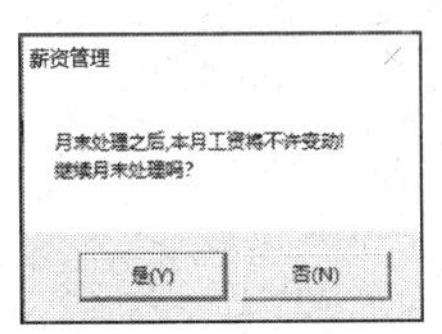

图 5-65　月末处理

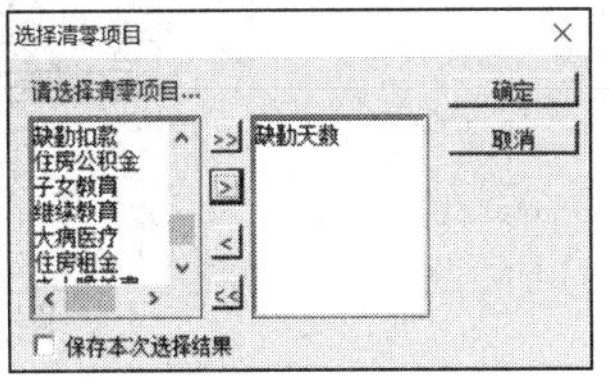

图 5-66　选择清零项目

【相关说明】月末处理只有在会计年度的 1～11 月进行。如果处理多个工资类别，应分别打开工资类别，分别进行月末处理。如果本月数据未汇总，系统将不允许进行月末处理。月末处理只有账套主管才能执行。进行月末处理后，发现还有一些业务没有处理或要在已经处理过的月份修改，可以由账套主管以下月日期登录，使用反结账功能，取消已记账标记。不能反结账的情况有两种：总账已结账；汇总工资类别的会计月份与反结账的会计月份相同，并且包括反结账的工资类别。

【特别注意】由于在工资项目中，有的项目是变动的，即每月的数据均不相同，在每月进行工资处理时，均需将其数据清为 0，而后输入当月的数据，此类项目即为清零项目。若不进行清零操作，则下月项目将完全继承当前月数据。

（十四）查看工资发放条

工资表包括工资发放条、工资卡、工资发放签名表等由系统提供的原始表，主要用于本月工资发放和统计。工资表可以进行修改和重建。以下为查询工资发放条的具体操作。

1）启动“工资表”功能。执行“人力资源”—“薪资管理”—“统计分析”—“工资表”命令，弹出“工资表”对话框，如图 5-67 所示。

2）打开“选择分析部门”界面。选择“工资发放条”选项，单击“查看”按钮，选中“选定下级部门”复选框，依次选中各部门，如图 5-68 所示。

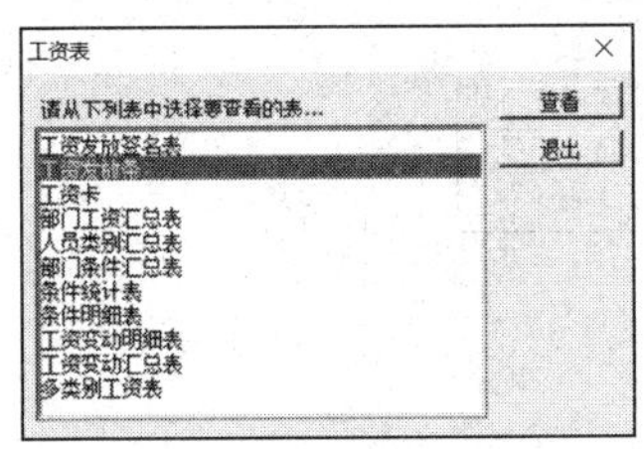

图 5-67　工资表

图 5-68　选择部门

3）打开“工资发放条”界面。单击“确定”按钮，如图 5-69 所示。

工资发放条

2020 年 01 月

部门 全部　　会计月份 一月　　人数：14

人员编号	姓名	扣款合计	实发合计	本月扣零	代扣税	代付税
0001	严锦	2,288.29	9,910.00	1.71	31.29	
0002	习款	2,225.46	9,670.00	4.54	23.96	
0003	周密	2,186.51	9,610.00	3.49	3.51	
0004	邹迪	2,153.68	9,340.00	6.32	26.18	
0005	赖新	1,998.68	8,760.00	1.32	8.08	
0006	柯酷	2,426.96	8,330.00	3.04		
0007	金鑫	2,028.57	8,930.00	1.43	0.97	
0008	靳力	2,736.37	8,120.00	3.63		
0009	侯德	1,979.50	8,720.00	0.50		
0010	沈斯	1,924.00	8,470.00	6.00		
0011	阎墨	1,850.00	8,150.00			
0012	陈欣	1,813.00	7,980.00	7.00		
0013	程义	1,794.50	7,900.00	5.50		
0014	薛略	1,813.00	7,980.00	7.00		
合计		29,218.52	121,870.00	51.48	93.99	0.00

制表：　　审核：

图 5-69　“工资发放条”界面

4）结束查询。单击“退出”按钮退出。

（十五）查询部门工资汇总表

可根据条件选择需要查询的工资表。

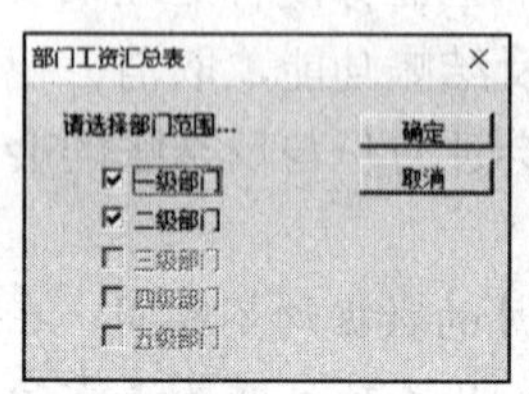

图 5-70　部门工资汇总表部门的选择

1）启动“工资表”功能。执行“人力资源”－“薪资管理”－“统计分析”－“账表”命令，弹出“工资表”对话框。

2）选择部门范围。选中“部门工资汇总表”，单击“查看”按钮，弹出“部门工资汇总表”对话框，如图 5-70 所示，选中“一级部门”“二级部门”复选框。

3）打开部门工资汇总表并退出。单击“确定”按钮，打开“部门工资汇总表”窗口，如图 5-71 所示，单击“退出”按钮关闭当前界面。

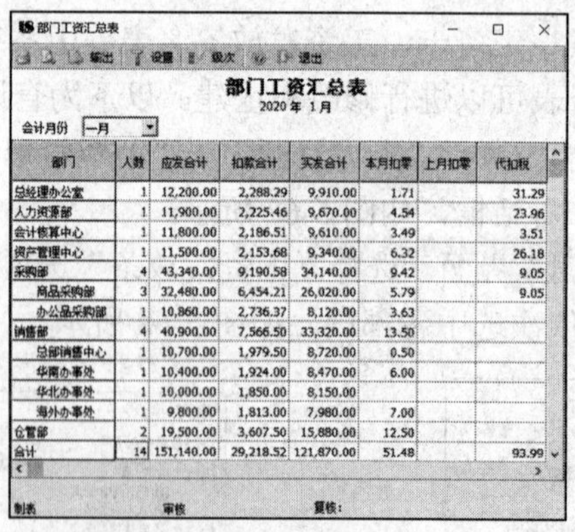

部门工资汇总表

2020 年 1 月

会计月份 一月

部门	人数	应发合计	扣款合计	实发合计	本月扣零	上月扣零	代扣税
总经理办公室	1	12,200.00	2,288.29	9,910.00	1.71		31.29
人力资源部	1	11,900.00	2,225.46	9,670.00	4.54		23.96
会计核算中心	1	11,800.00	2,186.51	9,610.00	3.49		3.51
资产管理中心	1	11,500.00	2,153.68	9,340.00	6.32		26.18
采购部	4	43,340.00	9,190.58	34,140.00	9.42		9.05
商品采购部	3	32,480.00	6,454.21	26,020.00	5.79		9.05
办公品采购部	1	10,860.00	2,736.37	8,120.00	3.63		
销售部	4	40,900.00	7,566.50	33,320.00	13.50		
总部销售中心	1	10,700.00	1,979.50	8,720.00	0.50		
华南办事处	1	10,400.00	1,924.00	8,470.00	6.00		
华北办事处	1	10,000.00	1,850.00	8,150.00			
海外办事处	1	9,800.00	1,813.00	7,980.00	7.00		
仓管部	2	19,500.00	3,607.50	15,880.00	12.50		
合计	14	151,140.00	29,218.52	121,870.00	51.48		93.99

制表　　审核　　复核：

图 5-71　部门工资汇总表

（十六）对各部门的工资项目构成进行分析

工资分析表以工资数据为基础，对部门、人员类别的工资数据进行分析和比较，产生各种分析表，供决策人员使用。

1）启动“工资分析表”查询功能。执行“人力资源”－“薪资管理”－“统计分析”－“账表”－“工资分析表”命令，弹出“工资分析表”对话框，选择“工资项目分析表（按部门）”，如图 5-72 所示。

2）设置查询参数。单击“确定”按钮，打开“部门选择”窗口，选中各部门，单击“确定”按钮，弹出“分析表选项”对话框，单击“〉〉”按钮，选择全部项目，如图 5-73 所示。

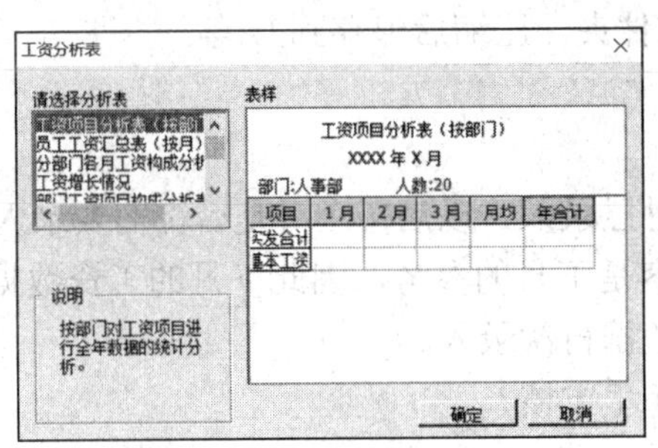

图 5-72　工资分析表

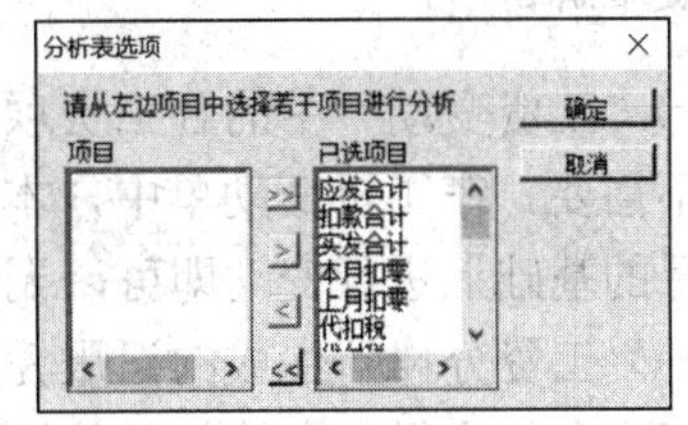

图 5-73　分析项目列表

3）查询工资项目分析表。单击“确定”按钮，打开“工资项目分析表（按部门）”窗口，在“部门”下拉列表框中选择想查询的部门（如“总经理办公室”），查看相应部门工资项目构成，如图 5-74 所示。

工资项目分析表（按部门）

输出　查询　设置　退出

工资项目分析（按部门）

2020年度1月

部门：总经理办公室　人数：

项目	1 月	月均	年度合计
应发合计	12,200.00	12,200.00	12,200.00
扣款合计	2,288.29	2,288.29	2,288.29
实发合计	9,910.00	9,910.00	9,910.00
本月扣零	1.71	1.71	1.71
上月扣零			
代扣税	31.29	31.29	31.29

图 5-74　工资项目分析表

4）单击“退出”按钮，关闭窗口。

（十七）查询 1 月计提“应付福利费”的记账凭证

通过“凭证查询”功能，可以查询薪资管理系统传输给总账系统的凭证，并可修改、删除和冲销凭证。

1）启动“凭证查询”功能。执行“人力资源”－“薪资管理”－“统计分析”－“凭证查询”命令，打开“凭证查询”窗口，如图 5-75 所示。

凭证查询

删除　冲销　单据　凭证　修改　退出

业务日期	业务类型	业务号	制单人	凭证日期	凭证号
2020-01-31	应付工资	1	张主管	2020-01-31	转-1
2020-01-31	工会经费	2	张主管	2020-01-31	转-2
2020-01-31	职工教育经费	3	张主管	2020-01-31	转-3

图 5-75　“凭证查询”窗口

2）查看凭证。单击选中“应付工资”或“工会经费”所在行，单击工具栏上的“凭证”按钮，生成计提应付工资、工会经费的转账凭证。

3）单击“退出”按钮，关闭窗口。

（十八）账套备份

将账套输出至“5-3 薪资管理业务处理”文件夹，压缩后保存到U盘。

八、疑难解答

1）“工资变动”中的各工资项目数据，本月已录入，以后每个月是否都需要录入呢？

不需要。在工资变动单中，本月的工资内容是下月的参考，因此下月的工资数据只要在本月的基础上进行变动即可，无须全部清空数据再次录入。

2）“工资分摊”生成的记账凭证，应该在哪里审核？

可由有相应凭证审核权限的操作员在总账系统中进行审核。

3）修改计算公式后，为什么打开“工资变动单”后，里面的数据还是原来的呢？

在进行公式修改或某些数据的修改后，必须调用工资变动中的“计算”和“汇总”功能，以保证工资数据的正确。

4）已进行了月末处理，现在发现本月数据仍有错误，系统不允许修改本月数据，怎么办？

进行月末处理后，本月数据不能再变动修改。可以先进行“反结账”处理，“反结账”后就可以进入本月账套进行数据变动。

九、实训报告

项目五任务三　实训报告

问题思考

1）如何完成给“商品采购部”的每位员工增加300元奖金的操作？

2）如何完成按应发工资的2%计提工会经费的工资分摊操作？

3）如何修改薪资管理系统中已生成并审核的记账凭证？

项目六　固定资产管理系统应用

学习要点

1. 固定资产管理系统的功能和操作流程。
2. 固定资产系统初始设置。
3. 固定资产业务处理。

学习目标

1. 熟悉固定资产管理系统的功能和操作流程。
2. 正确进行固定资产管理系统的初始设置。
3. 掌握固定资产业务处理的方法。
4. 培养会计软件操作的规范性和发现问题的敏感性。
5. 培养吃苦耐劳精神和团队合作精神。

学习指引

固定资产管理系统的主要功能是进行固定资产日常业务的核算和管理，按月反映固定资产的增减变动，并输出相应的增减变动明细账，按月自动计提折旧，生成折旧分配凭证，同时输出一些同设备管理相关的报表和账簿。

第一次进入固定资产系统，需要先完成固定资产的初始设置工作，如此才能进一步进行日常业务处理和期末业务处理。

任务一　固定资产管理系统的功能和操作流程

一、固定资产管理系统的功能结构

（一）系统初始化

1．基础设置

基础设置包括卡片项目定义、卡片样式定义、折旧方法定义、类别设置、部门设置、使用状况定义、增减方式定义等部分。除资产类别设置没有预置内容外，其他部分把常用的内容预置出来，如果符合要求，则可不再设置。

2．原始卡片录入

原始卡片录入是把使用系统前的原始资料录入系统，以保持固定资产管理和核算的连续性和完整性。鉴于原始资料可能较多，在一个月内不一定能录入完毕，所以本系统原始卡片录入不限于第一个月。也就是说，如果第一个月到月底原始资料没有录入完毕，可以有两种选择：一是一直以该月日期登录，直到录入完毕，再进行其他操作；二是月底前在没有录入完成全部原始卡片的情况下，继续以下各部分操作，以后各月陆续录入。由于固定资产管理系统和其他系统存在制约关系，本系统不结账，总账不能结账，在特定情况下，必须执行第二种做法。

（二）日常操作

1．卡片操作

卡片操作包括卡片录入（原始卡片资料和新增资产卡片）、卡片修改、卡片删除、资产减少、卡片查询、卡片打印的操作。

2．资产变动操作

因为资产可能发生原值变动、部门转移、使用状况调整、折旧方法调整、累计折旧调整、净残值（率）调整、工作总量调整、使用年限调整、类别调整、计提减值准备、转回减值准备、资产评估等，所以需要制作变动单或评估单。本部分主要是制作变动单和评估单的操作。

3．月末处理

月末处理包括与相关系统的数据传送、对账、计提折旧、结账、查看及打印报表等操作。

二、固定资产管理系统与其他系统的关系

固定资产管理系统与其他产品的接口主要涉及的是总账系统。资产增加（录入新卡片）、资产减少、卡片修改（涉及原值或累计折旧时）、资产评估（涉及原值或累计折旧变化时）、原值变动、累计折旧调整、计提减值准备调整、转回减值准备调整、折旧分配都要将有关数据通过记账凭证的形式传输到总账系统，同时通过对账保持固定资产账目的平衡。

固定资产管理系统为成本管理系统提供折旧数据，向 UFO 报表提供应用服务函数，向项目管理系统传递项目折旧数据，向设备管理系统提供卡片信息，同时还可以从设备管理系统导入卡片信息。

固定资产管理系统与其他系统的关系如图 6-1 所示。

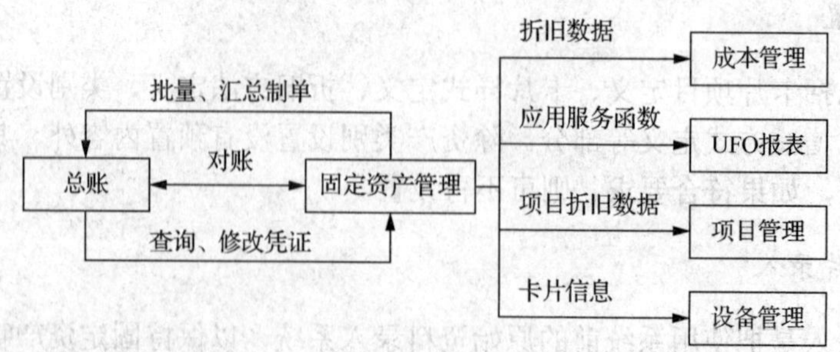

图 6-1　固定资产管理系统与其他系统的关系

三、固定资产管理系统的操作流程

固定资产管理系统的操作流程如图 6-2 所示。

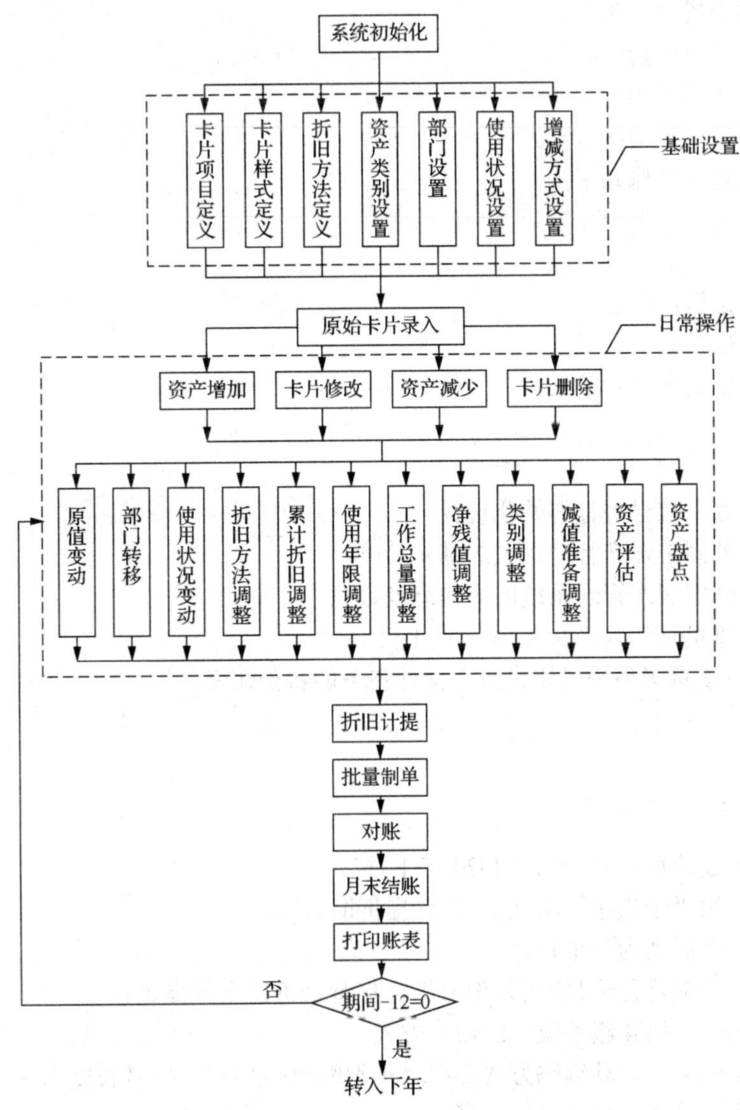

图 6-2　固定资产管理系统的操作流程

任务二　固定资产管理系统初始设置

一、任务描述

本任务主要训练学生掌握建立固定资产账套的方法、设置固定资产管理系统基础数据的方法、录入期初固定资产卡片的方法。

二、实训任务

1）建立固定资产初始账套。
2）设置固定资产选项。
3）设置部门对应折旧科目。
4）设置固定资产类别。
5）设置固定资产增减方式。
6）设置固定资产原始卡片。

三、任务目标

1）建立固定资产账套。
2）设置基础数据。
3）期初固定资产卡片输入。

四、准备工作

1）确保总账系统已进行初始化设置。
2）初步了解固定资产管理系统的基本功能。
3）整理好固定资产管理系统所需信息及数据。
4）更改计算机时间为“2020 年 1 月 1 日”。
5）引入“3-2 总账系统初始设置”文件夹下的备份账套。

五、任务引例

（一）固定资产系统的参数

固定资产账套的启用月份为“2020 年 1 月”。
固定资产采用“平均年限法（二）”计提折旧。
折旧汇总分配周期为一个月。
当“月初已计提月份=可使用月份-1”时将剩余折旧全部提足。
资产类别编码采用 4 级 6 位（2112）方式。
固定资产编码采用自动编码方式，即“类别编码+序号”，序号长度为 5。
要求固定资产系统与总账进行对账。
固定资产对账科目为“1601，固定资产”。
累计折旧对账科目为“1602，累计折旧”。
对账不平衡情况下不允许固定资产月末结账。
业务发生后立即制单。
月末结账前一定要完成制单登账业务。

（二）固定资产选项设置

设置与财务系统的接口：固定资产缺省入账科目为“1601”，累计折旧缺省入账科目为“1602”，减值准备缺省入账科目为“1603”，增值税进项税额缺省入账科目为“22210101”，固定资产清理缺省入账科目为“1606”。

（三）部门对应折旧科目

部门对应折旧科目如表6-1所示。

表6-1　部门对应折旧科目

部门编码	部门名称	对应折旧科目
01	总经理办公室	管理费用——折旧费（660204）
02	人力资源部	管理费用——折旧费（660204）
03	会计核算中心	管理费用——折旧费（660204）
04	资产管理中心	管理费用——折旧费（660204）
05	采购部	管理费用——折旧费（660204）
06	销售部	销售费用——折旧费（660106）
07	仓管部	管理费用——折旧费（660204）

（四）固定资产类别

固定资产类别如表6-2所示。

表6-2　固定资产类别

类别编码	类别名称	使用年限/年	净残值率/%	计提属性	折旧方法	卡片样式
01	房屋及建筑物	30	2	正常计提	平均年限法（二）	含税卡片样式
011	办公楼	30	2	正常计提	平均年限法（二）	含税卡片样式
012	库房	30	2	正常计提	平均年限法（二）	含税卡片样式
02	机器设备		3	正常计提	平均年限法（二）	含税卡片样式
021	小轿车	10	3	正常计提	平均年限法（二）	含税卡片样式
022	办公设备	5	3	正常计提	平均年限法（二）	含税卡片样式

（五）固定资产增减方式

固定资产增减方式如表6-3所示。

表6-3　固定资产增减方式

类型	名称	对应入账科目
增加	直接购入	银行存款——中国工商银行（100201）
	投资者投入	实收资本（4001）
	捐赠	营业外收入（6301）
	盘盈	待处理财产损溢（1901）
	在建工程转入	在建工程（1604）

续表

类型	名称	对应入账科目
减少	出售	固定资产清理（1606）
	盘亏	待处理财产损溢（1901）
	投资转出	长期股权投资（1511）
	捐赠转出	固定资产清理（1606）
	报废	固定资产清理（1606）

（六）固定资产原始卡片

固定资产原始卡片如表 6-4 所示。

表 6-4　固定资产原始卡片

卡片编号	00001	00002	00003	00004	00005
固定资产编号	01100001	01200001	02100001	02200001	02200002
固定资产名称	A 写字楼	总部仓库	奥迪 A6	传真机	电脑
类别编号	011	012	021	022	022
类别名称	办公楼	库房	小轿车	办公设备	办公设备
部门名称	资产管理中心	仓管部	总经理办公室	华南办事处	华南办事处
增加方式	在建工程转入	在建工程转入	直接购入	直接购入	直接购入
使用状况	在用	在用	在用	在用	在用
使用年限/年	30	30	10	5	5
折旧方法	平均年限法（二）	平均年限法（二）	平均年限法（二）	平均年限法（二）	平均年限法（二）
开始使用日期	2014-12-08	2014-12-20	2017-06-02	2016-05-08	2018-12-01
币种	人民币	人民币	人民币	人民币	人民币
原值/元	1420 000	523 000	650 000	5 600	10 000
净残值率/%	2	2	3	3	3
净残值/元	28 400	10 460	19 500	168	300
累计折旧/元	225 420	82 980	156 990	3 878	1 932
月折旧率	0.002 7	0.002 7	0.008 1	0.016 2	0.016 2
月折旧额/元	3 887.27	1 431.87	5 261.22	91.41	161.83
净值/元	1 194 580	440 020	493 010	1 722	8 068
对应折旧科目	管理费用——折旧费	管理费用——折旧费	管理费用——折旧费	销售费用——折旧费	销售费用——折旧费

六、教学关注

初始化设置完成后，有些参数不能修改，所以在学习操作时一定要慎重。如果发现有参数错误，而且必须修改，只能通过固定资产系统“维护”中的重新初始化账套的命令实现，该操作将清空用户对该子账套所做的一切工作。

七、过程指导

（一）建立固定资产账套

这一步的操作主要是为了启动固定资产管理模块。

1）以“01 操作员”的身份登录企业应用平台。

2）启动“固定资产”功能。执行“业务工作”—“财务会计”—“固定资产”命令，弹出“这是第一次打开此账套，还未进行过初始化，是否进行初始化？”信息提示框，单击“是”按钮，弹出“初始化账套向导”对话框，选中“我同意”单选按钮，如图 6-3 所示。

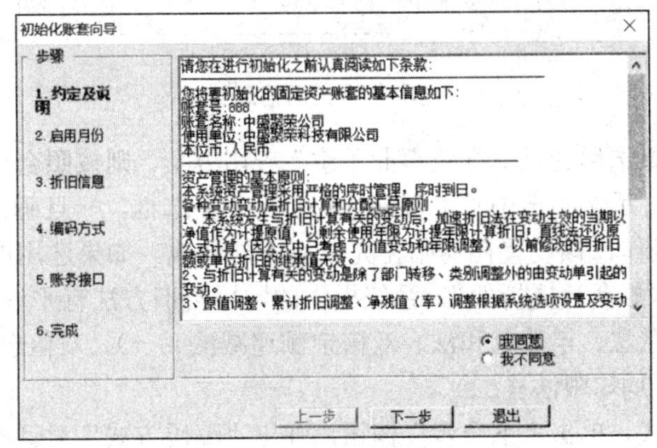

图 6-3　约定及说明

3）确认启用月份。单击“下一步”按钮，查看“启用月份”，如图 6-4 所示。

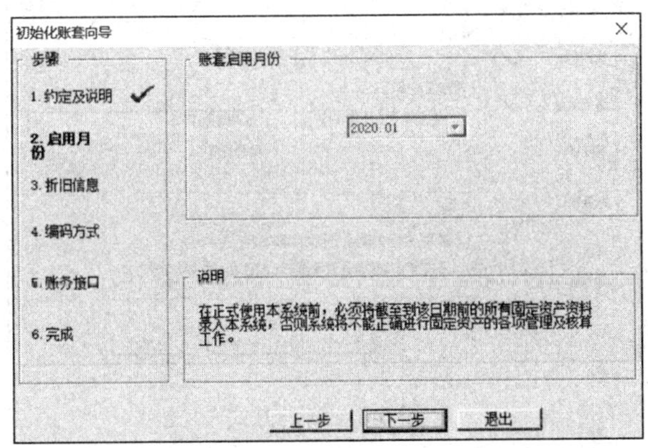

图 6-4　启用月份

4）设置折旧参数。单击“下一步”按钮，弹出“折旧信息”对话框，在“主要折旧方法”下拉列表框中选择“平均年限法（二）”选项，“折旧汇总分配周期”录入“1”；选中“当（月初已计提月份=可使用月份-1）时将剩余折旧全部提足（工作量法除外）”复选框，如图 6-5 所示。

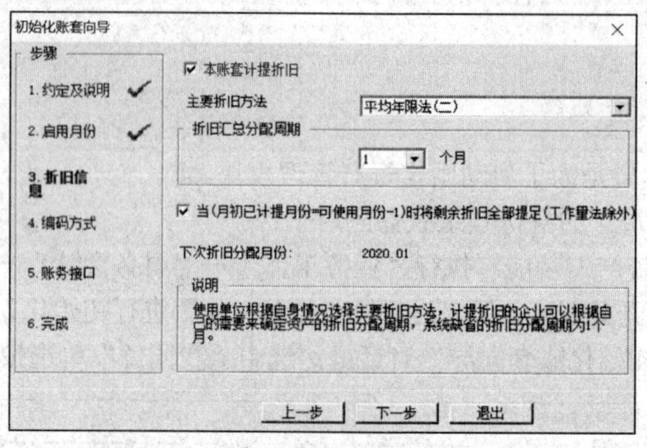

图 6-5　折旧信息

【相关说明】如果选用的是“行政事业单位”应用方案，则按照会计制度规定所有固定资产“不计提折旧”，那么不选中“本账套计提折旧”复选框，一旦确定不提折旧，与折旧有关的功能将不能操作，该设置在初始化完成后不能修改。如果选用的是“企业单位”应用方案，则选择“本账套计提折旧”。系统提供的常用折旧方法有平均年限法（一）、平均年限法（二）、工作量法、年数总和法、双倍余额递减法（一）、双倍余额递减法（二）、不提折旧，默认为“平均年限法（二）”。

5）设置编码方式。单击“下一步”按钮，弹出“编码方式”对话框，固定资产编码采用“自动编码”方式，即“类别编号+序号”，序号长度为“5”，如图 6-6 所示。

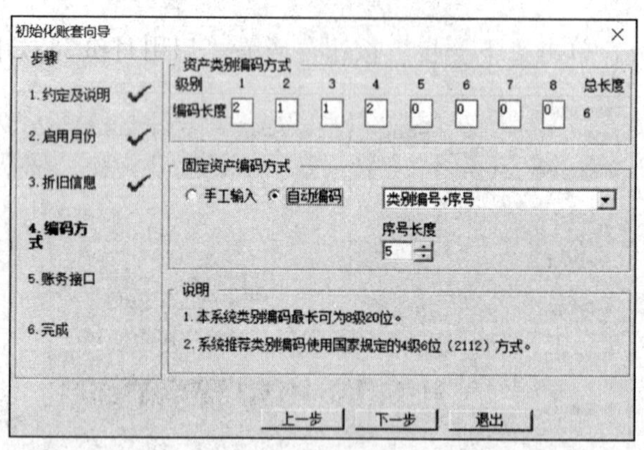

图 6-6　编码方式

【相关说明】使用过的编码长度不能修改。自动编码方式只能选择一种，一经设定，不得修改。本系统类别编码最多可设置 8 级、20 位，系统推荐采用国家规定的 4 级 6 位（2112）方式。

6）设置账务接口。单击“下一步”按钮，弹出“财务接口”对话框，固定资产系统与总账进行对账；固定资产对账科目为“1601，固定资产”，累计折旧对账科目为“1602，累计折旧”，如图 6-7 所示。在对账不平衡情况下不允许固定资产月末结账。

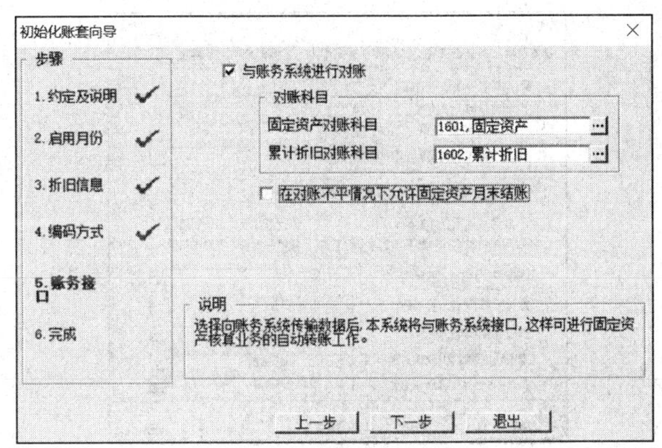

图 6-7　财务接口

7）完成设置。单击“下一步”按钮，显示所有设置参数，如图 6-8 所示。单击“完成”按钮，系统弹出“已经完成了新账套的所有设置工作，是否确定所设置的信息并保存对新账套的所有设置？”信息提示框，单击“是”按钮，弹出“已经完成初始化本固定资产账套!”信息提示框，单击“确定”按钮，固定资产账套设置完成。

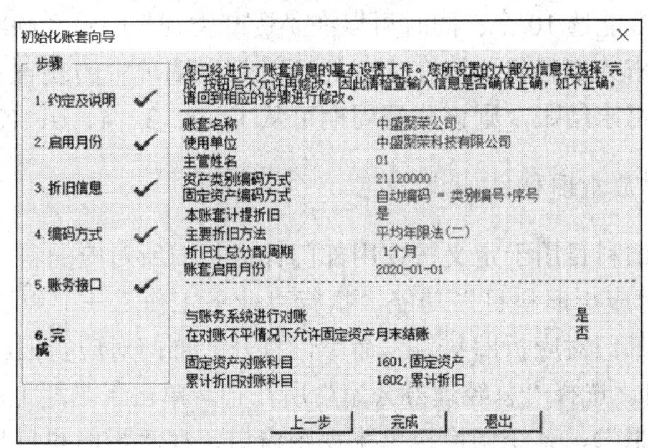

图 6-8　完成设置

（二）设置选项

设置选项用于设置固定资产运行基本参数，参数在初始化完成后将不可修改，因此需要特别考虑。

1）启动“选项”功能。执行“业务工作”－“财务会计”－“固定资产”－“设置”－“选项”命令，弹出“选项”对话框。

2）设置参数。单击“编辑”按钮，选择“与账务系统接口”选项卡，选中“业务发生后立即制单”复选框，设置[固定资产]缺省入账科目“1601，固定资产”、[累计折旧]缺省入账科目“1602，累计折旧”、[减值准备]缺省入账科目“1603，固定资产减值准备”、[增值税进项税额]缺省入账科目“22210101，进项税额”、[固定资产清理]缺省入账科目“1606，固定资产清理”，如图 6-9 所示。

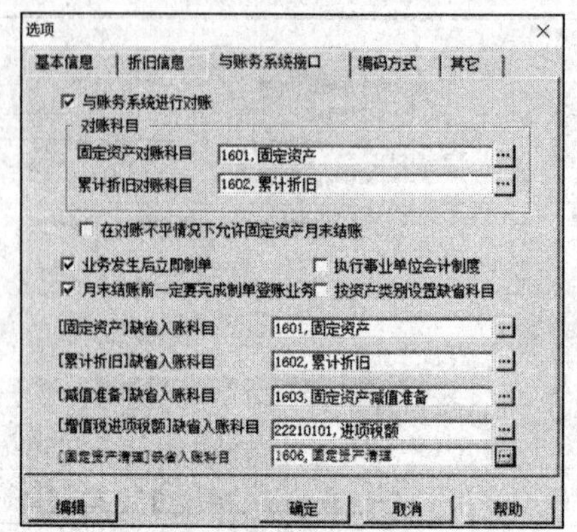

图 6-9　选项设置

3）单击“确定”按钮，保存并返回。

【相关说明】如果没有选中“业务发生后立即制单”复选框，可以通过批量制单功能完成制单。勾选“执行事业单位会计制度”复选框，系统在“增减方式”中提供“列支科目”。若勾选“按资产类别设置缺省科目”复选框，则“固定资产对账”科目和“累计折旧对账”科目可以多选，但最多能选 10 个；同时可以在“资产类别”中录入缺省入账科目。若在资产类别中没有设置缺省入账科目，则在生成凭证时带出选项中的缺省入账科目。如果该账套还没有进行过一次月末结账，则该分配周期可从 1、2、3、4、6、12 中选择。

（三）设置部门对应折旧科目

设置部门对应折旧科目用于定义按使用部门计提折旧所对应的科目。

1）启动“部门对应折旧科目”功能。执行“业务工作”－“财务会计”－“固定资产”－“设置”－“部门对应折旧科目”命令，打开“部门对应折旧科目”界面。

2）设置折旧科目。选择“总经理办公室”所在行，单击工具栏上的“修改”按钮（或单击右键，选择“编辑”），系统切换至单张视图窗口，在“折旧科目”栏中录入或在下拉列表框中选择“660204，折旧费”选项，如图 6-10 所示。

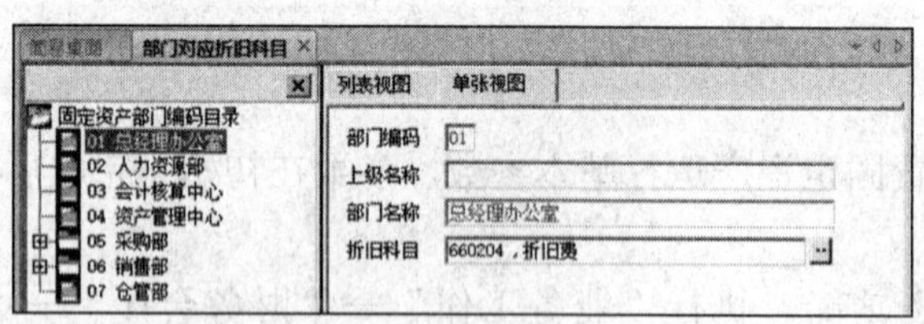

图 6-10　部门对应折旧科目定义

3）单击工具栏上的“保存”按钮，保存折旧科目。

4）按照 2）和 3）的方法，依次录入其他折旧科目。

5）单击右上角的“关闭”按钮，关闭窗口。

【相关说明】如果某上级部门科目设置了折旧科目，则其下级部门继承上级部门的设置。当为采购部和销售部设置对应折旧科目时，会弹出“是否将所有下级部门的折旧科目替换”信息提示框，单击“是”按钮。在设置对应折旧科目时，上下级部门折旧科目可以相同，也可以不同。

（四）设置固定资产类别

此功能定义固定资产的分类，在分类中定义的属性会带到固定资产卡片中作为默认值。

1）启动“固定资产类别”功能。执行“业务工作”－“财务会计”－“固定资产”－“设置”－“资产类别”命令，打开“资产类别”窗口。

2）增加一级固定资产类别。选中“固定资产分类编码表”，单击工具栏上的“增加”按钮（或按F5键），打开“类别编码－单张视图”界面，录入类别编码“01”、类别名称“房屋及建筑物”、使用年限“30”、净残值率“2”，在“卡片样式”下拉列表框选择“含税卡片样式”选项，如图6-11所示。单击工具栏上的“保存”按钮，保存设置。

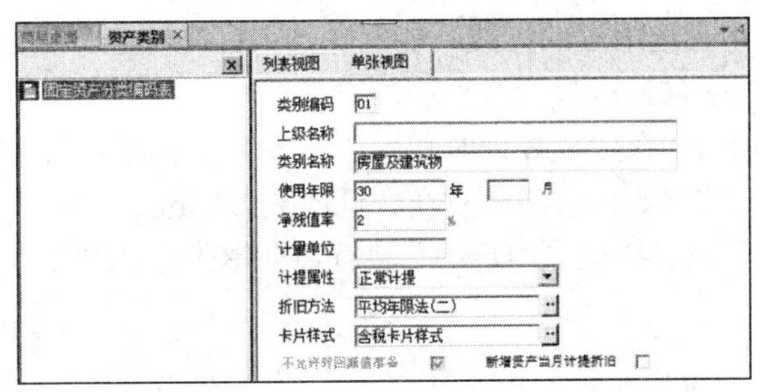

图6-11　房屋及建筑物编码

3）增加二级固定资产类别。选中“01房屋及建筑物”分类，单击工具栏上的“增加”按钮，录入二级编码“1”，录入类别名称“办公楼”，单击“保存”按钮。

4）依次录入其他一级与二级固定资产类别。

5）单击右上角的“关闭”按钮，关闭窗口。

【相关说明】同级的类别名称不能相同，非必填项为输入卡片提供默认值，可以为空。非明细级类别编码不能修改，使用过的类别的计提属性不能修改，卡片样式修改后会影响已录入系统该类别的卡片的样式，建议非特殊情况不要修改。非明细级不能删除，录入卡片时选用过的类别不允许删除。

（五）设置固定资产增减方式

固定资产增减方式除了定义固定资产增加或减少的方式，关键的内容是增减方式所对应的入账科目。入账科目是指生成凭证时固定资产所对应的反方向的科目。

1）启动“固定资产增减方式”功能。执行“业务工作”－“财务会计”－“固定资产”－“设置”－“增减方式”命令，打开“增减方式”窗口，系统自带常用增减方式。

2）修改增减方式。选中“101直接购入”所在行，单击“修改”按钮，在“对应入账科目”中录入“100201，工商银行”，如图6-12所示。单击工具栏上的“保存”按钮，保存增减方式设置。

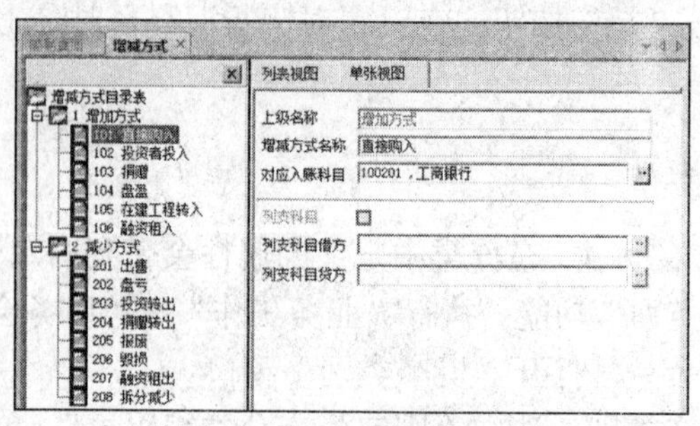

图 6-12　增减方式目录表

3）依次录入其他增减方式。

4）单击右上角的“关闭”按钮，关闭窗口。

【相关说明】卡片中已选用过的方式不能删除，非明细级方式不能删除。由于本系统提供的报表中有固定资产盘盈盘亏报表，系统缺省的增减方式中“盘盈、盘亏、毁损”不能删除。对应入账科目是为了在生成凭证时使用，生成凭证时，如果入账科目发生变化，可以及时修改。增加方式的入账科目将缺省在凭证的贷方，减少方式的入账科目将缺省在凭证的借方。“列支科目”只有在选项中选中“执行事业单位会计制度”复选框且为“增加方式”时可选。

（六）录入固定资产原始卡片

录入固定资产原始卡片可以理解为录入期初明细，所有原始卡片中的原值之和与累计折旧之和应与总账中的固定资产与累计折旧的期初值相等。

1）启动“固定资产原始卡片”功能。执行“业务工作”－“财务会计”－“固定资产”－“卡片”－“录入原始卡片”命令，打开“固定资产类别档案”窗口，如图 6-13 所示。

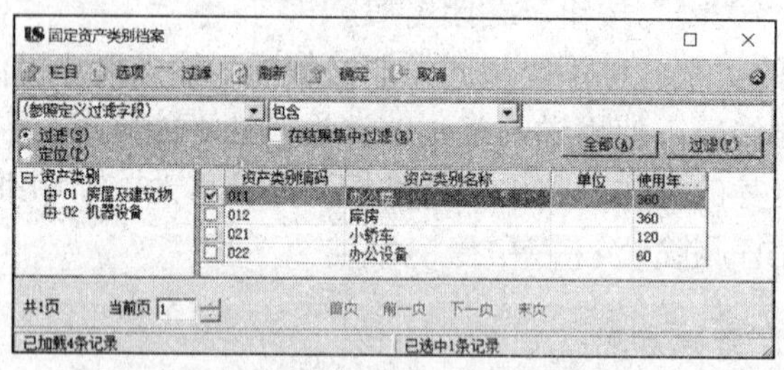

图 6-13　固定资产类别档案表

2）选择固定资产类别。选中“011 办公楼”复选框，单击工具栏上的“确定”按钮（或双击固定资产类别编码表中的“011 办公楼”），打开“固定资产卡片（00001 号卡片）”窗口。

3）录入固定资产卡片。录入固定资产名称“A 写字楼”，核对类别编号，单击部门名称栏，再单击“使用部门”按钮，选中“单部门使用”单选按钮，如图 6-14 所示。单击“确定”按钮，弹出“固定资产—部门基本参照”对话框，选中“资产管理中心”，单击“确定”按钮（或双击“资产管理中心”）。

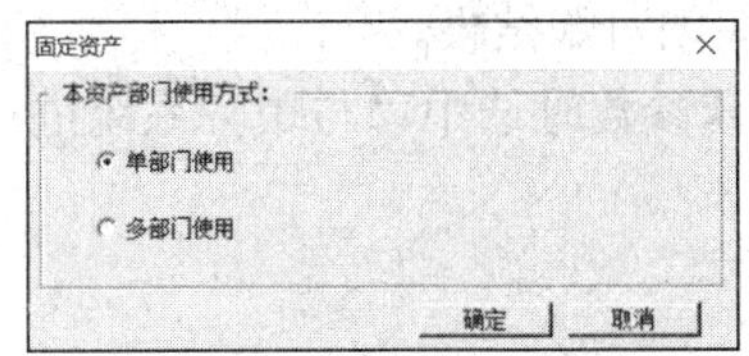

图 6-14　设置固定资产的部门使用方式

4）录入增加方式“在建工程转入”、使用状况“在用”、开始使用日期“2014-12-08”、原值“1 420 000.00”、累计折旧“225 420.00”，如图 6-15 所示。

固定资产卡片 | 附属设备 | 大修理记录 | 资产转移记录 | 停启用记录 | 原值变动 | 拆分/减少信息

固定资产卡片

卡片编号	00001			日期	2020-01-01
固定资产编号	01100001	固定资产名称			A写字楼
类别编号	011	类别名称	办公楼	资产组名称	
规格型号		使用部门			资产管理中心
增加方式	在建工程转入	存放地点			
使用状况	在用	使用年限(月)	360	折旧方法	平均年限法(二)
开始使用日期	2014-12-08	已计提月份	60	币种	人民币
原值	1420000.00	净残值率	2%	净残值	28400.00
累计折旧	225420.00	月折旧率	0.0027	本月计提折旧额	3887.27
净值	1194580.00	对应折旧科目	660204,折旧费	项目	
增值税	0.00	价税合计	1420000.00		
录入人	张主管			录入日期	2020-01-01

图 6-15　固定资产卡片录入

5）单击工具栏上的“保存”按钮，弹出“数据成功保存！”信息提示框，单击“确定”按钮。

6）依次录入其他资产卡片数据。

7）单击右上角的“关闭”按钮，关闭窗口。

固定资产设置说明

（七）与总账对账

将固定资产卡片的值与总账中的总分类账进行对账。

1）启动“固定资产对账”功能。执行“业务工作”－“财务会计”－“固定资产”－“处理”－“对账”命令，弹出“与账务对账结果”对话框，如图 6-16 所示。

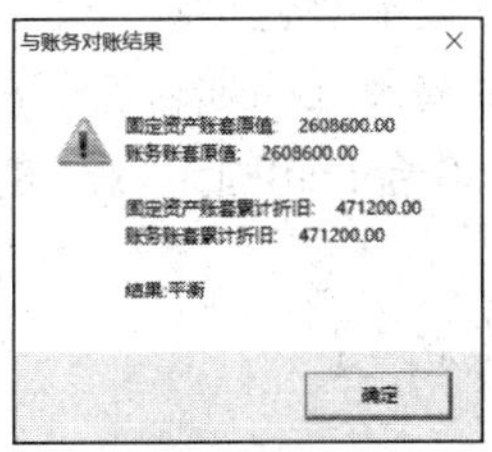

图 6-16　“与账务对账结果”对话框

2）单击“确定”按钮，关闭对账结果。

【相关说明】只有设置账套参数时选中“与账务系统进行对账”复选框，本功能才能操作。

（八）账套备份

将账套输出至“6-2 固定资产系统初始设置”文件夹，压缩后保存到U盘。

八、疑难解答

1）如何修改固定资产卡片格式？

固定资产卡片可以通过“卡片样式”功能对卡片的格式进行修改，还可以通过卡片项目定义新的自定项目。

2）在期初卡片录入完成后，如何检查数据是否正确？

可以通过与科目总账对账功能对数据进行检查，对账不平，说明数据存在错误，期初卡片录入完成后对账，与总账科目的期初余额进行对账。

3）设置部门对应折旧科目和固定资产增减方式对应科目有何作用？

部门对应折旧科目用于计提折旧时，在生成的折旧凭证中自动填写科目；固定资产增减方式中定义的科目用于当新增或减少固定资产时，在生成的凭证中自动填写科目。

4）为什么月折旧率和月折旧额错误，但不能修改？

月折旧率和月折旧额是由其他项录入后自动计算得出，不能直接修改，如果数据错误，需要修改其他项，常见的错误是“使用年限”录入中没有将年份换算成月份。

九、实训报告

项目六任务二　实训报告

问题思考

1）固定资产管理系统的主要功能包括哪些？

2）固定资产管理系统的业务流程是怎样的？

3）固定资产管理系统的控制参数主要包括哪些？

4）固定资产原始卡片录入中主要录入的项目有哪些？

5）如果某部门有相同的电脑100台，此固定资产是作为一张卡片录入还是作为100张卡片录入？为什么？

6）如何批量增加同类型的原始卡片？

任务三 固定资产业务处理

一、任务描述

本任务主要训练学生掌握固定资产的增减变动处理方法和折旧处理方法。

二、实训任务

1）修改固定资产卡片。
2）增加固定资产。
3）相关折旧处理。
4）生成增加固定资产的记账凭证。
5）计提固定资产折旧。
6）减少固定资产。
7）固定资产变动处理。
8）对账与结账。
9）账表管理。

三、任务目标

1）掌握资产的增减处理。
2）熟悉资产的评估。
3）掌握折旧的计提。
4）掌握资产使用状况的调整。
5）掌握固定资产卡片管理。

四、准备工作

1）基本了解固定资产系统日常业务基本流程。
2）整理好固定资产系统日常业务所需信息及数据。
3）更改计算机时间为“2020年1月31日”。
4）引入“6-2固定资产系统初始设置”文件夹下的备份账套。

五、任务引例

1）修改固定资产卡片。2020年1月8日，将卡片编号为“00002”的固定资产（总部仓库）的使用状况由“在用”修改为“大修理停用”。

2）新增固定资产。2020年1月10日，直接购入并交付华南办事处一台电脑，预计使用年限为5年，原值为8 000元，增值税为1 040元，净残值率为3%，采用“年数总和法”计提折旧。

3）固定资产变动。2020年1月31日，根据企业需要，将卡片号码为“00003”号的固定资产（奥迪A6）的折旧方法由“平均年限法（二）”更改为“工作量法”，工作总量为

1 000 000 公里，月初累计工作量为 250 000 公里，本月工作量为 5 000 公里。

4）计提本月折旧。

5）减少固定资产。2020 年 1 月 31 日，将华南办事处使用的电脑“00005”号固定资产捐赠给希望工程。

六、教学关注

固定资产在日常使用过程中，经常会发生资产增减、各项因素的变动等情况。学生在学习本任务内容时，可能会忘记在固定资产原值处输入卡片录入月初的价值，会出现计算错误的提示。因此，在本部分教学过程中，要求学生在固定资产发生变动后及时处理，每月正确计算固定资产折旧，为企业的成本费用核算提供依据。

七、过程指导

（一）固定资产卡片的修改

对当月录入的卡片进行修改。

1）以“01 操作员”的身份登录企业应用平台。

2）启动“固定资产卡片”功能。执行“业务工作”—“财务会计”—“固定资产”—“卡片”—“卡片管理”命令，弹出“查询条件选择-卡片管理”对话框，选择卡片编号“00002-总部仓库”，取消选中“开始使用日期”复选框，如图 6-17 所示，单击“确定”按钮，打开“卡片管理”窗口。

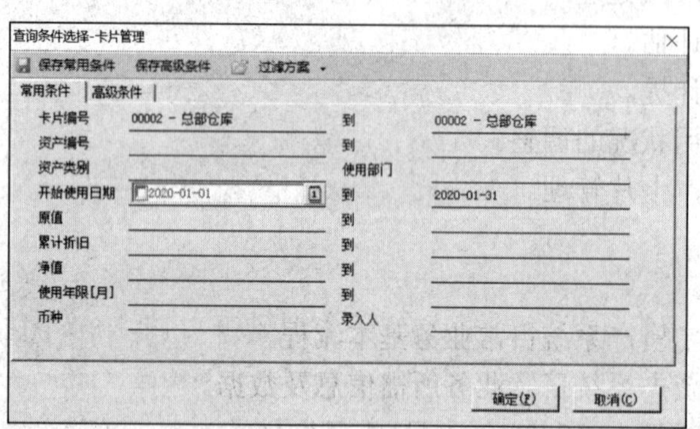

图 6-17　卡片管理

3）进入修改状态。选中“00002”所在行，单击“修改”按钮，打开“固定资产卡片”编辑窗口，界面样式与新增卡片相同。

4）修改卡片。单击“使用状况”按钮，打开“使用状况参照”窗口，选中“1004 大修理停用”复选框，单击“确定”按钮。

5）保存设置。单击工具栏上的“保存”按钮，弹出“数据成功保存！”信息提示框，单击“确定”按钮，返回“卡片管理”窗口。

6）单击右上角的“关闭”按钮，关闭窗口。

固定资产卡片信息说明

（二）固定资产增加的处理

当有固定资产流入企业时，需要通过增加固定资产的方法进行登记。

1）启动“固定资产卡片”功能。执行“业务工作”－“财务会计”－“固定资产”－“卡片”－“资产增加”命令，打开“固定资产类别档案”窗口，如图 6-18 所示。

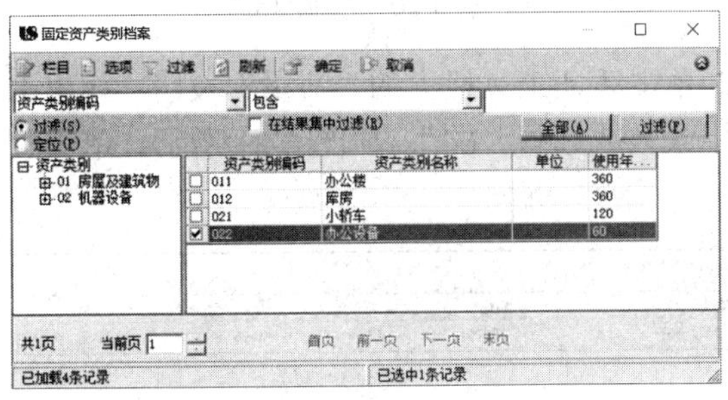

图 6-18　固定资产类别档案

2）选择固定资产类别。选中“022 办公设备”复选框，单击工具栏上的“确定”按钮，打开“固定资产卡片”窗口。

3）录入新增资产。录入固定资产名称“电脑”、使用部门“华南办事处”、增加方式“直接购入”、使用状况“在用”，折旧方法选择“年数总和法”选项，录入开始使用日期“2020-01-10”、原值“8 000.00”、增值税“1 040.00”，如图 6-19 所示。

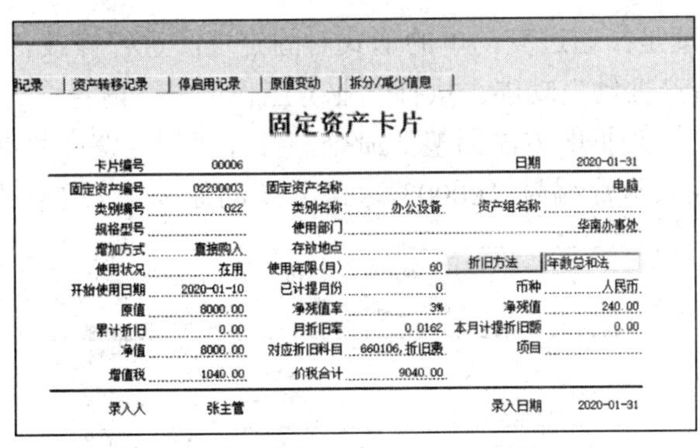

图 6-19　固定资产卡片

4）凭证生成。单击“保存”按钮，打开“填制凭证”窗口，选择凭证类型为“付 付款凭证”，如图 6-20 所示。

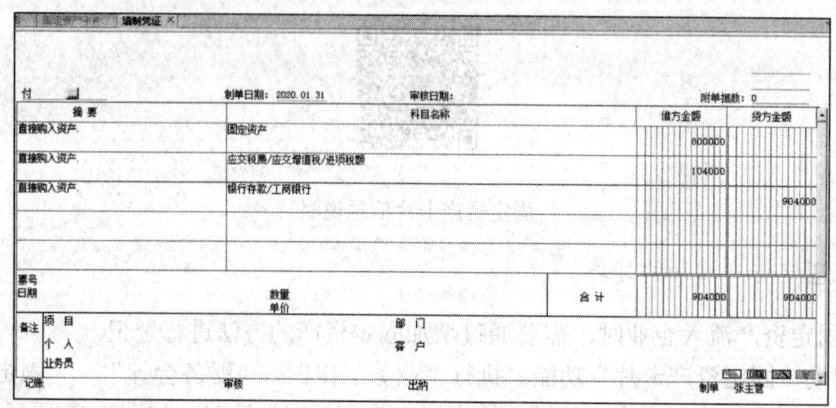

图 6-20　填制凭证

5）录入现金流量。单击凭证工具栏上的“流量”按钮，弹出“现金流量录入修改”对话框，“项目编码”栏中录入或选择“04”，如图 6-21 所示，单击“确定”按钮，完成现金流量的录入。

图 6-21　现金流量

6）单击凭证中的“保存”按钮，保存凭证成功，在左上角显示红字“已生成”，关闭凭证，弹出“数据成功保存！”信息提示框，完成固定资产卡片的填制，单击“确定”按钮，退出“资产增加”窗口。

7）单击右上角的“关闭”按钮，关闭窗口。

（三）固定资产变动处理

固定资产变动处理是指通过变动单的形式对固定资产进行修改。

1）启动“固定资产变动”功能。执行“业务工作”－“财务会计”－“固定资产”－“卡片”－“变动单”－“折旧方法调整”命令，打开“固定资产变动单”窗口。

2）选择卡片。录入卡片编号“00003”，录入变动原因“工作需要”，如图 6-22 所示。

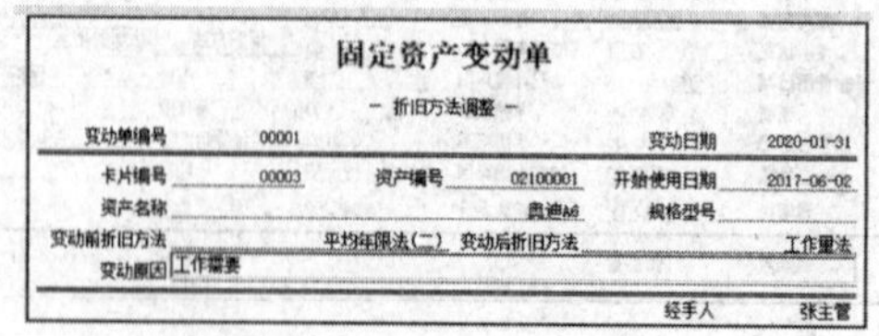

图 6-22　固定资产变动单

3）修改折旧方法。选中“变动后折旧方法”栏，单击“变动后折旧方法”按钮，选中“工作量法”，单击“确定”按钮，弹出“工作量输入”对话框。

4）录入工作量期初值。录入工作总量“1 000 000”、累计工作量“250 000”、工作量单位“公里”，如图 6-23 所示，单击“确定”按钮。

5）单击工具栏上的“保存”按钮，弹出“数据保存成功！”信息提示框，单击“确定”按钮。

6）输入当月工作量。执行“业务工作”—“财务会计”—“固定资产”—“处理”—“工作量输入”命令，打开“工作量输入”界面，录入本月工作量“5 000”并按 Enter 键，如图 6-24 所示，单击“保存”按钮。

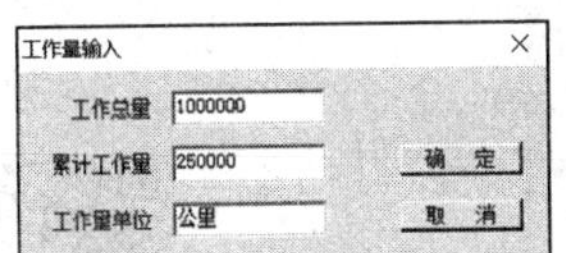

图 6-23 工作量期初值录入窗口

图 6-24 本月工作量录入窗口

7）关闭所有打开的界面。

【相关说明】变动单不能修改，只有在当月可删除重做，应仔细检查后再保存。所属类别是计提折旧的资产，调整后的折旧方法不能是“不提折旧”。所属类别是不提折旧的资产，折旧方法不能调整。进行折旧方法调整的资产在调整当月就按调整后的折旧方法计提折旧。

（四）计提固定资产折旧

1）启动“固定资产折旧”功能。执行“业务工作”—“财务会计”—“固定资产”—“处理”—“计提本月折旧”命令，弹出“是否要查看折旧清单？”信息提示框；单击“是”按钮，弹出“本操作将计提本月折旧，并花费一定时间，是否继续？”信息提示框；单击“是”按钮，系统开始计算，打开“折旧清单”窗口，如图 6-25 所示。

折旧清单 [2020.01]

2020.01(登录)(最新)

卡片编号	资产编号	资产名称	原值	计提原值	本月计提折旧额	累计折旧
00001	01100001	A写字楼	1,420,000.00	1,420,000.00	3,887.27	229,307.27
00002	01200001	总部仓库	523,000.00	523,000.00	1,431.87	84,411.87
00003	02100001	奥迪A6	650,000.00	650,000.00	3,156.50	160,146.50
00004	02200001	传真机	5,600.00	5,600.00	91.41	3,969.41
00005	02200002	电脑	10,000.00	10,000.00	161.83	2,093.83
合计			2,608,600.00	2,608,600.00	8,728.88	479,928.88

图 6-25 折旧清单

2）查看折旧分配表。单击“退出”按钮，打开“折旧分配表”窗口，如图 6-26 所示。

01(2020.01—>2020.01)

部门编号	部门名称	项目编号	项目名称	科目编号	科目名称	折旧额
01	总经理办公			660204	折旧费	3,156.50
04	资产管理中			660204	折旧费	3,887.27
0602	华南办事处			660106	折旧费	253.24
07	仓管部			660204	折旧费	1,431.87
合计						8,728.88

图 6-26 折旧分配表

3）生成凭证。单击工具栏上的“凭证”按钮，生成一张记账凭证，修改凭证类别为“转账凭证”，单击“保存”按钮，凭证左上角出现“已生成”字样，表示凭证已传递至总账，单击“退出”按钮退出，如图 6-27 所示。

4）单击右上角的“关闭”按钮，关闭窗口。

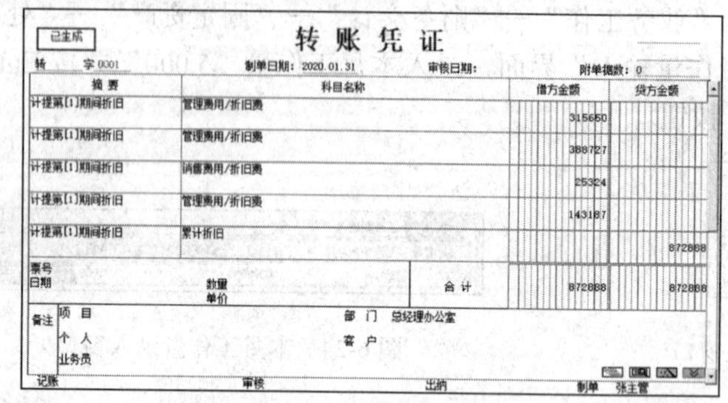
已生成

转 账 凭 证

转 字 0001 制单日期：2020.01.31 审核日期： 附单据数：0

摘要	科目名称	借方金额	贷方金额
计提第[1]期间折旧	管理费用/折旧费	315650	
计提第[1]期间折旧	管理费用/折旧费	388727	
计提第[1]期间折旧	销售费用/折旧费	25324	
计提第[1]期间折旧	管理费用/折旧费	143187	
计提第[1]期间折旧	累计折旧		872888
票号 日期	数量 单价 合计	872888	872888

备注 项目 部门 总经理办公室

个人 客户

业务员

记账 审核 出纳 制单 张主管

图 6-27 转账凭证

固定资产折旧说明

（五）固定资产减少的处理

固定资产的减少一定要在计提完折旧后进行操作。

1）启动“固定资产减少”功能。执行“业务工作”—“财务会计”—“固定资产”—“卡片”—“资产减少”命令，弹出“资产减少”对话框。

2）进入资产减少状态。录入卡片编号“00005”，单击“增加”按钮，减少方式选择“捐赠转出”，录入清理原因“捐赠希望工程”，如图 6-28 所示。

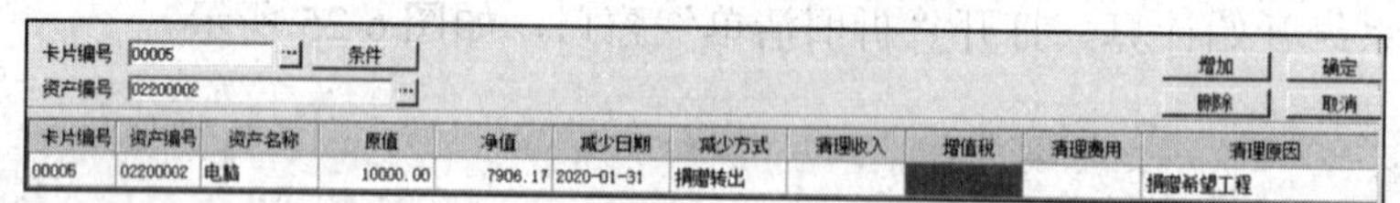
卡片编号 00005 条件

资产编号 02200002

增加 确定 删除 取消

卡片编号	资产编号	资产名称	原值	净值	减少日期	减少方式	清理收入	增值税	清理费用	清理原因
00005	02200002	电脑	10000.00	7906.17	2020-01-31	捐赠转出				捐赠希望工程

图 6-28 资产减少

3）生成凭证。单击“确定”按钮，系统自动弹出一张转账凭证，如图 6-29 所示。选择“转账凭证”选项，单击“保存”按钮，退出凭证填制，弹出“所选卡片已减少成功！”信息提示框，单击“确定”按钮，并关闭窗口。

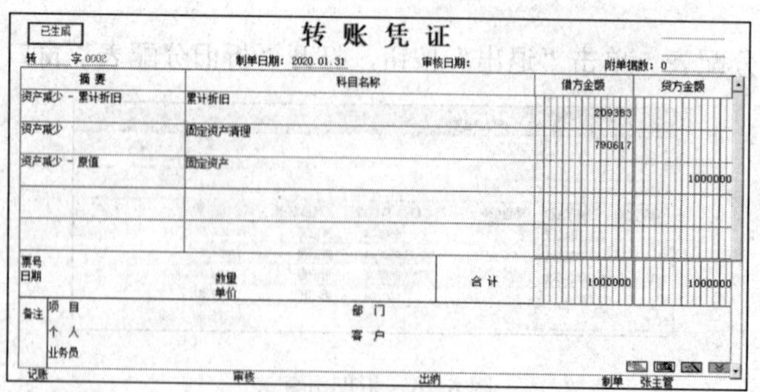
已生成

转 账 凭 证

转 字 0002 制单日期：2020.01.31 审核日期： 附单据数：0

摘要	科目名称	借方金额	贷方金额
资产减少－累计折旧	累计折旧	209383	
资产减少	固定资产清理	790617	
资产减少－原值	固定资产		1000000
票号 日期	数量 单价 合计	1000000	1000000

备注 项目 部门

个人 客户

业务员

记账 审核 出纳 制单 张主管

图 6-29 生成凭证

【特别注意】清理原因必须填写，否则单击“确定”按钮将没有反应。

（六）对账

将固定资产卡片的值与总账中的总分类账进行对账。

1）凭证审核记账。以“03 操作员”的身份审核全部凭证，“01 操作员”记账。

2）启动“固定资产对账”功能。执行“业务工作”—“财务会计”—“固定资产”—“处理”—“对账”命令，弹出“与账务对账结果”对话框，单击“确定”按钮，如图 6-30 所示。

图 6-30　与总账对账结果

【相关说明】只有在参数中选中“与账务系统进行对账”复选框，本功能才能操作。对账前需要对所有凭证进行记账，否则对账结果错误。如果对账不平，需要根据参数中是否选中“在对账不平衡情况下允许固定资产月末结账”复选框来判断是否可以结账。

（七）结账

对固定资产当月的数据进行封存。

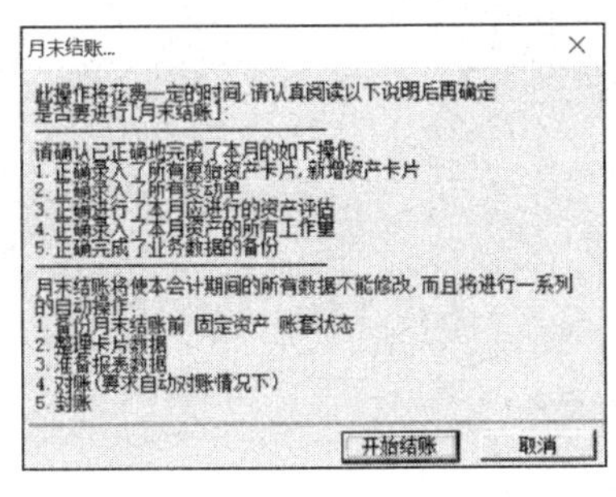

图 6-31　“月末结账”对话框

1）启动“固定资产结账”功能。执行“业务工作”—“财务会计”—“固定资产”—“处理”—“月末结账”命令，弹出“月末结账”对话框，如图 6-31 所示。

2）结账。单击“开始对账”按钮，系统开始结账，然后出现“与账务对账结果”对话框，单击“确定”按钮，系统提示须重新登录，则单击“确定”按钮，完成结账。

【相关说明】在固定资产系统完成本月全部制单业务之后，可以进行月末结账。月末结账每月进行一次，结账后当期数据不能修改。本期不结账，将不能处理下期的数据。结账前一定要进行数据备份，否则数据一旦丢失，将造成无法挽回的后果。如果结账后发现有未处理的业务或者需要事项，可以通过系统提供的“恢复月末结账前状态”功能进行反结账。但是，不能跨年度恢复数据，即本系统年末结账后，不能利用本功能恢复年末结账。恢复到某个月月末结账前的状态后，本账套内对该结账后所做的所有工作都将无痕迹删除。

（八）账套备份

将账套输出至“6-3 固定资产业务处理”文件夹，压缩后保存到 U 盘。

八、疑难解答

1）为什么已经计提折旧的凭证传递到总账后不能重新计提折旧？

如果上次计提折旧以后已经制作凭证并传递到总账系统，则必须删除这张凭证才能重新计提折旧。

2）如何查看已经减少的资产？

如果要查看已经减少的资产，则可以在卡片管理界面上从右窗格卡片列表上方的下拉框里选择“已经减少资产”，屏幕上列示的就是已经减少的资产清单。

3）为什么进行资产类别调整后无法保存?

调整后类别的折旧计提属性必须和调整前类别的折旧计提属性相同。如果两者的折旧计提属性不同，单击“保存”按钮后，弹出“变动前类别与变动后类别的折旧计提属性不一致。”信息提示框，同时拒绝保存。

九、实训报告

项目六任务三　实训报告

问题思考

1）固定资产日常业务处理主要包括哪些内容？

2）固定资产变动有哪些情况？

3）固定资产期末处理有哪些工作？

项目七　应收款管理系统应用

学习要点

1. 应收款管理系统的功能和操作流程。
2. 应收款管理系统初始设置。
3. 应收款单据处理。

学习目标

1. 熟悉应收款管理系统的功能和操作流程。
2. 能够正确进行应收款管理系统的初始设置。
3. 掌握应收款单据处理的方法。
4. 培养会计软件操作的规范性和发现问题的敏感性。
5. 培养勤奋学习精神和合作精神。

学习指引

应收款管理系统的主要功能是对企业与客户之间发生的往来款项进行核算与管理，具体工作内容按照操作流程来讲，就是应收款管理系统的初始设置、日常业务处理（单据处理）和期末业务处理。学习的重难点集中在单据处理，关键是要厘清日常业务处理的流程。

任务一　应收款管理系统的功能和操作流程

一、应收款管理系统的功能结构

应收款管理系统以发票、其他应收单等原始单据为依据，记录销售业务及其他业务所形成的往来款项，处理应收款的收回、坏账、转账等情况，同时提供票据处理功能。

根据对客户往来款项核算和管理的程度不同，系统提供了两种应用方案。

第一种方案，在总账管理系统中核算客户往来款项。如果企业应收款业务比较简单，或者现销业务很多，可以选择在总账管理系统通过辅助核算完成客户往来核算，无须使用应收款管理系统。

第二种方案，在应收款管理系统中核算客户往来款项。如果企业的应收款核算管理内容比较复杂，可以启动应收款管理系统。所有客户往来凭证全部由应收款管理系统根据原始业务生成，其他系统不再生成这类凭证。

应收款管理系统的主要功能包括根据输入的单据或由销售系统传递过来的单据记录应收款项的形成、处理应收项目的收款及转账业务、对应收票据进行记录和管理、在应收项目的处理过程中生成凭证、向总账管理系统进行传递、提供各种查询及分析。

1）单据处理功能：增删改单据和查询、审核单据。

2）单据核销工作：手工核销、自动核销。

3）应收转账功能：进行应收冲应付、预收冲应收、红票对冲、应收冲应收等操作。

4）汇兑损益功能：有外币业务核算时的汇兑损益处理。

5）坏账处理功能：坏账计提、坏账发生、坏账收回及坏账查询。

6）制单处理功能：对各个业务处理提供制单的功能，并传递给总账。

7）票据管理功能：对银行承兑汇票和商业承兑汇票进行管理。

8）收款单导出：完成收款单与网上银行的相互导入、导出处理。

9）选择收款：进行一次对多个客户多笔款项进行收款的业务处理，简化日常收款操作。

10）信用证管理：主要进行出口商在发出信用证后的押汇结汇及其后续核销处理。

二、应收款管理系统与其他系统的关系

应收款管理系统与其他系统的关系如图 7-1 所示。

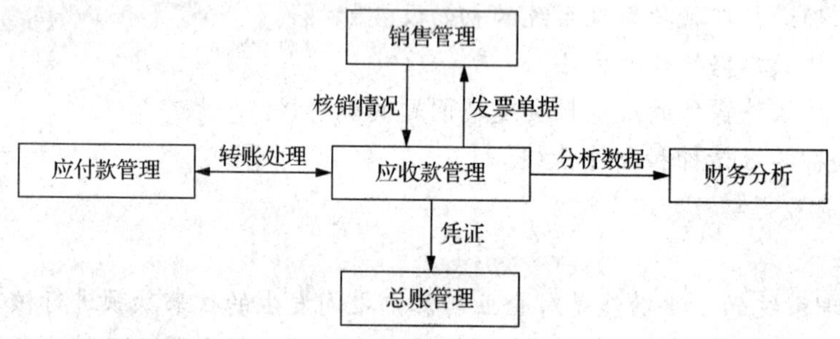

图 7-1　应收款管理系统与其他系统的关系

销售管理系统向应收款管理系统提供已复核的销售发票、销售调拨单及代垫费用单，在应收款管理系统中对发票单据进行审核并进行收款结算处理，生成凭证；应收款管理系统和应付款管理系统之间可以进行转账处理；应收款管理系统向总账管理系统传递凭证；应收款管理系统向财务分析系统提供各种分析数据。

三、应收款管理系统的操作流程

应收款管理系统的操作流程分为 3 步：一是初始化，主要定义基础档案和录入期初数据；二是日常业务，包括形成应收业务、收款结算业务、坏账处理业务和应收转账业务，其中形成应收与收款结算是主要业务，操作流程如图 7-2 所示；三是月末处理，主要完成月末结账。

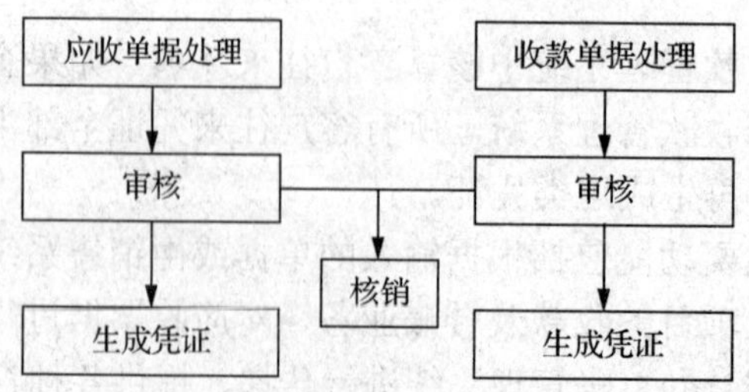

图 7-2　形成应收与收款结算流程

应收单据处理就是形成应收，可以简单地理解为开票；收款单据处理就是收款结算，可以简单地理解为收款。应收单据处理和收款单据处理反映了应收款的两个方面。

任务二　应收款管理系统初始设置

一、任务描述

本任务主要训练学生掌握应收款管理系统参数设置的方法、应收款管理系统基础资料设置的方法、应收款管理系统期初余额录入方法及与总账对账方法。

二、实训任务

1）设置系统参数。
2）设置存货分类。
3）设置计量单位。
4）设置存货档案。
5）设置基本科目。
6）设置结算方式科目。
7）设置坏账准备。
8）设置账龄区间。
9）设置报警级别。
10）设置单据编号。
11）设置开户银行。
12）录入期初销售发票。

三、任务目标

1）理解应收款管理系统的功能与业务处理流程。
2）掌握应收款管理系统参数设置方法。
3）掌握应收款管理系统基础资料的设置方法。
4）掌握应收款管理系统期初余额录入方法及与总账对账方法。

四、准备工作

1）初步了解应收款管理系统的基本功能。
2）整理好应收款管理所需信息及数据。
3）更改计算机时间为“2020 年 1 月 1 日”。
4）引入“3-2 总账系统初始设置”文件夹下的备份账套。

五、任务引例

（一）应收款系统的参数

单据审核日期依据“单据日期”，坏账处理方式为“应收余额百分比法”，销售科目依据“按存货设置，按信用方式根据单据提前 7 天自动报警”。

（二）存货分类

存货分类如表 7-1 所示。

表 7-1　存货分类

存货分类编码	存货分类名称
01	库存商品
02	应税劳务
03	固定资产

（三）计量单位

计量单位如表 7-2 所示。

表 7-2　计量单位

计量单位组	计量单位代码	计量单位名称
1 基本计量单位（无换算率）	1	台
	2	千米

（四）存货档案

存货档案如表 7-3 所示。

表 7-3　存货档案

编码	名称	分类码	单位	税率/%	存货属性	参考成本/元	参考售价/元	计划价/售价/元
001	联想电脑	01	台	13	外购、内销、外销	5 000	8 500	
002	戴尔电脑	01	台	13	外购、内销、外销	5 000	8 500	
003	惠普打印机	01	台	13	外购、内销、外销	600	1 000	900
004	运输费	02	千米	9	外购、内销、外销、应税劳务			
005	固定资产	03	台	13	外购、资产			

（五）基本科目

应收基本科目如表 7-4 所示。

表 7-4　应收基本科目

基础科目种类	科目	币种
应收科目	112201 应收账款——人民币账户	人民币
应收科目	112202 应收账款——美元账户	美元
预收科目	2203 预收账款	人民币
商业承兑科目	1121 应收票据	人民币
银行承兑科目	1121 应收票据	人民币

续表

基础科目种类	科目	币种
票据利息科目	6603 财务费用	人民币
票据费用科目	6603 财务费用	人民币
收支费用科目	660109 销售费用——其他	人民币
现金折扣科目	6603 财务费用	人民币
税金科目	22210102 应交税费——应交增值税——销项税额	人民币
汇兑损益科目	6603 财务费用	人民币

产品科目设置如表 7-5 所示。

表 7-5　产品科目设置

存货编码	存货名称	存货规格	销售收入科目	应交增值税科目	销售退回科目
001	联想电脑		600101	22210102	600101
002	戴尔电脑		600102	22210102	600102
003	惠普打印机		6051	22210102	6051
004	运输费		6051	22210102	6051
005	固定资产				

（六）结算方式科目

结算方式科目如表 7-6 所示。

表 7-6　结算方式科目

结算方式编码	结算方式名称	科目
1	现金	1001
2	现金支票	100201
3	转账支票	100201
4	电汇	100201
5	网上银行	100201
6	银行承兑汇票	100201

（七）坏账准备

坏账提取比例为 0.5%，坏账准备期初余额为 0，坏账准备科目为“1231 坏账准备”，坏账准备对方科目为“6701 资产减值损失”。

（八）账龄区间

账期内账龄区间设置总天数分别为 10 天、30 天、60 天、90 天。
逾期账龄区间设置总天数分别为 30 天、60 天、90 天和 120 天。

（九）报警级别

A 级时的总比率为 10%，B 级时的总比率为 20%，C 级时的总比率为 30%，D 级时的总比率为 40%，E 级时的总比率为 50%，F 级时的总比率在 50%以上。

（十）单据设置

修改销售专用发票单据编号：发票号采用完全手工编号。

修改应收款系统“其他应收单”“收款单”单据编号：手工改动，重号时自动重取。

修改销售专用发票的格式：表头中的销售类型项目取消“必输”。

（十一）本单位开户银行

本单位开户银行如表 7-7 所示。

表 7-7　本单位开户银行

编码	银行账号	币种	开户银行	所属银行编码
01	420101123460	人民币	中国工商银行武汉分行	01

（十二）期初发票

期初发票信息如表 7-8 所示。

表 7-8　期初发票信息

方向	开票日期	发票号	客户名称	销售部门	科目编码	货物名称	数量	无税单价/元	价税合计/元
正	2019.12.10	1912001	金蝶集团	华南办事处	1122	联想电脑	100	8 200	926 600

注：单据名称为销售专用发票，税率为 13%。

六、教学关注

应收款管理系统初始化比较简单，只有 3 个问题：系统参数的设置、相关基础资料的录入和期初余额的录入。第二个问题已在总账基础档案中详细讲解。本任务的重点是系统参数设置中“基本科目”的设置，如果定义不当，就会影响记账凭证的自动生成。有些内容并不难，但会影响整个系统的使用，因此，一定要养成严谨、细致的习惯。

七、过程指导

应收账款设置说明

（一）设置系统参数

1）以“01 操作员”的身份登录企业应用平台。

2）启动“应收款管理选项设置”功能。执行“业务工作”－“财务会计”－“应收款管理”－“设置”－“选项”命令，弹出“账套参数设置”对话框，如图 7-3 所示。

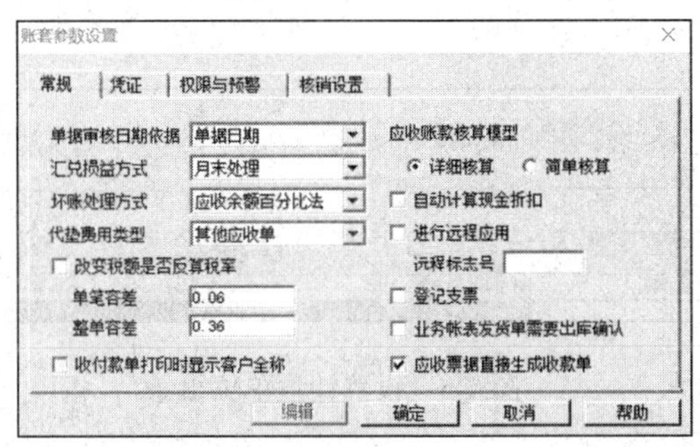

图 7-3 “账套参数设置”对话框

3）设置参数。单击“编辑”按钮，进入修改状态，在“坏账处理方式”下拉列表框中选择“应收余额百分比法”选项（图 7-3）；选择“凭证”选项卡，销售科目依据选择“按存货”；选择“权限与预警”选项卡，单据报警选择“信用方式”，在“提前天数”栏中录入“7”。

4）单击“确定”按钮，自动保存设置并关闭选项界面。

（二）设置存货分类

1）启动“存货分类”功能。执行“基础设置”—“基础档案”—“存货”—“存货分类”命令，打开“存货分类”窗口。

2）录入存货分类信息。单击“增加”按钮，按任务引例资料录入存货分类信息，如图 7-4 所示。

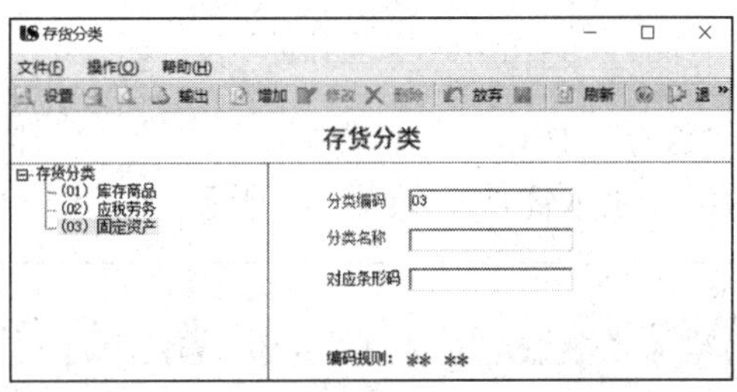

图 7-4 录入存货分类

3）单击工具栏上的“退出”按钮，关闭当前界面。

（三）设置计量单位

操作步骤分为两步，先定义计量单位组，再定义计量单位。

1）启动“计量单位设置”功能。执行“基础设置”—“基础档案”—“存货”—“计量单位”命令，打开“计量单位设置”窗口。

2）弹出“计量单位组”对话框。单击工具栏上的“分组”按钮，弹出“计量单位组”对话框。

3）定义单位计量组。单击“增加”按钮，录入计量单位组编码“1”，录入计量单位组名称“基本计量单位”，在“计量单位组类别”下拉列表框中选择“无换算率”选项，如

图 7-5 所示。

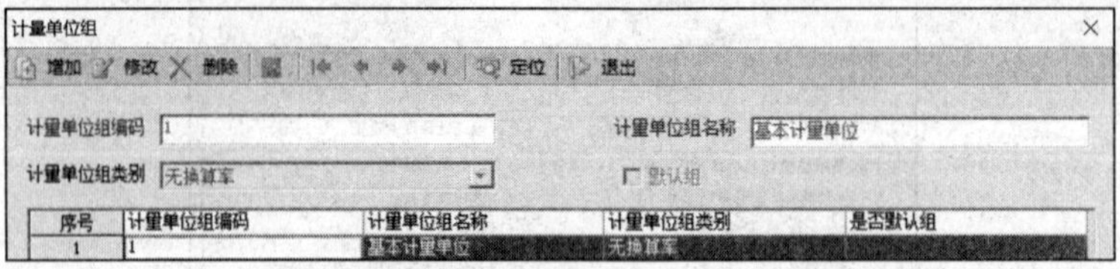

图 7-5　设置计量单位组

4）单击“保存”按钮，保存数据。

5）单击工具栏上的“退出”按钮，关闭“计量单位组”对话框。

6）弹出“计量单位”对话框。选择“基本计量单位”，单击工具栏上的“单位”按钮，弹出“计量单位”对话框。

7）进入增加状态。在“计量单位”对话框，单击工具栏上的“增加”按钮。

8）录入计量单位。录入计量单位组编码“1”，计量单位名称“台”，如图 7-6 所示。

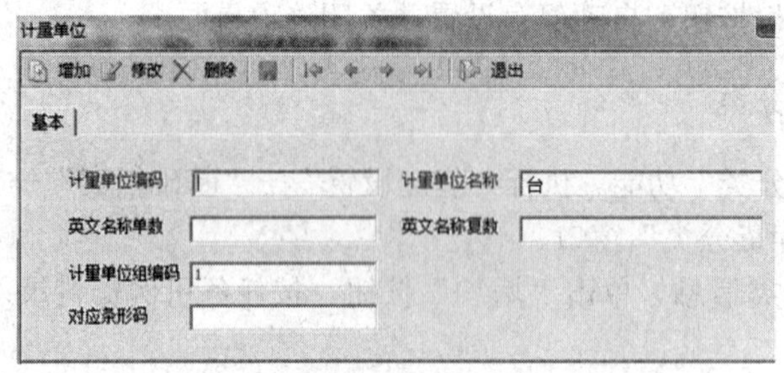

图 7-6　设置计量单位

9）单击工具栏上的“保存”按钮，保存数据。

10）依次录入其他数据，录入完成后如图 7-7 所示。

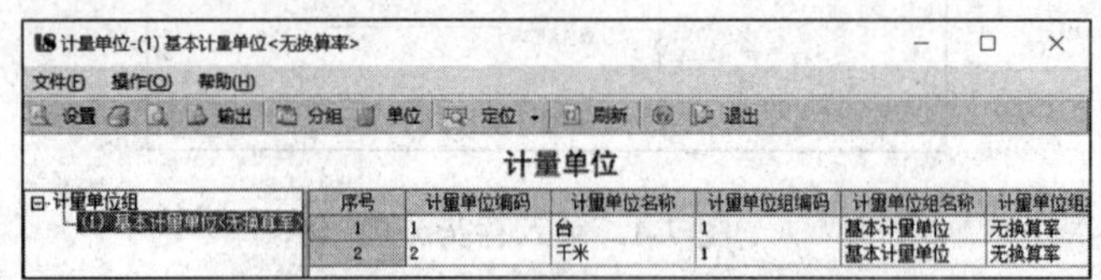

图 7-7　全部计量单位

11）单击工具栏上的“退出”按钮，关闭当前界面。

（四）设置存货档案

1）启动“存货档案”功能。执行“基础设置”—“基础档案”—“存货”—“存货档案”命令，打开“存货档案”界面。

2）录入存货档案。单击存货分类中的“01-库存商品”，再单击“增加”按钮，打开“存货编码 001”界面；选择“基本”选项卡，录入存货编码“001”、存货名称“联想电脑”，在“存货分类”下拉列表框中选择“01-库存商品”选项，在“计量单位组”下拉列表框中选择“1-基本计量单位”选项，在“主计量单位”下拉列表框中选择“1-台”选项，选中“内销”“外销”“外购”复选框，如图 7-8 所示。在“成本”选项卡中录入参考成本“5 000”，参考售价“8 500”，此处应注意不要遗漏存货属性设置。

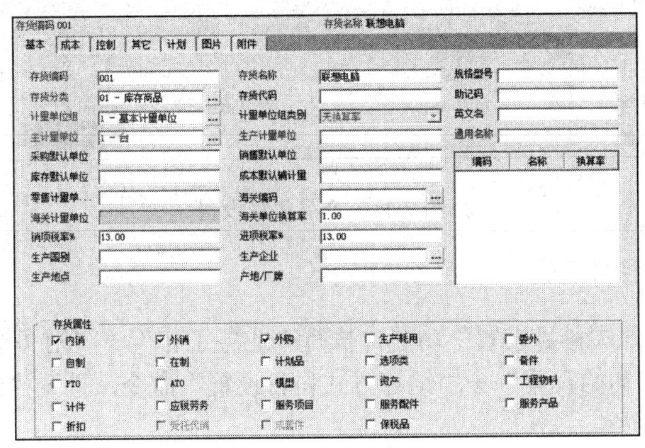

图 7-8　增加存货档案

3）单击工具栏上的“保存”按钮，保存数据。

4）依次录入其他数据，录入完成后如图 7-9 所示。

存货档案

打印序号(N)

存货分类：(01) 库存商品；(02) 应税劳务；(03) 固定资产

序号	选择	存货编码	存货名称	规格型号	存货代码	ABC分类	启用日期	计量单位组名称	主计量单位名称
1		001	联想电脑				2020-01-01	基本计量单位	台
2		002	戴尔电脑				2020-01-01	基本计量单位	台
3		003	惠普打印机				2020-01-01	基本计量单位	台
4		004	运输费				2020-01-01	基本计量单位	公里
5		005	固定资产				2020-01-31	基本计量单位	台

图 7-9　存货档案列表

5）单击工具栏上的“退出”按钮，关闭当前界面。

（五）设置基本科目

1）启动“初始设置”功能。执行“业务工作”—“财务会计”—“应收款管理”—“设置”—“初始设置”命令，打开“初始设置”界面。

2）录入基本科目。选择“设置科目”—“基本科目设置”选项，录入应收科目“112201”及其他基本科目，如图 7-10 所示。

初始设置

设置科目：基本科目设置、控制科目设置、产品科目设置、结算方式科目设置；坏账准备设置；账期内账龄区间设置；逾期账龄区间设置；报警级别设置；单据类型设置；中间币种设置

基础科目种类	科目	币种
应收科目	112201	人民币
预收科目	2203	人民币
商业承兑科目	1121	人民币
银行承兑科目	1121	人民币
票据利息科目	6603	人民币
票据费用科目	6603	人民币
现金折扣科目	6603	人民币
收支费用科目	660109	人民币
现金科目	22210102	人民币

图 7-10　基本科目设置

3）录入产品科目。选择“设置科目”－“产品科目设置”选项，录入或选择“销售收入科目”“应交增值税科目”“销售退回科目”数据，如图 7-11 所示。

存货编码	存货名称	存货规格	销售收入科目	应交增值税科目	销售退回科目
001	联想电脑		600101	22210102	600101
002	戴尔电脑		600102	22210102	600102
003	惠普打印机		6051	22210102	6051
004	运输费		6051	22210102	6051

图 7-11　产品科目设置

（六）结算方式科目设置

1）启动“结算方式科目设置”功能。执行“业务工作”－“财务会计”－“应收款管理”－“设置”－“初始设置”－“结算方式科目设置”命令，打开“结算方式科目设置”界面。

2）录入结算方式科目。在“结算方式”下拉列表框中选择“现金”选项，单击选中“币种”栏，选择“人民币”，在“科目”栏录入或选择“1001”，按 Enter 键。

3）依次录入其他数据，结果如图 7-12 所示。

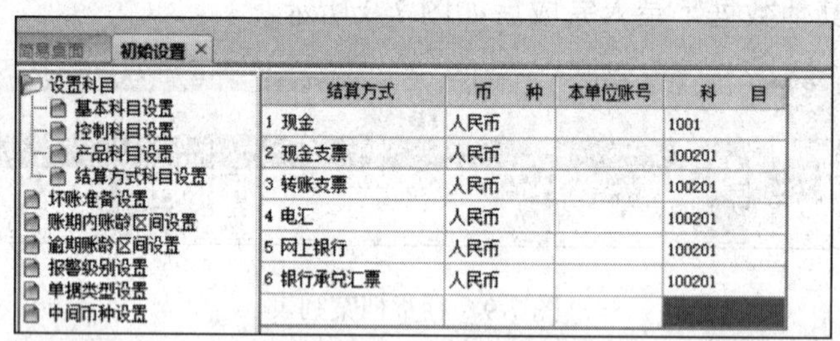

结算方式	币种	本单位账号	科目
1 现金	人民币		1001
2 现金支票	人民币		100201
3 转账支票	人民币		100201
4 电汇	人民币		100201
5 网上银行	人民币		100201
6 银行承兑汇票	人民币		100201

图 7-12　结算方式科目设置

（七）设置坏账准备

1）启动“坏账准备设置”功能。执行“业务工作”－“财务会计”－“应收款管理”－“设置”－“初始设置”－“坏账准备设置”命令，打开“坏账准备设置”界面。

2）设置坏账准备科目。录入提取比率“0.500”、坏账准备期初余额“0.00”、坏账准备科目“1231”、坏账准备对方科目“6701”，完成后如图 7-13 所示。

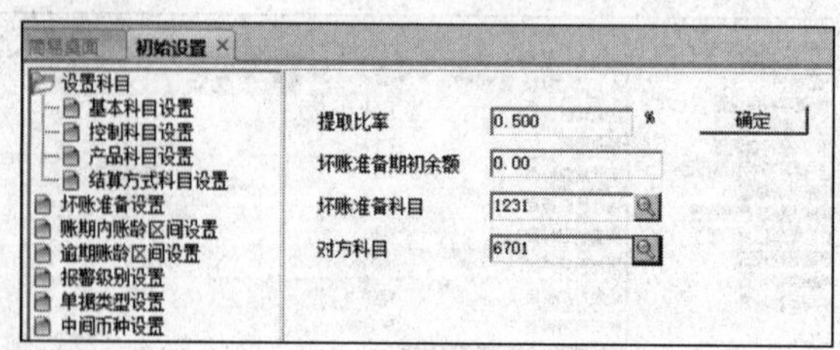

图 7-13　坏账准备设置

3）单击“确定”按钮，保存数据。

（八）设置账龄区间

1）启动“账期内账龄区间设置”功能。执行“业务工作”—“财务会计”—“应收款管理”—“设置”—“初始设置”—“账期内账龄区间设置”命令，打开“账期内账龄区间设置”界面。

2）录入账龄区间天数。在“总天数”栏录入“10”，按 Enter 键。

3）依次录入其他数据。结果如图 7-14 所示。

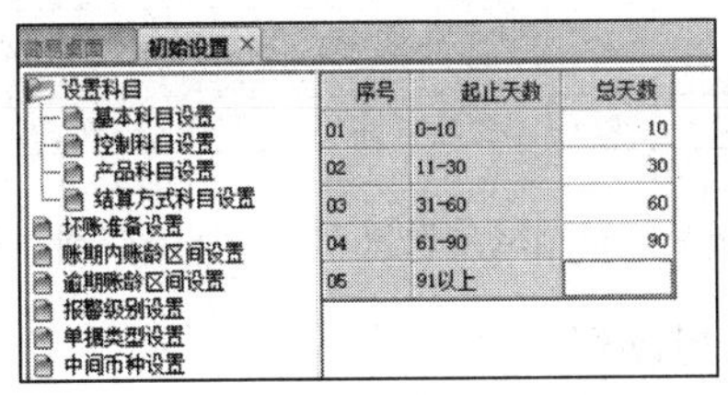

图 7-14　账期内账龄区间设置

4）用同样的方法进行“逾期账龄区间设置”。

（九）设置报警级别

1）启动“报警级别设置”功能。执行“业务工作”—“财务会计”—“应收款管理”—“设置”—“初始设置”—“报警级别设置”命令，打开“报警级别设置”界面。

2）录入总比例和级别。在“总比率”栏录入“10”，在“级别名称”栏录入“A”，按 Enter 键。

3）依次录入其他数据，如图 7-15 所示。

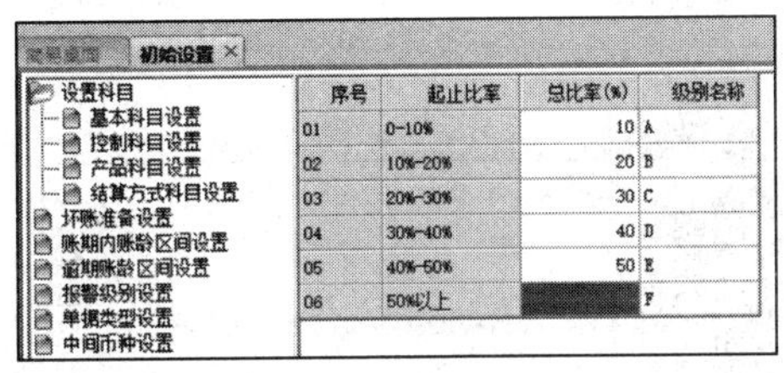

图 7-15　报警级别设置

4）单击右上角的“关闭”按钮，关闭当前界面。

（十）单据设置

1．单据编号设置

1）启动“单据编号设置-[销售专用发票]”功能。执行“基础设置”—“单据设置”—“单据编号设置”命令，弹出“单据编号设置-[销售专用发票]”对话框，如图 7-16 所示。

2）选择设置对象。在左边的单据类型中选择“销售管理”—“销售专用发票”选项。

3）进入修改状态。单击工具栏上的“修改”按钮，详细信息的内容变成有效状态。

4）选中“完全手工编号”复选框。

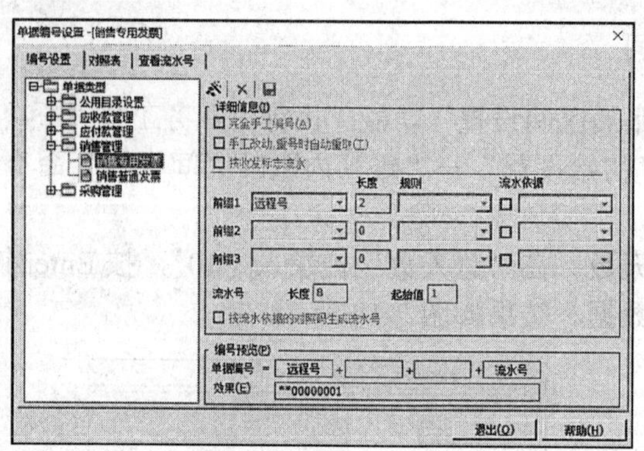

图 7-16 “单据编号设置-[销售专用发票]”对话框

5）单击“保存”按钮，自动保存修改。

6）依次修改应收款管理中的“其他应收单”“收款单”，编号方式为“手工改动”，重号时自动重取。

2．修改单据格式

1）启动“单据格式设置”功能。执行“基础设置”－“单据设置”－“单据格式设置”命令，打开“单据格式设置”界面。

2）选择设置对象。在左边的单据类型中选择“销售管理”－“销售专用发票”－“显示”－“销售专用发票显示模板”选项。

3）选择修改对象。在表头选中“销售类型”复选框。

4）打开表头项目。单击工具栏上的“表头项目”按钮，弹出“表头”对话框，如图 7-17 所示。

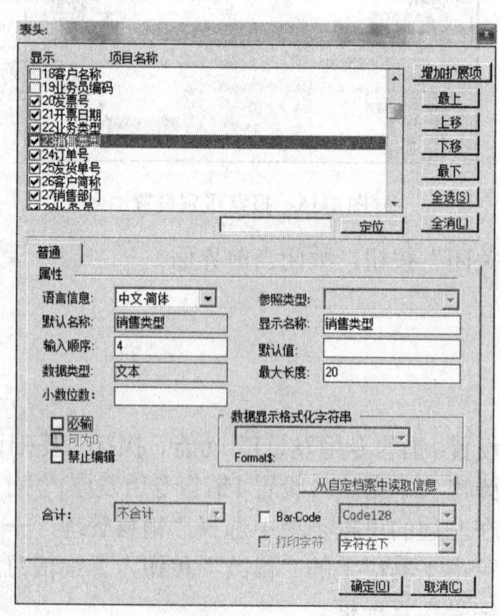

图 7-17 “表头”对话框

5）修改属性。“销售类型”已自动选择，取消选中“必输”复选框，单击“确定”按钮，返回到上一界面，销售类型变为黑色。

6）单击工具栏上的“保存”按钮，保存修改的设置。

7）单击窗口上的“关闭”按钮，关闭当前界面。

（十一）设置开户银行

1）启动“本单位开户银行”功能。执行“基础设置”—“基础档案”—“收付结算”—“本单位开户银行”命令，打开“本单位开户银行”窗口。

2）录入本单位开户银行信息。单击“增加”按钮，录入编码“01”，录入银行账号“420101123460”，选择币种“人民币”，录入开户银行“中国工商银行武汉分行”，选择所属银行编码“01-中国工商银行”，如图 7-18 所示。

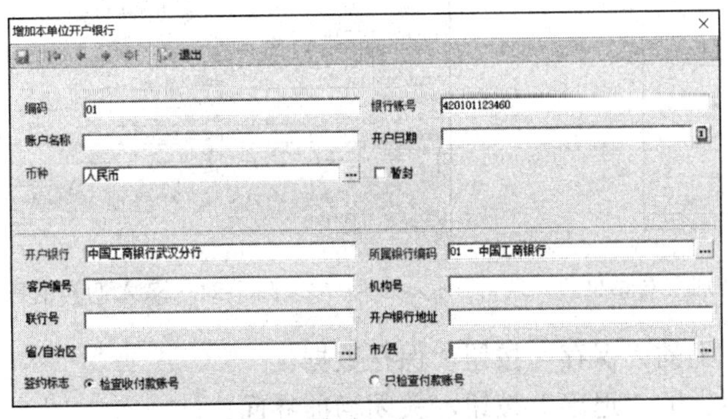

图 7-18　增加本单位开户银行

3）单击工具栏上的“保存”按钮，保存数据。

4）单击工具栏上的“退出”按钮，关闭当前界面。

（十二）录入期初销售发票

1）启动“期初余额”功能。执行“业务工作”—“应收款管理”—“设置”—“期初余额”命令，弹出“期初余额--查询”对话框，如图 7-19 所示。

图 7-19　“期初余额--查询”对话框

2）设置查询条件。在“期初余额--查询”对话框，单击“确定”按钮，打开“期初余额明细表”窗口。

3）进入增加状态。单击工具栏上的“增加”按钮，弹出“单据类别”对话框，如图 7-20 所示。

4）选择新增单据类别。单据名称选择“销售发票”，单据类型选择“销售专用发票”，方向选择“正向”，单击“确定”按钮，打开“销售专用发票”窗口。

5）增加一张空发票。单击工具栏上的“增加”按钮，自动增加一张空表。

6）录入销售发票。修改开票日期为“2019-12-10”，录入发票号“1912001”，选择客户名“金蝶”，录入税率“13”，选择科目“1122”，选择货物名称“联想电脑”，录入数量“100”，录入无税单价“8 200”，如图 7-21 所示。

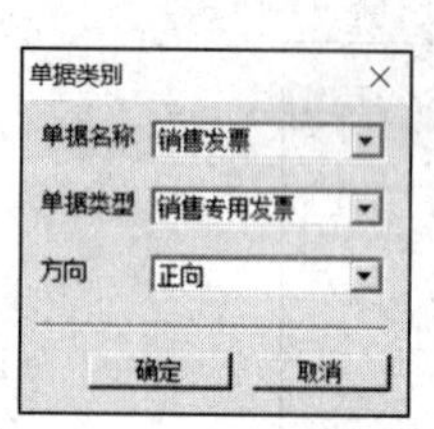

图 7-20 “单据类别”对话框

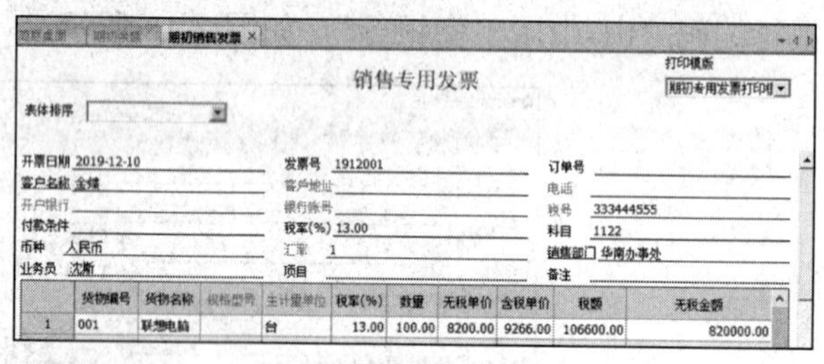

图 7-21 录入期初销售发票

7）单击工具栏上的“保存”按钮，保存数据。

8）单击工具栏上的“退出”按钮，关闭当前界面。

（十三）应收款系统与总账系统对账

1）启动“期初对账”功能。执行“业务工作”—“应收款管理”—“设置”—“期初余额”命令，重新打开“期初余额明细表”窗口，单击工具栏上的“对账”按钮，打开“期初对账”窗口，如图 7-22 所示，查看对账结果。

科目		应收期初		总账期初		差额
编号	名称	原币	本币	原币	本币	原币
1121	应收票据	0.00	0.00	0.00	0.00	0.00
1122	应收账款	926,600.00	926,600.00	926,600.00	926,600.00	0.00
122102	其他单位应收款	0.00	0.00	0.00	0.00	0.00
2203	预收账款	0.00	0.00	0.00	0.00	0.00
	合计		926,600.00		926,600.00	

图 7-22 “期初对账”窗口

2）单击右上角的“关闭”按钮，关闭期初对账和期初余额窗口。

（十四）账套备份

将账套输出至“7-2 应收款系统初始设置”文件夹，压缩后保存到 U 盘。

八、疑难解答

1）为什么有时应收、预收科目在应收款管理系统中不能被使用？

在设置基本科目的应收、预收科目时，应在总账管理系统中把应收、预收科目设置为“客户往来”辅助核算，并且其受控系统为“应收系统”，否则在这里不能被选中。

2）为什么在应收款管理系统“初始设置”窗口找不到“坏账准备设置”选项卡，不能进行坏账准备的设置？

坏账准备设置之前，应把账套参数“坏账处理方式”设置为“应收账款百分比法”，这样在应收款管理系统“初始设置”窗口才会出现“坏账准备设置”选项卡。

九、实训报告

项目七任务二　实训报告

问题思考

1）如果在应收款管理系统参数中不设置“基本科目”，会造成什么影响？

2）如果已经设置了相应的基础资料，在应收款管理系统还需要设置吗？

3）如果应收款管理系统“账套参数设置”中的“坏账处理方式”不是“应收余额百分比法”，可以进行坏账准备的设置吗？

4）如果应收款管理系统与总账对账时提示“金额不平”，应该怎样解决？

任务三　应收款单据处理

一、任务描述

本任务主要训练学生掌握各类应收款业务单据处理的方法。

二、实训任务

1）普通销售业务的处理。

2）其他应收业务处理。

3）现结业务处理。

4）退货与退款业务处理。

5）转账业务处理。

6）坏账业务处理。

三、任务目标

1）熟练掌握普通销售的业务处理方法。

2）掌握其他应收款的业务处理方法。

3）掌握现结销售业务处理方法。

4）掌握退货与退款业务处理方法。

5）掌握转账业务处理方法。

6）掌握坏账业务处理方法。

四、准备工作

1）了解应收款管理系统日常业务操作流程。

2）更改计算机时间为“2020 年 1 月 31 日”。

3）引入“7-2 应收款系统初始设置”文件夹下的备份账套。

五、任务引例

（一）普通业务

1）2020 年 1 月 10 日，向金算盘公司销售联想电脑 100 台，无税单价为 8 000 元，增值税率为 13%，共计 904 000 元，款未收，销售专用发票号码为 2001001。

2）2020 年 1 月 10 日，财务部门审核发票，生成应收款凭证。

3）2020 年 1 月 11 日，财务部门收到金算盘公司转账支票一张，支票号为 ZZ4001，金额为 904 000 元，系支付上一次的货款。

4）2020 年 1 月 11 日，审核收款单，生成收款单凭证。

5）2020 年 1 月 11 日，核销金算盘公司的往来账。

（二）其他应收业务

1）2020 年 1 月 12 日，公司仓库向金算盘发货时以现金代垫运费 120 元。

2）2020 年 1 月 13 日，财务部门收到转账支票一张，支票号为 ZZ4002，金额为 2 000 元，支付运费后，多余资金作为预收账款处理。

3）2020 年 1 月 13 日，审核其他应收单和收款单，生成凭证，核销往来账。

（三）现结业务

2020 年 1 月 15 日，向任我行有限公司销售联想电脑 10 台，无税单价为 8 000 元，增值税率为 13%，共计 90 400 元，销售专用发票号码为 2001002。当日收到转账支付一张，金额为 90 400 元，支票号为 ZZ5001。财务部门审核发票，生成凭证。

（四）退货与退款业务

2020 年 1 月 14 日，因质量原因，金算盘公司按原价退回联想电脑一台，公司开出红字专用发票，票号为 2001003，同时开出现金支票一张，支票号为 XJ0012，退还货款。审核相关单据，生成凭证，核销往来账。

（五）转账业务

1）2020 年 1 月 15 日，向任我行公司销售联想电脑 1 台，无税单价为 8 000 元，增值税税率为 13%，共计 9 040 元，销售专用发票号码是 2001004，款未收，财务部门审核发票，生成凭证。

2）2020 年 1 月 16 日，经三方同意，将应向任我行公司收取的货款 9 040 元转成用友集团的应收账款，生成凭证。

（六）坏账业务

1）计提本月坏账准备金。

2）2020 年 1 月 15 日，向速达公司销售联想电脑 1 台，无税单价为 8 000 元，增值税税率为 13%，共计 9 040 元，款未收。销售专用发票号码 2001005。

3）2020 年 1 月 16 日，将 1 月 15 日形成的应向速达公司收取的应收账款 9 040 元转为坏账。

4）2020 年 1 月 17 日，收到银行通知（网上银行支付），收回已作为坏账处理的应向速达公司收取的账款 9 040 元，网银转账票据号 WY0001（收款单不能审核，否则找不到单据）。

（七）票据业务

2020 年 1 月 20 日，收到用友集团无息银行承兑汇票一张，票据编号为 48328530，出票日期 2020 年 1 月 18 日，到期日 2020 年 2 月 18 日，金额为 187 200 元，用于支付前欠货款。当日，财务部门将该汇票贴现，贴现率为 8%，存入工商银行。

（八）汇兑损益业务

1）2020 年 1 月 22 日，向 SAP 公司销售联想电脑 10 台，合同约定以美元结算，单价 1 100 美元，公司开具销售专用发票一张，发票号码为 2001006，款未收。

2）2020 年 1 月 31 日，财务部门对该业务进行汇兑损益处理，调整汇率为 6.09。

（九）折扣业务

1）2020 年 1 月 25 日，向用友集团销售联想电脑 50 台，无税单价为 8 000 元，增值税税率为 13%，共计 452 000 元，经协商后，总价优惠 2 000 元，但必须本月 31 日结清货款，发票号码为 1701007，财务部门审核发票，生成凭证。

2）2020 年 1 月 26 日，经协商，用友集团提前支付货款，可再优惠 1 000 元，当日收到用友集团转账支票一张，支票号为 ZZ7001，金额为 449 000 元，财务部门审核收款单，生成凭证，核销应收款。

六、教学关注

要关注应收款管理系统中日常业务的流程。尽管应收款业务分为几类，如普通销售业务、其他应收款业务、现结业务、退货和退款业务等，但业务流程大体相似，即填制单据（销售发票或其他应收单等）→审核单据→生成凭证→填制收款单→审核收款单→生成凭证→核销往来。在掌握共性的基础再把握特点，要容易得多，也会加深理解。

七、过程指导

（一）普通业务

1. 填制销售专用发票

1）以“01 操作员”的身份登录企业应用平台。

2）启动“应收单据录入”功能。执行“业务工作”－“财务会计”－“应收款管理”－“应收单据处理”－“应收单据录入”命令，弹出“单据类别”对话框，如图 7-23 所示。

应收款管理系统普通业务说明

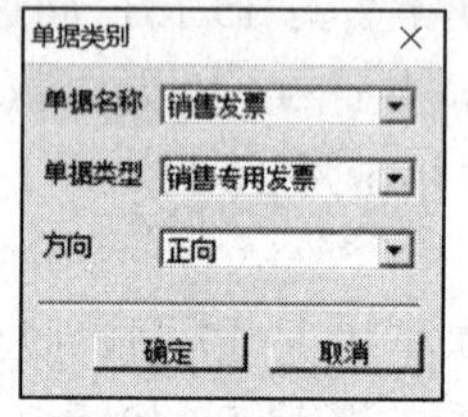

图 7-23 “单据类别”对话框

3）选择单据类别。单据名称选择“销售发票”，单据类型选择“销售专用发票”，方向选择“正向”，单击“确定”按钮，打开“销售专用发票”窗口。

4）进入增加状态。单击工具栏上的“增加”按钮，自动增加一张空表。

5）录入发票。录入发票号“2001001”，修改开票日期为“2020-01-10”，选择客户“金算盘”，在表体中选择存货编码“001”，录入数量“100”，录入无税单价“8 000”，如图 7-24 所示。

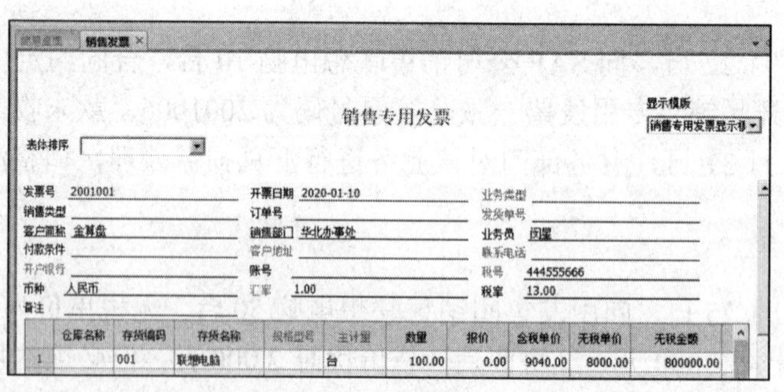

图 7-24 销售专用发票

6）单击工具栏上的“保存”按钮，保存数据。

7）单击窗口上的“关闭”按钮，退出当前界面。

2. 审核销售专用发票

1）启动“应收单据审核”功能。执行“业务工作”－“财务会计”－“应收款管理”－

“应收单据处理”—“应收单据审核”命令，弹出“应收单查询条件”对话框，如图 7-25 所示。

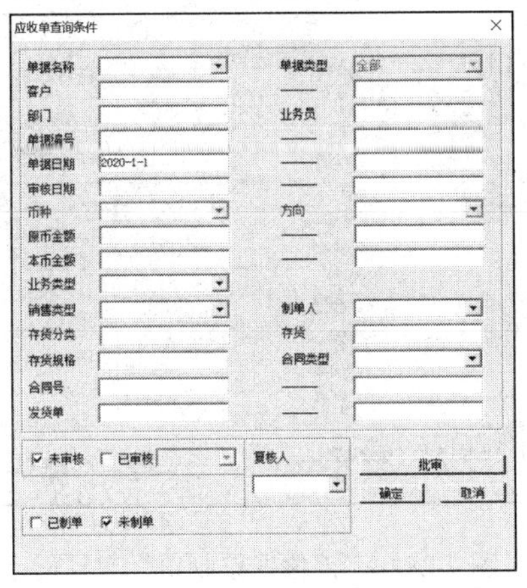

图 7-25 “应收单查询条件”对话框

2）单击“确定”按钮，打开“应收单据列表”窗口。单击工具栏上的“全选”按钮，如图 7-26 所示。

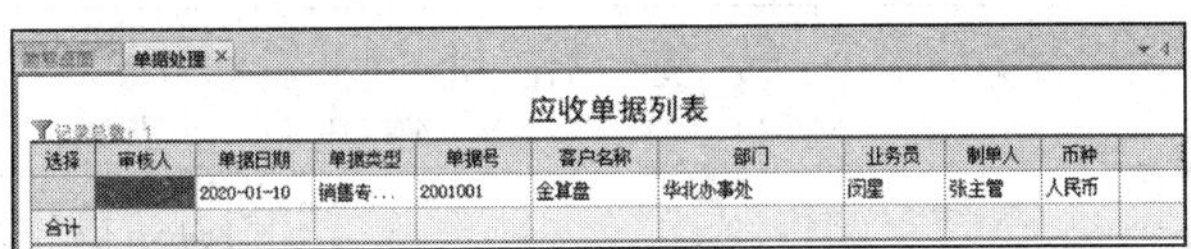

图 7-26 应收单据列表

3）审核单据。单击窗体工具栏上的“审核”按钮，弹出“本次成功审核单据 1 张”信息提示框，单击“确定”按钮。

4）单击窗口上的“关闭”按钮，关闭当前界面。

3．生成确认收入凭证

1）启动“制单处理”功能。执行“制单处理”命令，弹出“制单查询”对话框，如图 7-27 所示。

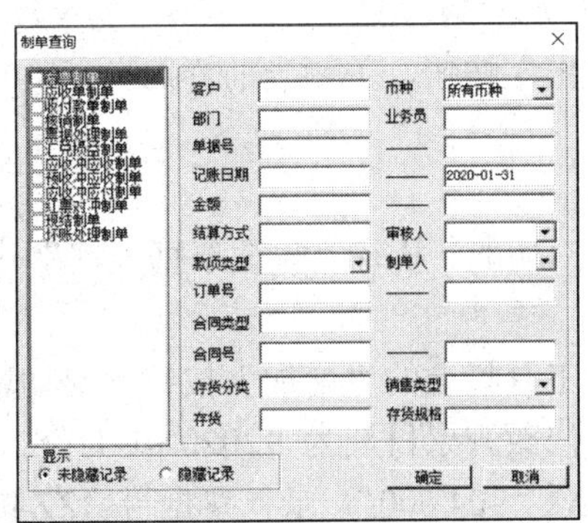

图 7-27 “制单查询”对话框

2）设置查询条件。选中“发票制单”复选框，如图 7-28 所示，单击“确定”按钮，弹出“销售发票制单”对话框。

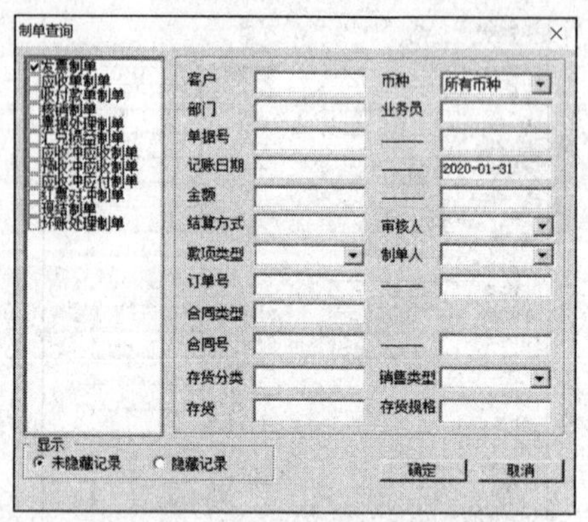

图 7-28　“销售发票制单”对话框

3）生成转账凭证。单击工具栏上的“全选”按钮，修改凭证类别为“转 转账凭证”，再单击工具栏上的“制单”按钮，生成转账凭证。

4）单击工具栏上的“保存”按钮，保存凭证，如图 7-29 所示。

已生成　**转 账 凭 证**

转　字 0001　　制单日期：2020.01.31　　审核日期：　　附单据数：1

摘 要	科目名称	借方金额	贷方金额
销售专用发票	应收账款/人民币账户	90400000	
销售专用发票	主营业务收入/联想电脑		80000000
销售专用发票	应交税费/应交增值税/销项税额		10400000
票号 日期	数量 单价　　合 计	90400000	90400000

备注　项 目　　部 门
个 人　　客 户 金算盘
业务员 闵星

记账　审核　出纳　制单 张主管

图 7-29　转账凭证

5）单击工具栏上的“退出”按钮，关闭当前界面。

4．填制收款单

1）启动“收款单据录入”功能。执行“收款单据处理”—“收款单据录入”命令，打开“收款单”界面。

2）进入增加状态。单击工具栏上的“增加”按钮，自动增加一张空表。

3）录入收款单的数据。修改开票日期为“2020-01-11”，选择客户“金算盘”，选择结算方式“转账支票”，录入金额“904 000”，录入票据号“ZZ4001”， 录入摘要“收到金算盘公司支付的货款”，如图 7-30 所示。

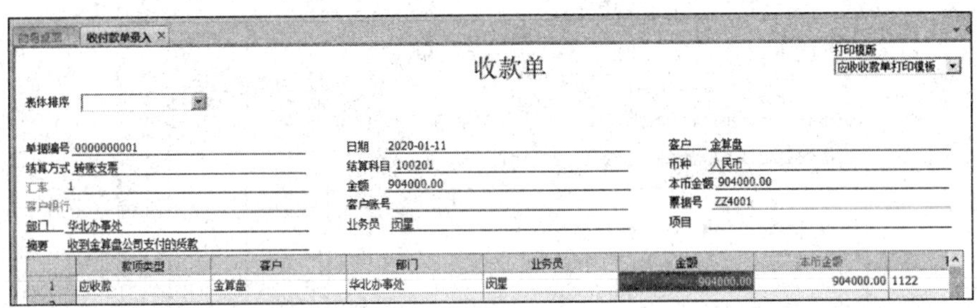

图 7-30　收款单

4）单击工具栏上的“保存”按钮，保存数据。

5）单击窗口上的“关闭”按钮，退出当前界面。

5．审核收款单

1）启动“收款单据审核”功能。执行“业务工作”－“财务会计”－“应收款管理”－“收款单据处理”－“收款单据审核”命令，打开“收款单过滤条件”界面。

2）过滤单据。单击“确定”按钮，打开“收付款单列表”界面，如图 7-31 所示。

图 7-31　“收付款单列表”界面

3）审核收款单。单击工具栏上的“全选”按钮，再单击“审核”按钮，弹出“本次成功审核 1 张单据”信息提示框，单击“确定”按钮。

4）单击窗口上的“关闭”按钮，关闭当前界面。

6．生成收款凭证

1）启动“制单处理”功能。执行“制单处理”命令，打开“制单查询”界面。

2）设置查询条件。选中“收付款单制单”复选框，单击“确定”按钮，打廾“收付款单制单”窗口，如图 7-32 所示。

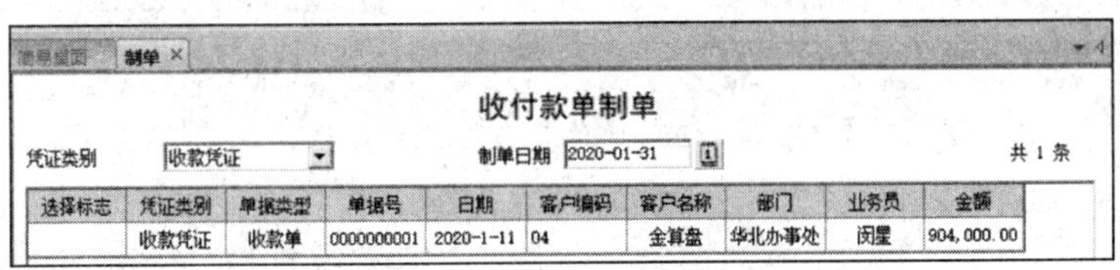

图 7-32　“收付款单制单”窗口

3）单击工具栏上的“全选”按钮，再单击“制单”按钮，生成收款凭证，如图 7-33 所示。

4）单击工具栏上的“保存”按钮，保存数据。

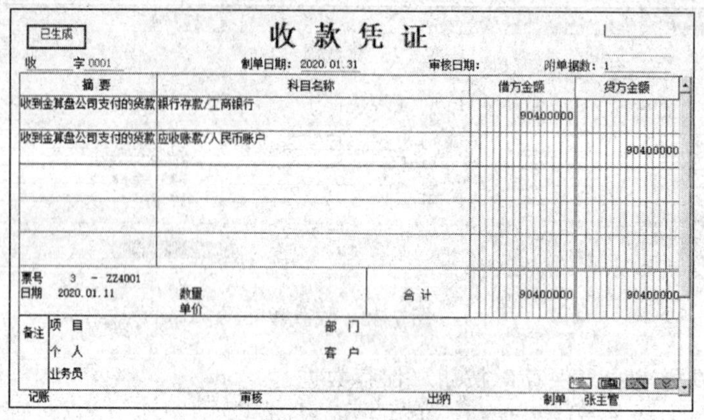

图 7-33　收款凭证

5）单击工具栏上的“退出”按钮，关闭当前界面。

7．核销往来账

在学习过程中，自动核销无法看清核销的原理，因此建议采用手工核销的方式。

1）启动“核销”功能。执行“业务工作”－“财务会计”－“应收款管理”－“核销处理”－“手工核销”命令，弹出“核销条件”对话框，如图 7-34 所示。

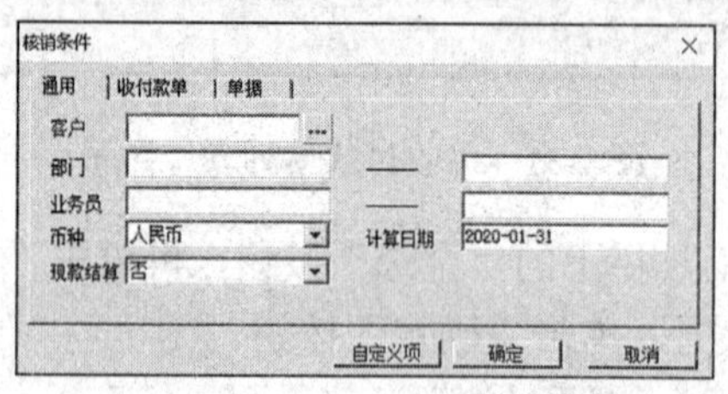

图 7-34　“核销条件”对话框

2）录入核销条件。选择客户“金算盘”，单击“确定”按钮，打开“单据核销”窗口。

3）录入核销数据。在上半部分的“本次结算金额”栏的第 1 行录入“904 000”，在下半部分的“本次结算”栏的第 1 行录入“904 000”，如图 7-35 所示。

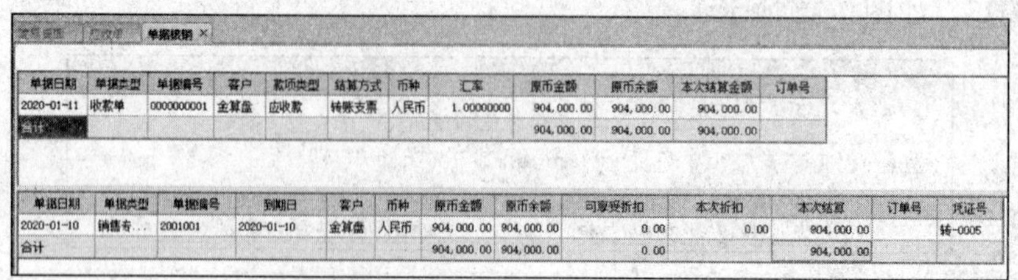

单据日期	单据类型	单据编号	客户	款项类型	结算方式	币种	汇率	原币金额	原币余额	本次结算金额	订单号
2020-01-11	收款单	0000000001	金算盘	应收款	转账支票	人民币	1.0000000	904,000.00	904,000.00	904,000.00	
合计								904,000.00	904,000.00	904,000.00	

单据日期	单据类型	单据编号	到期日	客户	币种	原币金额	原币余额	可享受折扣	本次折扣	本次结算	订单号	凭证号
2020-01-10	销售专...	2001001	2020-01-10	金算盘	人民币	904,000.00	904,000.00	0.00	0.00	904,000.00		转-0005
合计						904,000.00	904,000.00	0.00		904,000.00		

图 7-35　手工核销

4）单击工具栏上的“保存”按钮，核销并保存数据。

5）单击窗口上的“关闭”按钮，退出当前界面。

（二）其他应收业务

其他应收业务是指不能通过发票的形式表示的形成应收的业务。用应收单代替发票，其他操作与普通业务相同。运费业务比较特殊，当运费开具了运费发票时，需要通过发票的形式录入单据，当没有开具发票时，需要通过其他应收单的形式录入。此题以其他应收单的形式录入。

1．填制应收单

1）启动“应收单据录入”功能。执行“应收单据处理”－“应收单据录入”命令，弹出“单据类别”对话框。

2）选择单据类别。单据名称选择“应收单”，单据类型选择“其他应收单”，方向选择“正向”，单击“确定”按钮，打开“应收单”窗口。

3）进入增加状态。单击工具栏上的“增加”按钮，自动增加一张空表。

4）录入应收单的数据。修改开票日期为“2020-01-12”，选择客户“金算盘”，录入本币金额“120”，录入摘要“代垫运费”，在表体中录入科目“1001”，如图7-36所示。

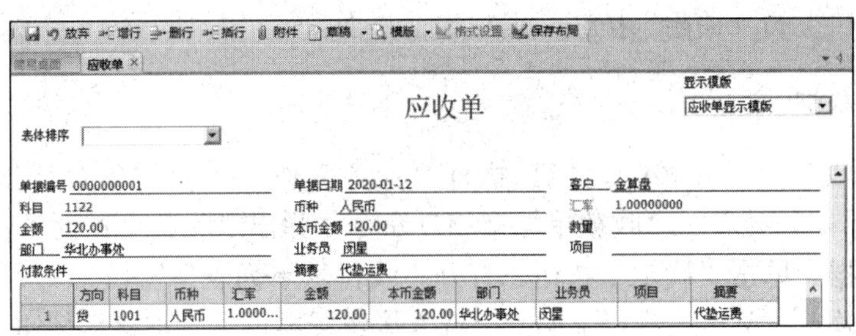

	方向	科目	币种	汇率	金额	本币金额	部门	业务员	项目	摘要
1	贷	1001	人民币	1.0000...	120.00	120.00	华北办事处	闵星		代垫运费

图7-36 应收单

5）单击工具栏上的“保存”按钮，保存数据。

6）单击“关闭”按钮，退出当前界面。

2．审核应收单

1）启动“应收单据审核”功能。执行“业务工作”－“财务会计”－“应收款管理”－“应收单据处理”－“应收单据审核”命令，弹出“应收单过滤条件”对话框。

2）过滤单据。单击“确定”按钮，打开“应收单据列表”窗口。单击工具栏上的“全选”按钮。

3）审核单据。单击窗体工具栏上的“审核”按钮，弹出“本次成功审核单据1张”信息提示框，单击“确定”按钮。

4）单击窗口上的“关闭”按钮，关闭当前界面。

3．填制收款单

1）启动“收款单据录入”功能。执行“收款单据处理”－“收款单据录入”命令，打开“收款单”窗口。

2）进入增加状态。单击工具栏上的“增加”按钮，自动增加一张空表。

3）录入收款单的数据。修改开票日期为“2020-01-13”，选择客户“金算盘”，选择结算方式“转账支票”，录入金额“2 000”，录入票据号“ZZ4002”， 录入摘要“收到金算盘公司支付的运费及预收款”，将第一行的金额改为“120”，将第二行的款项类型改为“预收款”，如图 7-37 所示。

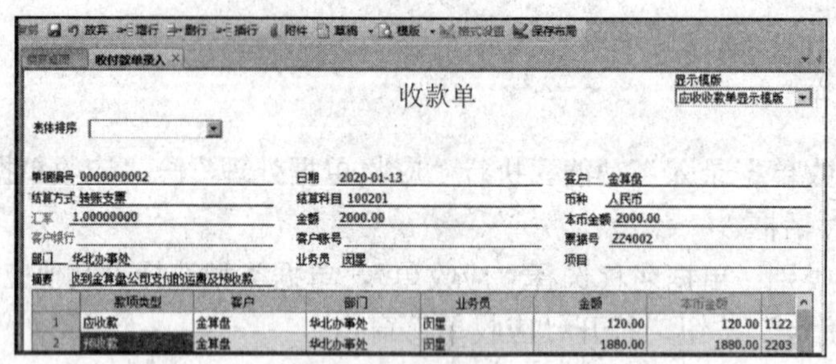

图 7-37　收款单

4）单击工具栏上的“保存”按钮，保存数据。

5）单击窗口上的“关闭”按钮，退出当前界面。

4．审核收款单

1）启动“收款单据审核”功能。执行“业务工作”－“财务会计”－“应收款管理”－“收款单据处理”－“收款单据审核”命令，弹出“收款单过滤条件”对话框。

2）过滤单据。单击“确定”按钮，打开“收付款单列表”窗口。

3）审核收款单。单击工具栏上的“全选”按钮，再单击“审核”按钮，系统弹出“本次成功审核 1 张单据”信息提示框，单击“确定”按钮。

4）单击窗口工具栏上的“关闭”按钮，关闭当前界面。

5．生成凭证

1）启动“制单处理”功能。执行“制单处理”命令，弹出“制单查询”对话框。

2）设置查询条件。选中“收付款单制单”复选框，单击“确定”按钮，打开“收付款单制单”窗口。

3）生成收款凭证。单击工具栏上的“全选”按钮，再单击“制单”按钮，生成记账凭证。

4）单击工具栏上的“保存”按钮，保存数据。

5）单击工具栏上的“退出”按钮，关闭当前界面。

6）重复步骤 1）～5），选择“应收单制单”，生成另一张凭证。

6．核销往来账

1）启动“核销”功能。执行“业务工作”－“财务会计”－“应收款管理”－“核销处理”－“手工核销”命令，弹出“核销条件”对话框。

2）录入核销条件。选择客户“金算盘”，单击“确定”按钮，打开“单据核销”窗口。

3）录入核销数据。在上半部分的“本次结算”栏的第 1 行录入“120”，在下半部分的“本次结算”栏的第 1 行录入“120”，如图 7-38 所示。

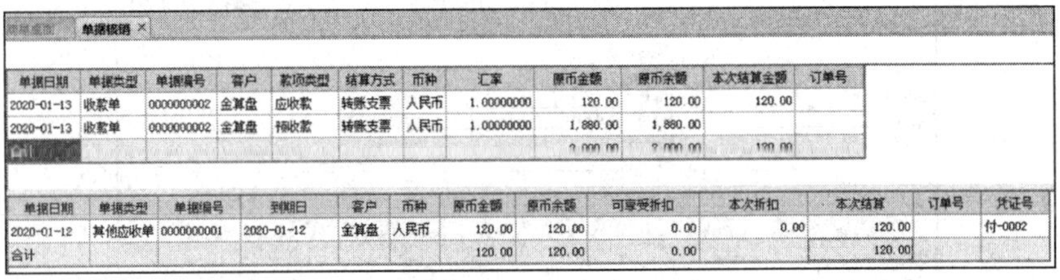

单据核销

单据日期	单据类型	单据编号	客户	款项类型	结算方式	币种	汇率	原币金额	原币余额	本次结算金额	订单号
2020-01-13	收款单	0000000002	金算盘	应收款	转账支票	人民币	1.00000000	120.00	120.00	120.00	
2020-01-13	收款单	0000000002	金算盘	预收款	转账支票	人民币	1.00000000	1,880.00	1,880.00		
合计								2,000.00	2,000.00	120.00	

单据日期	单据类型	单据编号	到期日	客户	币种	原币金额	原币余额	可享受折扣	本次折扣	本次结算	订单号	凭证号
2020-01-12	其他应收单	0000000001	2020-01-12	金算盘	人民币	120.00	120.00	0.00	0.00	120.00		付-0002
合计						120.00	120.00	0.00		120.00		

图 7-38　手工核销

4）单击工具栏上的“保存”按钮，核销并保存数据。

5）单击窗口上的“关闭”按钮，退出当前界面。

（三）现结业务

现结业务是指在发票开出的同时，收到对方货款。由于在应收模块中，在销售发票中无法录入收款信息，开票和收款需要分开操作，操作方法与普通业务完全相同。

1）填制并审核销售专用发票，生成凭证。操作方法与普通业务相同。

2）填制并审核收款单，生成凭证。操作方法与普通业务相同。

3）核销往来账。操作方法与普通业务相同。

【相关说明】现结业务在只启用应收而没有销售时，开票与收款只能分开录入。发票保存后，可直接单击工具栏上的“审核”按钮完成审核，并自动生成凭证。收款单保存后，可直接单击工具栏上的“审核”按钮完成审核，并自动生成凭证，还可以直接单击工具栏上的“核销”按钮，完成核销操作。当收款单上的金额与发票上的金额一致时，在填写收款单，审核完成后，可以调用自动核销。

（四）退货与退款业务

退货与退款业务操作流程与普通业务相同，只是数量方向相反，退款时注意“切换”。

1. 填制红字专用发票

1）启动“红字销售专用发票”功能。执行“应收单据处理”—“应收单据录入”命令，弹出“单据类别”对话框。在“方向”下拉列表框中选择“负向”选项，单击“确定”按钮，打开“红字销售专用发票”窗口。

2）进入增加状态。单击工具栏上的“增加”按钮，自动增加一张空表。

3）录入发票。录入发票号“2001003”，修改开票日期为“2020-01-14”，选择销售类型“销售退货”（前面要定义启用了销售系统），选择客户“金算盘”，选择存货编码和存货名称“001 联想电脑”，录入数量“-1”，录入无税单价“8 000”，如图 7-39 所示。

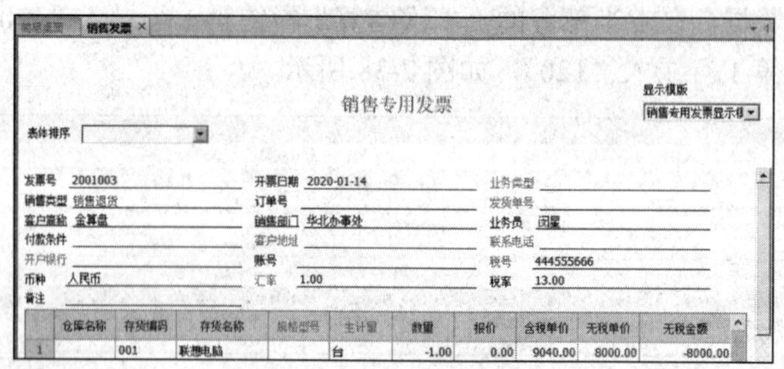

图 7-39　红字销售专用发票

4）单击工具栏上的“保存”按钮，保存数据。

5）单击窗口上的“关闭”按钮，退出当前界面。

【相关说明】在选择单据类别时，在“方向”下拉列表框中选择“负向”选项，填制红字销售专用发票。红字发票数量小于 0。

2．填制红字付款单

1）启动“收款单”功能。执行“收款单据处理”—“收款单据录入”命令，打开“收款单”窗口。

2）启动“红字付款单”功能。在“收款单”窗口，单击窗体工具栏上的“切换”按钮，打开“红字付款单”界面。

3）进入增加状态。单击工具栏上的“增加”按钮，自动增加一张空表。

4）录入数据。修改开票日期为“2020-01-14”，选择客户“金算盘”，选择结算方式“现金支票”，录入金额“9 040”，录入票据号“XJ0012”，在“摘要”栏中录入“退还货款”，如图 7-40 所示。

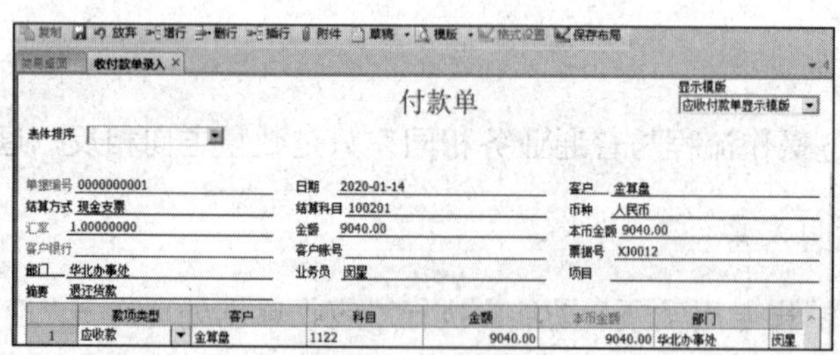

图 7-40　红字付款单

5）单击工具栏上的“保存”按钮，保存数据。

6）关闭窗口。

【相关说明】退款给客户，单击工具栏上的“切换”按钮，填制红字付款单。退款金额大于 0。

3．审核红字专用发票和红字付款单

操作方法同普通业务的单据审核。

4．生成凭证

操作方法同普通业务的凭证生成。

5．核销往来账

操作方法同普通业务的往来账核销（核销时条件须改为付款）。

（五）转账业务

转账业务包括应收冲应收、预收冲应收、应收冲应付、红票对冲。应收冲应收是指将A单位的应收账款转向B单位，形成B单位的应收账款；预收冲应收是指用预收账款冲减应收账款，此功能还可以通过核销实现；应收冲应付是指用A单位的应收账款冲减A单位的应付账款；红票对冲是指红字单据与蓝字单据对冲，此功能还可以通过核销实现。下面以应收冲应收为例。

1）填制销售专用发票，操作方法同普通业务的发票填制。

2）审核销售专用发票，操作方法同普通业务的单据审核。

3）生成转账凭证，操作方法同普通业务的凭证生成。

4）应收账款冲抵应收账款。

① 启动“应收冲应收”功能。执行“转账”－“应收冲应收”命令，弹出“应收冲应收”对话框。

② 录入条件。选择转出户“任我行有限公司”，选择转入户“用友集团”。

③ 录入并账金额。单击“查询”按钮，在第一行并账金额录入“9 040”，如图7-41所示。

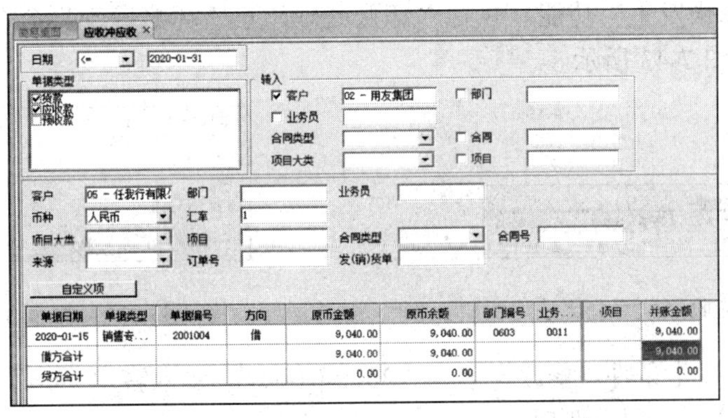

图7-41　应收冲应收

④ 单击“保持”按钮，弹出“是否立即制单”信息提示框，单击“否”按钮。

5）关闭界面。

【相关说明】在弹出“是否立即制单”信息提示框时，单击“是”按钮，则立刻生成记账凭证。每一笔应收款的转账金额不能大于其余额。每次只能选择一个转入单位。

6）生成转账凭证。

① 启动“制单处理”功能。执行“业务工作”—“财务会计”—“应收款管理”—“制单处理”命令，弹出“制单查询”对话框。

② 设置查询条件。选中“应收冲应收制单”复选框，单击“确定”按钮，打开“并账制单”窗口。

③ 制单。单击工具栏上的“全选”按钮，选择凭证类别为“转 转账凭证”，单击“制单”按钮，生成一张记账凭证。

④ 保存凭证。单击工具栏上的“保存”按钮，保存数据。

⑤ 关闭界面。

（六）坏账业务

坏账业务包括坏账计提、坏账发生、坏账收回 3 个环节。

1）计提本月坏账准备金。

① 启动“计提坏账准备”功能。执行“业务工作”—“财务会计”—“应收款管理”—“坏账处理”—“计提坏账准备”命令，打开“应收账款百分比法”窗口，如图 7-42 所示。

② 制单。单击工具栏上的“确认”按钮，弹出“是否立即制单”信息提示框，单击“是”按钮，生成一张记账凭证。

③ 关闭窗口。

2）填制销售专用发票。操作方法同普通业务的发票填制。

3）审核销售专用发票。操作方法同普通业务的单据审核。

4）生成转账凭证。操作方法同普通业务的凭证生成。

5）发生坏账。

① 启动“坏账发生”功能。执行“坏账处理”—“坏账发生”命令，弹出“坏账发生”对话框，如图 7-43 所示。

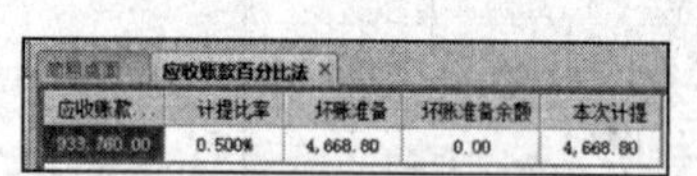

图 7-42 “应收账款百分比法”窗口

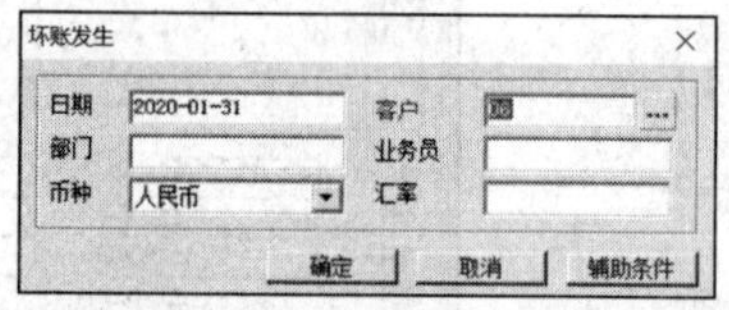

图 7-43 “坏账发生”对话框

② 录入坏账发生条件。修改日期为“2020-01-15”，录入客户“06”，在“客户”下拉列表框中选择“速达公司”选项。

③ 启动“坏账发生明细单据”功能。在“坏账发生”对话框，单击“确定”按钮，打开“坏账发生单据明细”窗口。

④ 计提坏账。在“本次发生金额栏”的第一行录入“9 040”，如图 7-44 所示，单击“OK 确认”按钮，弹出“是否立即制单”信息提示框，选择“是”按钮，生成凭证。

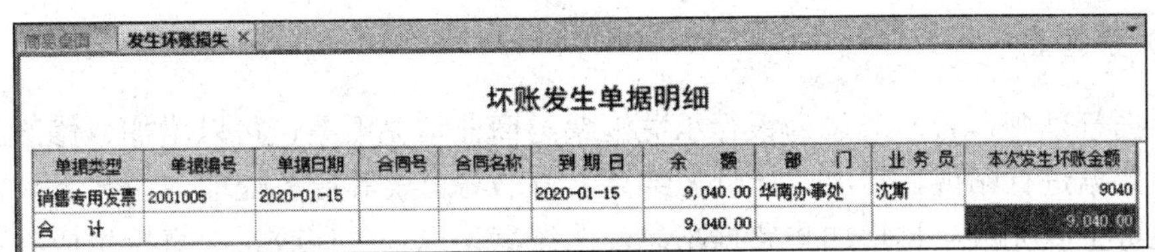

坏账发生单据明细

单据类型	单据编号	单据日期	合同号	合同名称	到期日	余额	部门	业务员	本次发生坏账金额
销售专用发票	2001005	2020-01-15			2020-01-15	9,040.00	华南办事处	沈斯	9040
合计						9,040.00			9,040.00

图 7-44 坏账发生单据明细

【相关说明】坏账发生金额只能小于或等于单据金额。

6）填制收款单。操作方法同普通业务的单据填制。填写完成后不能审核该单据。

7）收回坏账。

① 弹出“坏账收回”对话框。执行“坏账准备”—“坏账收回”命令，弹出“坏账收回”对话框。

② 录入坏账收回条件。选择客户“06-速达有限公司”，选择结算单号“0000000004”，如图 7-45 所示。

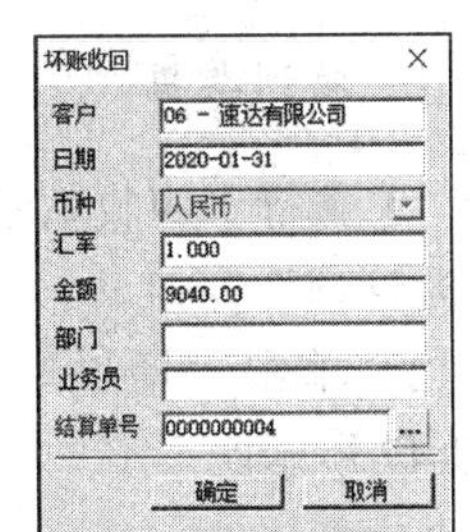

图 7-45 “坏账收回”对话框

③ 生成收款凭证。在“坏账收回”对话框，单击“确定”按钮，弹出“是否立即制单”信息提示框，单击“是”按钮，生成一张收款凭证，如图 7-46 所示。

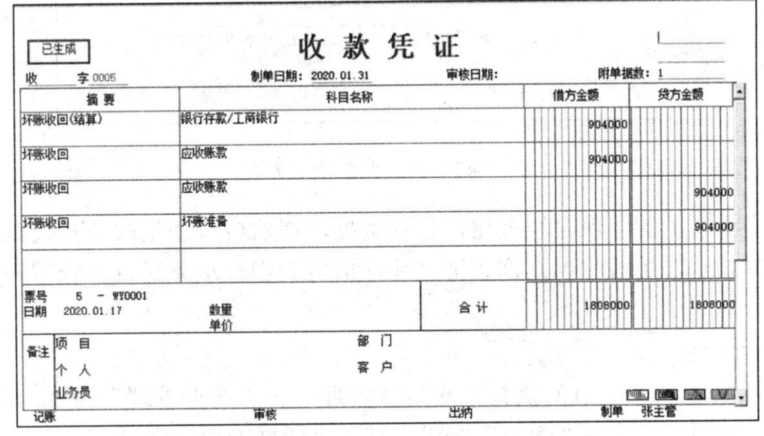

已生成

收款凭证

收 字 0005 制单日期：2020.01.31 审核日期： 附单据数：1

摘要	科目名称	借方金额	贷方金额
坏账收回(结算)	银行存款/工商银行	904000	
坏账收回	应收账款	904000	
坏账收回	应收账款		904000
坏账收回	坏账准备		904000
票号 5 - WY0001 日期 2020.01.17 数量 单价	合计	1808000	1808000

备注 项目 部门 个人 客户 业务员

记账 审核 出纳 制单 张主管

图 7-46 坏账收回凭证

④ 单击工具栏上的“保存”按钮，保存数据。

⑤ 关闭窗口。

【相关说明】在录入一笔坏账收回的款项时，应注意不要把该客户的其他收款业务与该笔坏账收回业务录入一张收款单据中。坏账收回时制单不受系统选项中“方向相反分录是否合并”选项控制。坏账收回中的结算单号是指收款单。

【特别注意】如果收款单需要作为坏账收回的单据，那么收款单填写完成后，不能审核，否则将无法找到此单据。

（七）票据业务

在票据管理中，管理对象为银行承兑汇票与商业承兑汇票，可以增加、修改、删除票据，可对票据进行贴现、转出、计息与结算、背书与退票等业务处理。

此业务主要完成票据增加与票据贴息。系统默认选项“应收票据直接生成收款单”已选中，在保存新增的票据时，会生成一张未审核的收款单，该收款单除结算方式不可修改外，其他均可修改。如果该选项未选中，则需要单击“收款”按钮手动生成收款单。操作步骤如下。

1. 收到票据

1）执行“应收款管理”－“票据管理”命令，在查询条件中单击“确定”按钮，打开“票据管理”窗口。

2）单击“增加”按钮，打开“商业汇票”界面。依据业务资料录入票据数据，如图 7-47 所示。

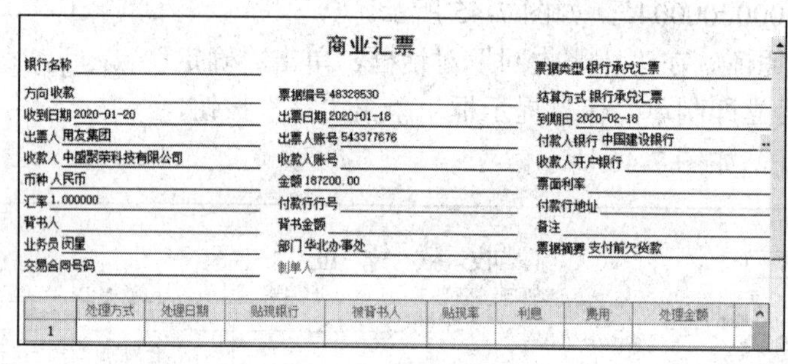

图 7-47　“商业汇票”界面

3）单击工具栏上的“保存”按钮，保存数据，在后台自动生成一张收款单。

4）审核收款单，生成收到票据凭证（凭证借方为银行承兑科目，贷方为应收科目）。

2. 贴现

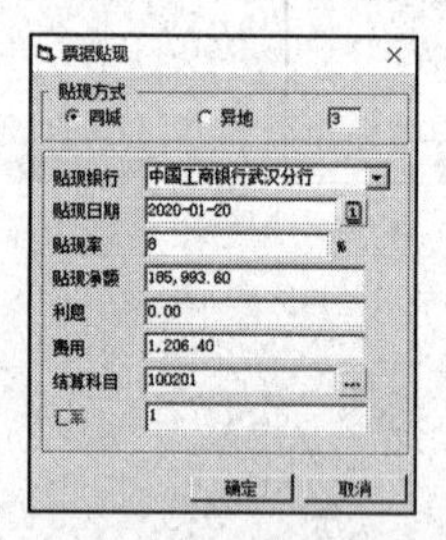

图 7-48　“票据贴现”对话框

1）执行“应收款管理”－“票据管理”命令，在查询条件中单击“确定”按钮，打开“票据管理”窗口。

2）选中票据，单击工具栏上的“贴现”按钮，弹出“票据贴现”对话框。

3）修改贴现日期为“2020-01-20”，录入贴现率“8”、结算科目“100201”，如图 7-48 所示，单击“确定”按钮，弹出“是否立即制单”信息提示框，单击“否”按钮。

4）通过制单处理功能，选择“票据处理制单”生成贴现凭证。

（八）汇兑损益业务

可以在此计算外币单据的汇兑损益并对其进行相应的处理，系统参数提供了外币余额结清时计算和月末处理两种汇兑损益处理方式。外币余额结清时计算是指仅当某种外币余额结清时才计算汇兑损益，月末处理是指在每个月末计算汇兑损益。

系统默认按月末处理方式对外币进行处理。与总账期末汇兑损益的不同在于，应收应付汇兑损益只针对应收应付受控科目，处理前不需要对凭证进行记账，而总账中不能对受控科目进行期末汇兑损益处理。操作步骤如下。

1．增加销售专用发票、审核、生成凭证

在录入发票信息时，需要将币种改为美元，填写表体时发票号会丢失，在保存前需要补录发票号。

2．录入调整汇率

执行“基础设置”－“基础档案”－“财务”－“外币设置”命令，录入月末的调整汇率“6.09”，按 Enter 键确认后再关闭“外币设置”窗口。

3．汇兑损益处理

1）执行“业务工作”－“财务会计”－“应收款管理”－“汇兑损益”命令，弹出“汇兑损益”对话框，单击“全选”按钮，再单击“下一步”按钮，查看汇兑损益差额，如图 7-49 所示。

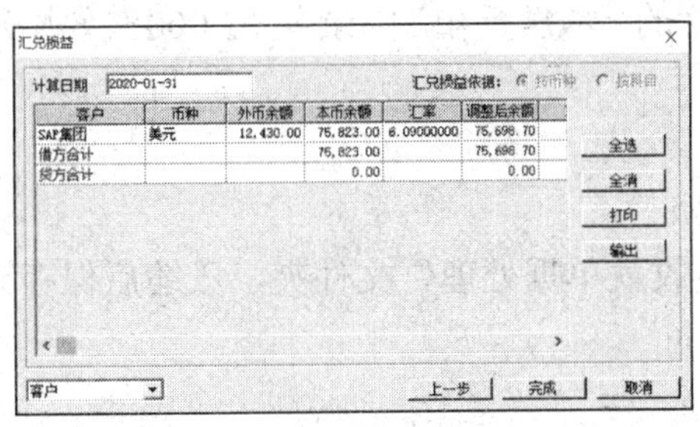

客户	币种	外币余额	本币余额	汇率	调整后余额
SAP集团	美元	12,430.00	75,823.00	6.09000000	75,698.70
借方合计			75,823.00		75,698.70
贷方合计			0.00		0.00

图 7-49　“汇兑损益”对话框

2）单击“完成”按钮，弹出“是否立即制单”信息提示框，单击“是”按钮，修改凭证字为“转”，调整贷方财务费用的方向为借方蓝字，保存凭证，如图 7-50 所示。

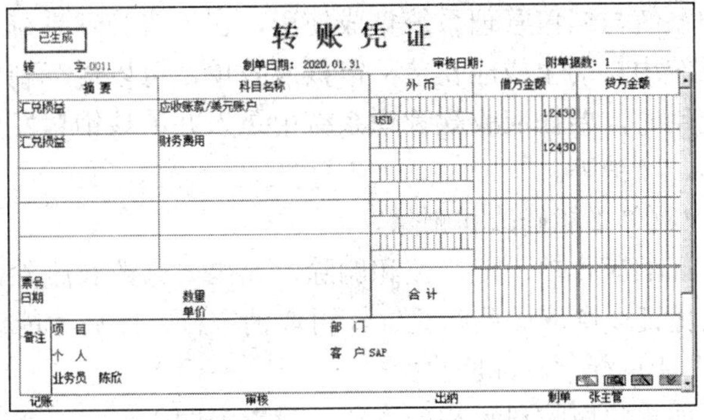

摘要	科目名称	外币	借方金额	贷方金额
汇兑损益	应收账款/美元账户	USD	12430	
汇兑损益	财务费用		12430	

图 7-50　汇兑损益凭证

（九）折扣业务

在采购与销售过程中，买卖双方经常会对价格进行谈判，导致在开票或结算时需要对价格进行修改。主要体现在 3 个方面：一是开票前对单价的变动，二是开票时对总价的变动，三是结算时对总价的变动。当单价变动时，修改单价即可；开票时对总价的变动，通过修改总价或折扣额实现；结算时对总价的变动，通过核销时录入本次折扣解决。可通过付款条件功能设置现金折扣，设置企业在经营过程中与往来单位协调规定的收、付款折扣优惠方法，扩展折扣功能。

此业务经历了两次折扣，第一次是在录入发票时对总价进行优惠，第二次是在核销时进行折扣，需要分别录入折扣金额，操作步骤如下。

1．销售专用发票

录入折扣金额“2 000”，等价于修改总价，自动调整增值税，保存后审核、生成凭证。

2．收款单

按实际收款数录入收款单，保存后审核、生成凭证。

3．核销

核销时，在对应发票栏的“本次折扣”中录入“1 000”、“本次结算”中录入“449 000”，再核销。

（十）账套备份

将账套输出至“7-3 应收款单据处理”文件夹，压缩后保存到 U 盘。

八、疑难解答

1）如果当年已计提坏账准备，但坏账处理方式发生了变化，应该怎么处理？

如果当年已计提过坏账准备，则坏账处理方式不允许修改，只能在下一年度修改。

2）应收款管理系统使用分为两种情况：一是应收款管理系统与销售管理系统集成使用，二是单独使用应收款管理系统。两种情况下如何处理销售发票？

如果应收款管理系统与销售管理系统集成使用，在销售管理系统中录入并审核专用发票，在应收款管理系统中自动生成应收单，审核应收单，可以进行制单、核销等操作。应收款管理系统单独使用时，要在应收款管理系统中录入并审核销售发票，形成应收款，并对这些发票进行制单、核销等。

3）为什么有些应收单不能修改和删除？

已审核和生成凭证的应收单不能修改和删除，如果要修改和删除，必须先取消相应的操作；如果已经生成凭证，则应先删除凭证，再取消审核，然后才能修改和删除。

4）为什么有时不能执行预收冲应收？

在初始设置时，如果将应收科目和预收科目设置为同一科目，将无法使用预收冲应收功能；此笔预收款也可不先冲应收款，待收到此笔货款的剩余款项并进行核销时，再同时使用此笔预收款进行核销。

5）为什么应收款管理系统不能结账？

如果应收款管理系统与销售管理系统集成使用，应在销售管理系统结账后，才能对应收款管理系统进行结账处理。

6）在应收款管理系统中，自动生成凭证时，为什么生成的凭证缺少会计科目？

在应收款管理系统“系统参数”设置时应定义相应的基本科目。只有这样，系统自动生成凭证时才会出现相应的会计科目，否则需要手工输入会计科目。

九、实训报告

项目七任务三 实训报告

问题思考

1）应收款管理系统业务基本流程是什么？

2）如果在应收款管理系统参数中不设置基本科目，会出现什么情况？

3）普通销售业务处理大致分为哪几步？

4）现结业务相对于其他销售业务来说，有哪些特点？

5）如何删除应收模块生成的凭证？

6）如何取消核销？

项目八　应付款管理系统应用

学习要点

1. 应付款管理系统的功能和操作流程。
2. 应付款管理系统初始设置。
3. 应付款单据处理。

学习目标

1. 熟悉应付款管理系统的功能和操作流程。
2. 能够正确进行应付款管理系统的初始设置。
3. 掌握应付款单据处理的方法。
4. 培养会计软件操作的规范性和发现问题的敏感性。
5. 培养吃苦耐劳精神和团队合作精神。

学习指引

应付款管理系统的功能是对企业与供应商之间发生的往来款项进行核算与管理。学习内容主要有3个部分：应付款系统的初始设置、日常业务处理（单据的处理）及期末结账。重点和难点集中在单据的处理，关键是厘清日常业务处理的流程。

任务一　应付款管理系统的功能和操作流程

一、应付款管理系统的功能结构

应付款管理系统主要以采购发票、其他应付单等原始单据为依据，记录采购业务及其他业务所形成的往来款项，处理应付款的支付、转账等情况，提供票据处理功能，实现对应付款的管理。

应付款管理系统根据对供应商往来款项核算和管理的程度不同，提供了两种应用方案。

（一）在总账管理系统核算供应商往来款项

如果企业应付款业务比较简单，或者现购业务多，则选择在总账管理系统通过辅助核算完成供应商往来核算。

（二）在应付款管理系统核算供应商往来款项

如果企业的应付款核算管理内容比较复杂，需要追踪每一笔业务的应付款、付款等情况，可以选择该方案。在该方案下，录入形成应付和付款结算原始单据，所有供应商往来凭证全部由应付款管理系统根据原始单据生成，其他系统不再生成这类凭证。

应付款管理系统的主要功能包括：根据输入的单据或由采购系统传递过来的单据记录应付款项的形成；处理应付项目的付款及转账业务；对应付票据进行记录和管理；在应付项目的处理过程中生成凭证，并向总账管理系统进行传递；提供各种查询及分析。

1）单据处理功能：单据录入、单据管理。完成增删改单据和查询、审核单据等操作。

2）单据核销工作：手工核销、自动核销。

3）应付转账功能：进行应付冲应付、预付冲应付、应付冲应收、红票对冲等操作。

4）汇兑损益功能：解决有外币业务核算时的汇兑损益处理工作。

5）制单处理功能：对各个业务处理提供制单的功能，并传递给总账。

6）票据管理功能：提供对银行承兑汇票和商业承兑汇票进行管理。

7）付款单导出：完成付款单与网上银行的相互导入导出处理。

8）选择付款：进行一次支付多个供应商、多笔款项的业务处理，简化日常付款操作。

9）信用证管理：主要进行进口商在发出信用证后的付汇及其后续核销处理。

二、应付款管理系统与其他系统的关系

应付款管理系统与其他系统的关系如图 8-1 所示。

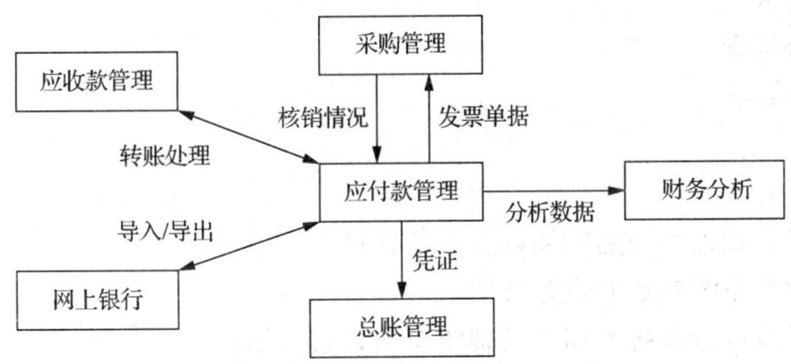

图 8-1　应付款管理系统与其他系统的关系

三、应付款管理系统的操作流程

应付款的操作流程总体上分为 3 个部分：一是初始化，主要定义基础档案和录入期初数据；二是日常业务，主要处理形成应付和付款结算管理、应付转账，其中形成应付与付款结算是日常业务的主要业务，操作流程如图 8-2 所示；三是月末处理，主要完成月末结账。

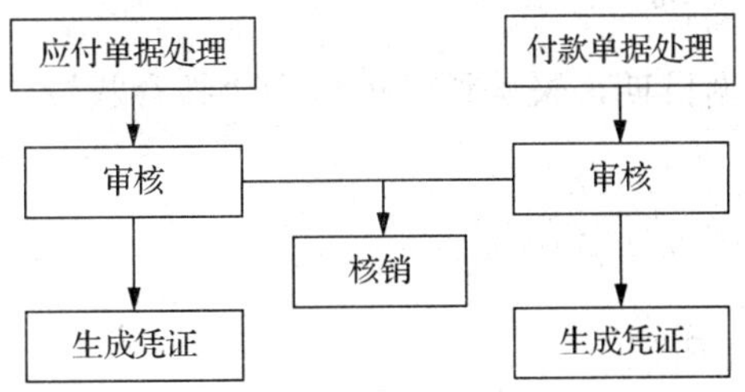

图 8-2　形成应付与付款结算的操作流程

其中，应付单据处理就是形成应付关系，可以简单理解为收到发票；付款单据处理就是付款结算，可以简单理解为付款。应付单据处理和付款单据处理反映了应付款的两个方面。

任务二　应付款管理系统初始设置

一、任务描述

本任务主要训练学生掌握应付款系统参数和基础资料设置方法、应付款系统期初余额录入以及与总账对账方法。

二、实训任务

1）设置应付款系统参数。
2）设置基本科目。
3）设置结算方式科目。
4）设置账龄区间。
5）设置报警级别。
6）录入期初余额。

三、任务目标

1）理解应付款管理系统的功能以及业务处理流程。
2）掌握应付款系统参数的设置方法。
3）掌握应付款管理系统的相关基础资料的设置方法。
4）掌握应付款管理系统的期初余额的录入及与总账对账的方法。

四、准备工作

1）更改计算机时间为“2020 年 1 月 1 日”。
2）引入“7-2 应收款系统初始设置”文件夹下的备份账套。

五、任务引例

（一）888 账套应付款系统的参数

单据审核日期依据单据日期，采购科目依据为“按存货设置，按信用方式根据单据提前 7 天自动报警”。

（二）基本科目

应付基本科目如表 8-1 所示。

表 8-1　应付基本科目

基础科目种类	科目	币种
应付科目	220201 应付账款——应付货款	人民币
预付科目	1123 预付账款	人民币
采购科目	1402 在途物资	人民币
税金科目	22210101 应交税费——应交增值税——进项税额	人民币
商业承兑科目	2201 应付票据	人民币
银行承兑科目	2201 应付票据	人民币
票据利息科目	6603 财务费用	人民币
票据费用科目	6603 财务费用	人民币
收支费用科目	660114 销售费用——其他	人民币
现金折扣科目	6603 财务费用	人民币
固定资产采购科目	1601 固定资产	人民币

产品科日如表 8-2 所示。

表 8-2　产品科目

存货编码	存货名称	存货规格	采购科目	产品采购税金科目
001	联想电脑			
002	戴尔电脑			
003	惠普打印机		231401	22210101
004	运输费			
005	固定资产			

（三）结算方式科目

结算方式科目如表 8-3 所示。

表 8-3　结算方式科目

结算方式编码	结算方式名称	科目
1	现金	1001
2	现金支票	100201
3	转账支票	100201
4	电汇	100201
5	网上银行	100201
6	银行承兑汇票	100201

（四）账龄区间

逾期账龄区间设置总天数分别为 30 天、60 天、90 天和 120 天。
账期内账龄区间设置总天数分别为 10 天、30 天、60 天和 90 天。

（五）报警级别

A 级时的总比率为 10%，B 级时的总比率为 20%，C 级时的总比率为 30%，D 级时的总比率为40%，E级时的总比率为50%，F级时的总比率在50%以上。

（六）单据编号设置

修改采购专用发票的单据编号方式为“完全手工编号”；付款单的单据编号方式为“手工改动，重号时自动重取”。

（七）期初余额

单据类型为采购专用发票，方向为正向，存货税率均为13%，如表8-4所示。

表8-4 期初余额情况

开票日期	票号	供应商名称	采购部门	科目	货物名称	数量/台	无税单价/元	价税合计/元
2019-12-20	1912010	戴尔集团	商品采购部	220201	戴尔电脑	100	5 000	565 000

六、教学关注

本任务的重点是系统参数设置中的基本科目的设置，如果定义不当，会影响记账凭证的自动生成。应该注意的是，有些内容并不难，但会影响整个系统的使用，因此，一定要养成严谨、细致的习惯。

七、过程指导

（一）设置系统参数

1）以“01操作员”的身份登录企业应用平台。

2）启动“应付款选项设置”功能。执行“业务工作”－“财务会计”－“应付款管理”－“设置”－“选项”命令，弹出“账套参数设置”对话框，如图8-3所示。

应付账款设置说明

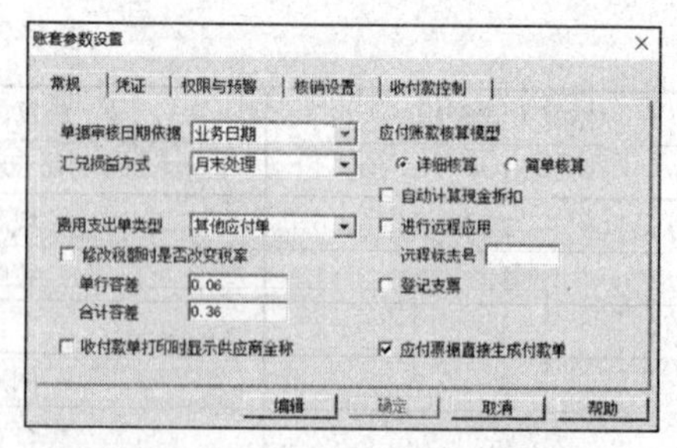

图8-3 “账套参数设置”对话框

3）单击“编辑”按钮，根据任务引例资料修改参数。

4）单击“确定”按钮，自动保存设置，并关闭选项界面。

（二）设置基本科目

1）启动“初始设置”功能。执行“业务工作”－“财务会计”－“应付款管理”－“设置”—“初始设置”命令，打开“初始设置”界面。

2）录入基本科目数据。选择“设置科目”—“基本科目设置”选项，根据任务引例资料录入参数，如图8-4所示。

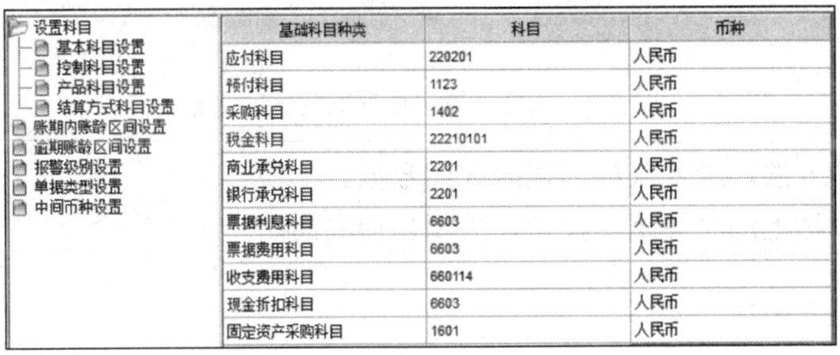
设置科目
基本科目设置
控制科目设置
产品科目设置
结算方式科目设置
账期内账龄区间设置
逾期账龄区间设置
报警级别设置
单据类型设置
中间币种设置
基础科目种类 | 科目 | 币种
应付科目 | 220201 | 人民币
预付科目 | 1123 | 人民币
采购科目 | 1402 | 人民币
税金科目 | 22210101 | 人民币
商业承兑科目 | 2201 | 人民币
银行承兑科目 | 2201 | 人民币
票据利息科目 | 6603 | 人民币
票据费用科目 | 6603 | 人民币
收支费用科目 | 660114 | 人民币
现金折扣科目 | 6603 | 人民币
固定资产采购科目 | 1601 | 人民币

图8-4　初始设置—基本科目设置

3）录入产品科目数据。选择“设置科目”—“产品科目设置”选项，根据任务引例资料录入参数，如图8-5所示。

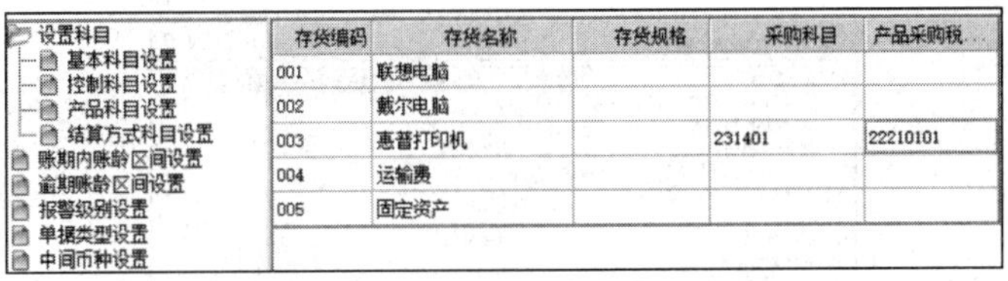
设置科目
基本科目设置
控制科目设置
产品科目设置
结算方式科目设置
账期内账龄区间设置
逾期账龄区间设置
报警级别设置
单据类型设置
中间币种设置
存货编码 | 存货名称 | 存货规格 | 采购科目 | 产品采购税...
001 | 联想电脑
002 | 戴尔电脑
003 | 惠普打印机 | | 231401 | 22210101
004 | 运输费
005 | 固定资产

图8-5　初始设置—产品科目设置

（三）结算方式科目设置

1）启动“初始设置”功能。执行“业务工作”—“财务会计”—“应付款管理”—“设置”—“初始设置”命令，打开“初始设置”界面。

2）录入结算方式科目数据。选择“设置科目”—“结算方式科目设置”选项，录入结算方式“现金”、币种“人民币”、科目“1001”。依次录入其他数据，如图8-6所示。

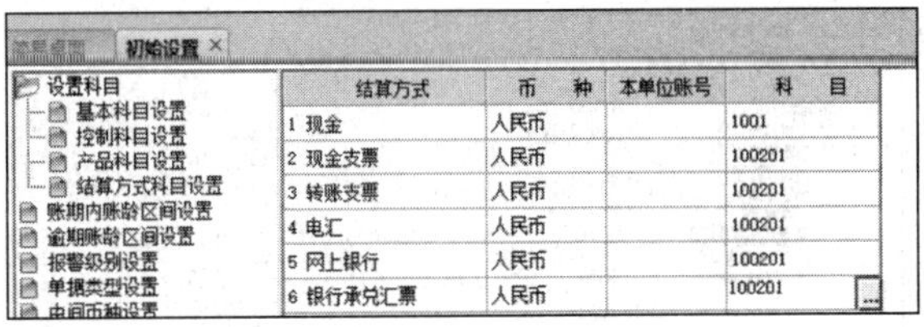
初始设置
设置科目
基本科目设置
控制科目设置
产品科目设置
结算方式科目设置
账期内账龄区间设置
逾期账龄区间设置
报警级别设置
单据类型设置
结算方式 | 币种 | 本单位账号 | 科目
1 现金 | 人民币 | | 1001
2 现金支票 | 人民币 | | 100201
3 转账支票 | 人民币 | | 100201
4 电汇 | 人民币 | | 100201
5 网上银行 | 人民币 | | 100201
6 银行承兑汇票 | 人民币 | | 100201

图8-6　初始设置—结算方式科目设置

（四）设置账龄区间

1）启动“初始设置”功能。执行“业务工作”—“财务会计”—“应付款管理”—“设置”—“初始设置”命令，打开“初始设置”界面。

2）录入逾期账龄区间数据。选择“逾期账龄区间设置”选项，打开“逾期账龄区间设置”窗口，根据任务引例资料录入参数，如图8-7所示。

序号	起止天数	总天数
01	0-30	30
02	31-60	60
03	61-90	90
04	91-120	120
05	121以上	

图 8-7　初始设置－逾期账龄区间设置

3）用同样的方法，录入账期内账龄区间数据。

4）单击工具栏上的“关闭”按钮，关闭当前界面。

（五）设置报警系别

1）启动“初始设置”功能。执行“业务工作”－“财务会计”－“应付款管理”－“设置”－“初始设置”命令，打开“初始设置”界面。

2）录入报警级别数据。选择“报警级别设置”选项，打开“报警级别设置”窗口。录入总比率“10”，录入级别名称“A”。依次录入其他数据，如图 8-8 所示。

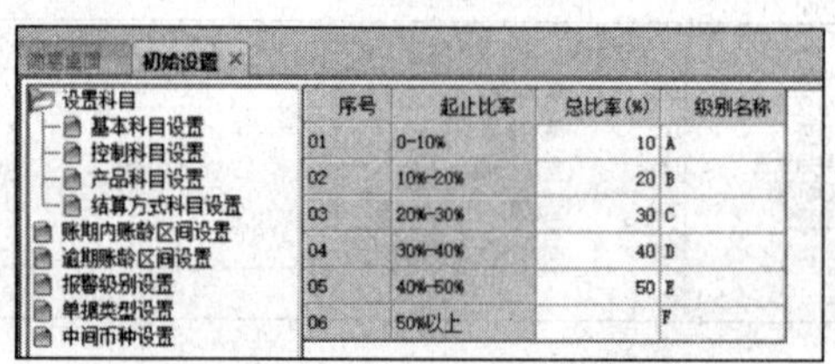

序号	起止比率	总比率(%)	级别名称
01	0-10%	10	A
02	10%-20%	20	B
03	20%-30%	30	C
04	30%-40%	40	D
05	40%-50%	50	E
06	50%以上		F

图 8-8　初始设置－报警级别设置

3）单击右上角的“关闭”按钮，关闭当前界面。

（六）单据编号设置

1）打开“单据编号设置”界面。执行“基础设置”－“单据设置”－“单据编号设置”命令，弹出“单据编号设置-[采购专用发票]”对话框，如图 8-9 所示。

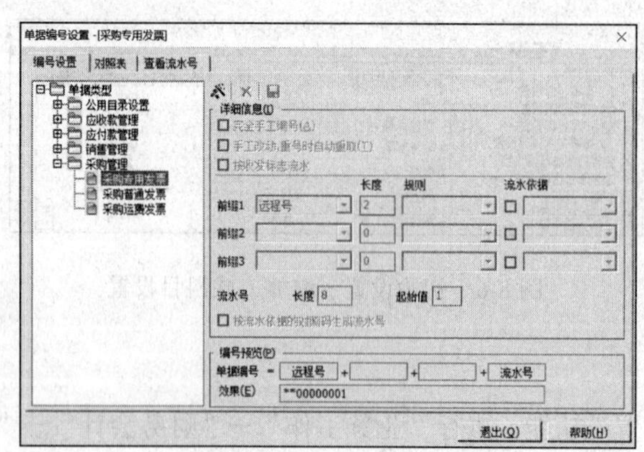

图 8-9　“单据编号设置-[采购专用发票]”对话框

2）选择设置对象。在左边的单据类型中选择“采购管理”－“采购专用发票”选项。

3）进入修改状态。单击工具栏上的“修改”按钮，详细信息的内容变成有效状态。

4）选中“完全手工编号”复选框。

5）单击“保存”按钮，自动保存修改。

6）依次修改“付款单”，将付款单的编号改成“手工改动，重号时自动重取”。

7）单击“退出”按钮，关闭当前界面。

（七）录入期初采购发票

1）启动“期初余额”功能。执行“财务会计”－“应付款管理”－“设置”－“期初余额”命令，弹出“期初余额--查询”对话框，如图 8-10 所示。

2）设置过滤查询条件。单击“确定”按钮，打开“期初余额明细表”窗口。

3）进入增加状态。单击工具栏上的“增加”按钮，弹出“单据类别”对话框，如图 8-11 所示。

图 8-10　“期初余额--查询”对话框

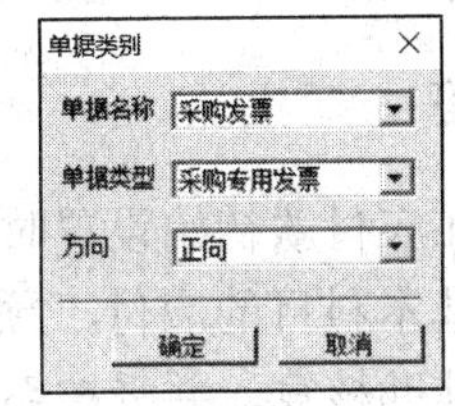

图 8-11　“单据类别”对话框

4）选择单据类别。单据名称选择“采购发票”，单据类型选择“采购专用发票”，方向选择“正向”，单击“确定”按钮，打开“采购专用发票”窗口。

5）新增一张空发票。单击工具栏上的“增加”按钮，自动增加一张空表。

6）录入发票。修改开票日期为“2019-12-20”，录入发票号“1912010”，选择供应商“戴尔”，选择存货编码“002”，录入数量“100”，录入原币单价“5 000”，如图 8-12 所示。

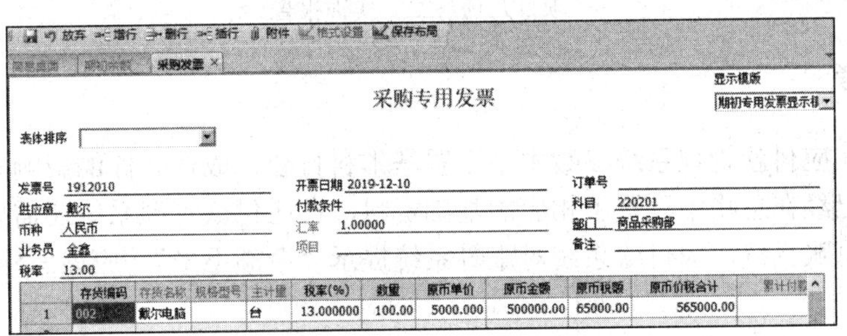

图 8-12　期初采购专用发票

7）单击工具栏上的“保存”按钮，自动保存数据。

8）单击右上角的“关闭”按钮，关闭当前界面。

（八）应付款管理系统与总账管理系统对账

1）启动“期初余额”功能。执行“业务工作”—“财务会计”—“应付款管理”—“设置”—“期初余额”命令，打开“期初余额明细表”界面。

2）进行对账。单击工具栏上的“对账”按钮，打开“期初对账”界面，如图 8-13 所示。

科目		应付期初		总账期初		差额	
编号	名称	原币	本币	原币	本币	原币	本币
1123	预付账款	0.00	0.00	0.00	0.00	0.00	
2201	应付票据	0.00	0.00	0.00	0.00	0.00	
220201	应付货款	565,000.00	565,000.00	565,000.00	565,000.00	0.00	
	合计		565,000.00		565,000.00		

图 8-13 “期初对账”界面

3）单击右上角的“关闭”按钮，关闭期初对账和期初余额窗口。

（九）账套备份

将账套输出至“8-2 应付款系统初始设置”文件夹，压缩后保存到 U 盘。

八、疑难解答

为什么在应付款初始设置时，应付、预付科目不能被选中？

在设置基本科目的应付、预付科目时，应在总账系统中把应付、预付科目设置为“供应商往来”辅助核算，并受控系统为“应付系统”，否则在这里不能被选中。

九、实训报告

项目八任务二 实训报告

问题思考

1）如果在应付款管理系统参数中不设置基本科目会造成什么样的影响？

2）如果已经在总账中设置了相应的基础资料，在应付款管理系统还需要设置吗？

3）如果总账系统与应付款系统对账时系统提示“余额不平”，应该怎样解决？

任务三　应付款单据处理

一、任务描述

本任务主要训练学生掌握各类应付款业务单据处理的基本方法。

二、实训任务

1）录入应付单据、付款单据。
2）审核应付单据、付款单据。
3）核销付款单据。
4）对应付单据、付款单据进行财务处理。
5）预付冲应付并制单。

三、任务目标

1）熟练掌握普通业务的流程及处理方法。
2）掌握其他应付款的业务流程及处理方法。
3）掌握现结采购业务流程及处理方法。
4）掌握退货与退款业务流程及处理方法。
5）掌握转账业务流程及处理方法。

四、准备工作

1）了解应付款系统日常业务操作流程。
2）更改计算机时间为“2020 年 1 月 31 日”。
3）引入“8-2 应付款系统初始设置”文件夹下的备份账套。

五、任务引例

（一）普通业务

1）2020 年 1 月 8 日，向联想集团采购联想电脑 10 台，无税单价为 5 000 元，增值税税率为 13%（采购专用发票号码为 2201001），共计 56 500 元，款未付。

2）2020 年 1 月 8 日，财务部门审核发票，生成应付款凭证。

3）2020 年 1 月 9 日，财务部门向联想集团支付货款，系转账支票，支票号为 ZZ6001，金额为 56 500 元，系支付上一次的货款。

4）2020 年 1 月 9 日，审核付款单，生成付款单凭证。

5）2020 年 1 月 9 日，核销联想集团的往来账。

（二）运费业务

1）2020 年 1 月 10 日，收到联想集团开具的 200 元专用运费发票，款未付。

2）2020 年 1 月 10 日，财务部门支付转账支票一张，支票号为 ZZ6002，金额为 7 000

元，支付运费后，多余资金作为预付账款处理。

3）2020 年 1 月 11 日，审核发票和付款单，生成凭证，核销往来账。

（三）现结业务

2020 年 1 月 11 日，向联想集团采购联想电脑 10 台，无税单价为 5 000 元，增值税税率为 13%（采购专用发票号码为 2201002），共计 56 500 元，当日支付转账支票一张，支票号为 ZZ6003。财务部门审核发票，生成凭证。

（四）退货与退款业务

2020 年 1 月 14 日，因质量原因，向联想集团按原价退回联想电脑 1 台，联想集团开出红字专用发票，票号为 2201003，同时收到现金支票一张（票号为 XJ0091），退还货款。审核相关单据，生成凭证。

（五）转账业务

1）2020 年 1 月 15 日，向联想集团采购联想电脑 1 台，无税单价为 5000 元，增值税税率为 13%（采购专用发票号码为 3301004），共计 5 650 元，款未付，财务部门审核发票，生成凭证。

2）2020 年 1 月 16 日，经双方同意，将联想集团的上一笔货税款 5 650 元与预付款冲抵，生成凭证。

六、教学关注

关注应付款系统中日常业务处理的流程。尽管应付款业务分为普通采购业务、其他应付款业务、现结业务、退货和退款业务等，但业务流程大体相似，即填制单据（采购发票或其他应付单等）→审核单据→生成凭证→填制付款单→审核付款单→生成凭证→核销往来。在掌握共性的基础上再把握特点，要容易很多，也会加深理解。

七、过程指导

（一）普通业务

1．填制采购专用发票

1）以“01 操作员”的身份登录企业应用平台。

2）启动“应付单据录入”功能。执行“应付单据处理”—“应付单据录入”命令，弹出“单据类别”对话框，如图 8-14 所示。

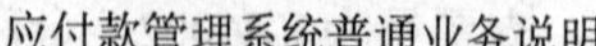

应付款管理系统普通业务说明

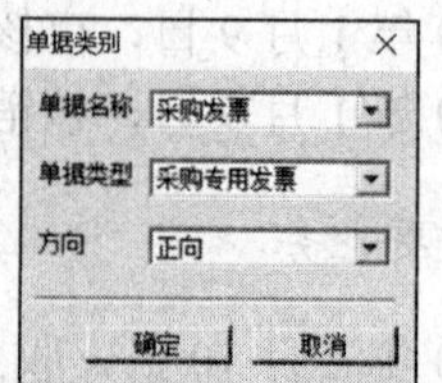

图 8-14 “单据类别”对话框

3）选择单据类别。单据名称选择“采购发票”，单据类型选择“采购专用发票”，方向选择“正向”，单击“确定”按钮，打开“专用发票”窗口。

4）进入增加状态。单击工具栏上的“增加”按钮，自动增加一张空表。

5）录入发票。修改开票日期为“2020-01-08”，录入发票号“2201001”，选择供应商“联想”，选择存货编码“001”，录入数量“10”，录入原币单价“5 000”，如图 8-15 所示。

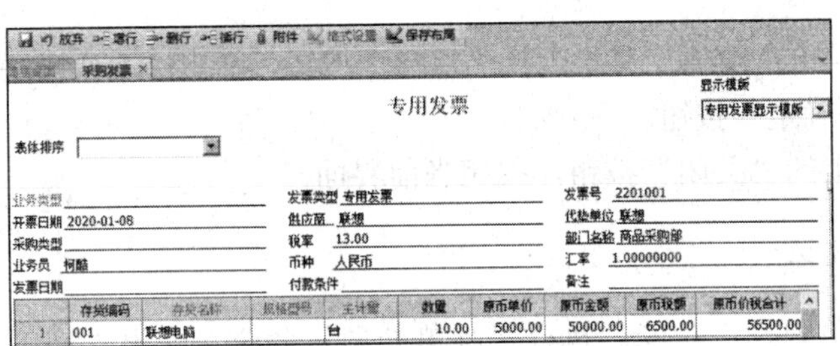

图 8-15　采购专用发票

6）单击工具栏上的“保存”按钮，保存数据。

7）单击窗口上的“关闭”按钮，退出当前界面。

2．审核采购专用发票

1）启动“付款单据审核”功能。执行“业务工作”—“财务会计”—“应付款管理”—“应付单据处理”—“应付单据审核”命令，弹出“应付单查询条件”对话框，如图 8-16 所示。

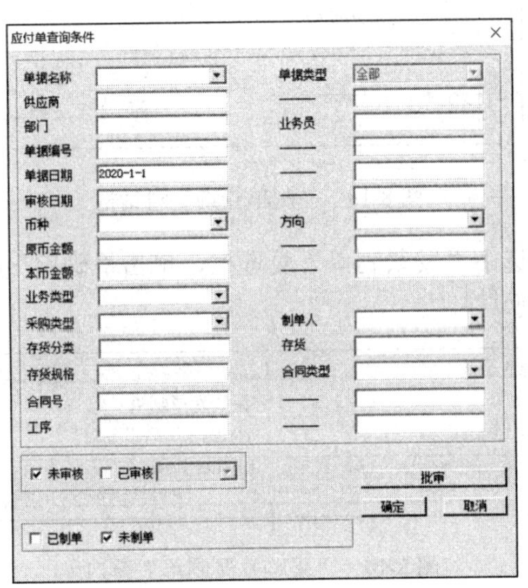

图 8-16　“应付单查询条件”对话框

2）进行审核。单击“确定”按钮，打开“应付单据列表”窗口，如图 8-17 所示。单击工具栏上的“全选”按钮。

应付单据列表

记录总数：1

选择	审核人	单据日期	单据类型	单据号	供应商名称	部门	业务员	制单人	币种	汇率	原币金额	本币金额
		2020-01-08	采购专...	2201001	联想集团	商品采购部	柯酷	张主管	人民币	1.0000	56,500.00	56,500.00
合计											56,500.00	56,500.00

图 8-17 “应付单据列表”窗口

3）审核单据。单击窗体工具栏上的“审核”按钮，弹出“本次成功审核单据 1 张”信息提示框，单击“确定”按钮。

4）单击窗口上的“关闭”按钮，关闭当前界面。

3．生成采购凭证

1）启动“制单处理”功能。执行“制单处理”命令，弹出“制单查询”对话框，如图 8-18 所示。

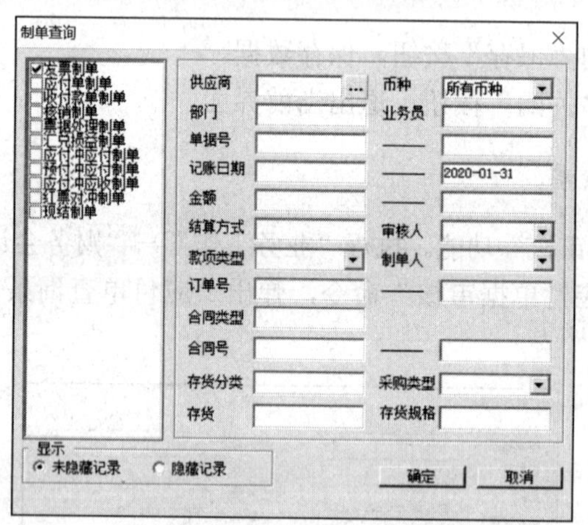

图 8-18 “制单查询”对话框

2）设置查询条件。选中“发票制单”复选框，单击“确定”按钮，打开“采购发票制单”窗口，如图 8-19 所示。

采购发票制单

凭证类别 收款凭证　　制单日期 2020-01-31

选择标志	凭证类别	单据类型	单据号	日期	供应商编码	供应商名称	部门	业务员	金额
1	收款凭证	采购专...	2201001	2020-1-31	01	联想集团	商品采购部	柯酷	56,500.00

图 8-19 “采购发票制单”窗口

3）生成转账凭证。单击工具栏上的“全选”按钮，修改凭证类别为“转 转账凭证”，再单击工具栏上的“制单”按钮，生成转账凭证，如图 8-20 所示。

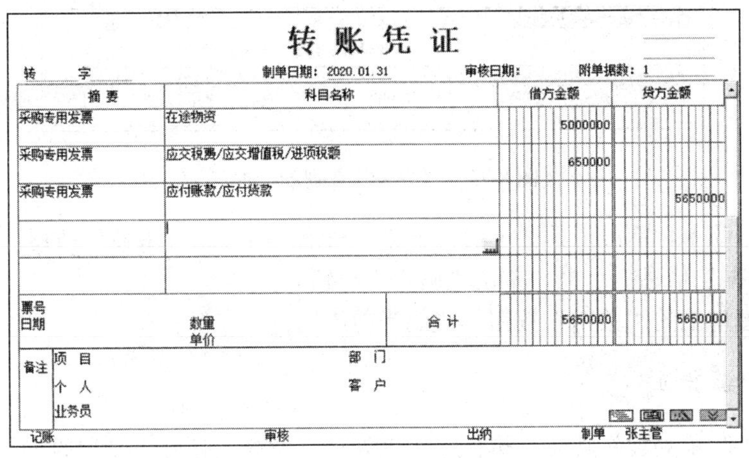
转账凭证

摘要	科目名称	借方金额	贷方金额
采购专用发票	在途物资	5000000	
采购专用发票	应交税费/应交增值税/进项税额	650000	
采购专用发票	应付账款/应付货款		5650000
合计		5650000	5650000

图 8-20　采购转账凭证

4）单击工具栏上的“保存”按钮，保存数据。

5）单击工具栏上的“退出”按钮，关闭当前界面。

4．填制付款单

1）启动“付款单据录入”功能。执行“付款单据处理”—“付款单据录入”命令，打开“付款单”窗口。

2）进入增加状态。单击工具栏上的“增加”按钮，自动增加一张空表。

3）录入付款单。修改日期为“2020-01-09”，选择供应商“联想”，选择结算方式“转账支票”，录入金额“56500”，录入票据号“ZZ6001”，录入摘要“向联想集团支付货款”，如图 8-21 所示。

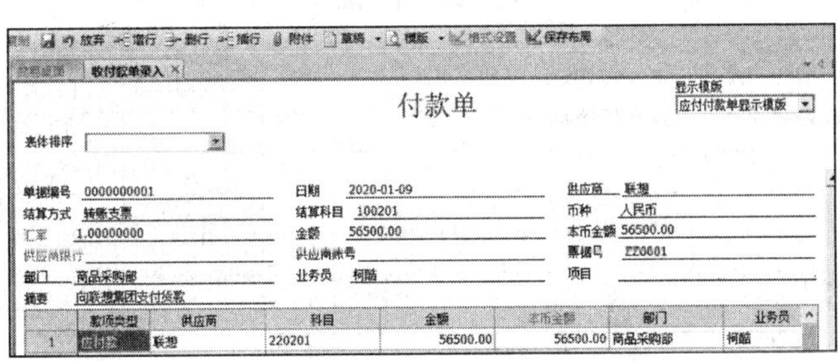

图 8-21　填制付款单

4）单击工具栏上的“保存”按钮，保存数据。

5）单击窗口上的“关闭”按钮，退出当前界面。

5．审核付款单

1）启动“付款单据审核”功能。执行“业务工作”—“财务会计”—“应付款管理”—“付款单据处理”—“付款单据审核”命令，打开“付款单过滤条件”界面。

2）设置过滤条件。单击“确定”按钮，打开“收付款单列表”窗口，如图 8-22 所示。

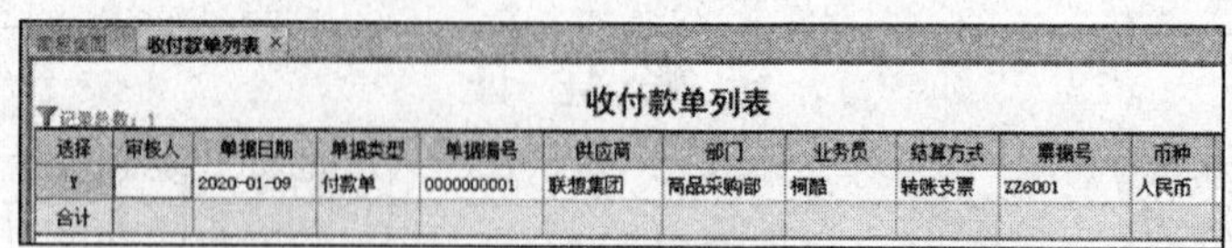

收付款单列表

选择	审核人	单据日期	单据类型	单据编号	供应商	部门	业务员	结算方式	票据号	币种
Y		2020-01-09	付款单	0000000001	联想集团	商品采购部	柯酷	转账支票	ZZ6001	人民币
合计										

图 8-22 “收付款单列表”窗口

3）审核付款单。单击工具栏上的“全选”按钮，再单击“审核”按钮，弹出“本次成功审核 1 张单据”信息提示框，单击“确定”按钮。

4）单击窗口上的“关闭”按钮，关闭当前界面。

6．生成付款凭证

1）启动“制单处理”功能。执行“制单处理”命令，打开“制单查询”界面。

2）设置查询条件。选中“收付款单制单”复选框，单击“确定”按钮，打开“收付款单制单”窗口，如图 8-23 所示。

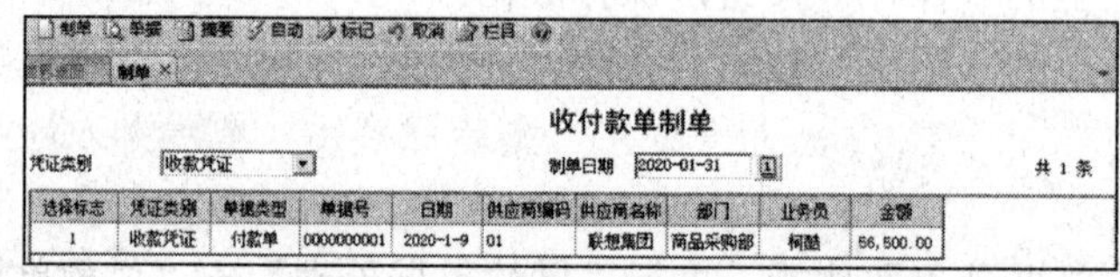

收付款单制单

凭证类别 收款凭证　　制单日期 2020-01-31　　共 1 条

选择标志	凭证类别	单据类型	单据号	日期	供应商编码	供应商名称	部门	业务员	金额
1	收款凭证	付款单	0000000001	2020-1-9	01	联想集团	商品采购部	柯酷	56,500.00

图 8-23 “收付款单制单”窗口

3）生成付款凭证。单击工具栏上的“全选”按钮，再单击“制单”按钮，生成记账凭证，如图 8-24 所示。

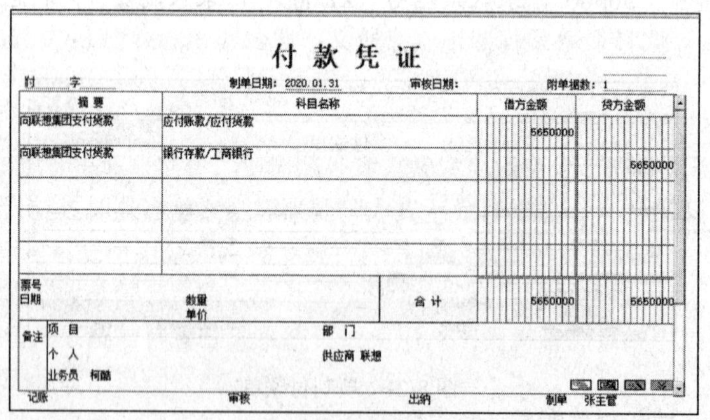

付 款 凭 证

付 字　　制单日期：2020.01.31　　审核日期：　　附单据数：1

摘要	科目名称	借方金额	贷方金额
向联想集团支付货款	应付账款/应付货款	5650000	
向联想集团支付货款	银行存款/工商银行		5650000
票号 日期	数量 单价　合计	5650000	5650000

备注　项目　　部门
个人　　供应商 联想
业务员 柯酷

记账　审核　出纳　制单 张主管

图 8-24 付款凭证

4）单击工具栏上的“保存”按钮，保存数据。

5）单击工具栏上的“退出”按钮，关闭当前界面。

7．核销往来账

学习过程中，自动核销无法看清核销的原理，因此建议采用手工核销的方式。

1）启动“核销”功能。执行“业务工作”—“财务会计”—“应付款管理”—“核销处理”—“手工核销”命令，弹出“核销条件”对话框，如图 8-25 所示。

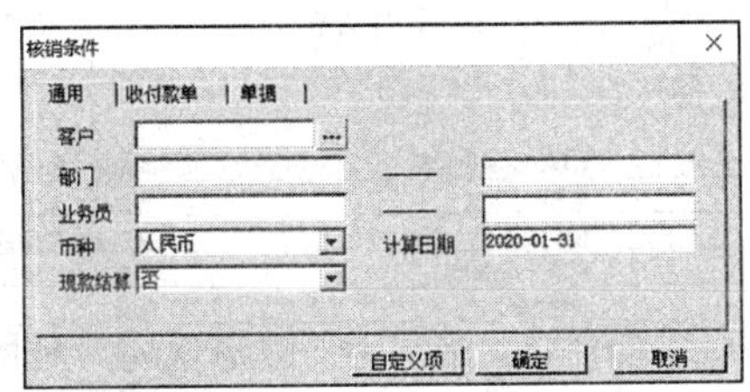

图 8-25　“核销条件”对话框

2）录入核销条件。选择客户“联想集团”，单击“确定”按钮，打开“单据核销”窗口。

3）录入核销数据。在上半部分的“本次结算”栏的第一行录入“56 500”，在下半部分的“本次结算”栏的第一行录入“56 500”，如图 8-26 所示。

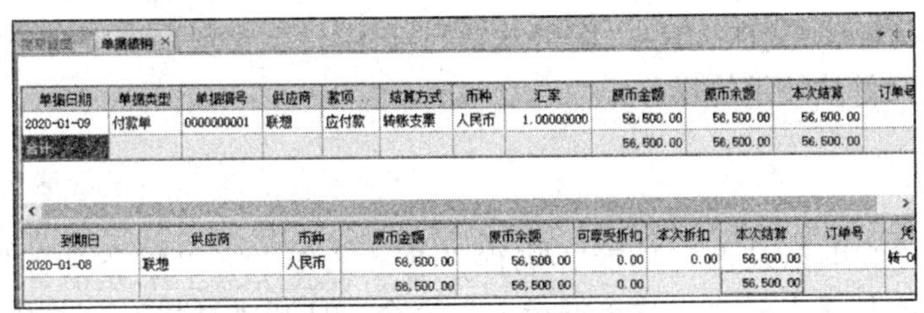

图 8-26　“单据核销”窗口

4）单击工具栏上的“保存”按钮，核销并保存数据。

5）单击窗口上的“关闭”按钮，退出当前界面。

（二）运费业务

运费业务比较特殊。当运费开具了运费发票时，需要通过发票的形式录入单据；当没有开具发票时，需要通过其他应付单的形式录入。此题以发票的形式录入。

1. 填制采购普通发票

1）启动“应付单据录入”功能。执行“业务工作”—“财务会计”—“应付款管理”—“应付单据处理”—“应付单据录入”命令，弹出“单据类别”对话框。

2）选择单据类别。单据名称选择“采购发票”，单据类型选择“采购普通发票”，方向选择“正向”，单击“确定”按钮，打开“普通发票”窗口。

3）进入增加状态。单击工具栏上的“增加”按钮，自动增加一张空表。

4）录入发票。修改开票日期为“2020-01-10”，选择供应商“联想”，选择存货编码“004”，录入原币金额“200”，如图 8-27 所示。

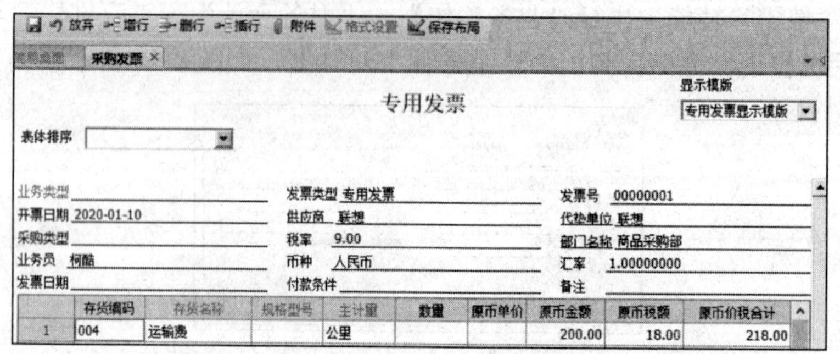

图 8-27 填制采购普通发票

5）单击工具栏上的“保存”按钮，保存数据。

6）关闭窗口。

【相关说明】按会计制度规定，运费可以按 7%的税率进行增值税的进项税额抵扣，因此运费成本为扣除 7%进项税后的部分。如果在启用应付款管理系统的同时启用了采购管理系统，则应在采购管理系统中填制“运费发票”，在应付款管理系统中对采购管理系统传递来的运费发票进行付款核销等操作。

2．填制付款单

1）启动“付款单据录入”功能。执行“业务工作”－“财务会计”－“应付款管理”－“付款单据处理”－“付款单据录入”命令，打开“付款单”界面。

2）进入增加状态。单击工具栏上的“增加”按钮，自动增加一张空表。

3）录入付款单。修改日期为“2020-01-10”，选择供应商“联想”，选择结算方式“转账支票”，录入本币金额“7 000”，录入票据号“ZZ6002”，录入摘要“支付运费”，如图 8-28 所示。

4）录入预付金额。在“款项类型”下拉列表框中选择“应付款”选项，录入金额“218”；在“款项类型”下拉列表框中选择“预付款”，录入金额“6 782”，如图 8-28 所示。

图 8-28 填制付款单

5）单击工具栏上的“保存”按钮，保存数据。

6）单击窗口上的“关闭”按钮，退出当前界面。

3．审核发票和付款单

操作方法与普通业务相同。

4．生成凭证

操作方法与普通业务相同。

5．核销往来账

1）启动“核销”功能。执行“业务工作”—“财务会计”—“应付款管理”—“核销处理”—“手工核销”命令，弹出“核销条件”对话框。

2）录入核销条件。选择供应商“联想”，单击“确定”按钮，打开“单据核销”窗口。

3）录入核销数据。在上半部分的“本次结算”栏的第一行录入“218”，在下半部分的“本次结算”栏的第一行录入“218”，如图 8-29 所示。

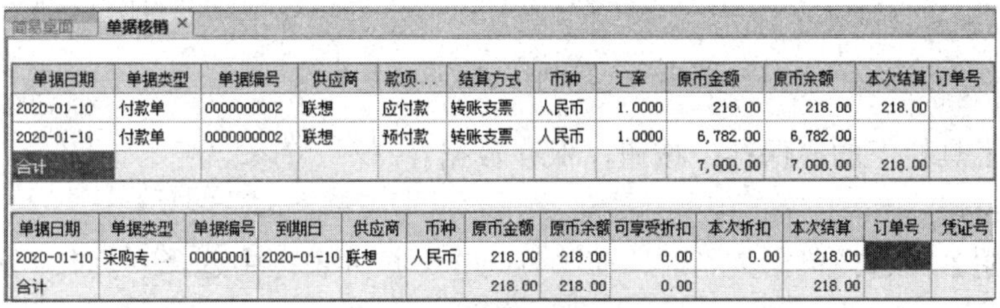

简易桌面　单据核销

单据日期	单据类型	单据编号	供应商	款项...	结算方式	币种	汇率	原币金额	原币余额	本次结算	订单号
2020-01-10	付款单	0000000002	联想	应付款	转账支票	人民币	1.0000	218.00	218.00	218.00	
2020-01-10	付款单	0000000002	联想	预付款	转账支票	人民币	1.0000	6,782.00	6,782.00		
合计								7,000.00	7,000.00	218.00	

单据日期	单据类型	单据编号	到期日	供应商	币种	原币金额	原币余额	可享受折扣	本次折扣	本次结算	订单号	凭证号
2020-01-10	采购专...	00000001	2020-01-10	联想	人民币	218.00	218.00	0.00	0.00	218.00		
合计						218.00	218.00	0.00		218.00		

图 8-29　单据核销

4）单击工具栏上的“保存”按钮，核销并保存数据。

5）关闭窗口。

（三）现结业务

现结业务是指在收到发票的同时支付对方的货款。由于在应付模块中，在采购发票中无法录入付款信息，填写发票和付款信息还是需要分开操作，操作方法与普通业务完全相同。

1）填制并审核采购专用发票，生成凭证。操作方法与普通业务相同。

2）填制并审核付款单，生成凭证。操作方法与普通业务的相同。

3）核销往来账。操作方法与普通业务相同。

【相关说明】现结业务在只启用应付而没有采购时，开票与付款只能分开录入。

（四）退货与退款业务

退货与退款业务操作流程与普通业务相同，只是数量方向相反，退款时注意“切换”。

1．填制红字专用发票

1）启动“应付单据录入”功能。执行“业务工作”—“财务会计”—“应付款管理”—“应付单据处理”—“应付单据录入”命令，弹出“单据类别”对话框。

2）选择单据类别。单据名称选择“采购发票”，单据类型选择“采购专用发票”，方向选择“负向”，单击“确定”按钮，打开“红字专用发票”窗口。

3）进入增加状态。单击工具栏上的“增加”按钮，自动增加一张空表。

4）录入发票。修改开票日期为“2020-01-14”，录入发票号“2201003”，选择供应商“联想”，选择采购类型“采购退货”（在前面事先定义），选择存货编码“001”，录入数量“-1”，录入原币单价“5 000”，如图 8-30 所示。

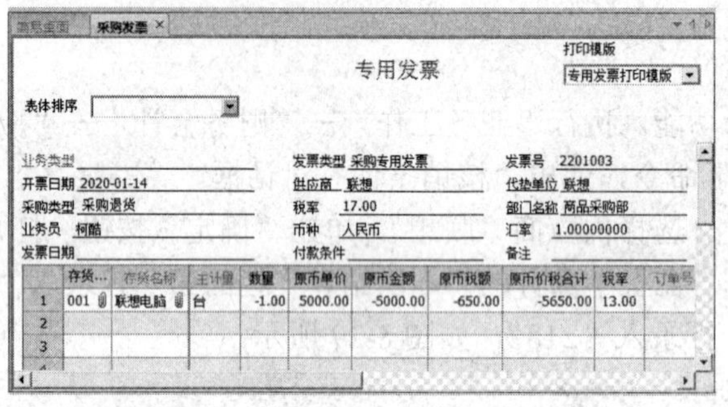

图 8-30　填制红字采购专用发票

5）单击工具栏上的“保存”按钮，保存数据。

6）关闭窗口。

【相关说明】在选择单据类别时，在“方向”下拉列表框中选择“负向”选项，填制红字采购专用发票。

2．填制红字收款单

1）启动“付款单据录入”功能。执行“业务工作”－“财务会计”－“应付款管理”－“付款单据处理”－“付款单据录入”命令，打开“付款单”窗口。

2）切换单据状态。单击工具栏上的“切换”按钮，打开“红字收款单”窗口。

3）进入增加状态。单击工具栏上的“增加”按钮，自动增加一张空表。

4）录入红字收款单。修改日期为“2020-01-14”，选择供应商“联想”，选择结算方式“现金支票”，录入金额“5 650”，录入票据号“XJ0091”，录入摘要“退还货款”，如图 8-31 所示。

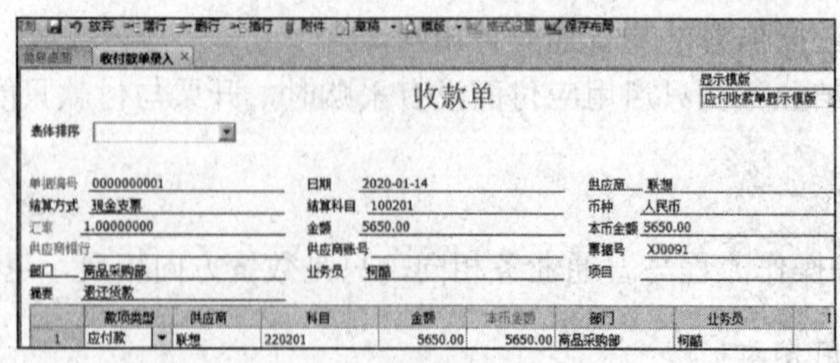

图 8-31　填制红字收款单

5）单击工具栏上的“保存”按钮，保存数据。

6）关闭窗口。

【相关说明】供应商退货，单击工具栏上的“切换”按钮，填制红字收款单。

3．审核红字专用发票和红字付款单

操作方法同普通业务的单据审核。

4．生成凭证

操作方法同普通业务的凭证生成。

5．核销往来账

操作方法同普通业务的往来账核销。

（五）转账业务

转账业务包括应付冲应付、预付冲应付、应付冲应收、红票对冲，意义与应收款管理系统中的转账功能相同。下面以预付冲应付为例。

1）填制采购专用发票。操作方法同普通业务的发票填制。

2）审核单据。操作方法同普通业务的单据审核。

3）生成转账凭证。操作方法同普通业务的凭证生成。

4）将预付账款冲抵应付账款。

① 启动“预付冲应付”功能。执行“业务工作”－“财务会计”－“应付款管理”－“转账”－“预付冲应付”命令，弹出“预付冲应付”对话框。

② 录入供应商。选择供应商“01-联想集团”。

③ 录入预付款金额。选择“预付款”选项卡，单击“过滤”按钮，在“转账金额”栏中录入“5 650”，如图 8-32 所示。

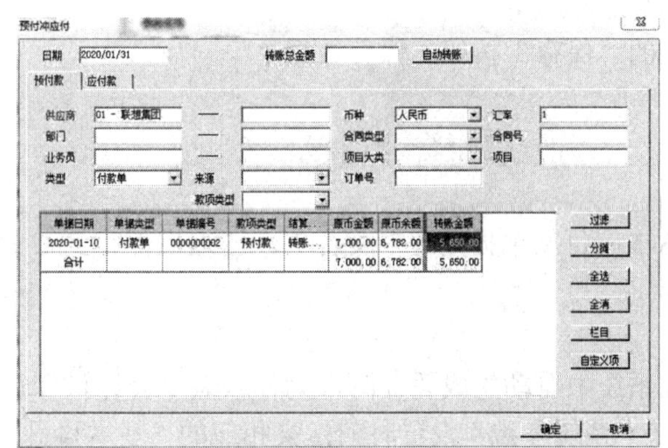

图 8-32　录入预付转账金额

④ 录入应付款金额。选择“应付款”选项卡，单击“过滤”按钮，在“转账金额”栏中录入“5 650”，如图 8-33 所示。

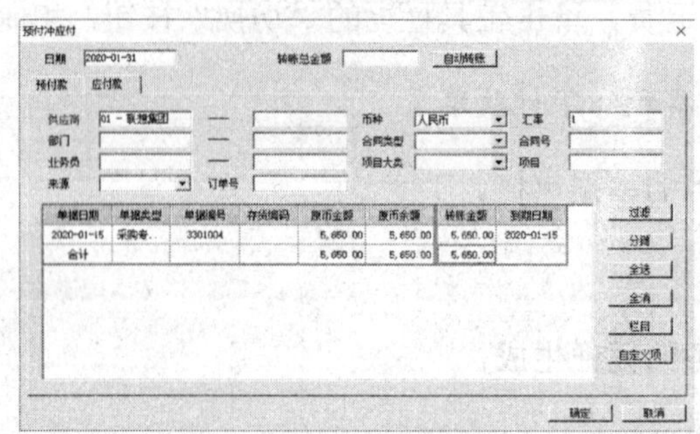

图 8-33　录入应付转账金额

⑤ 单击“确定”按钮，弹出“是否立即制单”信息提示框，单击“否”按钮。

⑥ 单击“取消”按钮，关闭当前界面。

【相关说明】如果弹出“是否立即制单”信息提示框，单击“是”按钮，则立刻生成记账凭证。可以在输入转账总金额后单击“自动转账”按钮，系统自动根据过滤条件进行成批的预付冲抵应付款工作。每一笔应付款的转账金额不能大于其余额。应付款的转账金额合计应该等于预付款的转账金额合计。如果是红字预付款和红字应付单进行冲销，要把过滤条件中的“类型”选为“收款单”。

5）生成转账凭证。

① 启动“制单处理”功能。执行“业务工作”－“财务会计”－“应付款管理”－“制单处理”命令，弹出“制单查询”对话框。

② 设置查询条件。选中“转账制单”复选框，单击“确定”按钮，打开“转账制单”窗口。

③ 制单。单击工具栏上的“全选”按钮，选择凭证类别为“转 转账凭证”，单击“制单”按钮，生成一张记账凭证。

④ 单击工具栏上的“保存”按钮，保存数据。

⑤ 关闭界面。

（六）账套备份

将账套输出至“8-3 应付款单据处理”文件夹，压缩后保存到 U 盘。

八、疑难解答

1）在应付款管理系统中自动生成凭证时，为什么缺少会计科目？

在应付款管理系统“系统参数”设置时应定义相应的“基本科目”。只有这样，系统自动生成凭证时才会出现相应的会计科目，否则需要手工输入会计科目。

2）应付款管理系统生成的凭证怎样审核、记账？

应付款管理系统中生成的凭证会自动传递到总账系统，在总账管理系统进行审核、记账。

3）应付款管理系统中生成的凭证在总账中可以直接修改、删除吗？

不可以。应收应付模块生成的凭证在总账中只能查看，属于账务外转账凭证。如果在总账中修改删除，会导致总账数据与应收应付原始单据数据不相符。如果凭证有错误，只能到应收应付模块里面查询凭证，再删除凭证，然后修改发票或收付款单，再重新生成凭证，以保证凭证与原始单据数据相符。

4）如何删除应收或应付模块生成的凭证？

双击应收或应付模块的“单据查询”—“凭证查询”选项，显示已生成的凭证列表，选择相关凭证，单击工具栏上的“删除”按钮删除，然后到总账的填写凭证功能中整理凭证即可。

5）与总账对账时提示“金额不平”，是什么原因？

以应收模块为例，对账时是将应收模块原始单据与总账模块相应科目的余额进行核对，发生对账不平的原因如下：期初对账不平；应收模块的发票、收款单等原始单据没有生成凭证；总账中的凭证没有记账。

6）如何取消核销？

双击应收或应付模块的“其他处理”—“取消操作”选项，在操作类型中选择“核销”选项，显示已核销记录列表，选择相关记录，单击工具栏上的“OK 确认”按钮即可。

九、实训报告

项目八任务三　实训报告

问题思考

1）应付款管理系统的基本操作流程是什么？

2）普通采购业务分哪几个步骤？

3）现付业务相对于其他采购业务来说有哪些特点？

4）退货与退款的大致流程及特点怎样？

项目九　供应链管理系统应用

学习要点

1. 供应链管理系统功能和操作流程。
2. 供应链管理系统初始设置。
3. 采购业务处理。
4. 销售业务处理。
5. 库存业务处理。
6. 存货核算处理。

学习目标

1. 熟悉供应链管理系统的功能和操作流程。
2. 正确进行供应链管理系统的初始设置。
3. 掌握供应链业务处理的方法。
4. 培养会计软件操作的规范性和发现问题的敏感性。
5. 培养吃苦耐劳精神和团队合作精神。

学习指引

供应链管理从采购、销售、库存、存货、往来账管理等多个方面展示了物流、信息流、资金流三者统一的企业财务业务一体化方法。当企业发生采购货物或者销售商品等业务时，各业务部门录入业务原始单据，系统根据原始单据自动生成一系列会计凭证并传递到总账模块。业务开始前，须准备好企业的存货数据、仓库数据、采购与销售业务类别及应收款与应付款账期管理方案。

任务一　供应链管理系统功能和操作流程

一、供应链管理系统的功能结构

供应链管理是用友管理软件的重要组成部分，它突破了会计核算软件单一财务管理的局限，实现了从财务管理到企业财务业务一体化全面的管理，实现了物流、资金流、信息流三流合一的管理。供应链管理系统包括采购管理、销售管理、库存管理、存货核算四大模块，并与应收、应付模块配合，最终将凭证传递至总账；同时，UFO 报表可以从供应链中取数，编制个性化报表。各模块既可单独使用，也可集成使用。在本项目中，各模块集成使用。

（一）采购管理

采购管理的主要功能包括初始化设置、业务处理、账簿及分析 3 个部分。初始化设置包括设置采购管理业务处理所需要的采购参数、基础信息及采购期初数据；业务处理包括请购单、采购订单、到货单、采购发票、采购结算等采购业务，能处理普通采购业务、暂估业务、受托代销业务、直运业务（采购部分）；账簿及分析包括各种采购明细表、增值税抵扣明细表、采购成本分析、供应商价格对比分析、采购类型结构分析、采购资金比重分析、采购费用分析、采购货龄综合分析等。

（二）销售管理

销售管理的主要功能包括初始化设置、业务处理、账簿及分析 3 个部分。初始化设置包括设置销售管理业务处理所需要的销售参数、基础信息及销售期初数据；业务处理包括报价单、销售订单、发货单、销售发票等销售业务，能处理普通销售业务、委托代销业务、直运业务（销售部分）、分期收款业务、销售调拨业务、零售业务；账簿及分析提供销售收入明细账、销售成本明细账、发货明细表、销售明细表、销售明细账、发货结算勾对表、销售综合统计表、销售月报表、进销存统计表、销售增长分析、销售结构分析、销售毛利分析、商品周转率分析、经营状况分析等。

（三）库存管理

库存管理的主要功能包括初始化设置、日常收发存业务处理、库存控制、账簿及分析 4 个部分。初始化设置包括设置库存管理业务处理所需要的库存参数、基础信息及库存期初数据；日常收发存业务处理包括采购入库单管理、销售出库单管理、其他入库单管理、其他出库单管理、库存盘点、调拨，能处理正常的销售出库业务、采购入库业务、调拨业务、盘点业务、组装拆卸业务、形态转换业务等；库存控制可进行批次跟踪、保质期管理、委托代销商品管理、不合格品管理、现存量管理、安全库存管理，可对超储、短缺、呆滞积压、超额领料等情况报警；账簿及分析提供出入库流水账、库存台账、商品备查簿、呆滞积压存货查询及其他统计汇总表等。

（四）存货核算

存货核算的主要功能包括初始化设置、日常业务处理、账簿及分析 3 个部分。初始化设置包括设置存货核算业务处理所需要的参数、基础信息及存货期初数据；日常业务处理包括对采购和销售出入库成本的核算（记账）、暂估业务处理、出入库成本的调整、存货跌价准备，根据采购、销售及库存业务生成凭证并将凭证传递到总账；账簿及分析提供与总账对账、发出商品明细账、个别计价明细账、入库汇总表、出库汇总表、收发存汇总表、存货周转率分析、ABC 成本分析、库存资金占用规划、库存资金占用分析、入库成本分析等。

存货核算中的成本计算方法有先进先出法、后进先出法、移动平均法、个别计价法、全月平均法、计划价法（工业）、售价法（商业）。其中，在销售后，采用先进先出法、后进先出法、移动平均法、个别计价法这 4 种方法的商品可立即生成销售成本结转凭证，而采用全月平均法、计划价法、售价法的商品必须到月末完成各仓库的期末处理后才能生成销售成本结转凭证。

二、供应链各模块与其他系统的关系

供应链各模块与其他系统有着复杂的关系，在一笔普通的采购业务或销售业务中，需要多个模块配合使用。

（一）采购管理模块与其他系统的关系

采购管理模块与其他系统的关系如图 9-1 所示。

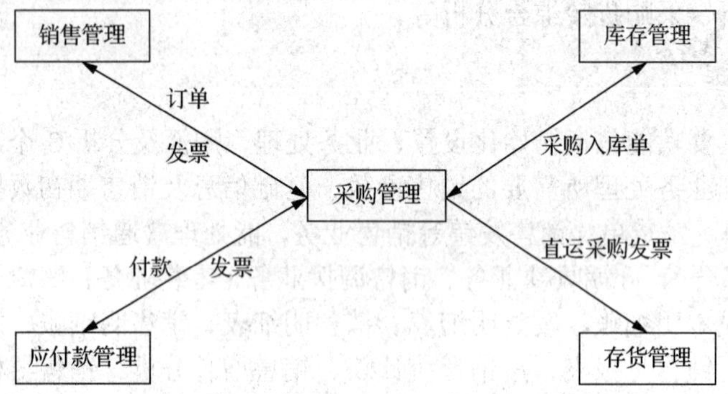

图 9-1 采购管理与其他系统的关系

（二）销售管理模块与其他系统的关系

销售管理模块与其他系统的关系如图 9-2 所示。

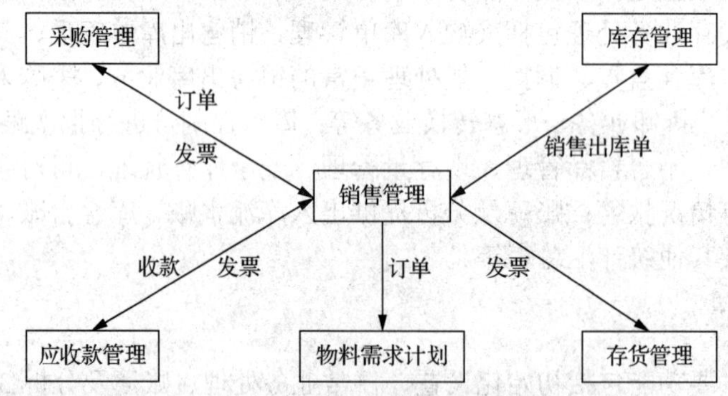

图 9-2 销售管理模块与其他系统的关系

（三）库存管理模块与其他系统的关系

库存管理模块与其他系统的关系如图 9-3 所示。

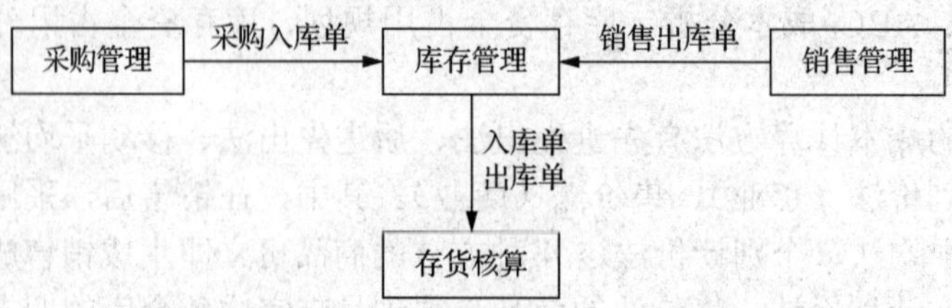

图 9-3 库存管理模块与其他系统的关系

（四）存货核算模块与其他系统的关系

存货核算模块与其他系统的关系如图 9-4 所示。

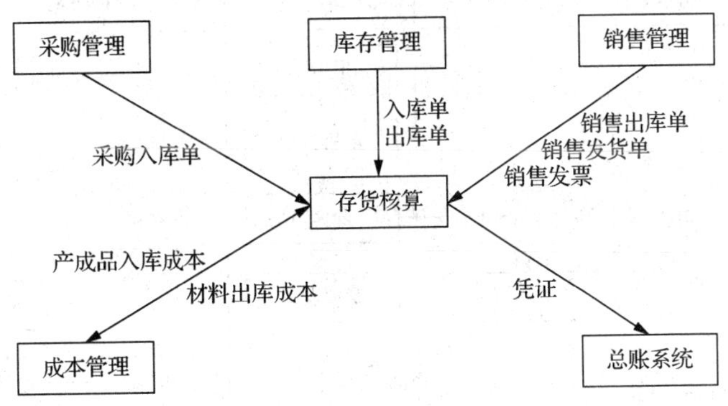

图 9-4　存货核算模块与其他系统的关系

三、供应链业务流程

供应链业务流程的种类特别多，不同行业或不同企业，由于面对的产品不同，内控的要求也不同，企业设计的操作流程也不会相同。为了方便学习，现列举普通业务流程，主要业务模型的使用在后面的任务中介绍。

（一）普通采购业务流程

普通采购业务流程如图 9-5 所示。

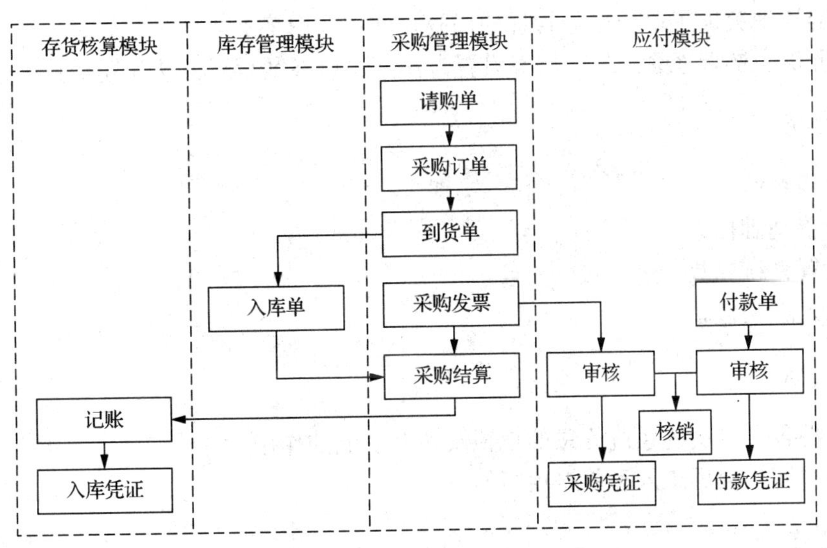

图 9-5　普通采购业务流程

（二）销售业务操作流程

一笔完整的销售业务需要存货核算模块、销售管理模块、库存管理模块、应收模块分工协同工作才能完成。不同类型的销售业务，其业务流程具有一定的差异性，以先发货后开票普通销售业务为例，按模块展示销售业务流程如图 9-6 所示。

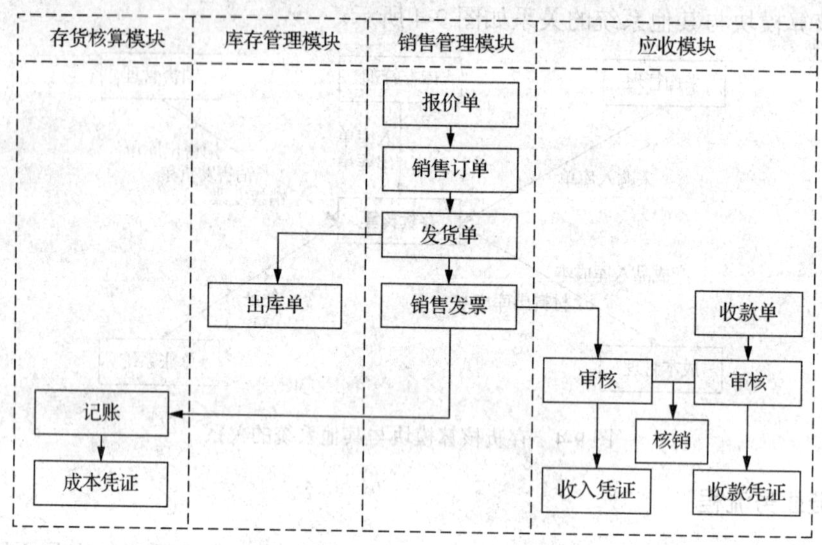

图 9-6　先发货后开票销售业务流程

任务二　供应链管理系统初始设置

一、任务描述

供应链管理突破了单一财务管理的局限，实现了财务业务一体化管理。本任务主要训练学生掌握供应链管理系统基础档案设置方法、系统参数设置方法和期初数据录入方法。

二、实训任务

1）启用系统。
2）设置基础档案。
3）设置系统参数。
4）录入期初值。

三、任务目标

1）掌握各个模块的系统信息的设置及各个功能的作用。
2）掌握期初数据录入和单据填写的方法。

四、准备工作

1）确保总账系统、应收款管理系统、应付款管理系统已进行初始化设置。
2）初步了解供应链管理系统的基本功能。
3）整理好供应链管理所需信息及数据。
4）更改计算机时间为“2020 年 1 月 1 日”。

5）引入“8-2 应付款系统初始设置”文件夹下的备份账套。

五、任务引例

（一）系统启用

在原有已启用“GL 总账”“AR 应收款管理”“AP 应付款管理”“FA 固定资产”“WA 薪资管理”的基础上，增加启用“SA 销售管理”“PU 采购管理”“ST 库存管理”“IA 存货核算”4 个模块，启用日期为“2020 年 1 月 1 日”。

（二）付款条件

付款条件如表 9-1 所示。

表 9-1　付款条件

付款条件编码	付款条件名称	信用天数	优惠天数 1	优惠率 1	优惠天数 2	优惠率 2	优惠天数 3	优惠率 3	优惠天数 4	优惠率 4
01	3/10，1/20，n/30	30	10	3	20	1	30	0		
02	3/20，1/40，n/60	60	20	3	40	1	60	0		
03	4/30，2/60，n/90	90	30	4	60	2	90	0		

（三）仓库档案

仓库档案如表 9-2 所示，其他属性内容取默认值，不要修改。

表 9-2　仓库档案

仓库编码	仓库名称	计价方式	是否参与 MRP 运算	计入成本	资产仓
01	联想电脑仓	先进先出法	是	是	否
02	戴尔电脑仓	全月平均法	是	是	否
03	惠普设备仓	售价法	是	是	否
04	不良品仓	全月平均法	否	是	否
05	固定资产仓	全月平均法	否	否	是

（四）收发类别

收发类别如表 9-3 所示。

表 9-3　收发类别

收发类别编码	收发类别名称	收发标志
1	入库	收
101	采购入库	收
102	受托代销入库	收
103	盘盈入库	收
104	调拨入库	收
199	其他入库	收
2	出库	发
201	销售出库	发

续表

收发类别编码	收发类别名称	收发标志
202	盘亏出库	发
203	调拨出库	发
299	其他出库	发

（五）采购类型

采购类型如表 9-4 所示。

表 9-4 采购类型

采购类型编码	采购类型名称	入库类别	是否默认值
01	普通采购	采购入库	是
02	采购退货	采购入库	否
03	代理商进货	受托代销入库	否

（六）销售类型

销售类型如表 9-5 所示，其他按默认值。

表 9-5 销售类型

销售类型编码	销售类型名称	出库类别	是否默认值
01	普通销售	销售出库	是
02	销售退货	销售出库	否

（七）费用项目分类及项目

费用项目分类及项目如表 9-6 所示，其他项不填写。

表 9-6 费用项目分类及项目

分类编码	分类名称	费用项目编码	费用项目名称
1	业务费用	01	运费
		02	招待费

（八）发运方式

发运方式如表 9-7 所示。其中，编码最长为两位，无级次定义。

表 9-7 发运方式

发运方式编码	发运方式名称
01	公路运输
02	铁路运输
03	空运
04	水运

(九）非合理损耗类型

非合理损耗类型如表 9-8 所示。

表 9-8　非合理损耗类型

编码	名称	是否默认值
01	运输责任	是
02	装卸责任	否

(十）客户档案补充信息

客户档案补充信息如表 9-9 所示。

表 9-9　客户档案补充信息

编码	客户名称	所属银行	开户银行	银行账号	默认值
01	SAP 集团	中国银行	中国银行	231123221	是
02	用友集团	中国建设银行	中国建设银行	543377676	是
03	金蝶集团	中国建设银行	中国建设银行	982355888	是
04	金算盘有限公司	中国工商银行	中国工商银行	805533670	是
05	任我行有限公司	中国工商银行	中国工商银行	604521592	是
06	速达有限公司	中国工商银行	中国工商银行	541343215	是
07	零散销售客户				

(十一）采购管理系统参数

取消“普通业务必有订单”，设置“启用受托代销”。

(十二）销售管理系统参数

设置“有零售日报业务”“有销售调拨业务”“有委托代销业务”“有分期收款业务”“有直运销售业务”，取消“普通销售必有订单”（默认），设置“直运销售必有订单”“销售生成出库单”“新增发货单默认不参照单据”“新增退货单默认不参照单据”“新增发票默认不参照单据”。

(十三）库存管理系统参数

设置“有委托代销业务”“有受托代销业务”，采购入库审核时修改现存量，销售出库审核时修改现存量，其他出入库审核时修改现存量，出入库时检查可用量（可用量设置），自动带出单价的单据有销售出库单、其他出库单、调拨单（专用设置）。

(十四）存货核算系统参数

暂估方式“单到回冲”，零成本出库选择“参考成本”，入库单成本选择“参考成本”，红字出库单成本选择“参考成本”，结算单价与暂估单价不一致需要调整出库成本（控制方式）。

以上设置中的其他内容按默认值，请不要修改。

（十五）存货档案

修改 003 惠普打印机存货属性，增加受托代销属性。

（十六）单据设置

修改采购入库单单据格式为“入库类别必输”，修改销售出库单单据格式为“出库类别必输”。

（十七）设置存货科目

存货科目如表 9-10 所示。

表 9-10　存货科目

存货编码	存货名称	存货科目	差异科目	分期收款发出商品科目	委托代销商品科目	直运科目
001	联想电脑	140501 联想电脑	1407 商品进销差价	140601 分期收款发出商品		140501 联想电脑
002	戴尔电脑	140502 戴尔电脑	1407 商品进销差价	140601 分期收款发出商品		140502 联想电脑
003	惠普打印机	132101 受托代销商品	1407 商品进销差价			

（十八）设置对方科目

对方科目如表 9-11 所示。

表 9-11　对方科目

收发类别编码	收发类别名称	存货编码	存货名称	对方科目编码	对方科目名称	暂估科目
101	采购入库			1402	在途物资	220202 暂估应付款
102	受托代销入库			231401	受托代销商品款	231401 受托代销商品款
103	盘盈入库			1901	待处理财产损溢	
104	调拨入库	001	联想电脑	140501	联想电脑	
104	调拨入库	002	戴尔电脑	140502	戴尔电脑	
201	销售出库	001	联想电脑	640101	联想电脑	
201	销售出库	002	戴尔电脑	640102	戴尔电脑	
201	销售出库	003	惠普打印机	6402	其他业务成本	
202	盘亏出库			1901	待处理财产损溢	
203	调拨出库	001	联想电脑	140501	联想电脑	
203	调拨出库	002	戴尔电脑	140502	戴尔电脑	
299	其他出库			1901	待处理财产损溢	

（十九）期初数据

1. 期初暂估单（期初入库单）

2019 年 12 月 28 日，向联想集团购入联想电脑 100 台，票未到，每台估价无税价 5 000

元，计 500 000 元，入联想电脑仓。

2．受托代销期初

2019 年 12 月 25 日，收到惠普集团受托代销商品打印机 50 台，单价 500 元，入惠普设备仓。

3．期初发货单

2019 年 12 月 26 日，向金算盘有限公司销售联想电脑 100 台，无税单价 8 000 元，联想电脑仓，销售类型为普通销售，业务类型为普通销售。

4．库存系统和存货系统期初数

库存系统和存货系统期初数如表 9-12 所示。

表 9-12　库存系统和存货系统期初数

仓库	存货编码	存货名称	库存数量/台	存货数量/台	单价/元	金额/元	差价/元	差价科目
联想电脑仓	001	联想电脑	0	100	5 000	500 000		
戴尔电脑仓	002	戴尔电脑	250	250	5 000	1 250 000		
惠普设备仓	003	惠普打印机	50	50	500	25 000	20 000	1407

六、教学关注

根据功能权限设置，初始化只能由账套主管完成，其他操作员没有权限。因此，本任务操作都以“01 操作员”的身份完成。

七、过程指导

（一）系统启用

供应链初始设置说明

1）以“01 操作员”的身份登录企业应用平台。

2）启动“系统启用”功能。执行“基础设置”—“基本信息”—“系统启用”命令，打开“系统启用”界面。

3）启用采购管理。选中“PU 采购管理”复选框，弹出日历，选择 2020 年 1 月 1 日，单击“确定”按钮完成采购管理的启用。

4）依次启用其他模块。其他模块有“SA 销售管理”“PU 采购管理”“ST 库存管理”“IA 存货核算”，启用日期都为 2020 年 1 月 1 日。

（二）付款条件

1）启动“付款条件定义”功能。执行“基础设置”—“基础档案”—“收付结算”—“付款条件”命令，打开“付款条件”窗口。

2）进入增加状态。单击工具栏上的“增加”按钮，自动增加一条空记录。

3）录入数据。录入付款条件编码“01”、信用天数“30”、优惠天数 1“10”、优惠率 1

“3”、优惠天数 2“20”、优惠率 2“1”、优惠天数 3“30”、优惠率 3“0”，录入付款条件编码“02”、信用天数“60”、优惠天数 1“20”、优惠率 1“3”、优惠天数 2“40”、优惠率 2“1”、优惠天数 3“60”、优惠率 3“0”，录入付款条件编码“03”、信用天数“90”、优惠天数 1“30”、优惠率 1“0”、优惠天数 2“60”、优惠率 2“2”、优惠天数 3“90”、优惠率 3“0”。如图 9-7 所示。

付款条件

序号	付款条件编码	付款条件名称	信用天数	优惠天数1	优惠率1	优惠天数2	优惠率2	优惠天数3	优惠率3
1	01	3/10, 1/20, n/30	30	10	3.0000	20	1.0000	30	0.0000
2	02	3/20, 1/40, n/60	60	20	3.0000	40	1.0000	60	0.0000
3	03	4/30, 2/60, n/90	90	30	4.0000	60	2.0000	90	0.0000

图 9-7　付款条件

4）保存定义。单击工具栏上的“保存”按钮，或光标移到最后一个单元格后按 Enter 键，保存数据，并自动增加一空行。

5）依次录入其他数据。

6）单击工具栏上的“退出”按钮，关闭当前界面。

（三）仓库档案

1）启动“仓库档案定义”功能。执行“基础设置”—“基础档案”—“业务”—“仓库档案”命令，打开“仓库档案”窗口，如图 9-8 所示。

图 9-8　“仓库档案”窗口

2）进入增加状态。单击工具栏上的“增加”按钮，打开“增加仓库档案”窗口。

3）录入数据。录入仓库编码“01”，仓库名称“联想电脑仓”，选择计价方式“先进先出法”，核对是否选中“参与 MRP 运算”复选框，如图 9-9 所示。

4）单击工具栏上的“保存”按钮，保存数据，自动进入增加状态。

5）依次录入其他数据。

6）关闭窗口。

（四）收发类别

1）启动“收发类别定义”功能。执行“基础设置”—“基础档案”—“业务”—“收发类别”命令，打开“收发类别”窗口。

2）进入增加状态。单击工具栏上的“增加”按钮，进入增加状态。

3）录入数据。录入收发类别编码“1”、收发类别名称“入库”，选择收发标志“收”。

4）保存定义。单击工具栏上的“保存”按钮，保存数据。

5）依次录入其他数据，如图 9-10 所示。

6）关闭窗口。

增加仓库档案

基本

仓库编码 01　仓库名称 联想电脑仓

部门编码　负责人

电话　资金定额

对应条形码　配额（%）

计价方式 先进先出法　仓库属性 普通仓

停用日期

仓库地址

备注

☑ 参与MRP运算　☐ 货位管理　☑ 参与ROP计算　☐ 门店

☐ 代管仓　☑ 记入成本　☑ 控制序列号

☑ 纳入可用量计算　☐ 保税仓　☐ 资产仓

可用量控制方式

出口 按系统选项控制　销售 按系统选项控制

库存 按系统选项控制

图 9-9　“增加仓库档案”窗口

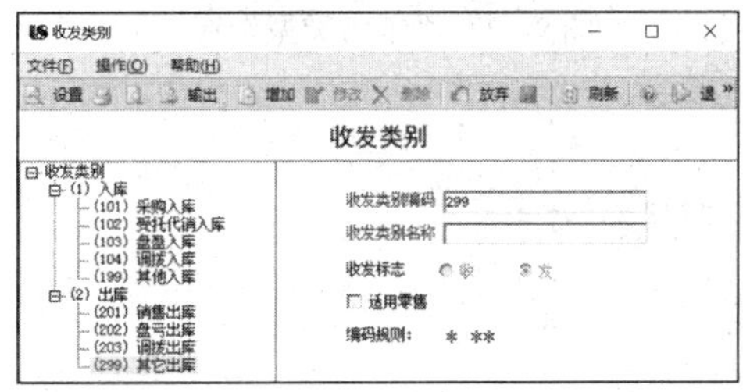

图 9-10　“收发类别”窗口

（五）采购类型

1）启动“采购类型定义”功能。执行“基础设置”－“基础档案”－“业务”－“采购类型”命令，打开“采购类型”窗口。

2）进入增加状态。单击工具栏上的“增加”按钮，自动增加一条空记录。

3）录入数据。录入采购类型编码“01”、采购类型名称“普通采购”，入库类别选择“采购入库”，是否默认值选择“是”。

4）保存定义。单击工具栏上的“保存”按钮，保存数据。

5）依次录入其他数据，如图 9-11 所示。

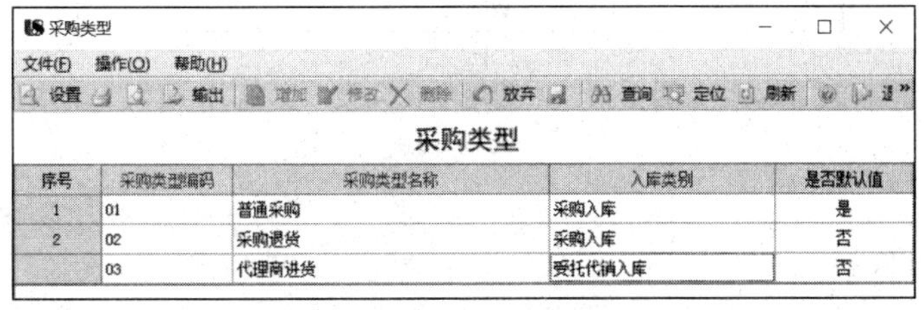
采购类型

序号	采购类型编码	采购类型名称	入库类别	是否默认值
1	01	普通采购	采购入库	是
2	02	采购退货	采购入库	否
	03	代理商进货	受托代销入库	否

图 9-11　“采购类型”窗口

6）关闭窗口。

（六）销售类型

1）启动“销售类型定义”功能。执行“基础设置”－“基础档案”－“业务”－“销售类型”命令，打开“销售类型”窗口。

2）进入增加状态。单击工具栏上的“增加”按钮，自动增加一条空记录。

3）录入数据。录入采购类型编码“01”、采购类型名称“普通销售”，出库类别选择“销售出库”，是否默认值选择“是”。

4）保存定义。单击工具栏上的“保存”按钮，保存数据。

5）依次录入其他数据，如图 9-12 所示。

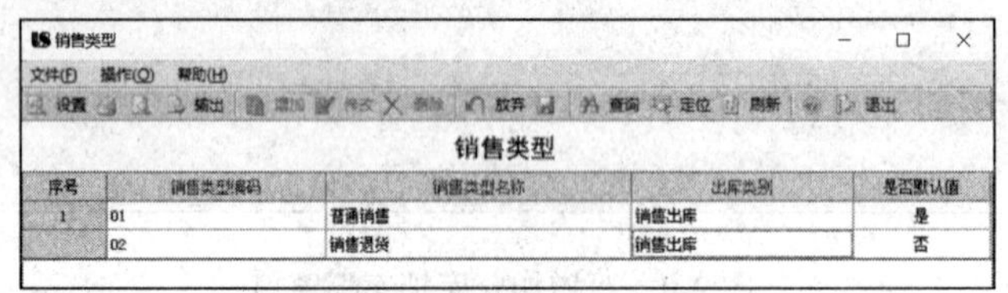

图 9-12　“销售类型”窗口

6）关闭窗口。

（七）费用项目分类及项目

1．定义费用项目分类

1）启动“费用项目分类定义”功能。执行“基础设置”－“基础档案”－“业务”－“费用项目分类”命令，打开“费用项目分类”窗口。

2）进入增加状态。单击工具栏上的“增加”按钮，窗口右边进入增加状态。

3）录入数据。录入分类编码“1”、分类名称“业务费用”。

4）保存定义。单击工具栏上的“保存”按钮，保存数据，如图 9-13 所示。

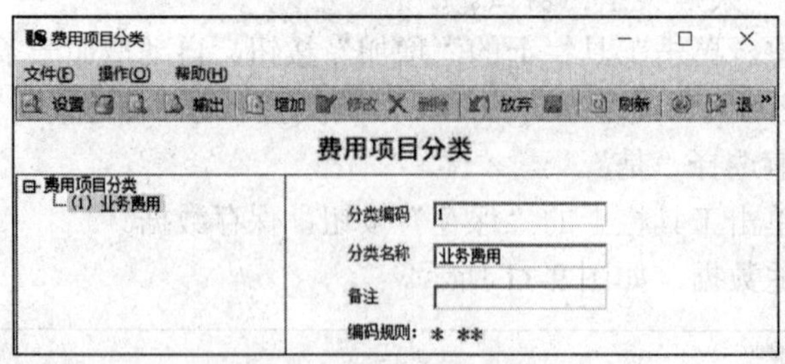

图 9-13　“费用项目分类”窗口

5）关闭窗口。

2．定义费用项目

1）启动“费用项目定义”功能。执行“基础设置”－“基础档案”－“业务”－“费用项目”命令，打开“费用项目档案-（1）业务费用”窗口。

2）进入增加状态。单击工具栏上的“增加”按钮，自动增加一条空记录。

3）录入数据。录入费用项目编码“01”、费用项目名称“运费”，选择费用项目分类名称“业务费用”。

4）保存定义。单击工具栏上的“保存”按钮，保存数据。

5）依次录入其他数据，如图 9-14 所示。

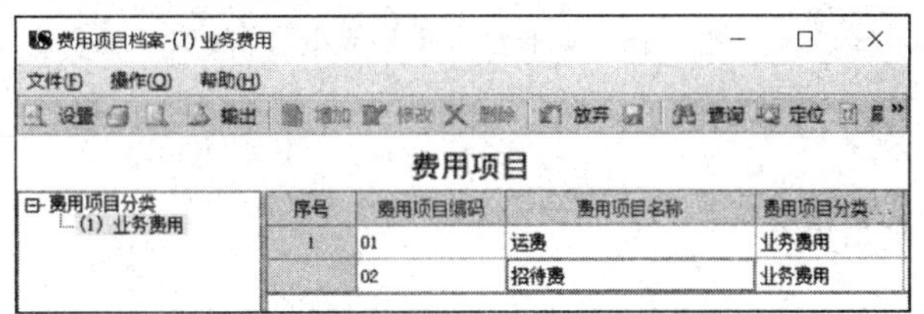

图 9-14 “费用项目档案-（1）业务费用”窗口

6）关闭窗口。

（八）发运方式

1）启动“发运方式定义”功能。执行“基础设置”－“基础档案”－“业务”－“发运方式”命令，打开“发运方式”窗口。

2）进入增加状态。单击工具栏上的“增加”按钮，自动增加一条空记录。

3）录入数据。录入发运方式编码“01”、发运方式名称“公路运输”。

4）保存定义。单击工具栏上的“保存”按钮，保存数据。

5）依次录入其他数据，如图 9-15 所示。

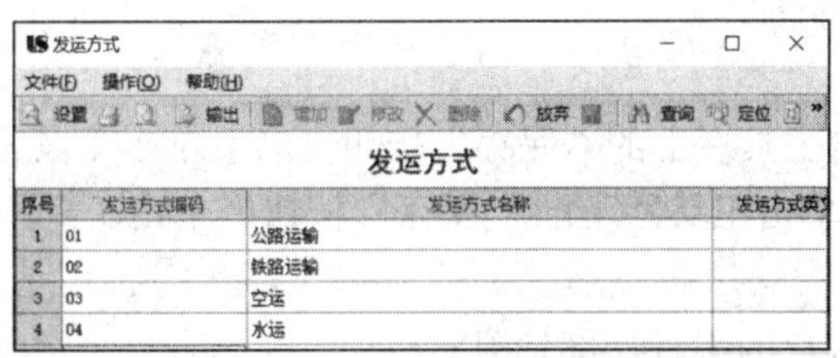

图 9-15 “发运方式”窗口

6）关闭窗口。

（九）非合理损耗类型

1）启动“非合理损耗类型定义”功能。执行“基础设置”－“基础档案”－“业务”－“非合理损耗类型”命令，打开“非合理损耗类型”窗口。

2）进入增加状态。单击工具栏上的“增加”按钮，自动增加一条空记录。

3）录入数据。录入非合理损耗类型编码“01”、非合理损耗类型名称“运输责任”，是否默认值选择“是”。

4）单击工具栏上的“保存”按钮，保存数据。

5）重复2）～4）操作方法，依次录入其他数据，如图9-16所示。

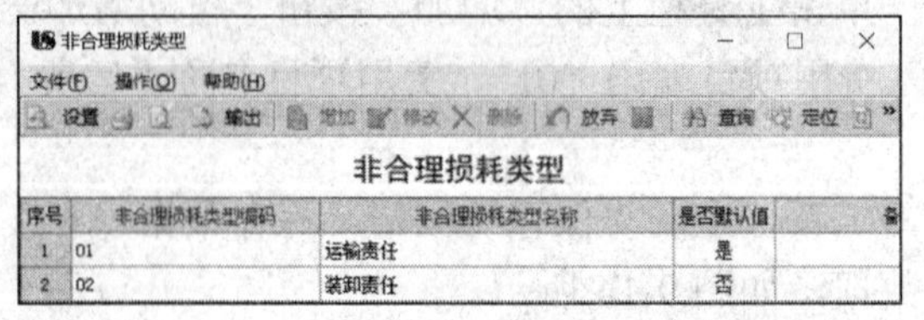

图9-16 “非合理损耗类型”窗口

6）关闭窗口。

（十）客户档案补充信息

1）启动“客户银行档案定义”功能。执行“基础设置”－“基础档案”－“客商信息”－“客户档案”命令，打开“客户银行档案”窗口。

2）选择修改对象。找到并选中“SAP集团”这一行。

3）进入修改状态。单击工具栏上的“修改”按钮，系统打开修改界面。

4）打开“银行信息录入”窗口。在修改界面单击工具栏上的“银行”按钮，系统打开“客户银行档案”界面。

5）增加银行档案信息。单击工具栏上的“增加”按钮，录入所属银行、开户银行、银行账号、默认值信息，如图9-17所示。

图9-17 “客户银行档案”窗口

6）保存修改。单击工具栏上的“保存”按钮，然后单击工具栏上的“退出”按钮，打开“修改”窗口，再次单击工具栏上的“保存”按钮，单击工具栏上的“退出”按钮，返回至浏览状态。

7）依次录入其他客户的银行档案信息。

8）关闭窗口。

（十一）采购管理系统参数

1）启动“采购选项设置”功能。执行“业务工作”－“供应链”－“采购管理”－“设置”－“采购选项”命令，打开“参数设置”界面。

2）修改参数。根据任务引例资料修改参数，未涉及的参数按默认值设置，不要修改，如图9-18所示。

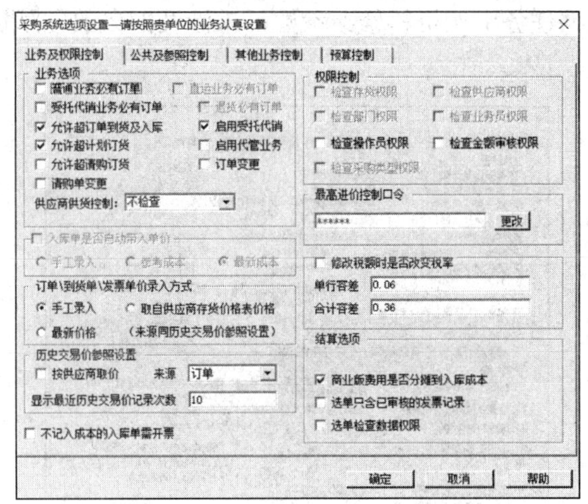

图 9-18　采购选项设置

3）单击“确定”按钮，自动保存设置，并关闭选项界面。

（十二）销售管理系统参数

1）启动“销售选项设置”功能。执行“业务工作”－“供应链”－“采购管理”－“设置”－“销售选项”命令，弹出“销售选项”对话框。

2）修改参数。根据任务引例资料修改参数，未涉及的参数按默认值设置，不要修改，如图 9-19 所示。

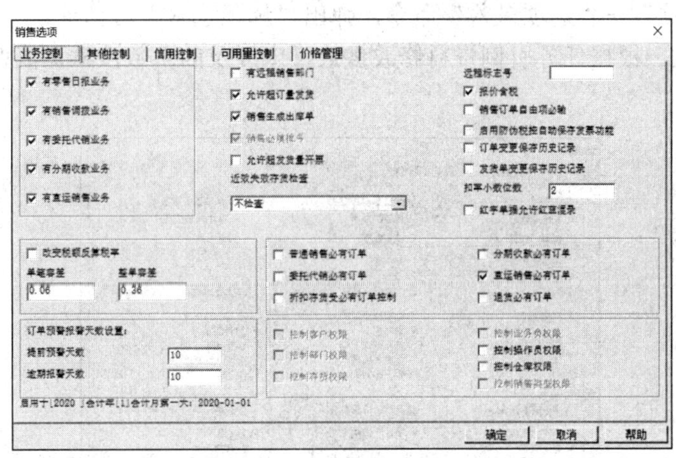

图 9-19　销售选项设置

3）单击“确定”按钮，自动保存设置，并关闭选项界面。

（十三）库存管理系统参数

1）启动“库存选项设置”功能。执行“业务工作”－“供应链”－“库存管理”－“初始设置”－“选项”命令，弹出“库存选项设置”对话框。

2）修改参数。根据任务引例资料修改参数，未涉及的参数按默认值设置，不要修改，如图 9-20 所示。

图 9-20　库存选项设置

3）单击“确定”按钮，自动保存设置，并关闭选项界面。

（十四）存货核算系统参数

1）启动“存货选项设置”功能。执行“业务工作”—“供应链”—“存货核算”—“初始设置”—“选项”—“选项录入”命令，弹出“选项录入”对话框。

2）修改参数。根据任务引例资料修改参数，未涉及的参数按默认值设置，不要修改，如图 9-21 所示。

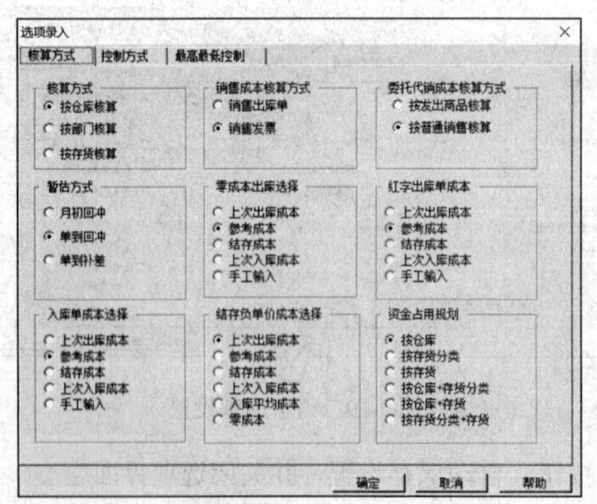

图 9-21　“选项录入”对话框

3）单击“确定”按钮，自动保存设置，并关闭选项界面。

(十五) 修改存货档案

为了方便练习受托代销和委托代销，需要将某个商品设置成受托代销商品。

1）打开“存货档案管理”界面。执行“基础设置”－“基础档案”－“存货”－“存货档案”命令，打开“存货档案管理”界面。

2）选择修改对象。找到并选中“惠普打印机”这一行。

3）进入修改状态。单击工具栏上的“修改”按钮，系统打开修改界面。

4）修改属性。选中“受托代销”复选框，如图 9-22 所示。

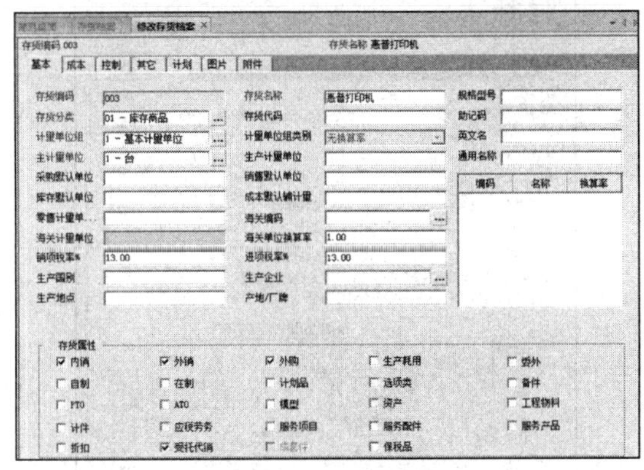

图 9-22 修改存货档案

5）保存修改并关闭界面。单击工具栏上的“保存”按钮，保存记录；然后单击工具栏上的“退出”按钮，关闭界面，返回到“存货档案浏览”窗口，关闭窗口。

(十六) 单据设置

1）打开“单据格式设置”界面。执行“基础设置”－“单据设置”－“单据格式设置”命令，打开“单据格式设置”窗口，如图 9-23 所示。

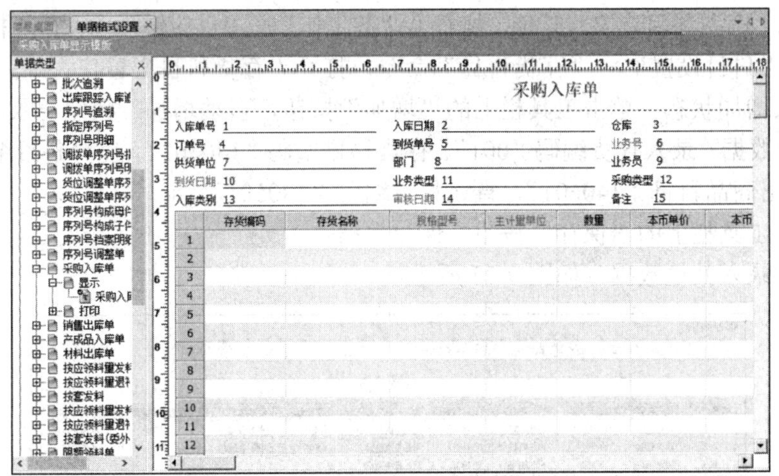

图 9-23 单据格式设置

2）打开“采购入库单格式设置”界面。在左边的单据类型中选择“库存管理”－“采购入库单”－“显示”－“采购入库单显示模板”，系统打开“采购入库单格式设置”界面。

3）选择修改对象。选中“入库类别”复选框。

4）打开表头项目。单击工具栏上的“表头项目”选项，弹出“表头”对话框。

5）修改属性。“入库类别”已自动获得焦点，选中“必输”复选框，单击“确定”按钮，返回到上一界面，入库类别变为蓝色，如图9-24所示。

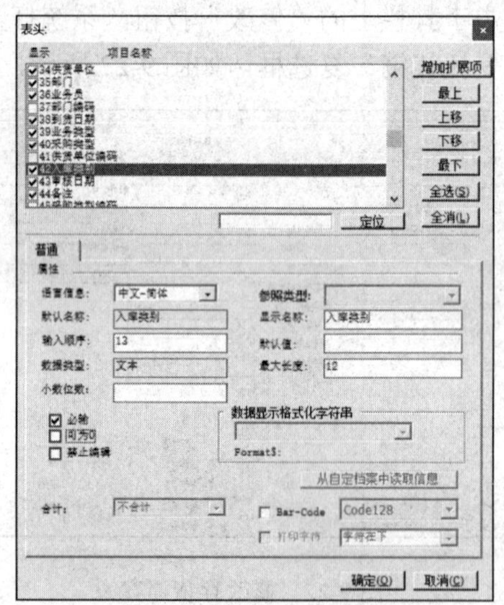

图9-24　表头设置

6）单击工具栏上的“保存”按钮，保存修改的设置。

7）依次设置销售出库单的格式。

8）关闭窗口。

（十七）设置存货科目

1）启动“存货科目定义”功能。执行“业务工作”－“供应链”－“存货核算”－“初始设置”－“科目设置”－“存货科目”命令，打开“存货科目”窗口。

2）进入增加状态。单击工具栏上的“增加”按钮，自动增加一条空记录。

3）录入数据。录入存货编码“001”、存货科目编码“140501”、差异科目编码“1407”、分期收款发出商品科目“140601”、直运科目编码“140501”。

4）单击工具栏上的“保存”按钮，保存数据。

5）依次录入其他数据，如图9-25所示。

存货科目

存货编码	存货名称	存货科目编码	存货科目名称	差异科目编码	差异科目名称	分期收款发出...	分期收款发出...	直运科目编码	直运科目名称
001	联想电脑	140501	联想电脑	1407	商品进销差价	140601	分期收款发出...	140501	联想电脑
002	戴尔电脑	140502	戴尔电脑	1407	商品进销差价	140601	分期收款发出...	140502	戴尔电脑
003	惠普打印机	132101	受托代销商品	1407	商品进销差价				

图9-25　存货科目

6）关闭窗口。

（十八）设置对方科目

1）启动“对方科目定义”功能。执行“业务工作”－“供应链”－“存货核算”－“初始设置”－“科目设置”－“对方科目”命令，打开“对方科目”窗口。

2）进入增加状态。单击工具栏上的“增加”按钮，自动增加一条空记录。

3）录入数据。录入收发类别编码“101”、对方科目编码“1402”、暂估科目编码“220202”。

4）依次录入其他数据，如图 9-26 所示。

对方科目

收发类别编码	收发类别名称	存货编码	存货名称	对方科目编码	对方科目名称	暂估科目编码	暂估科目名称
101	采购入库			1402	在途物资	220202	暂估应付款
102	受托代销入库			231401	受托代销商品款	231401	受托代销商品款
103	盘盈入库			1901	待处理财产损溢		
104	调拨入库	001	联想电脑	140501	联想电脑		
104	调拨入库	002	戴尔电脑	140502	戴尔电脑		
201	销售出库	001	联想电脑	640101	联想电脑		
201	销售出库	002	戴尔电脑	640102	戴尔电脑		
201	销售出库	003	惠普打印机	6402	其他业务成本		
202	盘亏出库			1901	待处理财产损溢		
203	调拨出库	001	联想电脑	140501	联想电脑		
203	调拨出库	002	戴尔电脑	140502	戴尔电脑		
299	其它出库			1901	待处理财产损溢		

图 9-26 对方科目

5）保存并关闭窗口。

（十九）期初数据

1．期初暂估单（期初入库单）录入

货到票未到时，上月已做暂估入库处理，本月初录入期初入库单，等采购发票到了后，再重新处理，操作步骤如下。

1）启动“期初采购入库单”功能。执行“业务工作”－“供应链”－“采购管理”－“采购入库”－“采购入库单”命令，打开“期初采购入库单”窗口。

2）进入增加状态。单击工具栏上的“增加”按钮，自动增加一张空表。

3）录入数据。修改入库日期为“2019-12-28”，选择仓库“联想电脑仓”，选择供货单位“联想”，选择入库类别“采购入库”，在表体中选择存货编码“001”，录入数量“100”、本币单价“5 000”，如图 9-27 所示。

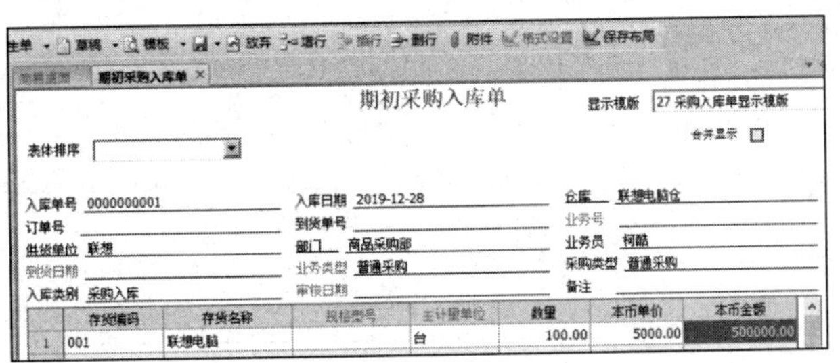

图 9-27 期初暂估单

4）单击工具栏上的“保存”按钮，保存数据。

5）关闭窗口。

2. 受托代销期初

未结算的受托业务，性质相当于货到票未到，与暂估业务期初处理方式相同，需要将未结算的部分作为期初值录入，操作步骤如下。

1）启动“受托代销期初采购入库单定义”功能。执行“业务工作”－“供应链”－“采购管理”－“采购入库”－“受托代销入库单”命令，打开“期初采购入库单”窗口。

2）进入增加状态。单击工具栏上的“增加”按钮，自动增加一张空表。

3）录入数据。修改入库日期为“2019-12-25”，选择仓库“惠普设备仓”，选择供货单位“惠普”，选择采购类型“代理商进货”，自动填写选择入库类别“受托代销入库”，在表体中选择存货编码“003”，录入数量“50”、本币单价“500”，如图 9-28 所示。

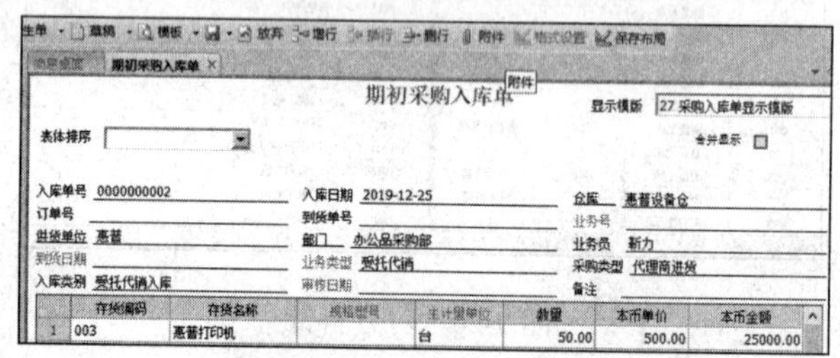

期初采购入库单

显示模版 27 采购入库单显示模版

表体排序　合并显示

入库单号 0000000002　入库日期 2019-12-25　仓库 惠普设备仓
订单号　到货单号　业务号
供货单位 惠普　部门 办公品采购部　业务员 新力
到货日期　业务类型 受托代销　采购类型 代理商进货
入库类别 受托代销入库　审核日期　备注

	存货编码	存货名称	规格型号	主计量单位	数量	本币单价	本币金额
1	003	惠普打印机		台	50.00	500.00	25000.00

图 9-28　期初采购入库单

4）单击工具栏上的“保存”按钮，保存数据。

5）关闭窗口。

3. 期初发货单

销售管理已发货未开票的业务，需要作为期初发货单录入，操作步骤如下。

1）启动“期初发货单定义”功能。执行“业务工作”－“供应链”－“销售管理”－“设置”－“期初录入”－“期初发货单”命令，打开“期初发货单”窗口。

2）进入增加状态。单击工具栏上的“增加”按钮，自动增加一张空表。

3）录入数据。修改发货日期为“2019-12-26”，选择客户简称“金算盘”，在表体中选择仓库“联想电脑仓”、存货编码“001”，录入数量“100”、无税单价“8 000”，如图 9-29 所示。

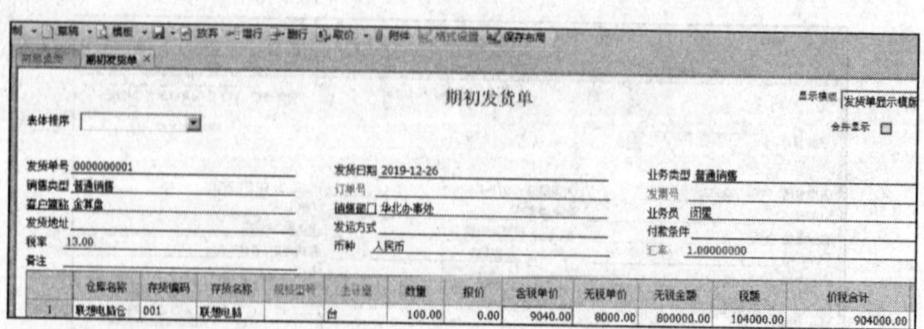

期初发货单

显示模版 发货单显示模版

表体排序　合并显示

发货单号 0000000001　发货日期 2019-12-26　业务类型 普通销售
销售类型 普通销售　订单号　发票号
客户简称 金算盘　销售部门 华北办事处　业务员 闰墨
发货地址　发运方式　付款条件
税率 13.00　币种 人民币　汇率 1.00000000
备注

	仓库名称	存货编码	存货名称	规格型号	主计量	数量	报价	含税单价	无税单价	无税金额	税额	价税合计
1	联想电脑仓	001	联想电脑		台	100.00	0.00	9040.00	8000.00	800000.00	104000.00	904000.00

图 9-29　期初发货单

4）单击工具栏上的“保存”按钮，保存数据。

5）单击工具栏上的“审核”按钮，审核发货单。

6）关闭窗口。

4．库存期初

库存期初指仓库的实际库存，包括已入库未收到发票的存货，但不包括已发货未开票的存货，操作步骤如下。

1）启动“库存期初数据录入”功能。执行“业务工作”—“供应链”—“库存管理”—“初始设置”—“期初结存”命令，打开“库存期初数据录入”窗口。

2）选择仓库。选择仓库“戴尔电脑仓”。

3）进入修改状态。单击工具栏上的“修改”按钮，进入修改状态。

4）录入库存（无须增行，可直接录入）。根据任务引例资料录入存货编码、库存数量和单价，如图 9-30 所示。

图 9-30 库存期初

5）单击工具栏上的“保存”按钮，保存数据。

6）单击工具栏上的“批审”按钮，对本仓库的所有记录全部审核。

7）按照 2）～6）的方法，依次录入其他仓库记录。

8）关闭窗口。

5．存货期初

与库存不同，存货的统计以记账为准，存货记账后，无论是否入库或出库，都认为有效，存货反映的是账面余额，操作步骤如下。

1）启动“存货期初余额录入”功能。执行“业务工作”—“供应链”—“存货核算”—“初始设置”—“期初数据”—“期初余额”命令，打开“期初余额”窗口。

2）在“仓库”下拉列表框中选择“联想电脑仓”。

3）录入数据。单击工具栏上的“增加”按钮，录入存货编码、存货数量、单价，如图 9-31 所示。

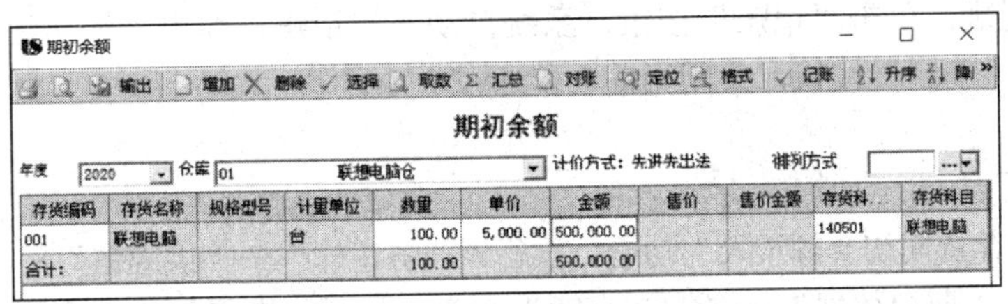

图 9-31 期初余额

4）取数。单击工具栏上的“取数”按钮，自动将库存的数据取到此处。

5）按照 2）～4）的方法，依次录入其他仓库记录。

6）与库存对账。单击工具栏上的“对账”，在“条件”窗口单击“确定”按钮，显示联想电脑仓的联想电脑结存差异数量为 100 台，如图 9-32 所示，查阅后关闭窗口。

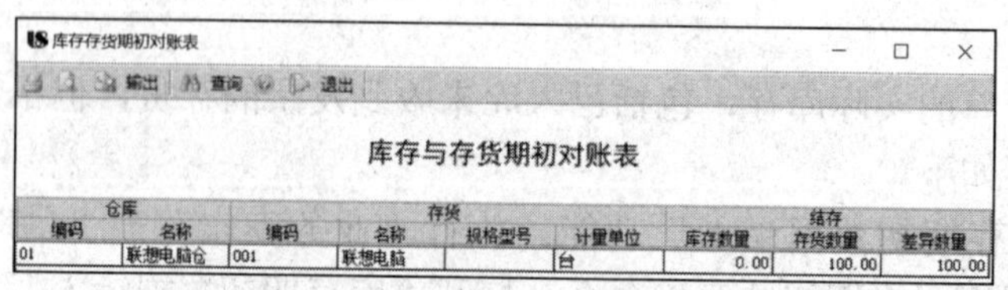

库存与存货期初对账表

仓库		存货				结存		
编码	名称	编码	名称	规格型号	计量单位	库存数量	存货数量	差异数量
01	联想电脑仓	001	联想电脑		台	0.00	100.00	100.00

图 9-32　库存与存货期初对账表

7）查看期初差价。执行“期初数据”—“期初差异”命令，打开“期初差价”窗口，选择仓库“03 惠普设备仓”，系统调出期初差价金额与差价科目，如图 9-33 所示，查阅后关闭窗口。

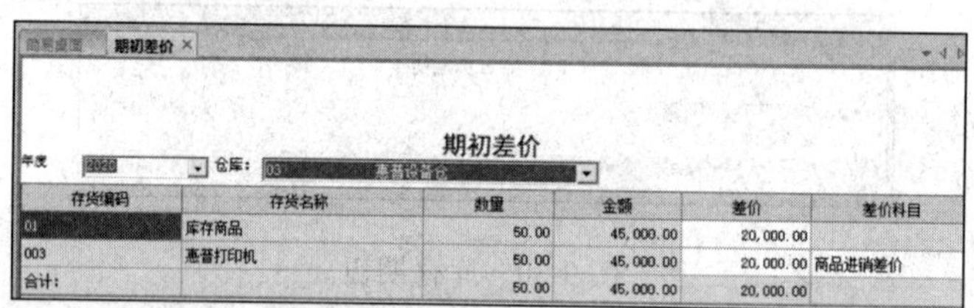

存货编码	存货名称	数量	金额	差价	差价科目
01	库存商品	50.00	45,000.00	20,000.00	
003	惠普打印机	50.00	45,000.00	20,000.00	商品进销差价
合计:		50.00	45,000.00	20,000.00	

图 9-33　“期初差价”窗口

（二十）期初记账

1．采购期初记账

1）启动“采购期初记账”功能。执行“供应链”—“采购管理”—“设置”—“采购期初记账”命令，弹出“期初记账”对话框，如图 9-34 所示。

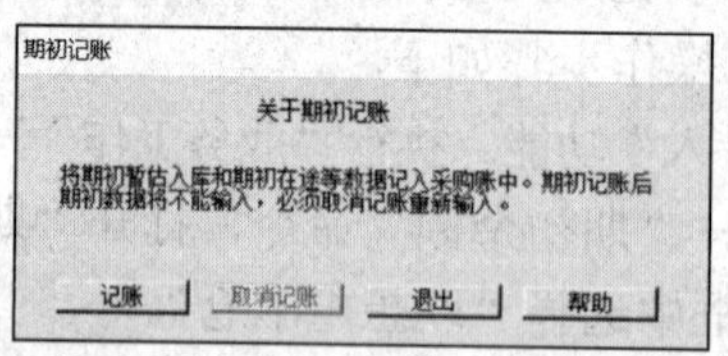

图 9-34　“期初记账”对话框

2）开始记账。单击“记账”按钮，系统自动开始记账，弹出“期初记账完毕！”信息提示框，单击“确定”按钮，关闭当前功能。

2．存货记账

1）启动“存货期初余额录入”功能。执行“业务工作”—“供应链”—“存货核算”—“初始设置”—“期初数据”—“期初余额”命令，打开“存货期初”窗口。

2）开始记账。单击工具栏上的“记账”按钮，系统自动开始记账，弹出“期初记账成功!”信息提示框，单击“确定”按钮。

3）关闭窗口。

（二十一）与总账对账

1）启动“存货与总账对账录入”功能。执行“业务工作”—“供应链”—“存货核算”—“财务核算”—“与总账对账”命令，打开“与总账对账”结果窗口，如图 9-35 所示。

与总账对账

会计年度 2020　会计月份 1月份

☑ 数量检查　☐ 对账相平
☑ 金额检查　☐ 对账不平
☐ 包含未记账凭证

科目		存货系统				总账系统			
编码	名称	期初结存金额	期初结存数量	期末结存金额	期末结存数量	期初结存金额	期初结存数量	期末结存金额	期末结存数量
132101	受托代销商品	45000.00	50.00	45000.00	50.00	45000.00	0.00	45000.00	0.00
140501	联想电脑	500000.00	100.00	500000.00	100.00	500000.00	100.00	500000.00	100.00
140502	戴尔电脑	1250000.00	250.00	1250000.00	250.00	1250000.00	250.00	1250000.00	250.00
1407	商品进销差价	-20000.00	-50.00	-20000.00	-50.00	-20000.00	0.00	-20000.00	0.00

图 9-35　与总账对账

2）修改对账条件。取消选中“数量检查”复选框，并单击工具栏上的“刷新”按钮，重新显示结果。

3）关闭窗口。

（二十二）账套备份

将账套输出至“9-2 供应链管理系统初始设置”文件夹，并压缩后保存到 U 盘。

八、疑难解答

1）为什么在录入存货期初值时没有自动填写存货科目？

因为在定义存货科目功能中，没有定义各存货所对应的存货科目或定义不完整。

2）为什么与总账对账时，联想电脑和戴尔电脑可以通过数量检查，而受托代销商品与商品进销差价无法通过数量检查？

因为联想电脑（140501）和戴尔电脑（140502）在科目中定义了数量核算，而受托代销商品与商品进销差价科目在科目定义时没有定义数量核算。

3）为什么要定义存货科目和对方科目，有什么作用？

存货科目与对方科目在存货模块生成凭证时使用，主要用于生成验收入库凭证和销售成本结转凭证。如果定义了存货科目和对方科目，那么生成凭证时会自动填写科目，否则需要在生成凭证时由操作员录入科目。

4）库存管理与存货核算有什么区别？

库存管理提供给仓库管理员使用，用于管理存货的实际库存数量，以入库单和出库单的审核为准对库存数进行计算。存货核算提供给会计使用，用于管理存货的账面数量和成本，以存货记账为准，不考虑实际入库与出库。

5）罗列采购业务期初货、票、款三者部分完成的组合，期初值应分别如何处理？

货到票到款未付，在应付模块中录入期初发票；货到票未到款未付，在采购模块中录入期初到货单；货到票未到款已付，在采购模块中录入期初到货单，在应付模块中录入期初预付款单；货未到票到款未付，在采购模块中录入期初发票，在应付模块中录入期初发票；货未到票到款已付，在采购模块中录入期初发票；货未到票未到款已付，在应付模块中录入期初预付款单。特别要注意货未到票到款未付业务的特点。

6）罗列销售业务期初货、票、款三者部分完成的组合，期初值应分别如何处理？

货出票开款未收，在应收模块中录入期初发票；货出票未开款未收，在销售模块中录入期初发货单；货出票未开款已收，在销售模块中录入期初发货单，在应收模块中录入期初预收款单；货未出票未开款已收，在应收模块中录入期初预收款单；货未出票开款未收，上月开票会自动生成发货单，用友的销售模块认为发货单都已出库，开票后不存在货未出情况，相当于货出票开款未收业务，因此，只需在应收模块中录入期初发票；货未出票开款已收，开票后不存在货未出情况，此业务相当于已全部完成，无须处理。

九、实训报告

项目九任务二　实训报告

问题思考

1）期初与总账对账不平，应该从哪些方面检查？

2）为什么要将采购发票与销售发票的单据编号采用手工编号？

3）如何理解采购类型、销售类型与收发类别？

4）如何理解合理损耗与非合理损耗？

5）为什么库存与存货对账时不平？

任务三　采购业务处理

一、任务描述

本任务主要训练学生掌握普通采购业务、暂估业务和受托代销业务处理的方法。

二、实训任务

1）录入请购单。

2）录入或生成采购订单。

3）录入或生成到货单。

4）录入或生成入库单。

5）录入或生成采购发票。

6）采购结算。

7）录入暂估成本。

8）对正常单据进行记账。

9）处理结算成本。

10）支付货款。

11）生成财务凭证。

三、任务目标

1）掌握普通采购业务操作流程。

2）理解现付业务基本原理。

3）掌握当发生采购费用时如何计算采购成本。

4）掌握当发生损耗时如何计算采购成本。

5）掌握暂估业务操作流程。

6）了解采购退货业务操作流程。

7）了解受托代销的结算处理。

8）体会采购业务与财务一体化的好处。

四、准备工作

1）了解普通采购业务流程、暂估业务流程和受托代销流程。

2）更改计算机时间为“2020 年 1 月 31 日”。

3）引入“9-2 供应链管理系统初始设置”文件夹下的备份账套。

五、任务引例

（一）普通采购业务

1）2020 年 1 月 1 日，根据销售部门预测情况，本月预计销售情况良好，申请向联想集团采购 150 台联想电脑，报价 5 000 元，需求日期为 1 月 2 日。

2）2020 年 1 月 1 日，联想集团同意请购要求，并接受本公司提出的价格 5 000 元，签订正式合同，我方要求到货日期为 1 月 2 日。

3）2020 年 1 月 2 日，收到联想集团采购专用发票一张，发票号为 LX20010401，无税单价 5 000 元，价税合计 847 500 元。

4）2020 年 1 月 2 日，收到联想集团发来的货物，由采购部门签收。

5）2020 年 1 月 2 日，商品经检验质量合格，办理入库手续，入联想电脑仓。

6）2020 年 1 月 2 日，采购部门将发票交给财务部门，财务部门对该笔货物进行采购成本结算，并对发票进行审核确认。

7）2020 年 1 月 5 日，财务部门开具转账支票一张，金额为 847 500 元，支票号为 ZZ1101，用于支付向联想集团采购的本次货款。

8）2020 年 1 月 6 日，财务部门生成本次采购业务相应凭证。

（二）现付业务

1）2020 年 1 月 4 日，根据销售部门的需求，采购部门向戴尔公司提出采购需求，需要采购 20 台戴尔电脑，报价 4 500 元。

2）2020 年 1 月 4 日，戴尔集团同意请购要求，但认为价格较低，经双方协商，同意价格为 4 800 元，签订正式合同，本公司要求到货日期为 1 月 7 日。

3）2020 年 1 月 7 日，收到戴尔集团发来的货物，同时收到采购专用发票一张，发票号为 DE20010701，无税单价 4 800 元，价税合计 108 480 元，货物由采购部门签收。向戴尔集团支付转账支票一张，金额为 108 480 元，支付号为 ZZ1102。

4）2020 年 1 月 7 日，商品经检验质量合格，办理入库手续，入戴尔电脑仓。

5）2020 年 1 月 8 日，采购部门将发票交给财务部门，财务部门对该笔货物进行采购成本结算，并对发票进行审核确认，同时生成本次采购业务相应凭证。

（三）采购费用业务

1）2020 年 1 月 5 日，申请向联想集团追加采购 10 台联想电脑，报价 5 000 元。

2）2020 年 1 月 5 日，联想集团同意请购要求，并接受本公司提出的价格 5 000 元，联想集团提出由于数量过少，运费由本公司承担，本公司要求到货日期为 1 月 7 日，双方签订正式合同。

3）2020 年 1 月 7 日，收到联想集团发来的货物，同时收到两张发票，其中：采购专用发票一张，发票号为 LX20010701，采购发票无税单价 5 000 元，价税合计 56 500 元；另一张发票开票单位为龙发快运物流公司，发票号为 LF88888801，运费金额无税价 100 元，进项税 9%，价税合计 109 元。联想集团已代垫运费。采购部门进行签收，同时办理入库手续，入联想电脑仓。同时对龙发快运物流公司进行基础数据处理，处理方式如下：新增供应商分类编号为“03”，分类名称为“物流”，新增供应商编号为“99”，简称为“龙发”，所属分类为“03”。

4）2020 年 1 月 8 日，采购部门将两张发票交给财务部门，财务部门对该笔货物进行采购成本结算，并对发票进行审核确认，未付款，并生成本次采购业务相应凭证。

（四）损耗业务

1）2020 年 1 月 9 日，向戴尔集团追加采购 10 台戴尔电脑，报价 4 800 元，戴尔集团同意，并于当日收到戴尔集团发来的货物，同时收到采购专用发票一张，发票号为 LX20010901，采购发票无税单价 4 800 元，价税合计 54 240 元，采购部门进行签收。

2）2020 年 1 月 9 日，商品入戴尔电脑仓，在办理入库手续时，发现有两台电脑损坏，经查，是本公司采购部门装卸货物时造成。其余 8 台电脑正常入库，另外两台报领导同意后，一台电脑作为合理损耗处理，另一台电脑由采购部门赔偿，赔偿金额按电脑采购含税价计算，计 5 424（4 800+624）元。

3）2020 年 1 月 9 日，采购部门将发票交给财务部门，财务部门对该笔货物进行采购成本结算，并对发票进行审核确认，未付款，当日生成本次采购业务相应凭证。

（五）付款

1）2020 年 1 月 10 日，用转账支票支付联想集团上次追加电脑的货款和运费，共计 56 609 元，支票号为 ZZ1103。

2）2020 年 1 月 10 日，用转账支票支付戴尔集团上月和本月未支付的货款，共计

619 240（54 240+565 000）元，支票号为ZZ1104。

3）核销往来账并生成付款凭证。

（六）退货业务

1）2020年1月10日，联想仓管理员发现1月2日入库的150台联想电脑中有1台电脑型号错误，与联想集团沟通后，同意按原价退货，仓库当日进行退货。当日收到红字专用发票一张，发票号为LX20011001，数量1台，无税单价5 000元。

2）2020年1月12日，收到联想集团转账支票一张，系退还本次货款5 650元，支票号为LX2211。

3）2020年1月12日，财务部门生成本次退货相关凭证。

（七）暂估业务

1）2020年1月11日，收到联想集团采购专用发票一张，发票号为LX20011101，数量100台，单价5 000元，价款合计565 000元，商品已于2019年底收到。财务部门审核发票，结算采购成本，目前企业资金不足，未付款，当日生成本业务相应凭证。

2）2020年1月29日，向联想集团购联想电脑50台，无税单价5 000元，商品已到货并验收入库，未付款。因已到月底，已接到联想集团通知，发票下月初交付。财务部门按每台5 000元进行暂估处理，生成凭证。

（八）固定资产采购业务

1）2020年1月20日，采购部接资产管理部门通知，需要给人力资源部配置一台联想服务器，经与联想集团沟通后，提出无税单价为48 000元，签订正式合同，本公司要求到货日期为1月22日。

2）2020年1月22日，联想集团发来的货物由采购部门签收，经检验质量合格，办理入库手续，入固定资产仓。同时收到联想集团采购专用发票一张，发票号为LX20012201，无税单价48 000元，价税合计54 240元。当日，采购部门将发票交给财务部门，财务部门对发票进行审核确认后，开具转账支票一张，金额为54 240元，支票号为ZZ1106，支付本次采购款项，并对该笔货物进行采购成本结算，生成采购凭证。

3）2020年1月24日，人力资源部领走联想服务器，资产管理部门完成资产登记。

（九）受托代销业务

1）2020年1月30日，1月已销售惠普打印机40台，通知惠普后，收到该公司受托代销商品专用发票一张，发票号为HP20013001，数量40台，结算单价为无税单价550元，当日按发票金额使用转账支票支付货款24 860元，支票号为ZZ1105。

2）2020年1月31日，收到惠普集团受托代销商品打印机30台，单价550元，入惠普设备仓。

六、教学关注

由于许多操作是以登录日期作为操作日期，如现付、采购结算、记账等，如果需要日期完全正确，就需要在业务日期变换时，重新登录企业应用平台，修改登录日期，这种操作会浪费大量学习时间。为了简化操作，重点研究流程，日常业务都以 2020 年 1 月 31 日登录，凭证日期都以 31 日生成，所有的业务操作若未说明，都以“01 操作员”的身份完成。

在进行账务处理时，首先应该分析它属于何种业务，然后针对业务类型进行处理。在进行业务处理时，一定要先理解业务流程，且一定要将流程记住。

入库单操作是最容易出错的地方，入库单在库存模块中，而不是在采购模块中。当采购与库存同时启用时，采购模块中的入库单只有录入期初值和查看日常业务的作用。入库单的填写必须在库存中使用采购入库单进行管理。

在整个操作过程中，由于有多个单据需要管理，为了保证系统高效运行，一定要养成界面使用完成后关闭窗口的习惯。

七、过程指导

（一）普通采购业务

1．填写请购单

普通采购业务流程与设置

1）以“01 操作员”的身份登录企业应用平台。在本项目中，所有的日常操作都以“01 操作员”的身份操作完成，登录日期都为 2020-01-31，在以后的操作中，如果打开企业应用平台，不再书写此操作内容。

2）启动“请购单录入”功能。执行“业务工作”—“供应链”—“采购管理”—“请购”—“请购单”命令，打开“采购请购单”窗口。

3）进入增加状态。单击工具栏上的“增加”按钮，系统自动增加一张空表单。

4）录入单据。修改日期为“2020-01-01”，在表体中录入存货编码“001”、数量“150”、本币单价“5 000”、需求日期“2020-01-02”，如图 9-36 所示。

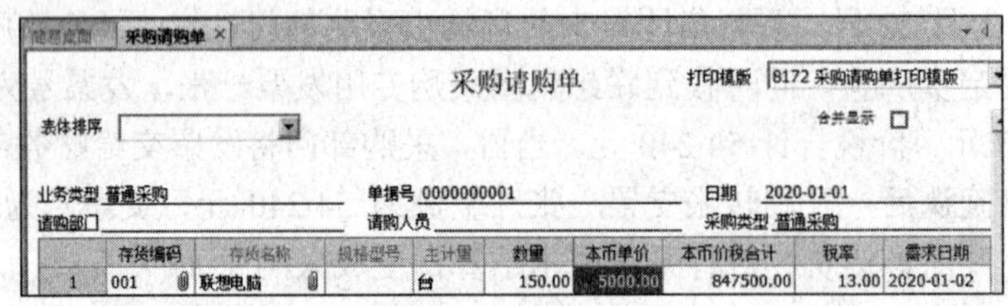

图 9-36　采购请购单

5）单击工具栏上的“保存”按钮，保存当前表单。

6）单击工具栏上的“审核”按钮，审核当前表单。

7）关闭界面。

2．生成采购订单

1）启动“采购订单录入”功能。执行“业务工作”—“供应链”—“采购管理”—“采购订货”—“采购订单”命令，打开“采购订单”窗口。

2）进入增加状态。单击工具栏上的“增加”按钮，系统自动增加一张空表单。

3）参照生成单据。修改日期为“2020-01-01”，在“生单”下拉列表框中选择“请购单”选项，在过滤条件中单击“过滤”按钮 ；在过滤结果中双击“请购单”，单击工具栏上的“OK 确定”按钮，系统自动将请购单的内容填写到当前订单中，重新选择供应商“联想”，自动填写部门与业务员，如图 9-37 所示。

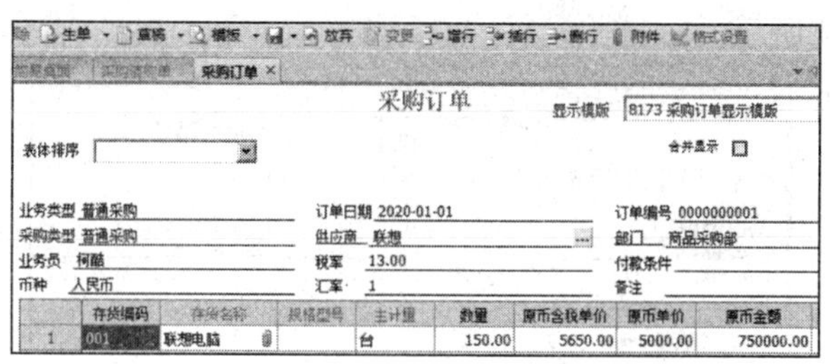

图 9-37　采购订单

4）单击工具栏上的“保存”按钮，保存当前表单。

5）单击工具栏上的“审核”按钮，审核当前表单。

6）关闭界面。

3．生成采购发票

1）启动“采购专用发票录入”功能。执行“业务工作”－“供应链”－“采购管理”－“采购发票”－“采购专用发票”命令，打开“专用发票”窗口，如图 9-38 所示。

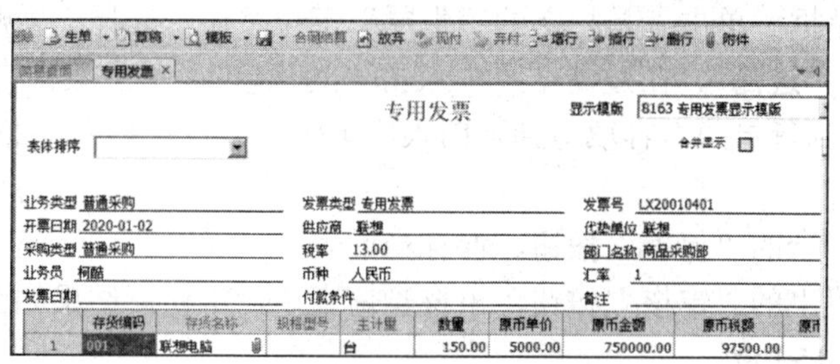

图 9-38　“专用发票”窗口

2）进入增加状态。单击工具栏上的“增加”按钮，系统自动增加一张空表单。

3）参照生成单据。在“生单”下拉列表框中选择“采购订单”选项，在过滤条件中单击“过滤”按钮，在过滤结果中双击“采购订单”，单击工具栏上的“OK 确定”按钮，系统自动将采购订单的内容填写到当前发票中，修改日期为“2020-01-02”，录入发票号“LX20010401”。

4）单击工具栏上的“保存”按钮，保存当前表单。

5）关闭界面。

4．生成到货单

1）启动“到货单录入”功能。执行“业务工作”－“供应链”－“采购管理”－“采购到货”－“到货单”命令，打开“到货单”窗口。

2）进入增加状态。单击工具栏上的“增加”按钮，系统自动增加一张空表单。

3）参照生成单据。修改日期为“2020-01-02”，选择供应商“联想”，单击工具栏上的“生单”下拉按钮选择“采购订单”，在过滤条件中单击“过滤”按钮，在过滤结果中双击“采购订单”，单击工具栏上的“OK 确定”按钮，系统自动将采购订单的内容填写到当前到货单中，如图 9-39 所示。

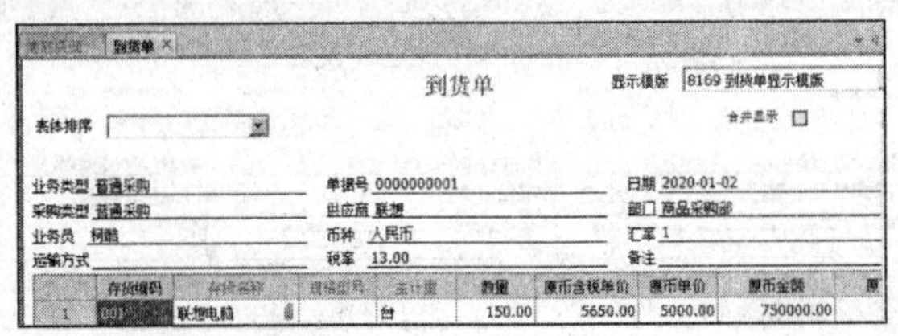

图 9-39　到货单

4）单击工具栏上的“保存”按钮，保存当前表单。

5）单击工具栏上的“审核”按钮，审核当前表单。

6）关闭界面。

5．生成入库单

1）启动“采购入库单录入”功能。执行“业务工作”—“供应链”—“库存管理”—“入库业务”—“采购入库单”命令，打开“采购入库单”窗口。

2）参照生成单据。单击工具栏上的“生单”下拉按钮，选择“采购到货单（蓝字）”，在过滤条件中单击“过滤”，在过滤结果中双击“到货单”，单击工具栏上的“OK 确定”按钮，系统自动将到货单的内容填写到当前入库单中，修改日期为“2020-01-02”，选择仓库“联想电脑仓”。

3）单击工具栏上的“保存”按钮，保存当前表单。

4）单击工具栏上的“审核”按钮，审核当前表单，审核后结果如图 9-40 所示，此时现存量由 0 台变为 150 台。

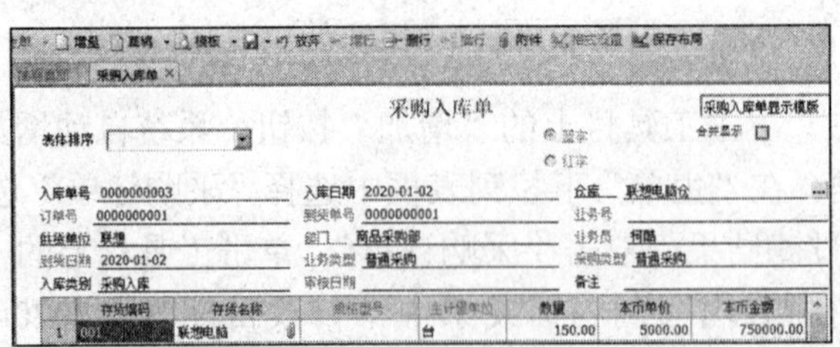

图 9-40　采购入库单

5）关闭界面。

6．采购结算

为了方便以后的学习，此处采用手工结算处理。

1）启动“采购手工结算”功能。执行“业务工作”—“供应链”—“采购管理”—“采购结算”—“手工结算”命令，打开“采购手工结算”窗口。

2）进入选单状态。单击工具栏上的“选单”按钮，打开“结算选单”窗口。

3）查找发票和入库单。单击工具栏上的“查询”按钮，选择“001 联想电脑”，按“确定”按钮，自动列出发票和入库单，如图 9-41 所示。

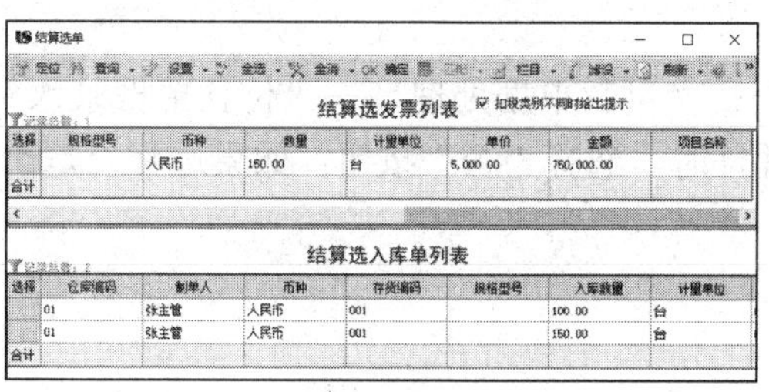

图 9-41 结算选单

4）选择发票和入库单。双击选择同一笔业务的发票和入库单，然后单击工具栏上的“确定”按钮，打开“手工结算”窗口，如图 9-42 所示。

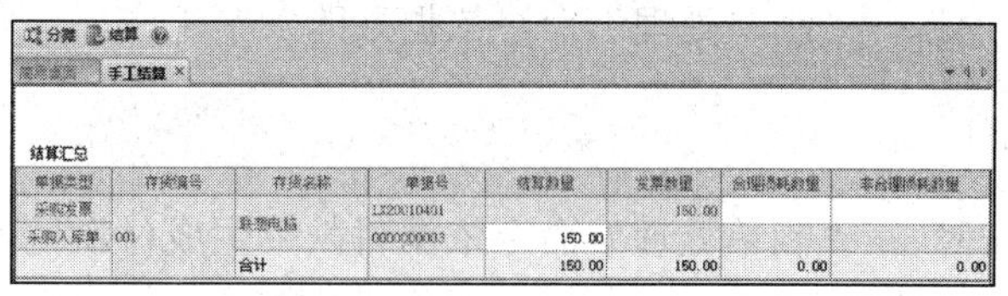

图 9-42 “手工结算”窗口

5）结算。单击工具栏上的“结算”按钮，弹出“完成结算！”信息提示框，单击“确定”按钮。

6）关闭界面。

7．记账

1）启动“采购正常单据记账”功能。执行“业务工作”—“供应链”—“存货核算”—“业务结算”—“正常单据记账”命令，打开“过滤条件选择”窗口。

2）查找记账单据。在过滤条件中直接单击“过滤”按钮，显示“未记账单据一览表”，如图 9-43 所示。

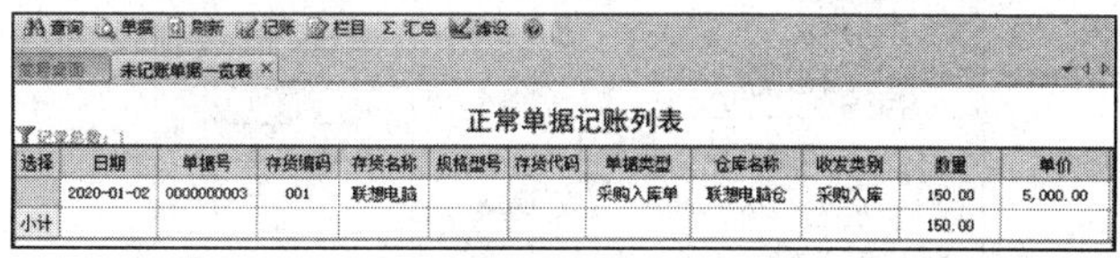

图 9-43 正常单据记账列表

3）记账。双击单据，单击工具栏上的“记账”按钮，开始自动记账，记账完成后，提示记账成功，单击“确定”按钮后，被记账单据消失。

4）单击窗口的“关闭”按钮，关闭窗口。

8．审核发票

执行“应付款管理”－“应付单据处理”－“应付单据审核”命令对发票进行审核。

9．填制付款单

执行“应付款管理”－“付款单据处理”－“付款单据录入”命令支付货款，并审核付款单，提示是否生成凭证时，选择“否”按钮；如果选择“是”按钮，将生成付款凭证，可跳过第12步。

10．核销往来账

执行“应付款管理”－“核销处理”－“手工核销”命令核销往来账，也可在填制付款单界面中调用核销功能。

11．生成采购凭证

执行“应付款管理”－“制单处理”命令依据采购发票生成采购凭证。

12．生成付款凭证

执行“应付款管理”－“制单处理”命令依据付款单生成付款凭证。

13．生成入库凭证

1）启动存货核算“生成凭证”功能。执行“业务工作”－“供应链”－“存货核算”－“财务核算”－“生成凭证”命令，打开“生成凭证”窗口。

2）打开“查询”窗口。单击工具栏上的“选择”按钮，弹出“查询条件”对话框，如图9-44所示。

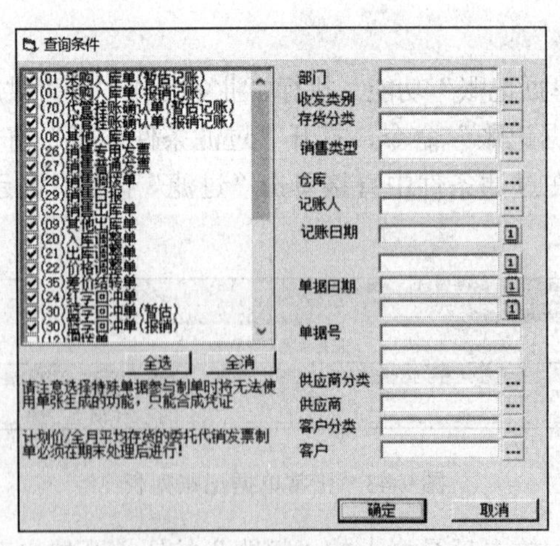

图9-44 “查询条件”对话框

3）设置查询条件。选中“（01）采购入库单（报销记账）”复选框，单击“确定”按钮，打开“未生成凭证单据一览表”窗口，如图9-45所示。

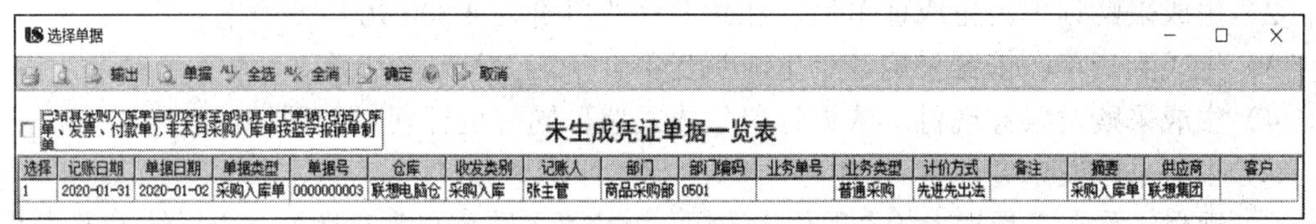

未生成凭证单据一览表

选择	记账日期	单据日期	单据类型	单据号	仓库	收发类别	记账人	部门	部门编码	业务单号	业务类型	计价方式	备注	摘要	供应商	客户
1	2020-01-31	2020-01-02	采购入库单	0000000003	联想电脑仓	采购入库	张主管	商品采购部	0501		普通采购	先进先出法		采购入库单	联想集团	

图 9-45　“未生成凭证单据一览表”窗口

4）选择单据。选择需要生成凭证的原始单据，单击工具栏上的“确定”按钮，系统切换到“生成凭证”列表窗口，如图 9-46 所示。

凭证类别　收 收款凭证

选择	单据类型	单据号	摘要	科目类型	科目编码	科目名称	借方金额	贷方金额	借方数量	贷方数量
1	采购入库单	0000000003	采购入...	存货	140501	联想电脑	750,00...		150.00	
				对方	1401	材料采购		750,00...		150.00
合计							750,00...	750,00...		

图 9-46　“生成凭证”列表窗口

5）生成凭证。修改凭证类别为“转”字，单击工具栏上的“生成”按钮，自动生成一张转账凭证，单击工具栏上的“保存”按钮保存凭证，结果如图 9-47 所示。

已生成　**转 账 凭 证**

转　字 0002　　制单日期：2020.01.31　　审核日期：　　附单据数：1

摘 要	科目名称	借方金额	贷方金额
采购入库单	库存商品/联想电脑	75000000	
采购入库单	在途物资		75000000
票号 日期	数量 150.00台 单价 5000.00	合 计 75000000	75000000

备注　项 目　　部 门　个 人　　客 户　业务员

记账　　审核　　出纳　　制单 张主管

图 9-47　转账凭证

6）关闭界面。

（二）现付业务

现付业务是指在收到发票的同时支付货款。现付业务与普通业务的不同之处在于不需要单独填写付款单，只需要在填写发票的同时进行支付，支付时可全额支付，也可部分支付，但不可超额支付。

1）填写请购单。根据资料直接填写请购单。

2）生成采购订单。生成订单后，注意要修改单价为 4 800 元。

3）生成到货单。依据采购订单生成到货单。

4）生成采购发票并现付。依据订单生成发票，同时进行现付处理。

① 生成采购发票并保存。

② 现付。单击工具栏上的“现付”按钮，弹出“采购现付”对话框，选择结算方式“3-转账支票”，录入原币金额“108 480”，票据号“ZZ1102”，如图 9-48 所示。单击“确定”按钮，返回到发票界面。

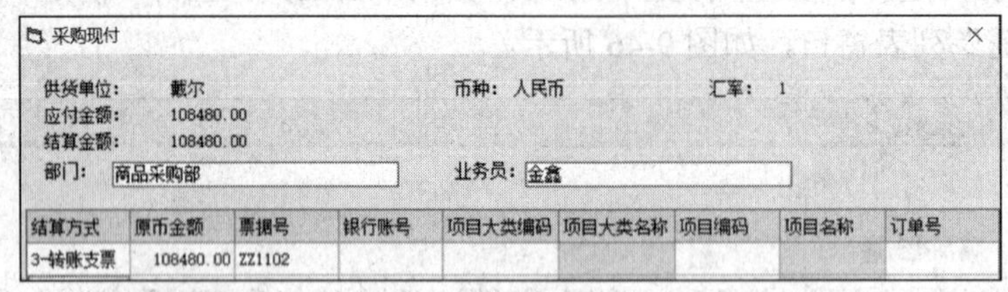

采购现付

供货单位：戴尔　　币种：人民币　　汇率：1

应付金额：108480.00

结算金额：108480.00

部门：商品采购部　　业务员：金鑫

结算方式	原币金额	票据号	银行账号	项目大类编码	项目大类名称	项目编码	项目名称	订单号
3-转账支票	108480.00	ZZ1102						

图 9-48　“采购现付”窗口

③ 关闭“发票”窗口。

5）生成入库单。依据到货单生成入库单。

6）采购结算。可以对入库单和发票进行自动结算或手工结算。

7）记账。对入库单进行正常单据记账。

8）审核发票。在应付模块中对发票进行审核，在条件中需要选择“包含已现结发票”。

9）生成采购凭证（现付凭证）。在应付模块中生成凭证（现结制单）。由于等额支付，科目不再含应付账款，而是银行存款。付款凭证如图 9-49 所示。

已生成

付款凭证

付　字 0002　　制单日期：2020.01.31　　审核日期：　　附单据数：1

摘要	科目名称	借方金额	贷方金额
现结	在途物资	9600000	
现结	应交税费/应交增值税/进项税额	1248000	
现结	银行存款/工商银行		10848000
票号 日期	数量 单价 / 合计	10848000	10848000

备注　项目　　部门

个人　　客户

业务员

记账　　审核　　出纳　　制单　张主管

图 9-49　付款凭证

10）生成入库凭证。在存货模块中生成入库凭证。

【相关说明】现付可以取消。该笔业务只能生成两张凭证，因为如果不是等额支付，生成的凭证会不相同，操作步骤也可能有所变化。

【特别注意】在审核发票时，在过滤条件中需要选择“包含已现结发票”，否则无法找到发票。生成采购凭证时，需要选择“现结制单”。全月平均法的存货记账后在采购模块中可以立即生成凭证，在销售模块中需要到月末完成“期末处理”后才能生成凭证。

（三）采购费用业务

采购费用是指企业在采购材料过程中所支付的各项费用，包括材料的运输费、装卸费、保险费、包装费、仓储费，以及运输途中的合理损耗和入库前的整理挑选费等。这里的采购费用专指不包括合理损耗的其他费用，并能以发票的形式呈现。

此类型的业务按普通采购业务流程进行操作，在此基础上，录入发票时还需要录入费用发票，将费用项目当作存货定义，并设置应税劳务属性，在采购结算时还需要选择费用发票，并分摊费用。

1）填写请购单。

2）生成采购订单。

3）生成到货单。

4）生成入库单。

5）生成采购发票。既可依据订单生成发票，也可依据入库单生成发票。

6）填写运费发票。通过填写专用发票功能实现，如果费用已由其他供应商垫付，则还需要填写垫付供应商。

① 启动“采购专用发票录入”功能。执行“业务工作”－“供应链”－“采购管理”－“采购发票”－“专用采购发票”命令，打开“采购发票”窗口。

② 新增并选择供应商。在供应商处单击参照按钮，打开供应商档案目录，单击工具栏上的“编辑”按钮，切换到“供应商档案”定义窗口，单击“增加”按钮，录入供应商信息；在所属分类处单击参照按钮，再单击“编辑”按钮，增加供应商分类；选择分类，完成其他信息，保存后选择此供应商。

③ 录入发票信息并保存。录入发票号“LF88888801”，修改开票日期为“2020-01-07”，选择代垫单位“联想”，选择存货编码“004”，录入数量“1”，录入原币单价“100”，核对税率“9”，如图9-50所示。

删除　生单　草稿　模板　合同结算　放弃　现付　弃付　增行　插行　删行　附件　格式设置

简易桌面　专用发票

专用发票

显示模版 8163 专用发票显示模版

合并显示

表体排序

业务类型 普通采购	发票类型 专用发票	发票号 LF88888801
开票日期 2020-01-07	供应商 龙发	代垫单位 联想
采购类型 普通采购	税率 9.00	部门名称 商品采购部
业务员 柯酷	币种 人民币	汇率 1
发票日期	付款条件	备注

	存货编码	存货名称	规格型号	主计量	数量	原币单价	原币金额	原币税额	原币价税...	税率
1	004	运输费		公里	1.00	100.00	100.00	9.00	109.00	9.00

图9-50　采购费用发票

7）采购结算并分摊运费。选择发票时需要选择采购发票和运费发票，运费发票会显示在结算界面的下方，单击工具栏上的“分摊”—“结算”选项，其他操作方法与普通业务流程相同。

8）正常单据记账。

9）审核发票。

10）生成采购凭证。生成采购和运费两张凭证。

11）生成入库凭证。

【相关说明】采购结算只能进行手工结算，如果进行自动结算，运费将无法计入成本。采购结算后，存货的单价会发生变化，同时会修改入库单的单价，可以查看结算单和入库单进行验证。费用的分摊有按数量和按金额两种方法，当只有一种存货时，两种方法计算结果相同。结算完成后，查询结算单并查看结算单价，已由5 000元变为5 010元，同时，查询入库单的单价，其单价已由5 000元变为5 010元。这说明结算时，会根据结算单回写入库单的单价。由于此业务没有付款，所以无须填写付款单，无须核销。

（四）损耗业务

损耗分为合理损耗和非合理损耗，可以根据损耗原因在采购手工结算时在相应栏内输入损耗数量，即可进行采购结算。短缺时损耗为正数，盈余时损耗为负数。

损耗业务与普通采购业务流程相同，但入库数量与开票数量不同，只能通过手工结算，并填写损耗信息。合理损耗将把成本分摊到正常的入库存货中，而非合理损耗直接扣除，另行处理。

1）填写请购单。

2）生成采购订单。

3）生成到货单。

4）生成采购发票。

5）生成并修改入库单。生成入库单后，将入库数量由“10”修改为“8”。

6）采购结算并分摊合理损耗。

① 选择发票和入库单。在手工结算界面，按标准流程操作方法选择发票和入库单。

② 录入损耗。录入合理损耗数量“1”，非合理损耗数量“1”，非合理损耗金额“4 800”，选择非合理损耗类型“装卸责任”，进项税转出金额“624”（已自动填写）。

③ 结算。其他操作方法与普通业务流程相同。

【相关说明】 如果采购入库数量大于发票数量，则应该在相应损耗数量栏内输入负数量，系统将入库数量大于发票的数量视为赠品，不计算金额，降低入库存货的采购成本。如果入库数量+合理损耗+非合理损耗等数量不等于发票数量，则系统提示不能结算。如果只对一张入库单进行分批结算，则需要手工修改结算数量，并按发票数量进行结算，否则系统会提示“入库数量+合理损耗+非合理损耗不等于发票数量，不能结算”。

7）正常单据记账。

8）审核发票。

9）生成采购凭证。

10）生成入库凭证。

11）关闭“到货单”窗口。在填写到货单界面，通过查找或翻页（最后一张），找到9日到货的单据，单击工具栏上的“关闭”按钮即可关闭。

【相关说明】采购结算只能进行手工结算，因数量不一致无法完成自动结算。结算单和入库单的单价都由4 800元变为5 400元。由于只入库了8台，还有2台没有入库，为了防止下一次入库单生单时看到此到货单，需要执行“关闭到货单”操作。

（五）付款

依据任务引例资料填写付款单并进行核销，生成凭证，操作方法与普通业务流程相同。

（六）退货业务

采购退货业务是指货物已经到货或入库，由于某些原因，采购方要求全部或部分退货的业务。已到货未入库的货物通过到货拒收单实现，已入库的货物通过退货单或红字入库单实现。退货流程按普通业务流程操作，相应单据按红字方式录入即可。

退货业务流程与普通业务流程相同，相当于普通业务的红字业务，在填写单据时填写红字到货单（即退货单）、红字入库单、红字发票、红字付款单（即收款单），生成的凭证科目与普通业务相同，金额为红字。

1）填写采购退货单（红字到货单）。操作方法与到货单基本相同，只是数量为负。

① 启动“采购退货单录入”功能。执行“业务工作”—“供应链”—“采购管理”—“采购到货”—“采购退货单”命令，打开“采购退货单”窗口。

② 进入增加状态。单击工具栏上的“增加”按钮，系统自动增加一张空表单。

③ 参照生成单据。修改日期为“2020-01-10”，单击工具栏上的“生单”下拉按钮，选择“到货单”，在过滤条件中单击“过滤”按钮，在过滤结果中双击2日的“到货单”，单击工具栏上的“OK确定”按钮，系统自动将上一次的到货单填写到当前单据中。

④ 修改单据。将单据中的数量“-150”修改为“-1”。

⑤ 单击工具栏上的“保存”按钮，保存当前表单。

⑥ 单击工具栏上的“审核”按钮，审核当前表单。

⑦ 关闭界面。

【相关说明】采购退货单，即红字到货单。采购退货单可参照已执行的采购订单生单，也可参照已执行的到货单生单，而到货单无法参照已执行的单据。也可以不用参照，直接填写此单据。

2）生成采购入库单（红字入库单）。根据“红字采购到货单”参照生成红字入库单，操作方法与正常的入库单方法相同。

3）生成红字发票。通过“红字专用采购发票”菜单打开录入功能，根据“红字入库单”生成红字发票，操作方法与正常的发票方法相同。

4）采购结算。通过自动或手工结算，如果找不到单据，注意修改查询条件。

5）正常单据记账。

6）复核发票。

7）填写红字付款单（收款单）。在付款单单击工具栏上的“切换”按钮，再单击“增加”按钮，录入退回的货款，录入的金额数为正数，保存后还需要审核。

8）往来核销。通过自动或手工核销，手工核销时需要将查询条件中的单据类型由付款单改为收款单。

9）生成红字采购凭证。与正常业务方法相同。

10）生成红字付款凭证。与正常业务方法相同。

11）生成红字出库凭证。与正常业务方法相同。

【相关说明】在录入红字付款单时，由于已切换为收款单，金额录入的值为正，其他红字单据，数据录入为负。可以在入库单中增加后，选择红字单选框，然后录入退货信息，作为退货业务的起点。

【特别注意】如果启用了“必有订单”选项，那么操作流程的起点必须是订单，而到货单、退货单和入库单只能参照，不能填写。尚未办理入库手续的退货业务，只需要开具退货单，即可完成退货业务的处理。收到对方按实际验收数量开具的发票后，按正常业务办理采购结算。

（七）暂估业务

暂估业务是指本月货先到，下月票才到，业务出现了跨月的情况，在进行业务处理时需要根据具体情况进行处理。跨月业务可能会出现两种情况：一是货到票未到，二是票到货未到。第一种情况就是暂估业务，第二种情况可以采用压单处理，也可以录入发票，形成应收款。

暂估业务流程

1. 货上月到，票本月到

1）生成采购发票。根据上月的入库单生成采购专用发票。

2）采购结算。可以手工或自动结算。

3）结算成本处理。

① 启动“结算成本处理录入”功能。执行“业务工作”—“供应链”—“存货核算”—“业务核算”—“结算成本处理”命令，弹出“暂估处理查询”对话框，如图 9-51 所示。

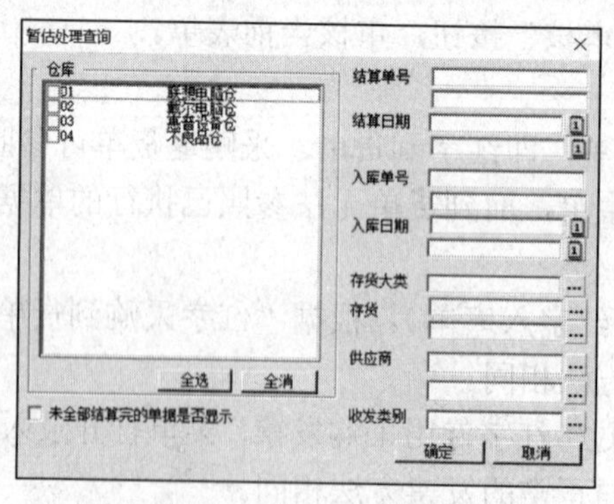

图 9-51 “暂估处理查询”对话框

② 查询暂估单据。在暂估处理查询窗口直接单击“确定”按钮，打开“结算成本处理”窗口，并在窗口中列出符合条件的暂估单，如图 9-52 所示。

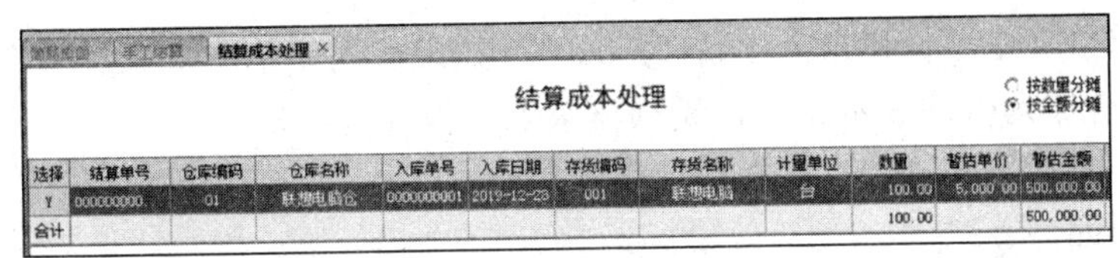

结算成本处理

选择	结算单号	仓库编码	仓库名称	入库单号	入库日期	存货编码	存货名称	计量单位	数量	暂估单价	暂估金额
Y	000000000.	01	联想电脑仓	0000000001	2019-12-23	001	联想电脑	台	100.00	5,000.00	500,000.00
合计									100.00		500,000.00

图 9-52　结算成本处理

③ 结算成本。选择结算单，单击工具栏上的“暂估”按钮，更新上月暂估记账成本。

④ 关闭界面。

【相关说明】如果不进行结算成本处理，将无法生成凭证。可以将结算成本处理理解为以采购结算后新的成本进行重新记账。取消“结算成本处理”的方法与取消记账的方法相同，通过“恢复记账”功能实现。

4）生成入库凭证（红字凭证和蓝字凭证）。过滤时选择“红字回冲单”和“蓝字回冲单（报销）”，其他步骤与正常业务方法相同。

5）审核发票。

6）生成采购凭证。

2. 本月货到票未到

1）填写采购入库单。直接新增填写并审核采购入库单。

2）暂估成本录入。

① 启动“暂估成本录入”功能。执行“业务工作”—“供应链”—“存货核算”—“业务核算”—“暂估成本录入”命令，弹出“查询条件选择”对话框，如图 9-53 所示。

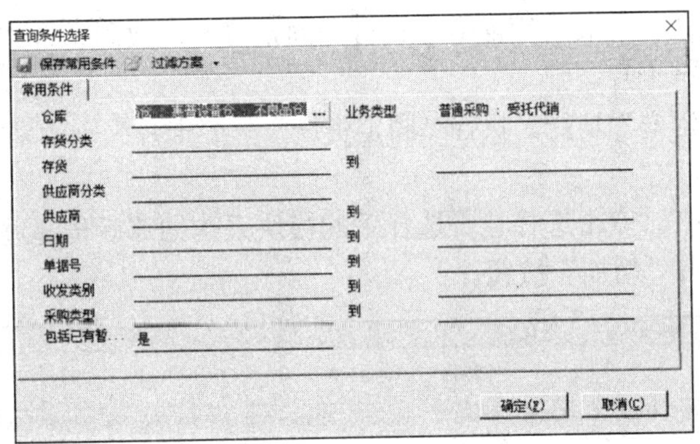

图 9-53　“查询条件选择”对话框

② 查询暂估单据。选中“包括已有暂估金额的单据”，单击“确定”按钮，打开“暂估成本录入”窗口，并在窗口中列出符合条件的暂估单，如图 9-54 所示。

暂估成本录入

单据日期	单据号	仓库	存货编码	存货代码	计量单位	存货名称	规格型号	业务类型	采购类型	供应商	入库类别	数量	单价	金额
2020-01-29	0000000008	联想电脑仓	001		台	联想电脑		普通采购	普通采购	联想集团	采购入库	50.00	5,000.00	250,000.00
合计												50.00		250,000.00

图 9-54　暂估成本录入

③ 录入单价。在单价栏录入单价“5 000”（如果在入库单中录入了单价，系统自动将入库单中的单价作为暂估成本带入，无须再录入和保存）。

④ 单击工具栏上的“保存”按钮，保存单价。

⑤ 关闭界面。

【相关说明】系统默认将入库单中的单价作为暂估单价。如果在入库单中已录入单价，可以跳过暂估成本录入操作，直接进行记账。如果要修改已有的单价，注意在查询条件中选择“包括已有暂估金额的单据”选项，否则无法找到单据。下个月暂估业务的发票到了后，需要执行采购结算和结算成本处理。

3）正常单据记账。

4）生成入库凭证（暂估入库凭证）。查询条件选择“采购入库单（暂估记账）”，其他步骤与正常业务方法相同。

（八）固定资产采购业务

在采购管理系统存在业务类型为“固定资产”的入库单时，可以通过固定资产模块的采购资产功能，根据此入库单中的存货结转生成固定资产卡片。

固定资产采购业务流程

1）录入采购订单。须将业务类型改为“固定资产”。

2）生成到货单。须将业务类型改为“固定资产”，再生单。

3）生成入库单。仓库选择“固定资产仓”。

4）生成采购发票并现付。须将业务类型改为“固定资产”，再生单。

5）采购结算。在采购发票窗口工具栏单击“结算”按钮。

6）审核发票。

7）生成采购凭证。生成的凭证借方科目为固定资产（取固定资产采购科目）。

8）生成采购资产卡片。

① 启动“采购资产”功能。执行“固定资产”—“卡片”—“采购资产”命令，打开“采购资产”窗口。

② 增加采购资产。双击选择栏，选择采购模块采购结算后传递过来的固定资产记录，如图9-55所示，单击“增加”按钮。

采购资产

未转采购资产订单列表

选择	行号	订单号	存货编号	存货名称	规格型号	可转资产数量	可转资产单价	可转资产金额	可转资产增值税
Y	1	0000000005	005	固定资产		1.00	48000.00	48000.00	6240.00

未转采购资产入库单明细子表

入库日期	入库单号	入库单类型	数量	本币单价	本币金额	本币增值税	币种	汇率
2020-0...	0000000010	蓝字	1.00	48000.00	48000.00	6240.00	人民币	1.000000

图9-55 未转采购资产订单列表

③ 设置采购资产分配信息。录入类别编号“022 办公设备”，选择使用部门“人力资源部”，修改开始使用日期为“2020-01-24”，选择使用状态“在用”，如图9-56所示。单击“保存”按钮，显示固定资产卡片信息。

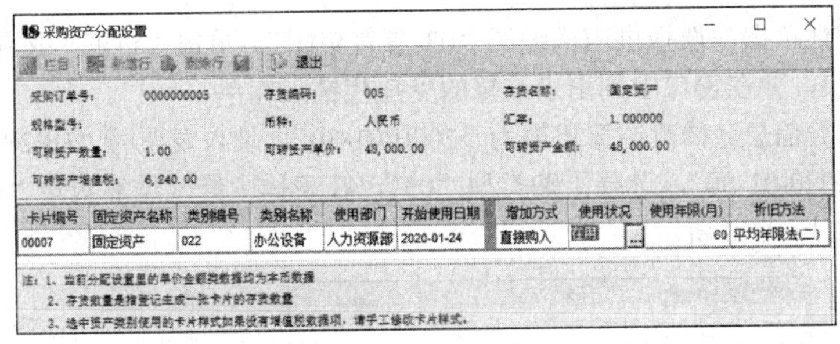

图 9-56　采购资产分配设置

④ 完善并保存卡片。将卡片中固定资产名称改为"联想服务器"（名称在上一操作步骤修改后无法传递到卡片中），核对其他信息，保存卡片。

【相关说明】在采购资产分配设置中通过组合键"Ctrl+Alt+G"激活修改状态，可对采购订单的单价进行修改。采购资产卡片不在固定资产制单，在应付管理系统制单。采购资产数量大于 1 时，可批量生成多张固定资产卡片。

（九）受托代销业务

受托代销业务是一种先销售后结算的采购模式。当有受托代销商品入库时，以暂估成本记账并生成暂估入库凭证。当受托方销售部分或全部后，需要进行受托结算时，由受托方发起采购结算，对已销售部分进行结算，并自动生成一张已结算的受托采购发票；委托方根据受托方发票信息开具销售发票，受托方根据自动生成的发票生成采购凭证，结算成本处理后得到一张已记账的入库调整单，根据入库调整单生成调整凭证（相对暂估凭证）。

受托代销业务流程图

1. 受托代销结算

1）采购结算。

① 启动"受托代销结算"功能。执行"业务工作"—"供应链"—"采购管理"—"采购结算"—"受托代销结算"命令，弹出"查询条件选择-委托结算选单过滤"对话框，如图 9-57 所示。

图 9-57　"查询条件选择-委托结算选单过滤"对话框

② 查询暂估单据。选择供应商编码“03-惠普集团”，单击“过滤”按钮，打开“受托代销结算”窗口，并在窗口中列出未结算的受托代销入库单。

③ 录入结算信息。修改结算日期为“2020-01-30”，录入发票号“HP20013001”，修改发票日期为“2020-01-30”，选择采购类型“03”，在表体中修改结算数量“40”、本币无税单价“550”，如图 9-58 所示。

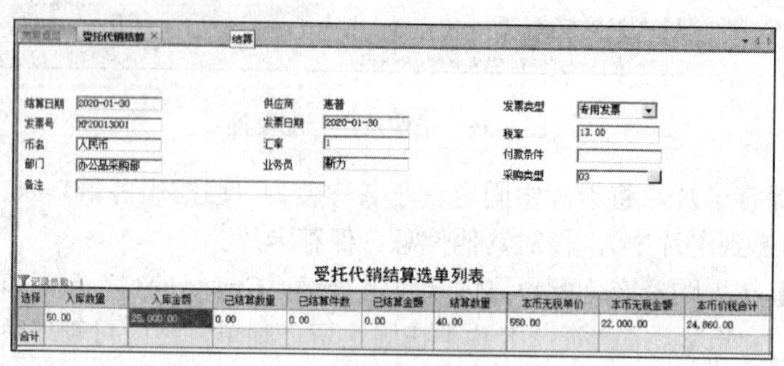

图 9-58　录入结算信息

④ 结算。双击“入库单”，单击工具栏上的“结算”按钮，弹出“结算完成！”信息提示框，单击“确定”按钮，完成结算。

⑤ 单击窗口的“关闭”按钮，关闭窗口。

【相关说明】如果不录入采购类型，在生成入库凭证时可能会缺少科目。结算完成后，系统自动生成一张采购发票。受托代销入库单在“库存管理”系统录入。受托代销入库单的业务类型为“受托代销”。手工或参照录入时，只能针对“受托代销”属性的存货，其他属性的存货不能显示。受托代销入库单可以手工录入，也可以参照订单生成。但是如果在采购选项中选择了“受托代销业务必有订单”，则受托代销业务到货单、受托代销入库单都不能手工录入，只能参照采购计划、采购请购单或销售订单生成。

2）结算成本处理。与暂估方法相同。

3）生成入库凭证（调整凭证）。过滤时选择“入库调整单”，其他步骤与正常业务方法相同。

【特别注意】如果结算单价与原价相同，不需要也不能生成入库调整凭证。受托代销的商品必须在售出后，才能与委托单位办理结算。

4）审核发票。

5）生成采购凭证。

6）录入付款单。

7）生成付款凭证。

8）往来核销。

2．受托代销入库

1）填写采购入库单。填写入库单时，将业务类型改为“受托代销”，采购类型改为“代理商进货”，入库类别自动变为“受托代销入库”，其他方法与暂估入库方法相同。

2）暂估成本录入。与暂估方法相同，由于在入库单中已录入单价，此步可跳过。

3）正常单据记账。

4）生成入库凭证（暂估入库凭证）。过滤时选择“采购入库单（暂估记账）”，其他步骤与正常业务方法相同。

【相关说明】如果启用了“受托代销必有订单”选项，那么，操作流程的起点必须是订单，而到货单、退货单和入库单只能参照，不能填写。受托代销结算是企业销售委托代销单位的商品后，与委托单位办理付款结算。受托代销商品后根据受托代销入库单进行结算，也可以在取得委托人的发票后再结算。结算表中的结算数量、含税单价、价税合计、税额等信息可以修改。结算表中的存货、入库数量、入库金额、已结算数量、已结算金额等信息不能修改。

（十）撤销操作

撤销操作过程

（十一）账套备份

将账套输出至“9-3 采购业务处理”文件夹，并压缩后保存到U盘。

八、疑难解答

1）日常业务的采购入库单在哪里录入生成？

启用库存模块后，采购入库单在库存管理系统中录入生成，采购模块的采购入库单功能在采购期初记账前用于录入期初单据，在日常业务中只能查询入库单。

2）为什么手工录入采购入库单时会弹出“普通业务必有订单”的信息提示框？

因为在采购选项中设置了“普通业务必有订单”，采购入库单不能手工录入，只能参照生成。如果需要手工录入采购入库单，则需要先取消“普通业务必有订单”选项。

3）为什么上游单据不能直接修改？

因为上游单据已经生成了下游单据。如果要修改上游单据，必须先删除下游单据。

4）怎样删除已经结算的发票或采购入库单？

在“结算单列表”中打开该结算单并删除，就可以对采购发票或采购入库单执行相关的修改、删除操作。

5）如果在生成发票时没有立即付款，该笔业务怎样处理？

可以先确认为应付账款，然后在应付款管理系统手工录入一张付款单，审核确认后制单，或者期末合并制单。

6）为什么在应付款系统中对已现结发票审核时，打开“单据过滤窗口”，却没有看到想要的单据？

因为在“单据过滤条件”界面，没有选中“包含已现结发票”。只需要在单据过滤条件对话框中选中“包含已现结发票”即可。

7）如何理解货到票未到？

货已到，未收到采购发票，不能计算采购成本，也不能进行采购结算、生成验收入库凭证，也暂不确认应付账款。

8）如何理解“普通业务必有订单”选项？

如果在采购管理系统中的采购选项设置为“普通业务必有订单”，那么普通业务必须从采购订单开始；如果没有设置，则可以从入库单开始填写。红字业务（退货业务）与普通业务相同，如果选择了此选项，则红字采购入库单必须根据红字到货单生成。如果需要手工录入，则需要先取消采购选项的设置。

9）正常业务只录入了到货单该如何进行退货处理？

结算前的退货业务如果只是录入到货单，则只需开具到货退回单，不用进行采购结算，按照实际入库数量录入采购入库单。

10）退货时正常业务已录入采购入库单，尚未收到发票，如何进行退货处理？

如果退货时已经录入采购入库单，但还没有收到发票，则只需根据退货数量录入红字入库单，对红（蓝）入库单进行采购结算。

11）如何查询入库单是否已结算、已记账、已生成凭证？

在采购、库存、存货模块均可查询入库单列表，在列表中可显示记账人、结算日期，结算日期需要修改栏目才能显示，结算信息也可双击打开入库单查看。是否已生成凭证可通过工具栏上的“凭证”按钮查询，当已生成凭证时，可联查到凭证，也可到恢复记账功能中查看，在列表中会显示“已制凭证”一栏。

12）在现付时只支付部分金额会出现什么结果，大于货款金额又是什么结果？

在现付时可支付部分或全部资金，填写的金额不能大于货款。当小于货款时，部分走银行存款，部分走应付账款。

13）取消结算和删除凭证如何实现？

取消结算与删除凭证都属于撤销操作，必须保证没有下一步操作时才能撤销本次操作。取消结算通过删除结算单实现，删除凭证要先确定删除哪张凭证，如果是存货模块生成的凭证，就在存货模块通过凭证列表功能查询凭证，再删除或冲销凭证；如果是应付模块生成的凭证，就在应付模块中通过凭证查询功能查询凭证，再删除或冲销凭证。删除在总账中是作废凭证或删除凭证（由总账参数控制），冲销在总账中是生成红字凭证。

14）在采购结算后会回写入库单的单价，是否会回写发票的单价？

入库单在填写时，数量是必填项，而单价对仓库管理员来说，没有价值，因此不是必填项。采购结算后，将结算价（采购成本）以修改单价的形式写入入库单中。采购发票是由对方提供的，是采购成本的一部分，采购结算不会改变发票单价，记账与生成入库凭证以结算价为准，与发票无关。

15）可否录入红字请购单、红字采购订单？

从实际工作考虑，红字请购单与红字采购订单不可能发生，没有实际意义。这两种单据在软件中数量不允许录入负数，退货流程的起点是红字到货单，即退货单。

16）如果退货业务从红字入库单开始，应该如何操作？

到库存模块增加入库单后，将蓝字改为红字即可。

17）受托代销业务如果从请购单开始，如何操作？

需要将业务类型改为“受托代销”。

18）在受托代销结算时，如果结算金额与入库金额相同，能否生成入库调整凭证？

当没有差值时，不需要调整金额为0，不需要生成凭证。

19）暂估业务、受托业务中发生运费，应该如何处理？

暂估业务、受托业务先结算后生成发票，因此无法直接将运费分摊到采购成本中，只能另行处理。

20）在货到票未到时，可否采用压单的方式处理？

不能压单。如果压单不录入系统中，销售时无法看到库存，会影响销售。

21）如何理解合理损耗与非合理损耗？

当发票数量大于入库数量时，如果是不可抵抗力造成（如水分蒸发、自然腐烂等），则是合理损耗；如果是供应商责任，则需要供应商将货补齐或走退货流程；如果是企业自身责任或第三方责任（如运输单位），则是非合理损耗。

22）入库单生成完成后，生成采购发票的依据是什么？

可依据入库单或采购订单生成采购发票，如果依据入库单生成，则有利于采购自动结算。

23）在普通采购业务中，如果没有采购结算就对出库单进行了记账，是否有影响？

有很大的影响。如果没有采购结算就进行了记账操作，系统采用暂估价记账，业务性质就变成了暂估，而不是普通采购业务。后期需要按暂估流程进行操作，生成的分录与普通业务不同。

九、实训报告

项目九任务三　实训报告

问题思考

1）在现付时只支付部分金额，会出现什么结果？大于货款金额又是什么结果？

2）入库单生成完成后，生成发票的依据是什么？

3）在普通业务流程中，是否可以先记账后采购结算？

4）取消结算和删除凭证的具体步骤有哪些？

5）在采购结算后，会回写入库单的单价，是否会回写发票的单价？

6）总结标准操作流程中的无痕迹反向操作。

7）验证可否录入红字请购单、红字采购订单。

8）如果退货业务从红字入库单开始，应该如何操作？

9）如果受托代销业务从请购单开始，应该如何操作？

10）在进行受托代销结算时，如果结算金额与入库金额相同，能否生成入库调整凭证？

11）暂估业务、受托业务中发生运费，应该如何处理？

12）在货到票未到时，可否采用压单的方式处理？

任务四　销售业务处理

一、任务描述

本任务主要训练学生掌握先发货后开票业务、先开票后发货业务、直运业务、分期收款业务、委托代销业务、零售日报业务及代垫费用业务处理的方法。

二、实训任务

1）录入销售报价单。

2）录入或生成销售订单。

3）录入或生成发货单。

4）审核出库单。

5）录入或生成销售发票。

6）录入零售日报。

7）录入代垫费用单。

8）对正常单据、发出商品、直运销售进行记账。

9）录入收款单。

10）生成财务凭证。

三、任务目标

1）掌握先发货后开票业务和先开票后发货业务操作流程。

2）理解现收业务基本原理。

3）比较销售业务与采购业务流程的不同。

4）掌握直运业务、分期收款业务、委托代销业务和零售日报业务操作流程。

5）体会销售业务与财务一体化的好处。

四、准备工作

1）了解先发货后开票业务、先开票后发货业务、直运业务、分期收款业务、委托代销业务、零售日报业务以及代垫费用业务流程。

2）更改计算机时间为“2020 年 1 月 31 日”。

3）引入“9-3 采购业务处理”文件夹下的备份账套。

五、任务引例

（一）先发货后开票业务

1）2020 年 1 月 2 日，速达公司需要 10 台联想电脑，本公司报价每台 8 500 元。

2）2020 年 1 月 3 日，速达公司与本公司协商后，最后价格确定为每台 8 200 元（无税单价），签订正式合同。

3）2020 年 1 月 3 日，销售部门开出发货单，从联想电脑仓发货 10 台联想电脑到速达公司，仓库按发货单进行出库。

4）2020 年 1 月 4 日，向速达公司开具本次销售专用发票一张，发票号为 XS20010401，数量 10 台，无税单价 8 200 元，价税合计 92 660 元。

5）2020 年 1 月 4 日，财务部门确认本次销售收入，结转本次销售成本，生成凭证。

6）2020 年 1 月 5 日，收到速达公司转账支票一张，支票号为 ZZ0439，金额为 92 660 元。财务部门核销本次速达公司的往来账，生成凭证。

（二）上月发货，本月开票业务

1）2020 年 1 月 1 日，向金算盘公司开具上月发货的销售专用发票一张，发票号为 XS20010101，数量 100 台，无税单价 8 000 元，价税合计 904 000 元，款未收。

2）2020 年 1 月 1 日，财务部门确认本次销售收入，结转本次销售成本，生成凭证。

（三）先开票后发货业务

1）2020 年 1 月 3 日，收到用友集团招标书，需要 10 台电脑，本公司选择提供戴尔电脑，报价每台 8 000 元。

2）2020 年 1 月 4 日，用友集团开标后，本公司中标，对方同意本公司的报价为每台 8 000 元（无税单价），双方签订正式合同。

3）2020 年 1 月 5 日，向用友集团开具本次销售专用发票一张，发票号为 XS20010501，数量 10 台，无税单价 8 000 元，价税合计 90 400 元。

4）2020 年 1 月 5 日，销售部门从戴尔电脑仓发货 10 台电脑到用友，仓库进行出库处理。

5）2020 年 1 月 5 日，财务部门确认本次销售收入，款未收，生成相关凭证。

（四）现收业务

1）2020 年 1 月 6 日，金蝶集团需要联想电脑 20 台，销售部门当日开出销售专用发票一张，发票号为 XS20010601，数量 20 台，无税价 8 500 元，价税合计 192 100 元，同时收到转账支票一张，金额为 112 320 元，支付部分货款，支票号为 ZZ0106，当日仓库出库发货。

2）2020 年 1 月 6 日，销售部门将支票交给财务部门，财务部门确认收入，对该笔货物进行销售成本结算，并生成本次销售业务相应凭证。

（五）代垫费用业务

1）2020 年 1 月 7 日，用友集团需要惠普打印机 10 台，销售部门当日开出销售专用发票一张，发票号为 XS20010701，数量 10 台，无税价 950 元，当日仓库出库发货。发货时用现金替用友集团代垫运杂费 50 元，款未收，用友集团答应这个月支付货款和代垫运杂费。

2）2020 年 1 月 7 日，财务部门确认收入，并对该笔货物进行销售成本结算，生成本次销售业务相应凭证。

（六）销售退货业务

1）2020 年 1 月 8 日，因型号错误，收到速达公司退回的联想电脑 1 台，本公司当日开出红字专用发票一张，发票号为 XS20010801，无税单价 8 200 元。

2）2020 年 1 月 9 日，财务部门开出转账支票一张，支票号为 ZZ1119，金额 9 266 元，用于退还速达公司退货款，并生成本次退货相应凭证。

（七）业务关闭

1）2020 年 1 月 10 日，任我行公司公开招标电脑 50 台，本公司报出联想电脑，报价每台 8 500 元。

2）2020 年 1 月 15 日，任我行公司公布结果，本公司没有中标，销售部门对本笔业务进行关闭。

（八）收款结算

1）2020 年 1 月 12 日，收到金蝶集团转账支票一张，支票号为 ZZ0812，金额 926 600 元，用于支付上月货款，财务核销往来账，生成相应凭证。

2）2020 年 1 月 15 日，收到用友集团转账支票一张，支票号为 ZZ0603，共计金额 101 185（90 400+10 735+50）元，用于支付全部货款与代垫费用，财务核销往来账，生成相应凭证。

（九）直运业务

1）2020 年 1 月 20 日，收到金蝶集团招标书，需要 200 台电脑，本公司选择提供联想电脑，报价每台 7 500 元（无税单价），因本公司库存不够，决定采用直运方式运作。

2）2020 年 1 月 21 日，金蝶开标后，本公司中标，对方同意本公司的报价为每台 7 500 元（无税单价），价税合计 1 695 000 元，双方签订正式合同，要求 23 日前到货。

3）2020 年 1 月 21 日，本公司与联想集团签订采购合同，采购联想电脑 200 台，无税单价 5 000 元，价税合计 1 130 000 元，要求将货物直接发送到金蝶集团。

4）2020 年 1 月 21 日，收到联想集团开具的专用发票一张，发票号为 LX20012101，数量 200 台，无税单价 5 000 元，价税合计 1 130 000 元，公司计划收到金蝶货款后再付本次采购款。

5）2020 年 1 月 22 日，向金蝶集团开具专用发票一张，发票号为 XS20012201，数量 200 台，无税单价 7 500 元，价税合计 1 695 000 元。

6）2020 年 1 月 23 日，货物已运到，收到金蝶集团转账支票一张，支票号为 ZZ0123，金额为 1 695 000 元。

7）2020 年 1 月 24 日，财务开出转账支票一张，支票号为 ZZ1124，用于向联想集团支付货款，金额为 1 130 000 元。

8）2020 年 1 月 24 日，财务进行本次业务核算，生成相应凭证。

（十）分期收款发出商品业务

1）2020 年 1 月 24 日，用友集团向本公司订购联想电脑 50 台，双方协商后以无税单价 8 200 元成交。合同约定一次发货，分两期收款。

2）2020 年 1 月 25 日，根据合同要求，向用友集团发送货物。

3）2020 年 1 月 25 日，收到用友集团第一次货款，转账支票一张，支票号为 ZZ3239，金额为 231 650 元，为第一期货款。

4）2020 年 1 月 30 日，收到用友集团第二次货款，转账支票一张，支票号为 ZZ3290，金额为 231 650 元，为第二期货款。

5）2020 年 1 月 30 日，开具销售专用发票一张，发票号为 XS20013001，数量 50 台，无税单价 8 200 元，价税合计 463 300 元。

（十一）委托代销业务

1）2020 年 1 月 20 日，本公司与任我行公司协商后，委托代销戴尔电脑 30 台，单价 6 500 元，并于当日出库。

2）2020 年 1 月 31 日，收到任我行公司通知，本月已销售 20 台，本公司开出专用发票一张，发票号为 XS20013101，数量 20 台，结算单价为无税单价 6 500 元，并于当日收到转账支票一张，支票号为 ZZ1106，金额为 146 900 元。

（十二）零售日报业务

2020 年 1 月 21 日，向零散客户销售联想电脑 12 台，无税单价 9 000 元；戴尔电脑 17 台，无税单价 8 800 元。全部为现金销售，共收款 291 088 元。

六、教学关注

本任务引例中的报价为了计算方便，均为无税单价。在整个练习过程中，重点要掌握普通业务流程，即先发货后开票业务和先开票后发货业务，比较先发货与先开票两种业务处理的不同，比较与采购业务的不同之处。在研究其他销售业务时，要与普通业务流程进行比较，研究与其不同的地方。在练习中，要按照流程来做，否则会迷失操作的方向；无法找到单据时，注意查找上一步操作是否存在错误。在生成凭证的过程中，当需要指定现金流量项目时，销售业务都指定为“01 销售商品提供劳务”。

七、过程指导

（一）先发货后开票业务

先发货后开票业务流程与设置

先发货后开票业务是指根据销售合同、协议向客户发出货物，发货后根据发货单开票结算。

1．填写报价单

1）启动“报价单录入”功能。执行“业务工作”－“供应链”－“销售管理”－“销售报价”—“销售报价单”命令，打开“销售报价单”窗口。

2）进入增加状态。单击工具栏上的“增加”按钮，系统自动增加一张空表单。

3）录入单据。修改日期为“2020-01-02”，选择客户简称“速达”，在表体中录入存货编码“001”，数量“10”，无税单价“8 500”，如图 9-59 所示。

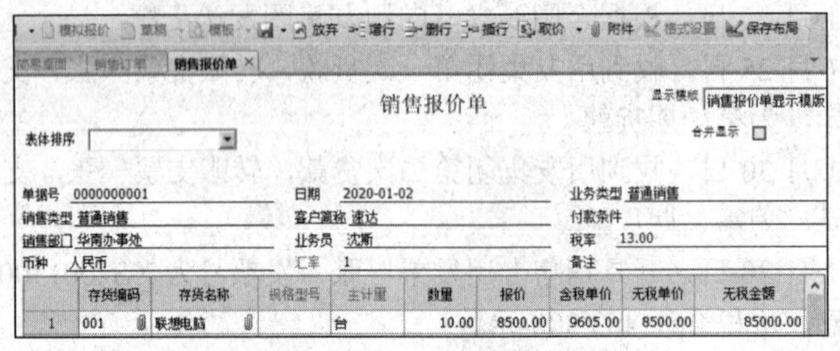

图 9-59 销售报价单

4）单击工具栏上的“保存”按钮，保存当前表单。

5）单击工具栏上的“审核”按钮，审核当前表单。

6）关闭界面。

2. 生成销售订单

1）启动“销售订单录入”功能。执行“业务工作”—“供应链”—“销售管理”—“销售订货”—“销售订单”命令，打开“销售订单”窗口。

2）进入增加状态。单击工具栏上的“增加”按钮，系统自动增加一张空表单。

3）参照生成单据。修改日期为“2020-01-03”，单击工具栏上的“生单”下拉按钮，选择“报价”，在过滤条件中单击“过滤”，在过滤结果中双击“报价单”，单击工具栏上的“OK 确定”按钮，系统自动将报价单的内容填写到当前订单中，将无税单价改为“8 200”，如图 9-60 所示。

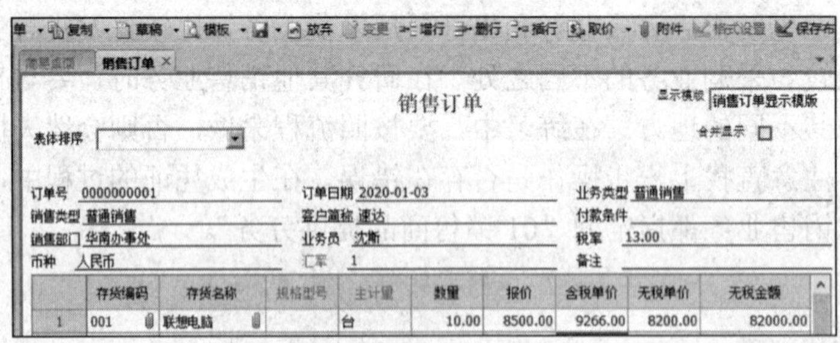

图 9-60 销售订单

4）单击工具栏上的“保存”按钮，保存当前表单。

5）单击工具栏上的“审核”按钮，审核当前表单。

6）关闭界面。

3．生成发货单

1）启动“发货单录入”功能。执行“业务工作”—“供应链”—“销售管理”—“销售发货”—“发货单”命令，打开“发货单”窗口。

2）进入增加状态。单击工具栏上的“增加”按钮，系统自动增加一张空表单。

3）参照生成单据。修改日期为“2020-01-03”，单击工具栏上的“订单”按钮，在过滤条件中单击“过滤”按钮，在过滤结果中双击“订单”，单击工具栏上的“OK 确定”按钮，系统自动将订单的内容填写到当前发货单中，在表体中选择“联想电脑仓”，如图 9-61 所示。

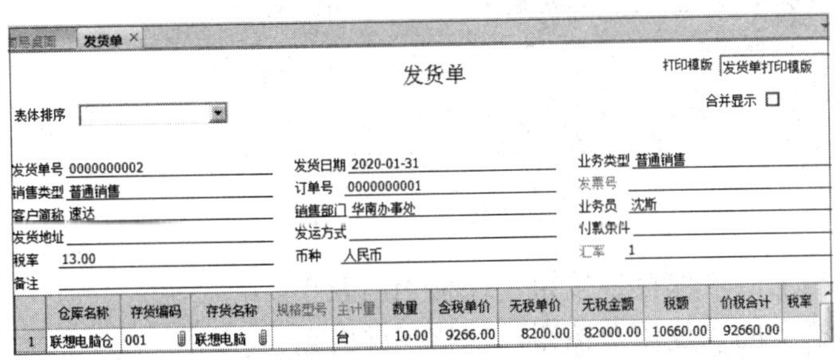

图 9-61　发货单

4）单击工具栏上的“保存”按钮，保存当前表单。

5）单击工具栏上的“审核”按钮，审核当前表单。

6）关闭界面。

4．审核出库单

1）启动“销售出库单管理”功能。执行“业务工作”—“供应链”—“库存管理”—“出库业务”—“销售出库单”命令，打开“销售出库单”窗口，如图 9-62 所示。

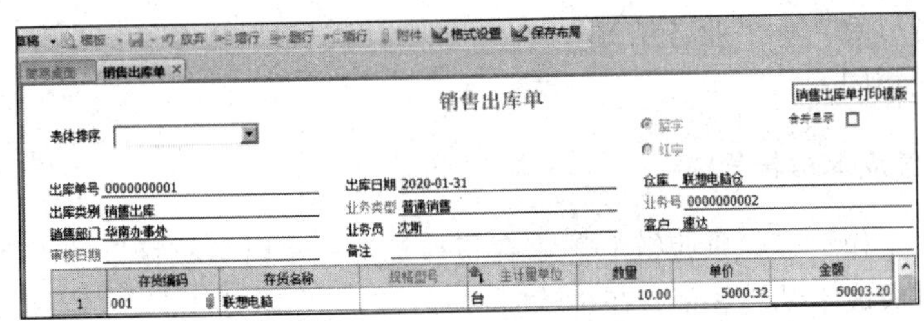

图 9-62　销售出库单

2）查找单据。单击工具栏上的“末张”按钮，自动找到最后一张出库单。

3）单击工具栏上的“审核”按钮，审核当前表单。

4）关闭界面。

5．生成销售发票

1）启动“销售专用发票录入”功能。执行“业务工作”—“供应链”—“销售管理”—

“销售开票”—“销售专用发票”命令，打开“销售专用发票”窗口。

2）进入增加状态。单击工具栏上的“增加”按钮，系统自动增加一张空表单。

3）参照生成单据。录入发票号“XS20010401”，在“生单”下拉列表框中选择“参照发货单”选项，在过滤条件中单击“过滤”按钮，在过滤结果中双击“发货单”，单击工具栏上的“OK 确定”按钮，系统自动将发货单的内容填写到当前发票中，如图 9-63 所示。

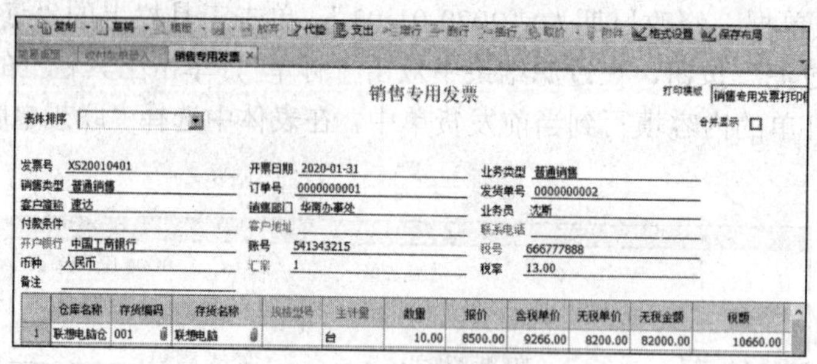

图 9-63　销售专用发票

4）单击工具栏上的“保存”按钮，保存当前表单。

5）单击工具栏上的“复核”按钮，复核当前发票。

6）关闭界面。

6．审核发票

执行“应收款管理”—“应收单据处理”—“应收单据审核”命令对发票进行审核。

7．生成销售收入凭证

执行“应收款管理”—“制单处理”命令依据销售发票生成销售收入凭证。

8．正常单据记账

执行“存货核算”—“业务结算”—“正常单据记账”命令进行记账，方法与采购标准业务操作步骤相同。

9．生成销售成本结转凭证

执行“业务工作”—“供应链”—“存货核算”—“财务核算”—“生成凭证”命令依据销售发票生成成本结转凭证，在过滤时选择“销售专用发票”，其他方法与采购标准业务操作步骤相同。注意观察生成凭证后商品的单价为 5 000 元。

10．填写收款单，生成收款凭证

执行“应收款管理”—“收款单据处理”—“收款单据录入”命令收取货款，审核收款单，生成收款凭证。

11．核销往来账

执行“应收款管理”—“核销处理”—“手工核销”命令核销往来账，也可在填写收款单界面中调用核销功能。

【相关说明】成本结转凭证中的金额与商品成本计算方法和现有库存商品的采购成本有关，与销售价格无关。先进先出法和售价法的商品可以直接结转销售成本，而全月平均法的商品需要等到月底进行“期末处理”后才能操作。

（二）上月发货，本月开票业务

由于上月已完成了发货业务，发货单已录入，商品已出库，本月只需要按照普通业务流程完成其他操作即可。本月业务不能再对期初业务进行出库处理。

1）生成销售发票。根据发货单生成销售专用发票。

2）审核发票。在应收模块审核发票。

3）正常单据记账。对销售发票进行正常单据记账。

4）生成销售收入凭证。在应收模块根据销售发票生成凭证。

5）生成销售成本结转凭证。在存货模块根据销售发票生成成本结转凭证。

（三）先开票后发货业务

先开票后发货业务是指根据销售合同或销售协议向客户开具发票，随后再发货。

先开票后发货业务流程

1）填写报价单。

2）生成销售订单。

3）生成销售发票。根据销售订单生成发票，并填写仓库“戴尔电脑仓”（必填）；复核后，自动生成一张已审核的发货单，此发货单不可取消审核，不能修改，因此，可以跳过发货单的操作。

4）审核出库单。由于设置了“销售生成出库单”，出库单已自动生成，只需要审核出库单即可。

5）审核发票。

6）正常单据记账。

7）生成销售收入凭证。

【相关说明】在先开票后发货模式下，发票需要根据订单生成（必有订单），或者直接录入发票内容（非必有订单），由于会自动生成发货单，需要填写发货仓库。由于戴尔电脑仓采用全月平均法计算成本，需要等到月底全部业务完成、进行“期末处理”后，才能计算商品的成本，然后生成成本结转凭证。在本流程中，如果现在生成凭证，没有单价，金额为0，无法生成。

（四）现收业务

在开具发票的同时收取对方全部或部分货款，填写发票审核前直接录入收款信息，无须额外填写收款单，在确认收入时，已收款部分不形成应收款，直接变为流动资金。操作流程只需将普通销售业务中的收款单对应流程去除，不再核销、生成收款凭证。

确认收入凭证根据销售发票生成。借方取应收模块“应收结算方式”科目，贷方取应收模块“销售收入”科目与“税金”科目，金额取发票中的对应金额。确认成本凭证与普通销售业务流程相同。

1）填写销售发票并现收。直接填写发票内容，保存后，单击工具栏上的“现结”按钮进行现收处理，然后复核。

2）审核出库单。

3）正常单据记账。

4）审核发票。在应收模块对发票进行审核，在条件中需要选择“包含已现结发票”。

5）生成销售收入凭证。根据“现结制单”生成凭证。

6）生成销售成本结转凭证。

【特别注意】在审核发票时，在过滤条件中需要选择“包含已现结发票”，否则无法找到发票。生成销售收入凭证时，需要选择“现结制单”，才能找到销售发票。由于本业务只收取部分货款，在收入凭证中，既出现银行存款，又出现应收账款。现收时，收款金额应小于或等于货款金额，不能大于货款金额。

（五）代垫费用业务

在销售业务中，有的企业随货物销售有代垫费用的发生，如代垫运杂费、保险费等，代垫费用单审核后自动生成一张其他应收单并传递到应收模块。

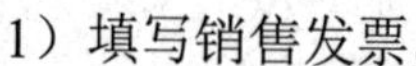

1）填写销售发票。

代垫费用业务流程

2）填写代垫费用单。

① 启动“代垫费用单录入”功能。执行“业务工作”—“供应链”—“销售管理”—“代垫费用”—“代垫费用单”命令，打开“代垫费用单”窗口。

② 进入增加状态。单击工具栏上的“增加”按钮，系统自动增加一张空表单。

③ 录入单据。修改日期为“2020-01-07”，选择客户“用友”，在表体中录入费用项目“运费”，录入代垫金额“50”，如图 9-64 所示。

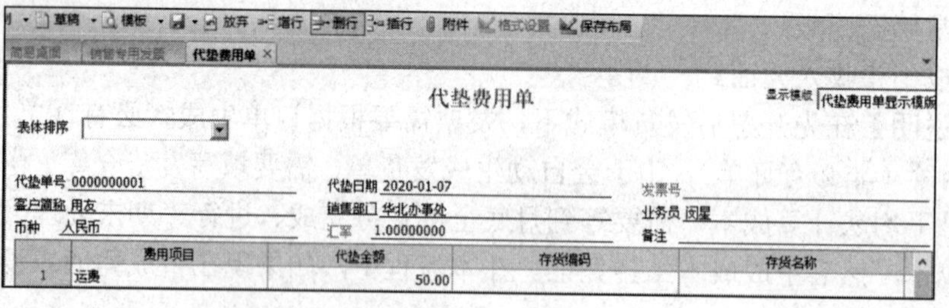

图 9-64 代垫费用单

④ 单击工具栏上的“保存”按钮，保存当前费用单。

⑤ 单击工具栏上的“审核”按钮，审核当前费用单。

⑥ 关闭界面。

【相关说明】可以在填写发票时单击工具栏上的“代垫”按钮，打开“代垫费用单”窗口，会自动进入增加状态，自动填写客户和其他表头信息，包括相关联的发票号；当通过菜单独立填写代垫费用单时，无法录入关联的发票号。代垫费用单审核后，自动生成一张其他应收单到应收模块。

3）审核出库单。

4）审核发票和其他应收单。

5）正常单据记账。

6）生成销售收入凭证和代垫费用凭证。根据“发票制单”和“应收单制单”生成凭证，在生成代垫费用凭证时，需要补填贷方科目“1001”。

7）生成销售成本结转凭证。

【相关说明】“惠普打印机”采用的是售价法进行成本计算，在记账和结转凭证时，以计划单价（900）来计算成本。代垫费用凭证的贷方科目根据应收模块中的“代垫费用”科目生成，如果想在生成代垫费用凭证时自动填写贷方科目，可在审核其他应收单之前先定义代垫费用科目为“1001”。

（六）销售退货业务

销售退货业务是指客户在购买后因货物质量、品种、数量不符合规定要求而将已购货物退回给销售单位的业务。退货流程按普通业务流程操作，相应单据按红字方式录入即可。

如果按先发货流程退货，在填写单据时填写红字发货单（即退货单），生成红字入库单、红字发票，填写红字收款单（即付款单）；如果按先开票流程退货，在填写单据时填写红字发票，自动生成红字发货单（即退货单）与红字入库单，填写红字收款单（即付款单）。生成的凭证科目与普通业务相同，金额为红字。

1）填写红字销售发票。通过“红字专用销售发票”功能，根据速达公司上一次的销售订单，生成红字发票，修改数量为“-1”，保存后复核发票，操作方法与正常发票方法相同，只是数量为“-”。

2）审核红字出库单。与正常销售出库单操作方法相同。

3）审核发票。

4）正常单据记账。

5）填写红字收款单（付款单）。在应收模块的收款单中通过切换功能录入，操作方法与采购里面的红字付款单方法相同。

6）核销往来账。手工核销时需要将收款单改为付款单。

7）生成红字收款凭证。

8）生成红字销售收入凭证。

9）生成红字销售成本结转凭证。根据专用销售发票生成。

【相关说明】退货业务与正常业务一样有两种流程，可以先填写红字发票，也可以先填写红字发货单。

（七）业务关闭

业务关闭是指将单据关闭，从流程上停止该业务，在以后生单过程中不会再显示该单据。此操作有利于简化生单参照内容，厘清业务逻辑关系。采购与销售业务均可实现业务关闭，可关闭的单据有请购单、采购订单、到货单、报价单、销售订单、发货单。业务关闭不会生成凭证。

1）录入报价单。填写并审核报价单。

2）关闭报价单。通过工具栏上的“关闭”按钮，关闭当前表单。

（八）收款结算

依据任务引例资料在应收款管理系统中填写收款单并进行核销，生成凭证，操作方法与普通业务流程相同。

（九）直运业务

直运业务是指产品无须入库即可完成购销业务，由供应商直接将商品发给企业的客户；结算时，由购销双方分别与企业结算。

直运业务流程

1）填写销售报价单。直接填写并审核销售报价单，在填写时，将业务类型改为“直运销售”。

2）生成销售订单。根据销售报价单生成销售订单，先改订单日期，再修改条件中的业务类型，然后修改预发货日期。

3）生成采购订单。根据销售订单生成采购订单，在生单前注意修改业务类型，生单后选择供应商，修改计划到货日期。

4）生成采购发票。根据采购订单生成采购发票，在生单前注意修改业务类型。

5）审核采购发票。在选择条件中需要选择“未完全报销”选项，否则找不到发票。采购发票在应付模块不能生成采购凭证。

6）生成销售发票。根据销售订单生成销售发票，修改条件中的业务类型，不填仓库。

7）审核销售发票。

8）生成销售收入凭证。

9）填写收款单，审核，生成收款凭证，核销。

10）填写付款单，审核，生成付款凭证，核销。

11）直运记账。启动“直运销售记账”功能，对采购发票和销售发票进行记账。

12）生成直运采购凭证。根据“直运采购发票”生成直运采购凭证。

13）生成直运销售成本结转凭证。根据“直运销售发票”生成成本结转凭证。

【相关说明】直运销售发票不需要也不能填写仓库。在有订单的条件下，销售发票只能根据销售订单生成，不能根据采购发票生成。如果没有订单，那么销售发票根据采购发票生成。直运采购凭证和成本结转凭证可以同步生成。直运采购凭证必须在采购发票审核和记账后才能生成。直运业务不能在应付款管理模块中生成采购凭证，因为直运业务不需要验收入库，否则在存货模块记账后不能生成凭证。

（十）分期收款发出商品业务

分期收款发出商品，是指按协议分期收款的已发出未结算的商品，即商品已经发出，而发票迟迟未开，销售并未实现。发货时，就将存货从库存商品转入发出商品科目，以实现账实相符，开票后，再将存货从发出商品科目转入主营业务成本。

分期收款发出商品业务流程

1）填写销售订单。在填写订单时，将业务类型改为分期收款。

2）生成发货单。根据销售订单生成发货单，注意修改查询条件中的业务类型。

3）审核出库单。

4）对发货单进行发出商品记账。记账时不是正常单据记账，而是“发出商品记账”，记账时根据“发货单”进行记账，而不是销售发票。

5）生成发货凭证。在存货中根据“分期收款发出商品发货单”生成凭证，注意查看凭证的借贷科目。

6）填写收款单，审核，生成收款凭证。此为第一次收款。

7）填写收款单，审核，生成收款凭证。此为第二次收款。

8）生成销售发票。根据发货单生成销售发票，注意修改查询条件中的业务类型。

9）对发票进行发出商品记账。根据“销售发票”进行“发出商品记账”操作。

10）生成成本结转凭证。在存货中根据“分期收款发出商品专用发票”生成凭证，注意查看凭证科目。

11）审核发票。

12）生成销售收入凭证。

13）手工核销。

【相关说明】分期收款业务一定是先发货、后开票。分期收款需要两次记账，生成4种类型的凭证。分期收款流程中的发货次数、收款次数和开票次数可以随意组合。

（十一）委托代销业务

委托代销是指委托方将货物委托给受托方（一般为商业企业），并要求受托方按委托方的要求销售委托方货物，受托方销售后，视同买断结算。如果委托方给受托方支付手续费，可通过销售费用支出单结合红字其他应收单（或其他应付单）变通处理。此业务相对委托方就是销售模块的委托代销业务，相对受托方就是采购模块的受托代销业务。委托代销的特点是受托方只是一个代理商，委托方将商品发出后，所有权并未转移给受托方，因此商品所有权上的主要风险和报酬仍在委托方。只有在受托方将商品售出后，商品所有权上的主要风险和报酬才转移出委托方。企业采用委托代销方式销售商品，应在受托方售出商品，并取得受托方提供的代销清单时确认销售收入实现。

1）填写委托代销发货单。启动“销售管理”－“委托代销”－“委托代销发货单”功能，填写发货单。

2）审核出库单。

3）生成委托代销结算单。根据委托代销发货单生成结算单，修改数量，审核后选择生成销售专用发票。

委托代销业务流程

4）现结并复核销售发票。由于无法修改发票，因此发票号不能录入。单击“现结”按钮，录入收款信息，再复核。

5）审核销售发票。注意现结选项。

6）生成销售收入凭证。选择“现结制单”生成凭证。

7）正常单据记账。根据销售发票记账。

【相关说明】委托代销业务一定是先发货后开票流程。由于戴尔电脑仓采用全月平均法计算成本，需要等到月底全部业务完成，进行“期末处理”后，才能计算商品的成本，然后生成成本结转凭证。生成成本结转凭证的依据是销售发票。发货单与结算单多对多，结算单与发票一对一。

（十二）零售日报业务

零售日报业务（即零售业务）是处理商业企业将商品销售给零售客户的销售业务。

零售日报业务流程

1）录入零售日报并现结。通过“零售日报”功能增加日报，现结后审核日报单据。

2）审核出库单。共生成两张出库单，分别进行审核。

3）正常单据记账。根据“零售日报”单据进行记账。

4）审核零售日报。启动“应收款管理”—“应收单据处理”—“应收单据审核”功能审核零售日报，操作方法与审核发票的方法相同，注意选择“包含已现结发票”选项。

5）生成销售收入凭证。选择“现结制单”生成凭证。

【相关说明】零售日报业务没有订单。零售日报业务一定是先开票后发货流程。由于戴尔电脑仓采用全月平均法计算成本，需要等到月底全部业务完成，进行“期末处理”后，才能计算商品的成本，然后生成成本结转凭证。生成成本结转凭证的依据是零售日报。两笔业务须同时生成成本结转凭证，不能分开，因此，只能在期末处理后生成。

（十三）销售调拨业务

销售调拨单是一种特殊的确认销售收入的单据，是给有销售结算关系的客户（客户实际上是销售部门或分公司）开具的原始销售票据，客户通过销售调拨单取得货物的实物所有权，具体操作请参照先开票后发货步骤。

销售调拨业务流程

（十四）账套备份

将账套输出至“9-4 销售业务处理”文件夹，并压缩后保存到U盘。

八、疑难解答

1）如果填写了发货单，然后填写了销售发票而不是生成销售发票，会有什么结果？

填写发货单后，销售发票必须根据发货单生成；如果又手工录入一张发票，那么会自动生成一张发货单。也就是说，会出现两张内容一样的发货单。因为手工录入的发票或根据订单生成的发票会自动生成一张已审核的发货单。

2）为什么在操作过程中不知道应该从哪里开始，下一步应该做什么？

学完采购业务流程后，当再学习销售业务流程时会感觉力不从心。在操作业务前，一定要先判断业务的性质，然后选择操作流程。分析业务时应该从物流、信息流（发票）和资金流进行分析。简单地说，就是看发货了没有，开票了没有，收钱了没有，然后根据已发生的业务操作相应流程即可。

3）一次开票、多次出库业务与多次开票、一次出库业务如何操作？

在销售业务中，如果出库单与发票或发货单中货物的数量不是一一对应的，而是多对多关系，就需要在销售管理选项中取消“销售生成出库单”选项，然后在出库单中采用生单的方式生成出库单，生单时可以选择多张发货单，生成的出库单还可以修改货物的数量。

4）为什么没有审核出库单也可以记账和生成成本结转凭证？

因为记账和生成成本结转凭证的依据是销售发票，出库单是否审核只对商品的现存量有影响。在存货核算选项中有“销售成本结算方式”参数，选项为“销售出库单”和“销售发票”，默认选择“销售发票”。

5）为什么在直运业务中，存货核算无法生成凭证？

有可能是在应付模块根据销售发票生成了凭证。直运业务中的采购部分与普通采购业务不同，在存货核算中是根据采购发票生成凭证，在应付模块中不能根据采购发票生成凭证。如果在应付模块中根据采购发票生成了凭证，那么在存货核算中将无法生成。

6）分期收款业务也可以处理一次发货、一次开票，它与先发货后开票业务有何不同？

分期收款业务的本质是在发货后、开票前，将存货从“库存商品”科目转入“发出商品”科目，而普通销售业务是在发货后、开票前，商品还在“库存商品”科目。因此，如果想发货后记入“发出商品”科目，就采用分期收款流程，如果不想记入“发出商品”科目，就采用普通业务流程。

7）为什么销售业务完成后，有的业务可以在存货模块中生成销售成本结转凭证，而有的业务在生成销售成本结转凭证时，金额为0？

因为只有先进先出法的商品才能立即结转成本，而全月平均法和售价法不能立即结转成本，必须在月底进行月末处理后才能结转。

8）先开票后发货业务完成后，如何取消操作？

操作原理与采购业务的取消操作方法相同，按业务反向流程操作即可。具体操作见采购业务的取消操作。

9）在存货核算模块有多个记账，有什么区别？

直运业务采用直运销售记账，分期收款发出商品业务采用发出商品记账，调拨、组装、形态转换业务采用特殊单据记账，其余业务都采用正常单据记账。

10）为什么存货记账后生成凭证的金额与发票上的金额完全不同？

存货记账后生成的凭证是销售成本结转凭证，结转数量取发票上的销售数量，而金额取存货的成本，与采购、生产以及成本计算方法有关，与发票上的金额无关，发票金额用于确认销售收入。

11）为什么有的业务能立即生成销售成本结转凭证，有的业务不能立即生成销售成本结转凭证？

是否能立即生成凭证与成本计算方法有关。如果销售的存货能立即计算出成本，就可以立即生成销售成本结转凭证，如采用先进先出法、后进先出法、移动平均法、个别计价法这 4 种方法的商品可立即生成销售成本结转凭证；采用全月平均法、计划价法、售价法的商品必须到月末完成各仓库的期末处理后才能计算出成本，业务发生时也就不可能得到销售成本结转凭证。

12）为什么采购业务流程中有采购结算环节，而销售业务流程中没有销售结算环节？

采购过程中发生的采购费用需要分摊到采购商品的单价中，通过采购结算实现，而销售过程中发生的销售费用不能分摊到销售商品的单价中，单独走销售费用，无须进行销售结算。

九、实训报告

项目九任务四　实训报告

问题思考

1）为什么存货记账后生成凭证的金额与发票上的金额完全不同？
2）为什么有的业务能生成成本结转凭证，有的业务不能生成成本结转凭证？
3）总结标准操作流程中无痕迹反向操作内容。
4）为什么采购业务流程中有采购结算环节，而销售业务流程中没有销售结算环节？
5）如果普通业务收款时分多次收款，与分期收款业务有何不同？
6）直运业务生成的凭证与普通业务有何不同？
7）如何理解委托代销与受托代销的关系？
8）零售日报业务与普通业务流程有何不同？

任务五　库存业务处理

一、任务描述

本任务主要训练学生掌握调拨业务、盘点业务和其他出库业务处理的方法。

二、实训任务

1）录入调拨单。
2）录入盘点单。
3）录入其他出库单。
4）特殊单据记账、正常单据记账。
5）生成凭证。

三、任务目标

1）掌握调拨业务的操作流程。
2）掌握盘点业务的操作流程。
3）掌握其他出库业务的操作流程。

四、准备工作

1）了解调拨业务、盘点业务、其他出库业务流程。
2）更改计算机时间为“2020 年 1 月 31 日”。
3）引入“9-4 销售业务处理”文件夹下的备份账套。

五、任务引例

（一）调拨业务

1）2020 年 1 月 20 日，联想电脑仓发现有 2 台电脑有故障，暂时不能销售，需要进一步确认故障原因，特将这 2 台电脑从本仓库调到不良品仓。

2）2020 年 1 月 22 日，经专业人员检查，排除故障，不影响电脑质量，当日将这 2 台联想电脑从不良品仓调至联想电脑仓。

（二）盘点业务

2020 年 1 月 31 日，对联想电脑仓进行盘点后，发现联想电脑实际库存数比账面库存数多 1 台。多出的这台电脑按 5 000 元入账。

（三）其他出库业务

2020 年 1 月 27 日，联想电脑仓因管理不当，造成 1 台联想电脑损坏，无法修复，损失由仓库管理员赔偿。

六、教学关注

库存管理日常业务最主要的就是采购入库和销售出库。在本任务中，主要是练习工作中经常使用的调拨业务、盘点业务和其他原因引起的入/出库业务。对于盘点业务，在工作中最好采用定期与不定期的方法进行，平时都要注意核对账实数据，及时发现错误并更正。另外需要注意的是，在工作中可以建立虚拟仓库，通过调拨的方法，将错误的存货调至虚拟仓库中，在真实仓库中始终保证账账相符、账实相符。

七、过程指导

（一）调拨业务

调拨业务流程与说明

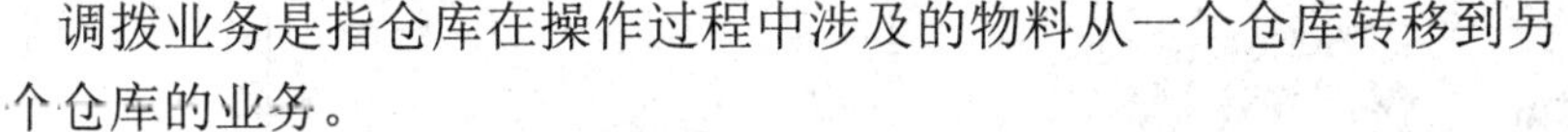

调拨业务是指仓库在操作过程中涉及的物料从一个仓库转移到另一个仓库的业务。

1）填写并审核调拨单。执行“库存管理”—“调拨业务”—“调拨单”命令，打开“调拨单”窗口，录入日期、转出仓库、转入仓库、出库类别、入库类别、存货编码、数量，保存后审核单据，如图 9-65 所示。

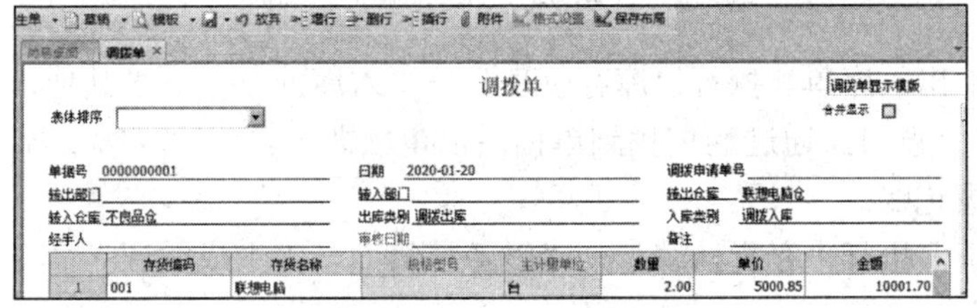

图 9-65　调拨单

2）审核其他入库单。执行“库存管理”—“入库业务”—“其他入库单”命令，打开“其他入库单”窗口，通过翻页找到单据后，审核即可，如图9-66所示。

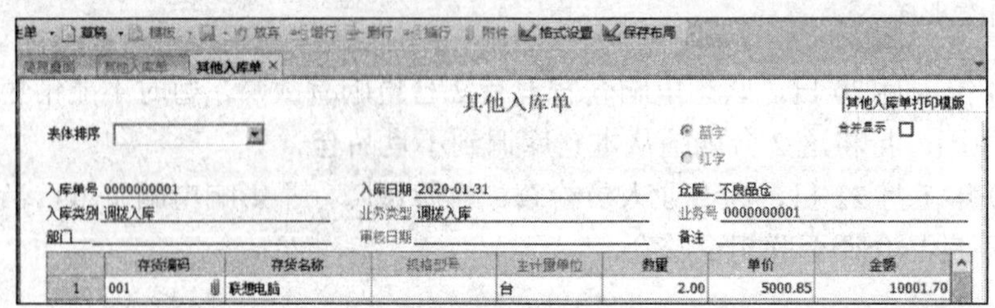

图 9-66　其他入库单

3）审核其他出库单。执行“库存管理”—“出库业务”—“其他出库单”命令，打开“其他出库单”窗口，通过翻页找到单据后，审核即可。

4）特殊单据记账。执行“存货核算”—“业务核算”—“特殊单据记账”命令，根据“调拨单”记账，操作方法与正常单据记账方法相同。

5）按照上述方法完成第2小题业务处理。

（二）盘点业务

盘点业务是指将仓库中存货的实物数量与库存账面数量进行核对。盘点工作可根据需要定期与不定期进行，可针对一个仓库，也可局部盘点。

盘点业务流程与说明

1）填制并审核盘点单。执行“库存管理”—“盘点业务”命令，打开“盘点单”窗口，新增后，选中“普通仓库盘点”单选按钮，修改账面日期、盘点日期，选择盘点仓库、出库类别、入库类别，单击工具栏上的“盘库”按钮（也可以在表体中录入存货），自动填写表体账面数量，修改盘点数量（账面数量+1），保存并审核，如图9-67所示。

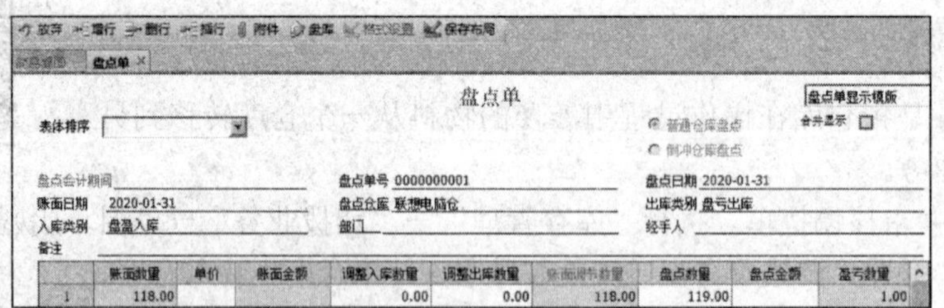

图 9-67　盘点单

2）审核其他出入库单。执行“库存管理”—“入库业务”—“其他入库单”命令，打开“其他入库单”窗口，通过翻页找到单据后，审核即可。

3）正常单据记账。

4）生成凭证。执行“存货核算”—“财务核算”—“生成凭证”命令，根据“其他入库单”生成凭证。

（三）领料出库、完工入库业务

领料出库与完工入库业务属于工业企业专用的业务，在生产前从仓库领出原材料，仓库库存数减少；生产完工后，将产成品入库，仓库库存数增加。

（四）其他入库、其他出库业务

其他入库、其他出库业务是指采购入库、销售出库、领料出库（工业）、完工入库（工业）、盘点、调拨等业务之外的业务，主要用于处理一些特殊情况。

领料出库、完工入库业务流程与说明

其他入库、其他出库业务流程与说明

1）填写并审核其他出库单。执行“库存管理”—“出库业务”—“其他出库单”命令，打开“其他出库单”窗口，新增后，修改出库日期，选择仓库、出库类别，如图 9-68 所示，在“表体排序”下拉列表中选择“存货”，录入数量，保存并审核。

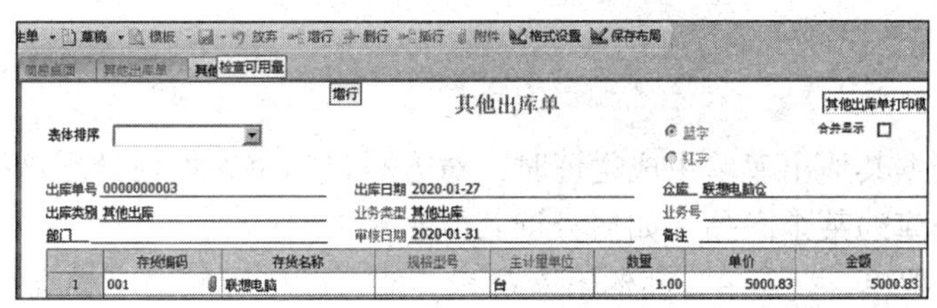

图 9-68　其他出库单

2）正常单据记账。

3）生成凭证。执行“存货核算”—“财务核算”—“生成凭证”命令，根据“其他出库单”生成凭证。

（五）账套备份

将账套输出至“9-5 库存业务处理”文件夹，并压缩后保存到 U 盘。

八、疑难解答

1）为什么盘点后生成的凭证，对方科目是空的？

可以从两个方面找原因：一是在填写盘点单据时，是否正确录入了出库类别和入库类别；二是在对方科目定义中，是否定义了与选择的出（入）库类别所对应的科目。

2）为什么盘点账面数据和书上的账面数据不同？

从两个方面找错误：一是盘点单中的账面日期是否正确，不同的盘点时间，系统显示的账面数据会不同；二是以前的采购与销售业务日期和数量是否正确。第二个错误可以通过查询“库存台账”查看明细。由于库存入账以审核日期为准，为了操作简单，所有的业务都是 31 日审核，如果账面日期填写的是 31 日以前，那么账面数其实就是期初数。如果想得到真实的数据，那么需要每次审核单据时，按业务日期重新录入系统。

3）在盘点过程中，发现同款式皮鞋 41 码多一双、40 码少一双，应该如何处理？

在企业仓库盘点时经常出现这样的业务，主要原因是发货时只关注了大类商品，对于尺码或颜色未加核对。因此，核对大类数量时没有错误，核算明细级数量时，就出现一多一少的情况。处理方法有两种：一是采用标准的盘盈盘亏方法处理，使用其他入库单和其他出库单将数据调整为正确数据；二是建立虚拟仓库，将多的商品调到虚拟仓库，将少的商品从虚拟仓库调过来。这样错误的商品都会出现在虚拟仓库中。虚拟仓库不参与运算，允许负库存。

九、实训报告

项目九任务五　实训报告

问题思考

1）为什么根据其他出库单生成凭证时，对方科目为空？如何处理这种情况？

2）对于某仓库的某个商品，如何查询其流水账？

3）如何将调拨单、盘点单、其他出库单和其他入库单中的出库类别和入库类别改成必填项？

4）入库单、出库单的审核与记账是否有先后操作顺序？

5）库存结余数的变化与存货结余数的变化分别受哪些操作的影响？

任务六　存货核算处理

一、任务描述

本任务主要训练学生按照正确顺序进行期末处理和结账操作，并掌握供应链系统主要账表查询的方法。

二、实训任务

1）期末处理。

2）对账。

3）月末结账。

4）账表查询。

三、任务目标

1）掌握期末业务处理的操作流程。

2）掌握与总账对账的方法。

3）掌握采购管理、销售管理、库存管理、存货核算月末结账的方法。

4）掌握如何查询收发存汇总表、采购订单执行表、库存台账、明细账、存货呆滞积压分析表等表的方法。

四、准备工作

1）了解期末处理流程。

2）更改计算机时间为“2020 年 1 月 31 日”。

3）引入“9-5 库存业务处理”文件夹下的备份账套。

4）存货核算系统中的所有未记账单据必须先记账。

五、任务引例

1）采购管理系统月末结账。

2）销售管理系统月末结账。

3）对各仓库进行期末处理。

4）生成全部成本结转凭证。

5）与总账对账。

6）库存管理系统月末结账。

7）存货核算系统月末结账。

8）供应链各账表查询。

查询收发存汇总表、采购订单执行表、库存台账、明细账、存货呆滞积压分析表、销售毛利表、业务员业绩提成表、账龄分析表、盘点表。

六、教学关注

存货核算的主要工作是对采购和销售中的相关单据进行记账，并生成相关凭证，此业务已在前面的采购业务和销售业务中练习过。本任务主要练习期末业务处理，重点掌握结账的顺序，体会期末业务处理的必要性，了解各账表查询的方法。

七、过程指导

期末业务主要完成期末处理，依据本月采购与销售情况计算全月平均法、售价法等商品的销售成本，并对供应链各模块结账。期末业务处理流程如图 9-69 所示。

采购结账与销售结账是逐月将每月的单据数据封存，不再发生当月业务，表示当月日常业务全部完成。只有当月日常业务全部完成后，才能进行期末处理，计算按全月平均方式核算的存货的全月平均单价及其本会计月出库成本，计算按计划价/售价方式核算的存货的差异率/差价率及其本会计月的分摊差异/差价，并对已完成日常业务的仓库、部门、存货做处理标志。

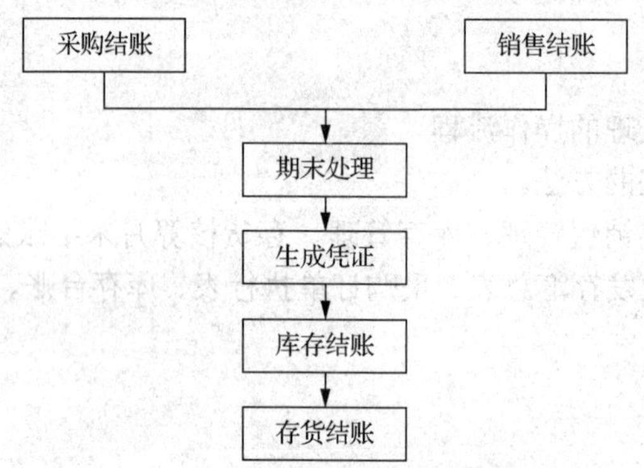

图 9-69 期末业务处理流程

库存结账与存货结账同样是将每月的出入库单据逐月封存，不再发生当月业务。在库存结账前，推荐做一次与总账的对账工作，确保数据没有错误。

联想电脑由于采用先进先出法，其销售成本结转凭证在业务发生时已生成，但由于戴尔电脑采用全月平均法计算成本，惠普打印机采用售价法计算成本，在期末处理前，无法得到存货的成本，无法生成凭证。此类型的凭证只能在月末期末处理后进行，期末处理前需要对采购与销售模块进行结账。

（一）采购管理系统月末结账

采购月末结账是逐月将每月的单据数据封存，并将当月的采购数据记入有关账表中。

1）启动“结账”功能。执行“采购管理”－“月末结账”命令，弹出“结账”对话框，如图 9-70 所示。

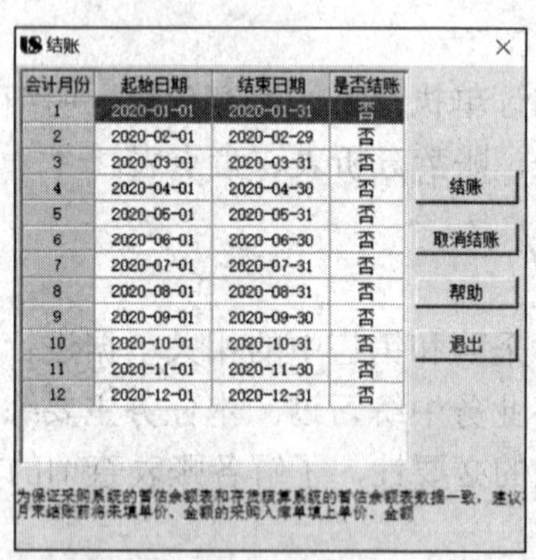

图 9-70 采购月末结账

2）选择结账期间。单击第一会计月份，在选择标记处出现“选中”字样。

3）结账。单击“结账”按钮，弹出“月末结账完毕！”信息提示框，单击“确定”按钮。

4）退出。

【相关说明】结账后，会在是否结账栏显示“已结账”字样。不允许跨月结账，只能从未结账的第一个月逐月结账。上月未结账，本月单据可以正常操作，但本月不能结账。结账前用户应检查本会计月工作是否已全部完成，否则会遗漏某些业务。“采购管理”结账后，才能进行“库存管理”“存货核算”“应付管理”的月末结账。结账可以取消。

（二）销售管理系统月末结账

销售月末结账是逐月将每月的单据数据封存，并将当月的销售数据记入有关报表中。

1）启动“结账”功能。执行“销售管理”—“月末结账”命令，弹出“结账”对话框，如图 9-71 所示。

图 9-71　销售月末结账

2）结账。单击“月末结账”按钮，弹出“月末结账完毕！”信息提示框，单击“确定”按钮。

3）退出。

【相关说明】系统自动选择第一个未结账月，无须单击选择。只有在“采购管理”“委外管理”“销售管理”月末结账后，才能进行“库存管理”“存货核算”“应付款管理”“应收款管理”的月末结账。上月未结账，本月单据可以正常操作，但本月不能结账。本月还有未审/复核单据时，结账时弹出“存在未审核的单据，是否继续进行月末结账？”信息提示框，用户可以选择继续结账或取消结账，即有未审核的单据仍可月末结账。如果“应收款管理”按照单据日期记账（审核），“销售管理”本月有未复核的发票，月末结账后，这些未复核的发票在“应收款管理”就不能按照单据日期记账了，除非在“应收款管理”改成按业务日期记账。结账前用户应检查本会计月工作是否已全部完成，否则会遗漏某些业务。

（三）对各仓库进行期末处理

因企业存货计价方式的差异，不同的存货要根据企业自身计价方式计算成本（具体方式参看本任务过程指导内容），只有计算出存货成本，才能完成仓库期末处理。处理后，存货对应的仓库显示已完成期末处理。

1）启动“期末处理”功能。执行“存货核算”—“业务核算”—“期末处理”命令，打开“期末处理-1 月”窗口，如图 9-72 所示。

2）选择处理对象。选择左边的全部仓库（默认已选择）。

3）开始计算。单击左边的“处理”按钮，系统开始对各仓库逐个进行计算。

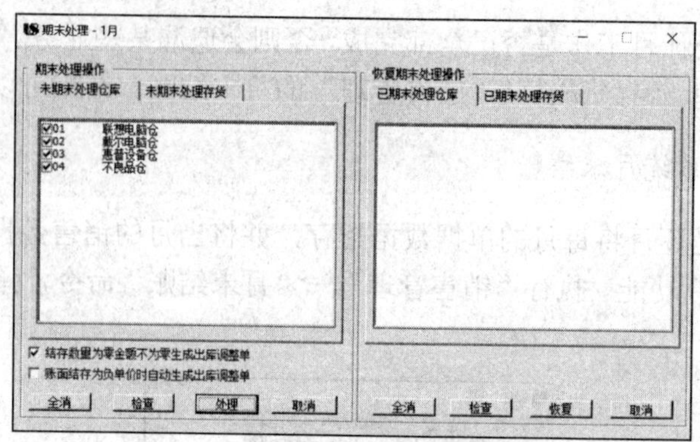

图 9-72 “期末处理-1 月”窗口

4）显示计算结果。戴尔电脑仓会显示“仓库平均单价计算表”，惠普设备仓会显示“仓库差异率计算表”“差异结转单列表”，分别单击工具栏上的“确定”按钮，弹出“期末处理完毕！”信息提示框，单击“确定”按钮，计算完成。

5）关闭窗口。

【相关说明】此过程应在采购管理和销售管理系统进行结账处理后进行。系统提供恢复期末处理功能（选择右边的仓库后单击右边的“恢复”按钮）。本月的单据如果用户不想记账，可以放在下个会计月进行记账，算下个会计月的单据。

（四）生成全部成本结转凭证

由于戴尔电脑采用全月平均法计算成本，惠普打印机采用售价法计算成本，在期末处理前，无法得到存货的成本，无法生成凭证。因此，此类型的凭证只能在月末期末处理后进行。操作方法与普通业务相同。

1）启动“存货核算生成凭证”功能。执行“存货核算”—“财务核算”—“生成凭证”命令，打开“生成凭证”窗口。

2）打开“查询条件”窗口。单击工具栏上的“选择”按钮，打开“查询条件”窗口。

3）设置查询条件。单击“全选”按钮，再单击“确定”按钮，打开“未生成凭证单据一览表”窗口，如图 9-73 所示。

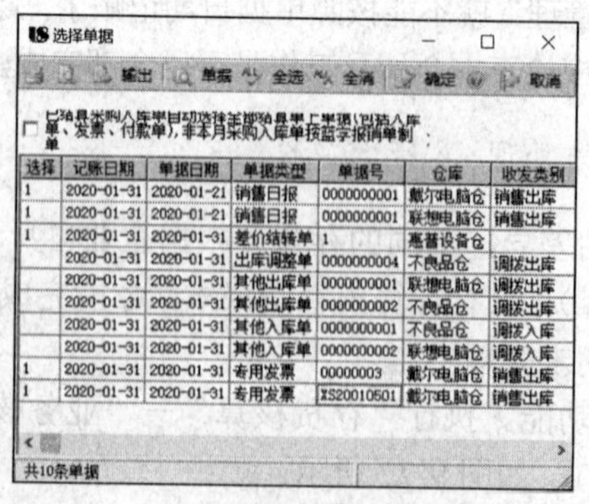

选择	记账日期	单据日期	单据类型	单据号	仓库	收发类别
1	2020-01-31	2020-01-21	销售日报	0000000001	戴尔电脑仓	销售出库
1	2020-01-31	2020-01-21	销售日报	0000000001	联想电脑仓	销售出库
1	2020-01-31	2020-01-31	差价结转单	1	惠普设备仓	
	2020-01-31	2020-01-31	出库调整单	0000000004	不良品仓	调拨出库
	2020-01-31	2020-01-31	其他出库单	0000000001	联想电脑仓	调拨出库
	2020-01-31	2020-01-31	其他出库单	0000000002	不良品仓	调拨出库
	2020-01-31	2020-01-31	其他入库单	0000000001	不良品仓	调拨入库
	2020-01-31	2020-01-31	其他入库单	0000000002	联想电脑仓	调拨入库
1	2020-01-31	2020-01-31	专用发票	00000003	戴尔电脑仓	销售出库
1	2020-01-31	2020-01-31	专用发票	XS20010501	戴尔电脑仓	销售出库

图 9-73 “未生成凭证单据一览表”窗口

4）选择单据。单击选择栏，选择需要生成凭证的原始单据，单击工具栏上的“确定”按钮，打开“生成凭证”窗口（图 9-74）。

生成凭证

凭证类别 收 收款凭证

选择	单据类型	单据号	摘要	科目类型	科目编码	科目名称	借方金额	贷方金额	借方数量	贷方数量
	销售日报	0000000001	销售日报	对方	640101	联想电脑	60,000.00		12.00	
				存货	140501	联想电脑		60,000.00		12.00
				对方	640102	戴尔电脑	84,951.04		17.00	
				存货	140502	戴尔电脑		84,951.04		17.00
1	专用发票	00000003	专用发票	对方	640102	戴尔电脑	99,942.40		20.00	
				存货	140502	戴尔电脑		99,942.40		20.00
	差价结转单	1	差价结...	对方	6402	其他业...	-3,562.50			
				差价	1407	商品进...	3,562.50			
	专用发票	XS20010501	专用发票	对方	640102	戴尔电脑	49,971.20		10.00	
				存货	140502	戴尔电脑		49,971.20		10.00
合计							294,864.64	294,864.64		

图 9-74 “生成凭证”窗口

5）生成凭证。修改凭证类别为“转”字，单击工具栏上的“生成”按钮，自动生成 4 张转账凭证，单击工具栏上的“保存”按钮，依次保存凭证。

6）关闭界面。

【相关说明】如果不知道单据的类别，则选择全部单据，或者按“仓库”进行过滤。调拨出库与调拨入库不需要生成凭证，因此无须选择。差价结转单在期末处理时生成。

（五）与总账对账

与总账对账功能已在初始化完成时使用过，在日常业务中需要经常调用此功能与总账对账。对账前，需要对总账的凭证进行审核记账，否则对账不平。操作步骤如下。

1）启动存货“与总账对账”功能。执行“业务工作”—“供应链”—“存货核算”—“财务核算”—“与总账对账”命令，打开“与总账对账”窗口。

2）修改对账条件。取消选中“数量检查”复选框，并单击工具栏上的“刷新”按钮，重新显示结果，如图 9-75 所示。对账前，需要对总账的凭证进行审核记账，或者在对账时选中“包含未记账凭证”复选框，否则对账不平。

与总账对账

会计年度 2020 会计月份 1月份

数量检查 对账相平 金额检查 对账不平 包含未记账凭证

科目		存货系统				总账系统			
编码	名称	期初结存金额	借方发生金额	贷方发生金额	期末结存金额	期初结存金额	借方发生金额	贷方发生金额	期末结存金额
132101	受托代销商品	45000.00	27000.00	9000.00	63000.00	45000.00	27000.00	9000.00	63000.00
140501	联想电脑	500000.00	2050100.00	1960000.83	590099.17	500000.00	2050100.00	1960000.83	590099.17
140502	戴尔电脑	1250000.00	139200.00	234864.64	1154335.36	1250000.00	139200.00	234864.64	1154335.36
1407	商品进销差价	-20000.00	3562.50	8500.00	-24937.50	-20000.00	3562.50	8500.00	-24937.50

图 9-75 “与总账对账”窗口

3）用同样的方法对发出商品与总账对账。执行“业务工作”—“供应链”—“存货核算”—“财务核算”—“发出商品与总账对账”命令，查看对账结果。

4）关闭窗口。

【相关说明】在对账前，需要用“03 操作员”的身份对凭证进行审核，然后用“02 操作员”的身份对凭证进行记账，否则，在总账中只有期初数据，没有发生额。

（六）库存管理系统月末结账

库存管理系统月末结账是将每月的出入库单据逐月封存，并将当月的出入库数据记入有关账表中。操作步骤如下。

1）启动“结账”功能。执行“库存管理”－“月末结账”命令，弹出“结账”对话框，如图 9-76 所示。

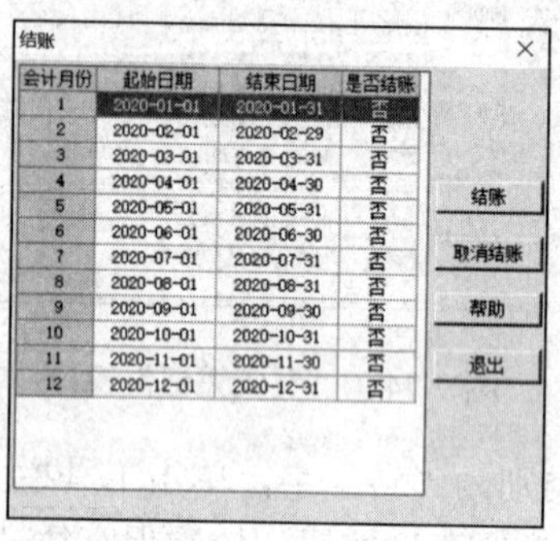

结账

会计月份	起始日期	结束日期	是否结账
1	2020-01-01	2020-01-31	否
2	2020-02-01	2020-02-29	否
3	2020-03-01	2020-03-31	否
4	2020-04-01	2020-04-30	否
5	2020-05-01	2020-05-31	否
6	2020-06-01	2020-06-30	否
7	2020-07-01	2020-07-31	否
8	2020-08-01	2020-08-31	否
9	2020-09-01	2020-09-30	否
10	2020-10-01	2020-10-31	否
11	2020-11-01	2020-11-30	否
12	2020-12-01	2020-12-31	否

结账 取消结账 帮助 退出

图 9-76　库存管理系统月末“结账”对话框

2）结账。单击“结账”按钮，“已经结账”栏显示“是”。

3）单击“退出”按钮，关闭月末结账窗口。

【相关说明】系统自动选择第一个未结账月。结账可以取消。结账前应检查本月会计工作是否已全部完成，否则会遗漏某些业务。上月未结账，本月单据可以正常操作，但本月不能结账。如果认为目前的现存量与单据不一致，可通过整理现存量功能重新运算现存量。只有在“采购管理”“委外管理”“销售管理”结账后，“库存管理”才能进行结账。

（七）存货核算系统月末结账

存货核算系统月末结账与其他模块的结账功能相同。操作步骤如下。

1）启动“结账”功能。执行“存货核算”－“业务核算”－“月末结账”命令，弹出“结账”对话框，如图 9-77 所示。

结账

会计月份	起始日期	结束日期	是否结账
1	2020-01-01	2020-01-31	否
2	2020-02-01	2020-02-29	否
3	2020-03-01	2020-03-31	否
4	2020-04-01	2020-04-30	否
5	2020-05-01	2020-05-31	否
6	2020-06-01	2020-06-30	否
7	2020-07-01	2020-07-31	否
8	2020-08-01	2020-08-31	否
9	2020-09-01	2020-09-30	否
10	2020-10-01	2020-10-31	否
11	2020-11-01	2020-11-30	否
12	2020-12-01	2020-12-31	否

月结检查 取消月结检查 结账 取消结账 帮助 退出

图 9-77　存货核算系统月末“结账”对话框

2）结账。选中会计月份为“1”的单选框，单击“结账”按钮，弹出“月末结账完成!”信息提示框，单击“确定”按钮完成结账，系统自动关闭窗口。

【相关说明】系统自动选择第一个未结账月。结账可以取消，但需要以下个月登录才能取消。结账前应检查本会计月工作是否已全部完成，否则会遗漏某些业务。上月未结账，本月单据可以正常操作，但本月不能结账。只有在“采购管理”“委外管理”“销售管理”“库存管理”结账后，“存货核算”才能进行结账。

（八）供应链各账表查询

在相应模块中查询收发存汇总表、采购订单执行表、库存台账、明细账、存货呆滞积压分析表、销售毛利表、业务员业绩提成表、账龄分析表、盘点表，操作步骤略。

（九）账套备份

将账套输出至“9-6 存货核算处理”文件夹，压缩后保存到U盘。

八、疑难解答

1）在存货核算中，总账对账时提示账不平，有哪些原因？

如果对账不平，首先要去掉数量选项，只核算金额。如果金额不平，需要检查总账中的凭证是否已记账。如果已记账，需要查看存货里面已记账的单据是否都已经生成凭证。一般的错误是存货有部分业务没有生成凭证，或存货核算生成凭证后，在总账中未记账。

2）本月业务未完成，可否结账？

供应链与总账不同，供应链业务流程未走完，可以结账。并不是操作错误，而是在实际工作中业务会出现跨月的情况，如采购中货到票未到，销售中已发货未开票等。

3）为什么根据其他出库单生成凭证时，对方科目为空？如何处理？

在填写出库单时没有填写出库类别，或是在定义对方科目时没有按该出库类别定义科目。可修补之前的错误，也可以在凭证中直接录入科目。

4）对于某仓库的某个商品，如何查询其数量流水账？

先要分清楚是要查看库存流水还是存货流水。对于供应链商品数量流水账，分为库存流水账与存货流水账，分别记录实际库存与账面存货数。实际库存数在出入库单审核时修改，账面存货数在记账时修改。库存流水账在库存模块查询，存货流水账在存货模块查询。

九、实训报告

项目九任务六　实训报告

问题思考

1）什么样的业务需要在期末业务处理完成后才能结转销售成本？

2）采购、销售、库存、存货、应收、应付、薪资、固定资产、总账 9 个模块的结账顺序如何？画出流程图。

3）收发存汇总表、采购订单执行表、库存台账、存货呆滞积压分析表、销售毛利表、业务员业绩提成表、账龄分析表、盘点表的内容及其作用有哪些？

参 考 文 献

廖忠友，孙佳，2017．会计基础教程[M]．北京：中国经济出版社．

陆培中，方敏，2017．会计信息化实训教程[M]．北京：北京出版集团公司．

孙莲香，2019．会计信息化应用教程[M]．北京：高等教育出版社．

王新玲，刘春梅，2017．会计信息化应用教程（用友 ERP-U8 V10.1 版）[M]．北京：清华大学出版社．

吴翔，牛玉英，2020．会计信息化实践教程[M]．北京：中国商业出版社．

杨应杰，褚颖，李永丽，2019．会计信息化教程[M]．北京：化学工业出版社．

袁凤林，2020．会计信息化应用教程[M]．沈阳：东北财经大学出版社．

张建强，2012．企业会计信息化应用教程[M]．北京：科学出版社．

钟爱军，李树强，2012．会计信息化应用教程[M]．2 版．北京：科学出版社．

钟爱军，徐亚文，2016．会计信息化应用教程[M]．3 版．北京：科学出版社．

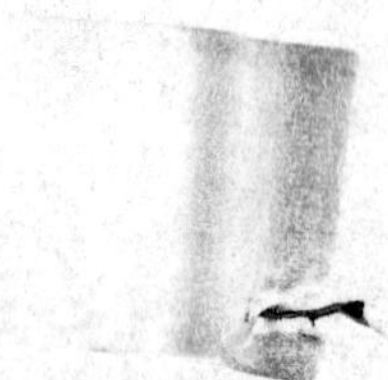